RUDOLF STEINER GESAMTAUSGABE
VORTRÄGE

ÖFFENTLICHE VORTRÄGE

RUDOLF STEINER

Ursprung und Ziel des Menschen

Grundbegriffe
der Geisteswissenschaft

Dreiundzwanzig öffentliche Vorträge,
gehalten in Berlin zwischen dem
29. September 1904 und 8. Juni 1905

1981

RUDOLF STEINER VERLAG
DORNACH/SCHWEIZ

Nach vom Vortragenden nicht durchgesehenen Nachschriften
herausgegeben von der Rudolf Steiner-Nachlaßverwaltung
Die Herausgabe besorgte Hans Rudolf Niederhäuser

1. Auflage unter dem Titel
«Grundbegriffe der Theosophie»
Dornach 1957

2. Auflage unter dem Titel
«Ursprung und Ziel des Menschen»,
erweitert um die Vorträge
26. I. / 16. + 23. II. / 2. III. / 4., 11., 18., 25. V. / 8. VI. 1905
Gesamtausgabe Dornach 1981

Vorträge 26. I. / 16. + 23. II. / 2. III. 1905
Erstdruck in diesem Band

Einzelausgaben und Veröffentlichungen in Zeitschriften
siehe zu Beginn der Hinweise

Bibliographie-Nr. 53
Printed in Germany. Gesamtherstellung Greiserdruck Rastatt
ISBN 3-7274-0532-5

Zu den Veröffentlichungen
aus dem Vortragswerk von Rudolf Steiner

Die Grundlage der anthroposophisch orientierten Geisteswissenschaft bilden die von Rudolf Steiner (1861–1925)
geschriebenen und veröffentlichten Werke. Daneben hielt er
in den Jahren 1900 bis 1924 zahlreiche Vorträge und Kurse,
sowohl öffentlich wie auch für die Mitglieder der Theosophischen, später Anthroposophischen Gesellschaft. Er selbst
wollte ursprünglich, daß seine durchwegs frei gehaltenen
Vorträge nicht schriftlich festgehalten würden, da sie als
«mündliche, nicht zum Druck bestimmte Mitteilungen»
gedacht waren. Nachdem aber zunehmend unvollständige
und fehlerhafte Hörernachschriften angefertigt und verbreitet wurden, sah er sich veranlaßt, das Nachschreiben zu
regeln. Mit dieser Aufgabe betraute er Marie Steiner-von
Sivers. Ihr oblag die Bestimmung der Stenographierenden,
die Verwaltung der Nachschriften und die für die Herausgabe notwendige Durchsicht der Texte. Da Rudolf Steiner
aus Zeitmangel nur in ganz wenigen Fällen die Nachschriften selbst korrigieren konnte, muß gegenüber allen Vor-
tragsveröffentlichungen sein Vorbehalt berücksichtigt werden: «Es wird eben nur hingenommen werden müssen, daß
in den von mir nicht nachgesehenen Vorlagen sich Fehler-
haftes findet.»

Nach dem Tode von Marie Steiner (1867–1948) wurde
gemäß ihren Richtlinien mit der Herausgabe einer Rudolf
Steiner Gesamtausgabe begonnen. Der vorliegende Band
bildet einen Bestandteil dieser Gesamtausgabe. Soweit erfor-
derlich, finden sich nähere Angaben zu den Textunterlagen
am Beginn der Hinweise.

INHALT

I

des neuen Pflanzendaseins, wo der Mensch auf einer lebendigen Erde leben wird. – Die soziale Frage. Soziale Theorien nützen nichts, auf die brüderliche Gesinnung kommt es an. Sie entsteht nicht aus dem Materialismus, sondern aus einer spirituellen Weltanschauung.

II

Goethes Evangelium
Begründung der theosophischen Weltanschauung aus dem mitteleuropäischen Geistesleben: Lessing, Schiller, Novalis und vor allem Goethe. Erläuterungen zu «Faust I. und II. Teil».

Goethes geheime Offenbarung I. Das Märchen von der grünen Schlange und der schönen Lilie
Das «Märchen», Goethes Apokalypse. Das Märchen führt hinein in die theosophische Weltbetrachtung. Verschiedene Erklärungsversuche. Sammlung durch Meyer-von Waldeck. Erzählung und Auslegung des Märchens vom Gesichtspunkt der Theosophie.

Goethes geheime Offenbarung II. Das Märchen von der grünen Schlange und der schönen Lilie
Goethe zeigt im Märchen verschiedene Wege der Entwicklung der Seelenkräfte. Fortsetzung der Erläuterung: Der Alte mit der Lampe im Tempel bis zum Schluß. Dieser Schluß weist auf eine zukünftige Entwicklung der Menschheit hin.

Goethes geheime Offenbarung III. «Die neue Melusine» und «Der neue Paris»
Erzählung der «Neuen Melusine» und Auslegung vom Gesichtspunkt der Theosophie. «Der neue Paris», seine Stelle in Dichtung und Wahrheit. Erzählung und Auslegung. Eine Schilderung des Einweihungsweges. – Über das Fragment: «Die Reise der Söhne des Megaprazon» (1792).

III

ZUR EINFÜHRUNG

Aus einem Vorwort von Marie Steiner, 1940

Wir übergeben der Öffentlichkeit eine Anzahl von Vorträgen, die Rudolf Steiner in Berlin für das große Publikum gehalten hat. Berlin war der Ausgangspunkt für diese öffentliche Vortragstätigkeit gewesen. Was in anderen Städten mehr in einzelnen Vorträgen behandelt wurde, konnte hier in einer zusammenhängenden Vortragsreihe zum Ausdruck gebracht werden, deren Themen ineinander übergriffen. Sie erhielten dadurch den Charakter einer sorgfältig fundierten methodischen Einführung in die Geisteswissenschaft und konnten auf ein regelmäßig wiederkehrendes Publikum rechnen, dem es darauf ankam, immer tiefer in die neu sich erschließenden Wissensgebiete einzudringen, während den neu Hinzukommenden die Grundlagen für das Verständnis des Gebotenen immer wieder gegeben wurden.

I

WAS FINDET DER MODERNE MENSCH
IN DER THEOSOPHIE?

Berlin, 29. September 1904

In diesem Vortrag will ich einerseits das Verhältnis der theosophischen Bewegung zu den großen Kulturströmungen in der Gegenwart entwickeln, und auf der anderen Seite möchte ich in den Vorträgen, welche den Titel tragen: «Die Grundbegriffe der Theosophie», ein Bild der theosophischen Weltanschauung selbst entwerfen. Ich bitte Sie daher, den heutigen Vortrag durchaus als einen einleitenden zu betrachten und als einen solchen hinzunehmen.

Das, was mir heute obliegen wird zu besprechen, soll die Frage sein, was eigentlich die gegenwärtigen Menschen innerhalb der theosophischen Bewegung finden, welche Bedürfnisse des gegenwärtigen Menschen innerhalb der theosophischen Bewegung ihre Befriedigung finden können. Und auf diese Weise will ich der anderen Frage nähertreten: Warum haben wir in der Gegenwart so etwas wie eine theosophische Bewegung? – Auch der Frage möchte ich ein wenig nähertreten, warum dasjenige, was die Theosophie eigentlich will, was sie anstrebt, von so vielen Seiten mißverstanden und verkannt wird.

Wer die theosophische Bewegung in ihrem ganzen Wesen verstehen will, der muß sich vor allen Dingen darüber klar sein, welche Aufgabe sie in der Gegenwart zu erfüllen hat. Er muß sich auch darüber klar sein, zu wem sie sprechen will in der Gegenwart. Was ist denn eigentlich der gegenwärtige Mensch, von dem heute die Rede sein soll? Unter diesem gegenwärtigen Menschen wäre zu verstehen derjenige, der sich mit den die Gegenwart beschäftigenden Fragen bekannt gemacht hat, der also nicht nur im Alltäglichen lebt, sondern sich auch mit den Kulturaufgaben unserer Zeit befaßt hat und damit bekannt ist, dem die Fragen, welche die Kultur uns stellt, selbst Herzens- und Geistbedürfnisse sind; kurz, den Menschen möchte ich darunter verstehen, welcher bemüht ist, mit den Bildungs- und Erkenntnisfragen unserer Zeit sich auseinanderzusetzen. Ich möchte für ihn einmal die Frage aufwerfen und skizzenhaft zur Beantwortung bringen: Was findet er in der theosophischen Bewegung? Ist überhaupt innerhalb der Theosophie irgend etwas zu finden, was er notwendig braucht?

Wir müssen da zurückblicken in die Zeit, in welcher die theosophische Bewegung in die Welt getreten ist, wenn wir ihre Aufgabe verstehen wollen. Wir müssen uns klarmachen, daß diese Bewegung drei Jahrzehnte alt ist und daß sie, als sie vor nicht ganz dreißig Jahren in die Welt trat, eine Gestalt annahm, welche ausgedrückt war durch die Zeitverhältnisse. Wer verstehen will, warum sie diese Gestalt angenommen hat, der muß sich die Entwickelung des Bildungs- und Unterrichtswesens der letzten Jahre vor die Seele rükken. Wir stehen ja noch in den Strömungen, welche das 19. Jahrhundert gezeitigt hat, und diejenigen, welche die theosophische Bewegung ins Leben gerufen haben, glaubten damit, der Welt etwas zu geben, was diese braucht. Und die, welche heute Theosophie lehren, glauben, daß sie auch etwas ist, was in die Zukunft hineinführt.

Es ist heute fast zur Phrase geworden, und doch ist es wahr: Was in die Seelen unserer Zeitgenossen sich eingelebt hat, hat in viele der Zeitgenossen einen Riß, einen Zwiespalt zwischen Wissen und Glauben, zwischen Erkenntnis und Religion gebracht, der sich in einer Sehnsucht des Herzens ausdrückt. Dieser Zwiespalt ist bezeichnend für die letzte

Hälfte des 19. Jahrhunderts. Er bedeutet nicht nur für einige Menschen, sondern für einen großen Teil der Menschen überhaupt das, was die Menschheit trennt und was einen Widerspruch in der einzelnen Menschenseele hervorruft. Die Wissenschaft war, bis ins letzte Drittel des 19. Jahrhunderts herauf, zu einer Höhe gekommen, die in der Tat für den, der die Jahrhunderte überblickt, bewundernswert ist. Diese Wissenschaft ist ja etwas, was das 19. Jahrhundert mit gerechtem Stolz erfüllt. Sie ist das große Erbe, das das 19. Jahrhundert allen Kommenden zu übergeben in der Lage ist. Aber diese Wissenschaft hat zu gleicher Zeit alte Überlieferungen scheinbar über den Haufen geworfen. Sie hat scheinbar eine Störung in das hineingebracht, was als alte Glaubensinhalte in früherer Zeit den Seelen so große Dienste geleistet hat. Vor allem waren es diejenigen, die tiefer in die Wissenschaft hineingeblickt hatten, die nicht mehr glaubten, die wissenschaftlichen Erkenntnisse mit dem, was ihnen die Religion geboten hatte, in Einklang bringen zu können. Die Besten glaubten, daß ein ganz neues Bekenntnis Platz greifen müsse und daß es an die Stelle dessen treten müsse, was Jahrhunderte hindurch der Glaubensinhalt der Menschen gewesen ist. So sehen wir, daß eine wahre Revolution im Denken der Menschen nach und nach hereingebrochen ist. Wir sehen, daß sogar die Frage gestellt worden ist, ob es überhaupt noch möglich sei, daß der Mensch Christ sein könne; ob es noch möglich sei, festzuhalten an den Ideen, die den Trost im Sterben gegeben haben und die dem Menschen so lange Zeit gezeigt haben, wie er seine Bestimmung, die über den Tod, über das Endliche hinausreichen sollte, aufzufassen hat. Die große Frage des «Woher» und «Wohin» sollte in einer neuen, von der Wissenschaft beleuchteten Weise gelehrt werden. Von einem «neuen Glauben» sprach man, und man meinte, daß er im Gegensatz zu dem alten stehen müsse. Man glaubte nicht mehr, daß man aus den alten Religionsbüchern sich ein Weltbild bilden könne. Ja, es waren nicht wenige, welche sagten, dort seien kindliche Vorstellungen wiedergegeben, welche nur möglich seien im Kindheitsalter der Menschheit; jetzt aber, wo wir männlich geworden seien, müsse man auch männliche Anschauungen haben. Viele sagten auch, sie wollten bei den alten Glaubensvorstellungen bleiben, sie wollten sich nicht bekehren zu dem radikalen Standpunkt der neuen.

Aber nicht von diesen vielen hängt der Gang der Geistes-entwickelung in der Menschheit ab. Immer waren es wenige, immer waren es diejenigen, welche auf der Höhe ihrer Zeit gestanden haben, welche den Grundton angegeben haben für die Entwickelung in die Zukunft hinein. So kam es, daß die, welche nichts wissen wollten von dem «neuen Glauben», auch meinten, sich nicht bekümmern zu brauchen um den Zwiespalt zwischen Glauben und Wissen; aber man konnte sich auch denken und sagen, daß das in der Zukunft anders sein wird. *David Friedrich Strauß* hat ja damals sein neues Glaubensbekenntnis aufgestellt, daß es nichts in der Welt gebe als das, was sich zwischen Geburt und Tod abspielt, und daß der Mensch seine Aufgabe hier auf Erden erschöpfen müsse. Man kann sehen, daß in der Gegenwart vielen der Trost der Glaubensvorstellungen erstirbt, und man kann annehmen, daß unsere Kinder und Kindeskinder nichts mehr davon haben werden. Daher mögen diejenigen mit Bangigkeit in die Welt gesehen haben, welche glaubten, daß die Seligkeit von diesen Glaubensvorstellungen abhänge. Die Besten waren es.

Das 19. Jahrhundert hat ja auch nur die Früchte gezeitigt von dem, was im vorhergegangenen Jahrhundert gesät wurde. Das hat sich alles vorbereitet in den früheren Jahr-hunderten. Das ist vor allem zuzuschreiben denen, die die

Erweiterung des menschlichen Gesichtskreises von der Mitte des 15. bis ins 16. Jahrhundert erstrebten, und vor allem auch der Popularisierung der Bildung. Blicken Sie zurück, dann werden Sie sehen, daß sich für den Menschen in den verflossenen Jahrhunderten das Religiöse ganz anders gestaltet hat. Das Weltbild wurde scheinbar vollständig geändert. Nur dadurch haben die Menschen sich über etwas falsche Begriffe gemacht, daß grundsätzlich das Denken verschieden ist von dem, was man vor Jahrhunderten dachte.

Versetzen Sie sich in das Zeitalter, wo die große Masse gegenüberstand einigen wenigen: Die Priesterschaft war die Kaste, welche das Wissen hatte. In dieser Kaste gab es einen Zwiespalt zwischen Glauben und Wissen nicht. Was man sah und greifen konnte, stand mit dem in Einklang, was man Glaubensvorstellungen nannte. Was erforscht wurde mit den Instrumenten der Wissenschaft, mit den Sinnen und mit demjenigen, was den Sinnen als Hilfsmittel zur Verfügung steht, das war ein Unterbau für das, was durch die Weite des sinnlichen Blickes gewonnen worden war. Darauf bauten sich auf, als die Spitze, die Vorstellung von Gott, die Vorstellung von der Weltschöpfung und die Vorstellungen von der Bestimmung der Menschenseele. Nirgends war da ein Zwiespalt. Der mittelalterliche Mensch arbeitete sechs Wochentage hindurch, und am Sonntag ging er in die Kirche. Da hörte er, wie das, was er wochentags arbeitete, zwar eine zeitliche Bedeutung hat, daß es aber anderseits auch eine ewige Bedeutung hat; er hörte, wie es sich einfügt in den großen Weltengang. So wußte der Mensch, daß das Kleinste, was er tat, eine Bedeutung hatte, die hineinreicht in alle Zeiten.

Das Bewußtsein, daß das, was der Mensch tut, auf alle Menschen und alle Zeiten wirkt, ist aber gerade denjenigen, welche die Träger der Bildung waren in den letzten Jahrhunderten und am bedeutsamsten im 19. Jahrhundert, verlorengegangen. Weltbilder hatten sich die Menschen entworfen auf ganz andere Art als früher. Die Astronomie hatte ihnen gezeigt, wie man sich Weltbilder zusammenstellen kann aus der bloßen sinnlichen Beobachtung. *Kopernikus* hat die Menschen gelehrt, hinauszublicken in die Welten und sich ein Weltenbild zu schaffen, welches aber den Menschen selbst nicht enthält. Blicken Sie zurück in die alten Weltbilder: Da hatte der Mensch eine Rolle darin, er hatte einen Platz darin. Nun aber hatte er ein System von Sternen vor sich, das gewonnen war mit den Mitteln der Wissenschaft. Aber dieses enthielt die Erde nur als ein kleines Wesen. Sie erschien wie ein Staubkorn unter jener Sonne, welche eine ist unter unzähligen Sonnen.

Unter dem Eindruck von allem diesem war es unmöglich, die Frage zu beantworten: Was soll der Mensch, dieser kleine Bewohner der Erde, auf diesem Staubkorn im Weltenall? Und die Wissenschaft hatte daher die Welt des Lebens zu untersuchen. Sie untersuchte die pflanzlichen, die menschlichen und die tierischen Körper in ihrer Zusammensetzung – die kleinsten Lebewesen mit dem Mikroskop – und fand, daß sie aus kleinsten Gebilden, die man Zellen nennt, aufgebaut sind. Wieder war man einen Schritt vorwärtsgekommen in der sinnlichen Erkenntnis, aber wieder war nur etwas begriffen, was eine sinnliche Anschauung war, etwas, was dem Sinnlichen das physische Dasein erklärlicher machte. Aber wiederum ist etwas ausgeschaltet worden, wonach der Mensch am intimsten fragen muß, nämlich was die Seele und ihre Bestimmung ausmacht. Nicht konnte man die neue Lehre befragen, woher die Seele kam und wohin die Seele geht. – Wir kommen dann dahin, zu sehen, wie man von den alten Weltbildern abkam und die Frage mit den Mitteln der Wissenschaft beantwortet wurde.

In der Geologie hat man den sinnlichen Ursprung des Menschen erforscht. Die verschiedenen Schichten, die es auf unserer Erde gibt, wurden bekannt. Früher hatte man davon gesprochen, daß die Erde durch gewaltige Revolutionen sich herausgebildet und verschiedene Zustände durchgemacht hat; Zustände ganz bedeutsamer Art, so daß man nur sich vorstellen konnte, daß geistige Mächte das allmählich herbeigeführt haben, was wir heute kennen. Heute glaubt man, daß dieselben Kräfte, die heute noch an der Erde bauen, auch in alter Vergangenheit daran gebaut haben. Wir sehen, daß der Fluß vom Berge herabläuft und Geröll mitnimmt und dadurch Land und Ebene schafft. Wir sehen, daß der Wind Sand über weite Flächen trägt und ganze Strecken mit Sand bedeckt. Wir sehen, wie durch solche Einflüsse das Klima und ganz allmählich die Erdoberfläche verändert wird. Und nun sagen die Geologen: so wie die Erde heute verändert wird, so wurde sie auch früher verändert; und so begreift man dann auch, wie allmählich die Erde sich gebildet hat. Alles dasjenige, was für physische Instrumente, für die Berechnung und für die menschlichen Sinne nicht Wahrnehmung ist, das war ausgeschaltet für die Erderklärung. Man untersuchte die verschiedenen Schichten der Erde und fand, daß sich nicht nur dasjenige darin findet, was an leblosen Produkten sich abgelagert hat; man fand auch Wesen, die vor Jahrmillionen auf unserer Erde gelebt haben. In den unteren Schichten fand man die unvollkommensten Wesen, mehr oben fand man vollkommenere Wesen und noch weiter oben, fast zuletzt, die Schichten, in denen der Mensch auftritt. Der Mensch tritt erst in verhältnismäßig jungen Perioden der Erdbildung auf. Wenn wir dieses Bild, das ich eben entworfen habe, anwenden, wenn wir bei diesem Bilde blieben, so könnte man sich nichts anderes vorstellen, als daß der Mensch sich von unten hinauf entwikkelt hat, daß er nur einen kleinen Ruck gemacht hat und vorher nichts anderes war als ein tierisches Wesen höherer Art.

Es kam nun das, was wir den Darwinismus nennen, der sagt, daß alles, was auf der Erde lebt, miteinander verwandt ist, daß Vollkommenes aus Unvollkommenem sich entwickelt und daß diese Entwickelung auf gewissen Gesetzen beruht, welche sich innerhalb des sinnlichen Daseins ausleben. Das Schlagwort vom «Kampf ums Dasein» kam auf. Man sagte sich, jedes Tier und jede Pflanze ist veränderlich. Sie können sich in dieser oder jener Weise entwickeln, je nachdem die Wesen den äußeren Lebensbedingungen angepaßt oder nicht angepaßt sind. Diejenigen Wesen werden sich am besten entfalten und erhalten, welche am besten den Lebensbedingungen angepaßt sind. Man konnte aber nicht feststellen, warum die Lebensbedingungen bei dem einen besser sind als bei dem anderen. Man war auf den Zufall angewiesen. Das Wesen, das zufällig das bessere war, hatte das Fortleben, das weniger gut entwickelte ging zugrunde in dem Kampf aller gegen alle.

So haben wir ein astronomisches Bild, und ein Bild, das uns die Wissenschaft von dem Leben entworfen hat. Aber der Mensch fehlt in demselben und vor allem fehlt das, was man vorher die göttliche Bestimmung nannte. Es fehlt das, was man den göttlichen Ursprung und das göttliche Ziel nennt. Bezeichnend ist das Wort, welches ein großer Naturforscher, der am meisten beigetragen hat zu dem Entwurfe eines großen Weltgebäudes, einmal aussprach: Als *Laplace* Napoleon I. gegenüberstand und ihm das Bild von Sonne und Planeten auseinandersetzte, da sagte Napoleon: Aber in einem solchen Weltbilde finde ich nichts von einem Gott. – Darauf erwiderte Laplace: Ich habe eine solche Hypothese nicht nötig. – Das astronomische Weltbild hatte die Hypothese eines geistig schaffenden Wesens, eines Gottes nicht nötig. Und ebenso verhalten sich die anderen Wissenschaften. Ist in ihrem Lebensbild etwas enthalten von geistig-schaffenden Kräften? Nirgends ist so etwas in dem Bilde enthalten, das die Wissenschaft entworfen hat und mit Recht entworfen hat. Suchen wir dafür eine Erklärung, so finden wir, daß der Mensch mit seinen geistigen Eigenschaften eine Art von Waisenkind ist. Die Wissenschaft hat zwar begeisterte Worte gefunden, wie wunderbar die Kräfte sind, die die Sterne lenken, wie wunderbar die Kräfte sind, die das Leben bis zum Menschen entwickelt haben. Wir sehen aber, daß die Wissenschaft in dem ganz erhabenen Bilde nichts mehr hat von den Vorstellungen, die den Menschen so viele Jahrhunderte hindurch so wertvoll waren. Und von wem hätte der Mensch die Beantwortung der Fragen: Woher komme ich? – Wohin gehe ich? – verlangen können, wenn nicht von der Wissenschaft? Immer ist die Beantwortung dieser Fragen aus der Wissenschaft gegeben worden.

Gehen Sie in die ersten Jahrhunderte des Christentums zurück, nehmen Sie *Origenes* und die anderen ersten Kirchenlehrer: Da werden Sie finden, daß bei denen nicht bloß Glaube, nicht bloß Ahnen und Meinen galt, sondern daß das Männer waren, welche die ganze Bildung ihrer Zeit innehatten, Männer, welche das Weltliche weltlich beantworteten, aber zu gleicher Zeit auch hinaufzusteigen vermochten zum Geistigen; welche das Geistige im Einklang mit der Wissenschaft ihrer Zeit beantworteten. Den Zwiespalt zwischen Wissenschaft und Glauben kennt erst das letzte Jahrhundert. Gelöst muß dieser Zwiespalt aber werden. Der Mensch kann ihn nicht ertragen: Glauben auf der einen, Wissen auf der anderen Seite.

Die, welche keinen anderen Ausweg fanden, als gegen den alten Glauben einen neuen wissenschaftlichen Glauben zu stellen, waren trotzdem bedeutende Männer. Nicht unwissenschaftlich, nicht unreligiös können wir diese Menschen nennen, die gesagt haben: Die religiösen Ideen widersprechen unserem Wissen, und deshalb müssen wir einen neuen Glauben haben. – Da sehen wir das sich entwickeln, was wir den wissenschaftlichen Materialismus nennen können, der den Menschen betrachtet als ein höher geartetes Tier, als ein Glied der physisch-natürlichen Schöpfung, als ein kleines unbedeutendes Wesen, als ein Staubkorn. Dieses Wesen haben Sie vor sich in dem, was die Freidenker und diejenigen ausgebildet haben, die in dem Sinne die verschiedenen Welträtsel zu lösen versuchen, wie Sie das in dem aufsehenerregenden Buche von *Haeckel* über die Lebenswunder sehen können. Da sehen Sie ein aus der Wissenschaft herausgeborenes Bild, das nicht imstande ist, den Einklang herzustellen mit den Anschauungen der früheren Jahrhunderte.

Das war die Lage am Ende des 19. Jahrhunderts, das war das einzige, was das 19. Jahrhundert als Vermächtnis an das 20. Jahrhundert hätte geben können, wenn nicht ein anderer Einschlag gekommen wäre. Dieser Einschlag hat sich vorbereitet und ist dann in der theosophischen Bewegung als Frucht zur Welt gekommen. Vorbereitet hat sich dasjenige, was wir in der theosophischen Bewegung als das eigentliche Wesentliche erkennen, dadurch, daß man auf der einen Seite die wahre physische Gestalt des Weltengebäudes und der Lebensentwickelung kennenlernte, da man nicht ausreichte mit den alten Glaubensvorstellungen, und vorbereitet auf der anderen Seite dadurch, daß man die geistige Entwickelung selbst einem Studium unterwarf, also nicht allein die Lebensentwickelung einem Studium unterwarf, sondern auch die geistige Entwickelung selbst. So wie man die Kräfte untersuchte, aus denen sich Lebewesen und lebendige Wesen entwickelten, so untersuchte man auch die geistigen

Kräfte, die geistigen Inhalte der Menschheit, wie wir sie im Laufe der geschichtlichen und auch vorgeschichtlichen Entwickelung beobachten. Man ging nicht nur auf das zurück, was sich vor den sinnlichen Augen abgespielt hat, sondern auch auf das, was die Menschen geglaubt haben. Das war klar, daß die moderne Wissenschaft etwas radikal Verschiedenes war von dem, was die alten Glaubensbekenntnisse hatten. Erst unsere Zeit der Untersuchungen machte dem Menschen die geistige Entwickelung der Menschheit klar. Uralte Glaubensvorstellungen untersuchte man nach ihrer wahren Gestalt und ihrem Gehalt, und da fand man etwas ganz Besonderes. Durch die Entzifferung der Urkunden der Ägypter, Perser, Inder, Babylonier, Assyrer wurde es uns möglich, in diese uralten Menschheitsvorstellungen einzudringen. Und so wie die Wissenschaft auf der einen Seite Licht in die Naturwissenschaft gebracht hat, so brachte jetzt die Wissenschaft Licht in das, was die Glaubensvorstellungen der Alten waren. Da sah man, daß etwas darin enthalten ist, woran man zwar in unserem Zeitalter und bei unserem freigeistigen Wesen nur wenig gedacht hat.

Man hatte geglaubt, daß die Menschheit ausgegangen sei von der Unwissenheit, von gewissen mythologischen Vorstellungen, von Phantasievorstellungen, von dichterischen Vorstellungen, die man sich gebildet hatte über Gott und Seele in unvollkommener, primitiver Art und Weise. So ungefähr dachte man es sich, hätte sich die Menschheit entwickelt, vom Unvollkommenen zu dem herrlich Vollkommenen unserer Zeit. Aber man kannte die Vorstellungen der Alten nicht, und als man sie kennenlernte, da erweckten sie Erstaunen und Bewunderung, nicht nur bei dem religiösen Menschen, sondern auch bei den Forschern. Diese Bewunderung ist immer wieder und wieder ausgesprochen worden, je mehr sie untersucht wurden. Je weiter wir zurückgehen in das Leben der alten Ägypter, in das Leben der alten indischen, babylonischen und assyrischen, ja selbst chinesischen Geisteswelt, desto mehr sehen wir, daß da so erhabene Weltvorstellungen vorhanden sind, wie sie nur ein menschlicher Gedanke fassen und ein menschliches Herz fühlen kann. Da sehen wir Menschen, welche tief hineingeschaut haben, zwar nicht in das Äußere, das uns heute die Naturwissenschaft erklärt, aber in das innere Geistige. *Konfuzius* hat tiefe Sittenlehren gegeben und Gebote über das gesellschaftliche Zusammenleben geschaffen. Vergleichen Sie selbst, was in der gegenwärtigen Zeit Philosophen an Sittenlehren hervorgebracht haben, vergleichen Sie *Herbert Spencer* oder die Sittenlehre des Darwinismus, vergleichen Sie die modernen Sittenlehren mit denen des Ägyptertums, mit den Vorstellungen über die Sitten des *Laotse*, des Konfuzius, des *Zarathustra*, da müssen Sie sich sagen, daß die neuen Vorstellungen zwar unserer Zeit angemessen sind, daß wir aber bewundernd aufblicken zu den erhabenen Sittenlehren der Alten, die sich mit dem, was wir als Wissenschaft haben, nicht ermessen lassen. *Max Müller* sagt über die tibetanische Sittenlehre: Mag dieses Volk noch so weit von den sogenannten Kulturen unserer Zeit entfernt sein, vor der erhabenen Moral Tibets beuge ich in Ehrfurcht mein Haupt! – So ungefähr sprach der Orientalist und objektive Wissenschafter Max Müller. Nimmermehr war er imstande, daran zu glauben, daß die Menschheit von der Unwissenheit ausgegangen sei. Seine Forschungen führten ihm vielmehr das Resultat zu, das sich in die Worte zusammenfassen läßt, daß zwar diese Weisheit nicht mit dem Verstande, nicht mit den Sinnen erfaßt werden kann, daß aber die Menschheit von einer solchen Weisheit ausgegangen sein muß. Allmählich lernte der Forscher dann davon sprechen, was «Uroffenbarung», was «Urweisheit» ist. Das war das eine, die positive Seite.

Die andere Seite war diejenige, welche sich die Kritik, die Untersuchung dieser Glaubensvorstellungen zur Aufgabe machte. Und da zeigte es sich dann, daß die wichtigsten Urkunden, die wichtigsten Dokumente der wissenschaftlichen Kritik nicht standhielten, wenn man sie so nimmt, wie man seit Jahrhunderten diese Dokumente zu nehmen gewohnt war. Ich will von allem übrigen absehen, auch nicht auf eine Kritik des Alten Testamentes eingehen, sondern nur mit ein paar Worten hindeuten auf das, was diese Kritik in bezug auf die Evangelien geleistet hat. In bezug auf die Evangelien, in denen man noch vor hundert Jahren mit ganz anderen Augen gelesen hatte, wurde nun von der geschichtlichen Kritik gefragt: Wann sind sie entstanden, und wie sind sie entstanden? – Und die Wissenschaft hat von der alten Autorität, welche die Evangelien besessen haben, Stück um Stück wegnehmen müssen. Sie hat gezeigt, daß sie viel später entstanden sind, als man geglaubt hatte; sie hat zeigen müssen, daß sie menschliches Werk sind und nicht den Anspruch machen können auf die Autorität, die man ihnen zugeschrieben hat.

Nehmen wir diese drei Dinge zusammen: Auf der einen Seite die fortschreitende Naturwissenschaft, auf der anderen Seite die Erkenntnis von dem wunderbaren Inhalt aller Glaubensvorstellungen des Altertums und zu gleicher Zeit die Kritik, welche unerbittlich Hand angelegt hat an das, was man früher über die Geschichte der religiösen Dokumente gedacht hat. Das brachte den Menschen in ein Fahrwasser, daß er unsicher wurde und sein Schiff kaum in der alten Weise vorwärtsbringen konnte. Derjenige, der die Wissenschaft von allen Seiten zu Rate ziehen wollte, wurde am Geiste irre. So war das Erkennen der Menschen am Ende des 19. Jahrhunderts beschaffen.

Da kam die theosophische Bewegung, gerade in der

Absicht, denjenigen etwas zu geben, welche in dieser Unsicherheit waren, denjenigen eine neue Botschaft zu bringen, welche ihre neuen Erkenntnisse mit dem alten Glauben nicht in Einklang bringen konnten. Ihnen sollte Antwort gegeben werden auf die Frage, warum dieses Evangelium einen so tiefen Gehalt hat, und warum es in einer so göttlich-erhabenen Weise seine Sittenlehre zu den Menschen sprechen läßt.

Viel verkannt wurde gerade diese theosophische Bewegung deshalb, weil sie eine Sprache führt, welche gerade in dem letzten Jahrhundert sich entwickelt hat. In der ersten Zeit, in der die theosophische Bewegung in die Welt trat, wurde es der Welt sehr schwer, sie zu verstehen. Was gab aber die theosophische Bewegung der Menschheit? Um nur einiges zu bemerken, sei erwähnt: Aus gewissen Studien heraus erschien ein Buch, «Esoterischer Buddhismus» von *Sinnett*, dann ein weiteres Buch, welches «Entschleierte Isis» hieß und *Helena Petrowna Blavatsky* als Autor hatte. Ferner erschien ein zweibändiges Werk, die «Geheimlehre» von H. P. Blavatsky. Das waren Bücher, welche ein ganz anderes Weltbild entwarfen, als die Wissenschaft es bisher getan hatte, auch ein anderes Weltbild entwarfen, als die Weltbilder der Religionen waren. Und dieses Weltbild hatte eine Eigentümlichkeit. Gerade der wissenschaftliche Mensch, der mit gutem Willen an diese Werke herantrat, der nicht hochmütig, von vornherein absprechend und kritisierend diese Werke in die Hand nahm, der fand, daß ihm hier etwas gegeben wurde, was seinen Bedürfnissen genügen konnte. Und nicht wenige waren es, welche gleich nach dem Erscheinen der Bücher sie mit großem Interesse aufnahmen. Menschen waren es, welche wissenschaftlich zu denken verstanden, aber im Laufe der Zeit irre geworden waren gerade an den wissenschaftlichen Fortschritten, gerade an dem, was die Wissenschaft hat bieten können. Diese sahen jetzt in den neuen Werken «Esoterischer Buddhismus», «Entschleierte Isis», «Geheimlehre», etwas, was ihre tiefsten Herzensbedürfnisse, ihre tiefsten Erkenntnisbedürfnisse und ihr wissenschaftliches Gewissen befriedigte. Woher ist diese Erscheinung gekommen und wer waren die wenigen, welche eine solche Befriedigung an den neuen theosophischen Werken empfanden? Wenn wir diese wenigen verstehen wollen, dann müssen wir den weiteren Fortgang der wissenschaftlichen Entwickelung etwas näher uns ansehen.

Die Wissenschaft hatte ein astronomisches Weltbild entworfen, ein Bild von dem Leben auf der Erde bis zum Begreifen des physischen Menschen. Zu gleicher Zeit hatte sie die Methode ausgearbeitet, mit all den wunderbaren Werkzeugen, welche die neuere Zeit geschaffen hat, das Physische zu erforschen. Sie hat nicht nur mit dem Mikroskop die kleinsten Lebewesen erforscht, nein, diese Wissenschaft hat mehr getan. Sie hat es fertiggebracht, den Planeten Neptun, lange bevor er gesehen wurde, auszurechnen! Die Wissenschaft ist heute auch imstande, Weltkörper zu photographieren, die wir nicht sehen können. Sie kann mit Hilfe der Spektralanalyse ein Schema des Zustandes der Himmelskörper geben, und sie hat in ungemein interessanter Weise gezeigt, wie die Weltkörper durch den Raum eilen mit einer Geschwindigkeit, von der wir vorher keine Ahnung hatten. Wenn die Weltkörper sich an uns vorbeibewegen, können wir die Bewegung sehen. Wenn sie sich aber von uns weg oder zu uns herbewegen, dann erscheinen sie ruhend. Die Wissenschaft hat es dazu gebracht, auch die Bewegung dieser Himmelskörper mit einer besonders interessanten Methode zu messen. Dies ist ein Beweis dafür, wohin uns diese Erkenntnis führen kann. Wir sind dadurch auch in die Lage versetzt, die physische Natur Stück für Stück näher zu studieren. Da hat sich etwas ergeben, was für den menschlichen Geist wichtiger noch ist als das, was er früher als neue Wissenschaft an die Stelle der alten gesetzt hatte.

In den letzten Jahren ist die Wissenschaft wieder an ihren eigenen Voraussetzungen irre geworden. Gerade dadurch, daß sie so vollkommen geworden ist, hat sie sich selbst überwunden, hat sie in einer gewissen Weise ihr eigenes Fundament untergraben. Sie sagte, der Kampf ums Dasein habe die Vollkommenheit der Lebewesen bewirkt. Nun wohl, die Naturforscher haben die Dinge untersucht, und gerade weil sie sie untersucht haben, hat es sich gezeigt, daß alle die Vorstellungen, welche sie sich gemacht hatten darüber, nicht haltbar sind. Jetzt spricht man von einer «Ohnmacht des Kampfes ums Dasein». So hat die Naturwissenschaft mit ihren eigenen Methoden ihr Erkenntnisfundament untergraben. Und so ging es Stück für Stück weiter. Und als in den letzten Jahrzehnten der Mensch immer mehr aufmerksam darauf wurde, wie er sich selbst auf unserer Erde entwickelt hat, kam man am Ende zu der Vorstellung, daß der Mensch sich aus den höherstehenden Tieren herausentwickelt habe. So kam es, daß vorsichtige und zu gleicher Zeit einsichtigere Naturforscher in den letzten Jahrzehnten dazu gekommen sind, von der Unmöglichkeit zu sprechen, die geistige Welt, die hinter unserer Sinneswelt sein muß, mit den naturwissenschaftlichen Mitteln zu begreifen. Den ersten Anstoß gab die berühmte Rede von *Du Bois-Reymond* in Leipzig, in der er zum Ausdruck brachte, daß die Naturwissenschaft nicht imstande sei, die wichtigsten Welträtsel zu lösen und darauf bezügliche Fragen zu beantworten. Die Wissenschaft höre da auf, wo das Fragen nach dem Ursprung des Stoffes und nach dem Ursprung des Bewußtseins beginne. Wir werden mit naturwissenschaftlichen Mitteln da nichts wissen können: «Ignorabimus». *Ostwald,* ein guter Schüler Haeckels, der schon auf dem Naturforscherkongreß in Lübeck von der Überwindung des wissenschaftlichen Materialismus sprach, hat in einem Vortrage bei der letzten Naturforscherversammlung offen ausgesprochen, daß die Methoden, mit denen man hinter die Welträtsel kommen wollte, als mißglückt anzusehen seien. «Naturforschung und Weltanschauung» ist der Titel des herausgekommenen Buches. Gerade die Naturwissenschaft ist es, die über sich hinaus will. Sie will über sich hinausgehen und das Weltbild in einem höheren Lichte sehen.

So wie diese Naturforscher heute vor der ganzen objektiven Forschung stehen, so standen die wenigen schon beim Beginn der theosophischen Bewegung. Das war ihnen klar: Was die Naturwissenschaft sagt, ist etwas Unzerstörbares, ist etwas, worauf wir bauen müssen. Aber zu gleicher Zeit war ihnen auch klar, daß diese Naturwissenschaft selbst zu einer Entwickelungsetappe führen muß, wo sie mit ihren Mitteln keine Antwort auf die höheren Fragen mehr geben kann. Diese Antwort fanden sie aber in den genannten theosophischen Schriften. Sie fanden sie darin, nicht durch das Bekenntnis, sondern durch die Art und Weise des Denkens und Fühlens, die sich in der theosophischen Bewegung ausspricht. Das ist die Bedeutung der theosophischen Bewegung für die heutigen Menschen, daß sie diejenigen voll befriedigen kann, welche den Einklang suchen zwischen Wissen und Glauben in der Wissenschaft, welche nicht im Kampf gegen die Wissenschaft, sondern mit der Wissenschaft sich in die Zukunft hineinleben wollen.

Man glaubte noch vor wenigen Jahren, daß die Wissenschaft mit den alten Glaubensvorstellungen im Widerspruch stände. Von einem neuen Glauben sprach man im Gegensatz zum alten Glauben. Die theosophische Bewegung hat uns gelehrt, daß zwar die alten Zeiten sich anders ausgesprochen haben als die moderne Wissenschaft, daß aber das, was die

Alten über die geistigen Kräfte gelehrt haben, über das, was nicht mit Augen zu sehen, nicht mit Ohren zu hören ist, für uns etwas ist, was das Glaubensbedürfnis ebenso wie das modernste Wissenschaftsbedürfnis befriedigen kann. Allerdings muß man mit voller Vorurteilslosigkeit, mit gutem Willen und unbefangen sich in die alten Vorstellungen vertiefen; man muß wirklich den Glauben hegen, daß je weiter man in sie eindringt, man auch immer mehr und mehr daraus gewinnen kann.

Dann stellt sich etwas ein. Die Naturwissenschaft hat uns im Laufe des 19. Jahrhunderts noch etwas anderes gelehrt. Sie hat uns mit der Einrichtung unserer eigenen Sinnesorgane bekannt gemacht. Sie hat uns gezeigt, wie die Augen eingerichtet sein müssen, damit sie Licht und Farben sehen; sie hat uns gezeigt, daß das Auge ein physikalischer Apparat ist, der das, was draußen um uns herum vorgeht, umsetzt in die farbige Welt, die wir vor uns haben. Man hat gesagt, daß es von der Natur des Auges abhängt, wie auch von der Welt selbst. Denken Sie sich, die Welt wäre von nicht sehenden Wesenheiten bewohnt. Dann wäre die Welt ohne Farben! Die Sinneslehre hat das 19. Jahrhundert nach allen Seiten hin ausgebildet. Werden wir uns klar darüber, daß die Welt finster und stumm um uns wäre, wenn unsere Augen und unsere Ohren nicht wären. Wären unsere Sinne nicht, die Welt, welche wir nicht sehen und nicht hören, wäre in ihren Ursachen nicht da, die durch die Sinne auf uns wirken. Es können nicht Wirkungen da sein für einen Menschen, dem die Organe unter gewöhnlichen Umständen fehlen. Oder können nicht doch Wirkungen da sein für einen Menschen, dem die Organe unter gewöhnlichen Umständen fehlen? Das war die Frage, die von der Naturwissenschaft selbst gestellt werden mußte! Diese Frage ist echt naturwissenschaftlich.

Auch auf diesem Felde brachte die theosophische Bewegung Werke von grundlegender Bedeutung hervor. Nicht bloß lieferte sie ein Weltbild, sondern sie brachte auch Werke hervor, welche Anleitung gaben zur Bildung von höheren Organen, zur Bildung von höheren Fähigkeiten. Bildet der Mensch dann diese höheren Fähigkeiten in sich aus, dann steht er der Welt in einer neuen Weise gegenüber. Versetzen Sie sich einen Augenblick in eine dunkle Welt, in der ein helles Licht ist, und denken Sie sich, daß Sie ein Auge aufschlössen: Mit einem Schlage erfüllt sich die Welt mit einer neuen Eigenschaft! Die Welt war früher auch da, als sie dunkel war und Sie kein Licht sahen. Jetzt aber können Sie sie wahrnehmen. Könnten Sie sich höhere Organe aufschließen, dann könnten Sie erleben, daß noch höhere Welten da sind, wirksam sind, weil Sie sie jetzt wahrnehmen können.

«Licht auf den Weg» ist ein solches Werk, das ebenfalls durch die theosophische Bewegung hervorgebracht worden ist. Es ist eine Anleitung dazu, wie der Mensch sich geistige Augen und geistige Ohren heranbilden kann, um geistig zu sehen und geistig zu hören. So tritt die theosophische Bewegung mit dem Anspruch auf, in einer ganz neuen Weise die Welträtsel zu lösen. Nicht nur dadurch, daß sie dem Menschen die Fähigkeiten, die er schon hat, erschließt, sondern auch dadurch, daß sie die, welche in ihm schlummern, erweckt. Dadurch, daß wir uns in dieser Weise vervollkommnen, wie dies seit Urzeiten geschehen ist, dadurch dringen wir erst in die Geheimnisse der Welten ein und der Welten, die rings um uns sind. Dadurch erschließt sich uns das Leben, das den äußeren Sinnesorganen verborgen bleibt. Die Naturwissenschaft könnte noch so weit dringen, sie könnte ihr Herrlichstes hervorbringen, sie müßte doch zugeben, daß außerdem noch etwas vorhanden ist, was sie nicht erfassen kann. Das aber könnte die Wissenschaft die

Menschheit lehren durch die Methoden, die die Theosophie ihr in die Hand gegeben hat. Weil die Menschheit zwar durch die Wissenschaft die Welt in ihren Weiten, aber niemals in ihren Tiefen erforschen konnte, daher tritt der neueren Wissenschaft die Theosophie an die Seite. Erweitert hat sich diese Wissenschaft, vertiefen aber soll die theosophische Weltbewegung diese Wissenschaft.

Jetzt wurde es klar und verständlich, warum der Mensch bewundernd stehen muß, auch als Gelehrter, vor den alten Religionsbekenntnissen. Es wurde klar, daß von jeher vollkommene neben unvollkommenen Wesen auf der Welt gelebt haben. Jetzt wurde es auch klar, warum der Offenbarungsbegriff wissenschaftlich zerstört wurde und auf der anderen Seite dem Menschen in einem schöneren Lichte wiedergegeben wurde. Klar wurde es auch, daß die Evangelien und andere alte Glaubensausdrücke nicht aus Unweisheit, sondern aus Weisheit hervorgegangen sind, daß sie aus Kräften hervorgegangen sind, die in jeder Menschenbrust ruhen und die damals schon in einzelnen entwickelt waren und offenbar machten jene Welt, welche uns die Bestimmung der Seele und die Ewigkeit des Menschenlebens zeigt. Was durch solche Geistesaugen erkannt worden war, das ist uns in den religiösen Urkunden aufbewahrt. Dasjenige, was man nicht finden kann, wenn man den Blick hinausrichtet in die Welt, das steht wirklich in diesen religiösen Urkunden.

Und jetzt begreifen wir, warum die Antwort von Laplace so lauten mußte, wie sie gelautet hat. Was hatte Laplace beobachtet? Die äußere Sinneswelt! Nicht mehr hatte er verstanden die geistige Welt, in welche die Erde eingebettet ist. Er hatte daher recht mit seiner Antwort, daß er mit seinen Instrumenten das Göttliche in der Welt nicht habe finden können. Man hatte früher gelehrt, die geistigen Sinne zu gebrauchen, um die geistige Welt zu beobachten. Das, was in den naturwissenschaftlichen Urkunden steht, das war nicht aus den Sternen geholt. Aber das, was in den biblischen Urkunden geschrieben steht, das war von denjenigen, welche mit Geistesaugen geschaut haben. Die braucht man, die Geistesaugen, um in die geistige Welt hineinzuschauen, so wie man mit den Sinnen in die Sinnenwelt hineinschaut.

Mochte man irre werden an der Wissenschaft – eine sichere Stütze war nun gewonnen. Jetzt sah man die großen geistigen Zusammenhänge, die ebenso klar vor der Seele des Menschen liegen, wenn der Mensch nur sucht, die Wege dahin zu finden. Und die Wege, welche dahin gehen, sucht die theosophische Bewegung der Menschheit zu vermitteln.

Nun wird man vor allen Dingen verstehen, was diese theosophische Bewegung will, und warum sie zunächst so mißverstanden worden ist. Mißverstanden mußte sie werden. Das hängt mit der Zeitentwickelung zusammen. Lassen Sie mich den tiefsten Grund des Mißverständnisses in der neuesten Wissenschaft berühren. Der «Kampf ums Dasein» habe die Menschen auf eine hohe Entwickelungsstufe gebracht, so glaubten die Menschen. Aber eigentümlich ist es, daß diese Weltanschauung schon im Anfange des 19. Jahrhunderts aufgetreten ist als Lamarckismus. Nichts wesentlich Neues lehrte Darwin. Aber erst seit Darwin hat diese Anschauung eine weitere Verbreitung gefunden. Das hängt mit den Lebensverhältnissen des 19. Jahrhunderts zusammen. Das Leben war anders geworden. Das soziale Leben war selbst ein Kampf ums Dasein geworden. Als die Darwinsche Lehre allgemeine Verbreitung fand, da war der «Kampf ums Dasein» Realität, und er ist es noch heute. Er war es damals bei der Ausrottung der Völkerstämme in Amerika und auch bei denen, die bemüht sind, äußeren Wohlstand zu erreichen: Niemand dachte etwas anderes, als wie das «Wohl» am besten zu erreichen sei. «Wenn die Rose selbst sich schmückt, so schmückt sie auch den Garten» – durch die Zufriedenheit jedes einzelnen sollte auch die Zufriedenheit aller erreicht werden.

Dann kam man zu der merkwürdigen Lehre des *Malthus*, zu dem Malthusianismus, zu jener Lehre, welche sagt, daß die Menschheit sich viel rascher entwickelt als die für sie nötigen Lebensmittel, so daß es allmählich zu einem solchen Kampf ums Dasein im Menschenreich selbst kommen muß. Man hat geglaubt, daß der Kampf notwendig sein wird, weil die Nahrungsmittel nicht ausreichen. Man mochte es als traurig ansehen, daß es so sei, aber man glaubte, daß es so sein müsse. Für Darwin war der Malthusianismus der Ausgangspunkt zu seiner Lehre. Weil man glaubte, daß der Mensch einen Kampf ums Dasein kämpfen müsse, deshalb glaubte er, daß der Kampf auch in der ganzen Natur so sein müsse. Hinausgetragen hat der Mensch seinen sozialen Kampf ums Dasein in die Lebenswelt, in die Himmelswelt.

Man hatte sich viel damit zugute getan, als man sich sagte, der neue Mensch sei bescheiden geworden. Er soll nichts mehr sein als ein kleines Wesen auf dem Staubkorn Erde, während er früher nach Erlösung strebte. Der Mensch ist aber nicht bescheiden geworden! Indem man das, was als sozialer Kampf in der Menschheit vorhanden ist, in die Welt hinausprojizierte, hat man die Welt zum Abbild des Menschen gemacht. Hat der Mensch früher seine Seele betrachtet, sie von allen Seiten durchforscht, um von hier aus die Weltseele zu erkennen, so hat er jetzt die physische Welt erforscht und sie sich so vorgestellt, daß er in ihr ein Bild der Menschheit mit ihrem Kampf ums Dasein sieht. Wollte die theosophische Bewegung etwas erreichen, dann mußte sie diese Tatsache erfassen. Wenn der Mensch wirklich in sich das Göttliche wiederentdeckt, so daß er Gott in seinem Inneren findet, dann kann er sich sagen: Der Gott, der in meinem Inneren wirkt, ist der Weltengott, ist derjenige, welcher wirkt in mir und außer mir; ich erkenne ihn und darf die Welt so vorstellen, wie ich selber bin, weil ich weiß, daß ich sie göttlich vorstelle, weil ich weiß, wie diese neue Erkenntnis aus neuen Seelentiefen und neuen Herzensgefühlen heraus zu gewinnen ist.

So konnte man auch die verschiedenen Religionssysteme mit ihren tiefen Wahrheiten erforschen. Die Religionsforscher wie Max Müller und seine großen Kollegen haben diese Religionswissenschaft angebahnt, und die Theosophie mußte sie fortsetzen. Der Mensch soll mit geistigen Augen sehen und mit geistigen Ohren hören, was kein physisches Auge sehen und kein physisches Ohr hören kann. Das hatte die theosophische Bewegung angebahnt. Unmöglich wäre es gewesen, in diesen zwei Punkten wirklich etwas zu erreichen, wenn nicht in den Mittelpunkt dieser ganzen Bewegung eines geschoben worden wäre, welches geeignet ist, wirklich die neuen Erkenntnisse, die neue Wissenschaft und den neuen Glauben aus der Menschenseele heraus zu gebären: Hat in der Mitte des 19. Jahrhunderts der Mensch geglaubt, nur durch Kampf zur Vollkommenheit vorzudringen und dadurch den Kampf zum großen Weltgesetz gemacht, so müßte er jetzt lernen, das in seiner Seele auszubilden, was das Gegenteil des Kampfes ist: die Liebe, welche das Glück und das Wohlergehen des einzelnen nicht trennen kann von dem Glück und dem Wohlergehen des anderen; welche in dem anderen nicht denjenigen sieht, auf dessen Kosten man vorwärtskommen kann, sondern denjenigen, dem man helfen muß. Wird die Liebe in der Seele geboren, dann wird der Mensch auch in der Außenwelt die schaffende Liebe sehen können. Wie der Mensch sich im 19. Jahrhundert eine Naturanschauung schuf, die von seiner Vorstellung des Kampfes ausging, so wird er eine Weltanschauung der Liebe schaffen, weil er entwickeln wird den Keim der Liebe.

Ein Spiegelbild dessen, was in der Seele Liebe hat, wird das neue Weltbild wieder sein. Das Göttliche mag der Mensch sich wieder vorstellen, wie er seine eigene Seele findet – aber Liebe soll in dieser Seele leben. Dann wird er erkennen, daß nicht Kampf die Eigenschaft des in der Welt schaffenden Kraftsystems ist, sondern daß Liebe die Urkraft der Welt ist. Will der Mensch den Liebe schaffenden und Liebe ausströmenden Gott erkennen, dann muß er seine Seele selbst zur Liebe heranbilden. Das ist der wichtigste Grundsatz, den die theosophische Bewegung zu dem ihrigen gemacht hat: Den Kern einer allgemeinen Menschenverbrüderung zu bilden, welche auf Menschenliebe gebaut ist. Dadurch wird die theosophische Bewegung die Menschen in umfassender Weise zubereiten zu einer Weltanschauung, in der nicht der Kampf, sondern die Liebe schafft und bildet. Der sehende Menschengeist wird die schaffende Liebe sich entgegenströmen sehen. Das In-sich-die-Liebe-Heranbilden wird zu der Erkenntnis führen, daß die Liebe die Welt geschaffen hat. Und der Goethesche Gedanke wird erfüllt sein:

> Edel sei der Mensch,
> Hilfreich und gut!
> Denn das allein
> Unterscheidet ihn
> Von allen Wesen,
> Die wir kennen.

Dieses Vermächtnis des großen Dichters bildet den Antrieb unserer theosophischen Bewegung. Der moderne Mensch sollte den bedeutsamsten Faktor in der fortschrittlichen

Entwickelung durch die theosophische Bewegung in sich selbst ausbilden. Das Zusammenwirken im sozialen Leben sollte er anstreben. Dadurch würde es ihm möglich, fortzuschreiten in der Weisheit und in weisheitserfüllter Kraft – auch in den geistigen Welten. Dann wird der Mensch mehr und mehr wieder erkennen, was sein Ewiges und was seine ewige Bestimmung ist. Er wird wissen, wie er selbst schafft und arbeitet an dem «sausenden Webstuhl der Zeit», als ein Glied in einer geistigen, nicht bloß sinnlichen Weltenkette. Er wird wissen, daß er die alltägliche Arbeit verrichtet und daß diese sich nicht in sich selbst erschöpft, sondern ein kleines Kettenglied ist in einem großen Menschheitsfortschritt. Er wird wissen, daß jeder Mensch ein Keim ist, der zu seinem Blühen und Gedeihen eine Kraft braucht, die den Keim herausdrängt und -treibt aus der finsteren Erde. Das was die Seele schafft, muß herausgeholt werden aus dem geistigen Erdreich, wie der Pflanzenkeim aus dem physischen Erdreich herausgeholt werden muß. Und wie der physische Keim herausgeholt wird von der Sonne zur Sonne, so wird die blühende und gedeihende Menschenpflanze herausgeholt werden durch eine geistige Sonnenkraft, durch jene geistige Sonnenkraft, welche die Theosophie den Menschen lehren und vermitteln wird. Sie wird ihn hinführen zu der herrlichen und gewaltigen Geistessonne, die man aussprechen kann, aber nicht bloß auszusprechen, sondern zu erkennen und zu durchschauen nötig hat: Das ist die Geistessonne, die draußen lebt in der geistigen Welt, die aber auch im Inneren des Menschen lebt.

Als ersten Grundsatz hat die theosophische Bewegung, daß diejenigen, welche sich zusammenschließen zu dieser Gesellschaft, in sich entwickeln das Anschauungsvermögen für diese geistige Sonne, die im Inneren des Menschen und in der großen geistigen Außenwelt lebt, die die treibende Kraft im Geistigen ist und wirklich eine Kraft, wie alle anderen physischen Kräfte, nur eine höhere – und das ist die Kraft der schaffenden Liebe. Eine neue göttliche Erkenntnis wird heraufgeführt werden. Dann wird der Mensch in der Außenwelt die schaffende Liebe erkennen, wenn der Mensch diese Liebe in sich immer größer und größer werden läßt. Dann wird die Theosophie nicht nur Erkenntnisse liefern, sondern auch die geistige Zukunft herbeiführen durch die wachsende und gedeihende Liebe.

DIE MENSCHLICHE WESENHEIT

Berlin, 13. Oktober 1904

Die Vorträge über die Grundbegriffe der Theosophie sollen in aller Kürze einen Abriß der Weltanschauung und Lebensgestaltung geben, die man gewöhnlich als Theosophie bezeichnet. Ich muß aber, um Mißverständnissen vorzubeugen, einiges über diese Theosophie vorausschicken. Es könnte der Glaube entstehen, daß die Theosophische Gesellschaft oder die theosophische Bewegung die Auffassung, die ich geben werde, als solche propagiere, daß also innerhalb der theosophischen Bewegung diese Anschauung wie eine Dogmatik vorgetragen würde. Das ist nicht der Fall. Dasjenige, was in der Theosophischen Gesellschaft von einzelnen vorgetragen wird, ist – um mich eines gebräuchlichen Ausdrucks zu bedienen – eine persönliche Anschauung, und die Theosophische Gesellschaft soll nichts weiter sein als eine Vereinigung, welche eine Pflegestätte schafft für solche Weltanschauungen, welche in die höheren Gebiete des geistigen Lebens hineinführen; so daß niemand glauben sollte, daß es sich in der Theosophie um die Propagierung irgendwelcher Dogmen handelt. Allerdings, wenn heute von Weltanschauungsvereinen gesprochen wird, wenn von monistischen oder dualistischen Anschauungen gesprochen wird, so versteht man unter solchen Vereinen oder Gesellschaften solche, die sich auf irgendein Dogma, wenn nicht gerade verpflichtet, so doch auf ein Dogma hin vereinigt haben, sei es nun ein berechtigtes oder ein unberechtigtes Dogma. So ist es nicht in der Theosophie. Doch muß auf der anderen Seite betont werden, daß nur derjenige, welcher in das

Wesen der theosophischen Weltanschauung eingedrungen ist, seine persönliche Anschauung davon vorzutragen vermag. Die theosophische Weltanschauung ist nämlich eine solche, daß die einzelnen frei übereinstimmen, ohne daß sie sich äußerlich zu einem Dogma verpflichten. Sie brauchen sich aus dem Grunde nicht so zu verpflichten, weil jeder zu denselben Anschauungen kommen muß, der die Tatsachen kennenlernt. Viel geringer als auf dem Gebiete des sinnlich-wissenschaftlichen Forschens und Erforschens der äußeren Tatsachen ist auf diesem Gebiete die Differenz der einzelnen Forscher, und Sie werden, wenn Sie wirklich in diese Dinge eindringen, nicht hören, daß dieser oder jener Theosoph, welcher wirklich die Methode der theosophischen Weltanschauung beherrscht, mit irgendeinem anderen in wesentlichen Dingen nicht übereinstimmt. Das ist aus dem Grunde so, weil, wenn wir in die höheren Gebiete des Daseins heraufkommen, die Irrtümer nicht mehr möglich sind, die einfach auf dem Gebiete der äußeren sinnlichen Tatsachen vorkommen. Da ist es nicht möglich, daß der eine die, der andere eine andere Weltanschauung produziert. Nur das ist möglich, daß der eine weniger vorgeschritten ist und nur einen Teil der theosophischen Weltanschauung vertreten kann. Ist er dann des Glaubens, daß das, was er erkannt hat, das Ganze der Weltanschauung darstellt, dann kann es kommen, daß er denen, die weiter entwickelt sind, scheinbar widerspricht. Die auf gleicher Stufe stehenden Theosophen werden einander nicht widersprechen.

Ferner möchte ich einleitungsweise betonen, daß es ein arges Mißverständnis ist, wenn vielfach angenommen wird, daß die theosophische Weltanschauung irgend etwas zu tun habe mit der Propagierung eines Buddhismus oder Neubuddhismus, wie es manche zu nennen belieben. Davon kann durchaus nicht die Rede sein. Als Frau *Blavatsky,*

Sinnett und andere die grundlegenden Anschauungen verbreiteten, auf denen die theosophische Weltanschauung fußt, da kam ihre erste Anregung allerdings aus dem Orient, aus Indien. Von dort kamen die ersten großen Lehren in den siebziger Jahren. Das war eine Anregung; aber dasjenige, was der Inhalt der Anschauung ist, die innerhalb der theosophischen Bewegung lebt, das ist ein Gemeingut nicht nur aller Zeiten, sondern auch aller derjenigen, die in diese Dinge eingedrungen sind. Es wäre falsch, zu glauben, daß, um Theosophie kennenzulernen, man nach Indien pilgern oder sich in indische Schriften vertiefen müsse. Das ist nicht der Fall. Sie können in allen Kulturen die gleichen Philosophien und die gleichen theosophischen Lehren finden. Nur in dem, was wir die indische Vedantalehre nennen, ist gleichsam nichts verunreinigt durch die äußere Sinneswissenschaft. Es ist da in gewisser Weise erhalten geblieben derjenige Kern der Weltanschauung, der als Theosophie immer gelebt hat. Also nicht um buddhistische Propaganda handelt es sich, sondern um eine Weltanschauung, die jeder überall kennenlernen kann. Außerdem möchte ich im besonderen betonen, daß es allerdings für den Menschen der Gegenwart etwas Befremdendes hat, wenn er in den zuerst erschienenen Büchern der theosophischen Weltanschauung liest von den Quellen dieser Weltanschauung. In demjenigen Buche, welches die meiste Verbreitung gefunden hat und das die meisten Menschen, die sich damit befaßt haben, angeregt hat, sich weiter mit Theosophie zu beschäftigen, in der «Esoterischen Lehre oder Geheimbuddhismus» von Sinnett, wird in dem ersten Kapitel verwiesen auf die großen Lehrer, von denen die theosophischen Lehren stammen. So etwas ist allerdings der europäischen Kultur etwas unsympathisch. Dennoch ist es für den, der klar und konsequent denkt, nichts, was mit den landläufigen Begriffen nicht übereinstimmte. Denn wer wollte leugnen, daß unter den Menschen mehr oder weniger entwickelte sind! Wer wollte leugnen den großen Abstand zwischen einem afrikanischen Neger und etwa Goethe? Und warum sollte es nicht auf dieser Stufenleiter aufwärts noch viel entwickeltere Individualitäten geben? Es war im Grunde genommen nur wie eine Verwunderung, daß sich in unserer Entwickelung wirklich so entwickelte Persönlichkeiten finden, wie sie in Sinnetts Buch beschrieben werden. Solche Persönlichkeiten haben allerdings ein ganz außerordentliches Wissen, eine weltumspannende Weisheit. Es hätte keinen Zweck gehabt, wenn sie vor die Welt hingetreten wären. Es ist kein absonderlicher Begriff, wenn wir sagen, daß die sogenannten Meister für uns große Anreger sind, weiter nichts, große Anreger auf den geistigen Gebieten. Allerdings geht deren Entwickelung weit über das Maß hinaus, das die landläufige Kultur bietet. Große Anreger sind sie uns; sie fordern aber nicht den Glauben an irgendeine Autorität, nicht den Glauben an irgendein Dogma. Sie appellieren an nichts anderes als an die eigene menschliche Erkenntnis und geben Anleitung, durch bestimmte Methoden die Kräfte und Fähigkeiten, die in jeder Menschenseele liegen, zu entwickeln, um zu den höheren Gebieten des Daseins hinaufzusteigen.

Es ist also am Anfang dieser Vorträge so, daß ich Ihnen scheinbar ein persönliches Bild geben werde, und zwar deshalb, weil ich nichts sagen werde, geflissentlich nichts sagen werde, was ich nicht selbst in der Lage war zu prüfen und wofür ich nicht selbst als Zeuge eintreten könnte. Auf der anderen Seite habe ich mich aber auch überzeugt, daß dasjenige, was ich in dieser Weise selbst zu sagen habe, durchaus übereinstimmend ist mit denjenigen, die die theosophische Weltanschauung zu allen Zeiten vertreten haben und insbesondere mit denjenigen, die sie heute vertreten. Es ist so wie bei den Menschen, die auf verschiedenen Punkten stehen und eine Stadt betrachten. Wenn sie ein Bild der Stadt zeichnen, so werden diese Bilder ein wenig voneinander verschieden sein, je nach der Perspektive, die sich für den betreffenden Gesichtspunkt ergibt. Ebenso sind natürlich auch die Weltbilder verschieden, die nach den eigenen Beobachtungen der theosophischen Forscher geschildert werden. Aber es ist ja doch im Grunde genommen immer dasselbe. So verhält sich das Weltbild, das ich geben werde, zu dem Weltbilde, das andere theosophische Forscher geben. Es stimmt durchaus überein und unterscheidet sich nur durch die Perspektive des Gesichtspunktes.

Ich werde in dem heutigen Vortrage ein Bild geben, zunächst mehr beschreibend, über die Grundbestandteile des Menschen, seiner physischen und geistigen Wesenheit nach. Ich werde dann in dem zweiten Vortrag übergehen zu den zwei wesentlichen Begriffen der theosophischen Weltanschauung, zu Reinkarnation oder Wiederverkörperung und zu Karma oder dem großen Menschenschicksal. Ich werde dann in den folgenden Vorträgen ein Bild geben von den drei Welten, die der Mensch auf seiner großen Pilgerfahrt zu durchlaufen hat, von der physischen Welt, die jeder kennt, von der astralischen Welt, die nicht jeder kennt, die aber jeder kennenlernen kann, wenn er in geduldiger Weise die entsprechenden Methoden anwendet, und von der geistigen Welt, die im wesentlichen das Seelenwesen zu durchlaufen hat. Dann werde ich in einem Vortrage das theosophische Weltbild im großen geben: Entstehung und Entwickelung der Welt und Menschenentwickelung, dasjenige, was man theosophische Menschenkunde und theosophische Astronomie nennen kann. Das ist der Plan.

Vor allen Dingen müssen wir uns klar sein darüber, was für Bestandteile wir in der Menschennatur haben. Durch ein sorgfältiges Studium, das uns die Theosophie an die Hand geben wird, werden wir kennenlernen, daß von diesen Bestandteilen des Menschen für die gewöhnliche Betrachtung nur der erste Hauptbestandteil vorhanden ist: die physische Natur des Menschen im weitesten Sinn des Wortes, dasjenige, was wir Körper nennen. Der Materialist betrachtet diesen Körper des Menschen als das einzige, was überhaupt die menschliche Wesenheit zusammensetzt. Dazu fügt die theosophische Weltanschauung zwei weitere Bestandteile: das, was man zu allen Zeiten Seele genannt hat, und als höchsten Bestandteil das unvergängliche Wesen des Menschen, das, was keinen Anfang und kein Ende in unserem Sinne des Wortes hat: den Geist. Das sind, grob betrachtet, die Grundbestandteile des Menschen. Wer beobachten lernt auf den höheren Gebieten des Daseins, der lernt Seele und Geist ebenso beobachten, wie das physische Auge das Sinnliche, das Körperliche zu beobachten lernt. Allerdings haben die Menschen seit der Ausbreitung der reinen Sinneswissenschaft im Abendlande das Bewußtsein und auch die Fähigkeit der Beobachtung auf diesem höheren seelischen und geistigen Gebiete zum großen Teil verloren. Es ist nur auf eng begrenzte Kreise beschränkt geblieben. Der letzte, der noch etwas auf dem Katheder gesprochen hat von diesen höheren Gebieten menschlicher Beobachtung, der noch in einem solchen Sinne gesprochen hat, daß man erkennen kann, daß er etwas wußte von dem, was man wissen kann, das ist *Johann Gottlieb Fichte,* der große deutsche Philosoph. Er hat, als er in Berlin an der neugegründeten Universität seine Vorträge eröffnete, ganz anders gesprochen als andere Philosophieprofessoren seit dem 17. Jahrhundert. Er hat so gesprochen, daß man erkennt: Er will nicht dasjenige bloß lehren, was man mit dem Verstand begreifen kann, sondern er will hinweisen darauf, daß der Mensch selbst sich entwickeln kann, daß Sinneswahrnehmung ein Untergeordnetes ist und daß der Mensch in sich Fähigkeiten entwickeln kann, die einfach im Alltagsleben nicht vorhanden sind. In der Geschichte der deutschen Geistesentwickelung waren diese Vorlesungen von Johann Gottlieb Fichte etwas Epochemachendes. Heute können sie allerdings für den nur bedeutungsvoll sein, der sie wieder ausgräbt. Denkwürdig ist die Stelle: «Diese Lehre setzt voraus ein ganz neues inneres Sinneswerkzeug, durch welches eine neue Welt gegeben wird, die für den gewöhnlichen Menschen gar nicht vorhanden ist ... Denke man eine Welt von Blindgeborenen, denen darum allein die Dinge und ihre Verhältnisse bekannt sind, die durch den Sinn der Betastung existieren. Tretet unter diese und redet ihnen von Farben und den anderen Verhältnissen, die nur durch das Licht für das Sehen vorhanden sind. Entweder ihr redet ihnen von nichts, und dies ist das Glücklichere, wenn sie es sagen; denn auf diese Weise werdet ihr bald den Fehler merken und, falls ihr ihnen nicht die Augen zu öffnen vermögt, das vergebliche Reden einstellen.»

Das ist es, um was es sich handelt, daß die Menschen hingewiesen werden sollen auf die Beobachtung von Seele und Geist. Die Theosophie ist durchaus nicht in irgendeinem Widerspruche mit der landläufigen Wissenschaft. Nicht einen einzigen der modernen Sätze der Wissenschaft braucht der Theosoph zu leugnen. Das alles gilt. So wie etwa unter einer Summe von Menschen, die blaublind sind, alles dasjenige, was in gelben und roten Farbennuancen vorhanden ist, wahrgenommen werden kann, just aber nichts Blaues, so kann für denjenigen, der geistig blind ist, Seele und Geist nicht wahrgenommen werden. Vollständig einleuchtend wird dies dann, wenn durch die entsprechenden Methoden aus dem Blinden ein Sehender geworden ist. Wenn er sehend

wird, leuchtet um ihn herum eine neue Welt auf, die ebensowenig für ihn da war, wie für den Blaublinden die blaue
Farbennuance da ist, bevor er durch eine Augenoperation
dazu gebracht werden konnte, das Blaue neben dem Roten
zu sehen.

Sehen Sie, das wußte Johann Gottlieb Fichte. Das wußten
auch die Menschen in jenen Zeiten, in denen die Menschheit
noch nicht betäubt war – ich sage das nicht in tadelndem
Sinne –, das wußten die Menschen jener Zeit, und bei einigen
wenigen hat sich die Tradition auch immer erhalten und
wurden die Methoden ausgebildet. Sie wußten, daß, wenn
man von der Wesenheit des Menschen spricht, man es nicht
nur zu tun hat mit dem, was wir den Leib nennen, sondern
daß das, was Seele ist, ebenso wahrgenommen werden kann,
ebensolche Gesetze hat und ebenso in eine Welt eingebettet
ist wie der Leib. In höherem Sinne ist es ebenso mit dem
Geist. Der Menschenleib ist beherrscht von denselben
Gesetzen, von denen rings um uns herum die anderen Dinge
beherrscht sind. Im Menschenleib haben wir dasselbe, was
wir in der physischen Welt haben; dieselben chemischen und
physikalischen Gesetze finden wir auch im Menschenleib.
Diese physische Welt ist für die physischen Sinne wahrnehmbar. Sie ist nicht nur subjektiv für den Menschen
vorhanden, sondern auch objektiv für seine Wahrnehmung
da. Subjektiv übt der Mensch die physische Tätigkeit aus. Er
verdaut, er atmet, er ißt und trinkt, er übt jene innere
physische Tätigkeit des Gehirns aus, durch die die innere
Gedankentätigkeit vermittelt wird; kurz, die ganze Tätigkeit, die uns die Biologie, die Physik und die anderen
physischen Wissenschaften lehren, übt der Mensch aus. Das
ist der Mensch, der das ausübt. Und man kann es auch
wahrnehmen. Wenn der Mensch seinem Nebenmenschen
gegenübertritt, so nimmt er unmittelbar oder durch die

Mittel der Wissenschaft das, was er subjektiv ist, auch objektiv wahr.

Nun ist der Mensch aber subjektiv noch etwas Höheres, er ist auch eine Summe von Gefühlen, von Trieben, von Leidenschaften. Ebenso wie Sie verdauen, fühlen Sie, begehren Sie. Das sind auch Sie! Das nimmt ein Mensch unter gewöhnlichen Verhältnissen aber nicht objektiv wahr. Wenn er seinem Mitmenschen gegenübertritt, sieht er nicht äußerlich sein Gefühl, seine Begierde, seine Leidenschaft, seine Triebe. Wäre der Mensch blind, so würde er eine ganze Summe von physischen Tätigkeiten nicht sehen. Nur dadurch, daß er eine physische Sinnestätigkeit ausüben kann, ist das Physisch-Subjektive für ihn auch objektiv wahrnehmbar. Und weil er eine seelische Sinnestätigkeit zunächst nicht ausübt, ist das Seelisch-Subjektive, das Gefühl, sind die Triebe, die Leidenschaften, die Begierden zwar subjektiv in jedem Menschen vorhanden, wenn er aber seinen Mitmenschen gegenübertritt, kann er das nicht wahrnehmen. Nun kann er, ebenso wie er ein Auge ausgebildet hat auf physischem Wege, um die Körpertätigkeit wahrzunehmen, sein seelisches Auge ausbilden und die Welt der Triebe, Begierden, Leidenschaften wahrnehmen, kurz, es dahin bringen, das Seelische auch objektiv als Wahrnehmung vor sich zu haben. Diese Welt, in der der Durchschnittsmensch von heute zwar lebt, ohne daß er sie wahrnimmt, die er aber wahrnehmen kann, wenn er durch die entsprechenden Methoden die geeigneten Kräfte bei sich ausbildet, diese Welt nennen wir mit einem theosophischen Ausdruck die astrale oder mit einem deutschen Wort die seelische Welt. Das, was unsere landläufige Psychologie als Seele beschreibt, ist nicht das, was die Theosophie unter seelischem Leben versteht, sondern nur der äußere Ausdruck davon.

Eine noch höhere Welt als die seelische ist die geistige

Welt. Derjenige, der imstande ist, das Seelische wahrzunehmen dadurch, daß seine Organe für das Seelische geöffnet sind, kann aber noch nicht das, was Geist ist, in seiner Umwelt wahrnehmen. Er kann das Seelische wahrnehmen, aber nicht den Gedanken selbst. Der Seelenseher sieht Begierden und Leidenschaften, aber nicht das Denken, nicht den objektiven Gedanken. Daher leugnen die, welche den objektiven Gedanken nicht sehen können, den objektiven Gedanken überhaupt. Man hat *Hegel* nicht verstanden, als er vom objektiven Vorhandensein der Gedankenwelt sprach. Und die, welche sie nicht wahrnehmen können, haben selbstverständlich von ihrem Standpunkte aus auch Recht, wenn sie sie leugnen. Sie können aber nichts anderes sagen, als daß sie sie nicht sehen, ebenso wie der Blindgeborene behauptet, daß er keine Farbe sieht.

Leib, Seele und Geist sind, roh betrachtet, die drei Grundbestandteile der menschlichen Wesenheit. Jeder Grundbestandteil hat wieder drei Bestandteile oder Stufenfolgen. Dasjenige, was gewöhnlich als Leib bezeichnet wird, ist nicht so einfach wie der materialistische Forscher es sich vorstellt. Es ist ein zusammengesetztes Ding, das aus drei Gliedern oder drei Bestandteilen besteht. Der unterste, gröbste Bestandteil ist in der Regel dasjenige, was der Mensch mit seinen physischen Sinnen sieht, der sogenannte physische Leib. Dieser physische Leib hat in sich dieselben Kräfte und Gesetze wie das Physische um uns herum, wie die ganze physische Welt. Die heutige Naturwissenschaft studiert am Menschen nichts anderes als diesen physischen Leib; denn auch unser kompliziertes Gehirn ist nichts anderes als ein Bestandteil dieses physischen Leibes. Alles, was unmittelbar raumerfüllend ist, was wir mit den bloßen Sinnen oder mit den bewaffneten Sinnen, mit dem bloßen Auge oder mit dem Mikroskop sehen können, kurz, alles dasjenige, was für den Naturforscher noch aus Atomen zusammengesetzt ist, das bezeichnet der Theosoph noch als physische Körperlichkeit. Das ist der unterste Bestandteil der physischen Wesenheit. Nun leugnen aber schon viele Forscher den nächsten Bestandteil der physischen Wesenheit, den Ätherkörper. Der Ausdruck Ätherkörper ist ja nicht glücklich gewählt. Aber nicht auf den Namen kommt es an. Daß man den Ätherkörper leugnet, ist erst das Ergebnis des neueren naturwissenschaftlichen Denkens. Es schließt sich an das Leugnen dieses Ätherkörpers ein schon lange dauernder naturwissenschaftlicher Streit. Ich will vorläufig nur kurz andeuten, was unter diesem Ätherkörper zu verstehen ist.

Wenn Sie ein Mineral betrachten, einen toten, leblosen Körper, und ihn mit der Pflanze vergleichen, dann werden Sie sich sagen – und das haben sich alle Menschen gesagt bis um die Wende des 18. zum 19. Jahrhundert, denn da ging der Streit wegen des Ätherkörpers los –, der Stein ist leblos, die Pflanze aber ist lebenerfüllt. Das, was also dazukommen muß, damit die Pflanze nicht Stein sei, das nennt die Theosophie Ätherkörper. Dieser Ätherkörper wird wohl besser mit der Zeit bloß Lebenskraft genannt werden, denn die Äther- oder Lebenskraft ist etwas, wovon die Naturwissenschaft bis ins 19. Jahrhundert hinein gesprochen hat. Die neuere Naturwissenschaft leugnet so etwas wie die Lebenskraft. *Goethe* hat bereits gespottet über jene, die nicht anerkennen, daß das Leben zur Erklärung etwas erfordert, was höher ist als das Leblose. Sie alle kennen die Stelle im «Faust»: «Wer will was Lebendigs erkennen und beschreiben, sucht erst den Geist herauszutreiben, dann hat er die Teile in seiner Hand, fehlt leider! nur das geistige Band.» Das Band der Lebenskraft meint Goethe. Ich habe in meinem Buche «Goethes Weltanschauung» diese Sache auseinandergesetzt.

Heute gibt es wieder eine Anzahl Naturforscher, welche glauben, nicht auskommen zu können mit dem Leblosen, die also wenigstens ahnend das annehmen, was die Theosophen den Ätherkörper nennen. Sie nennen sich die Neovitalisten. Ich brauche nur auf *Hans Driesch* und andere zu verweisen, um zu zeigen, wie der Naturforscher wiederum dazu kommt, diesen Ätherkörper, wenn auch unter anderen Namen, als etwas wirklich Bestehendes zu bezeichnen. Und je weiter die Naturwissenschaft vorrückt, desto mehr wird sie auch erkennen, daß die Pflanze schon einen solchen Ätherkörper hat, denn sonst könnte sie nicht leben. Auch das Tier und der Mensch haben einen solchen Ätherdoppelkörper. Derjenige Mensch, welcher die höheren Körper ausbildet, kann diesen Ätherkörper auch mit den einfachsten, primitivsten Organen seelischer Anschauung wirklich beobachten. Dazu ist ein ganz einfacher, allerdings nur für den esoterisch ausgebildeten Theosophen, Kunstgriff notwendig. Sie kennen das Wort Suggestion. Die Suggestion besteht darin, daß der Mensch Dinge wahrnehmen kann, die scheinbar nicht da sind. Die Suggestion, bei der dem Menschen etwas eingeredet wird, interessiert uns zunächst nicht. Wichtiger für uns ist, um zu der Anschauung des Ätherkörpers zu kommen, eine andere Suggestion. Derjenige, der sich mit der Theorie der Suggestion befaßt hat, weiß, daß der Hypnotiseur imstande ist, dem Menschen Dinge abzusuggerieren, so daß er Dinge, die vorhanden sind, eben nicht sieht. Sagen wir, es würde ein Hypnotiseur einem Menschen absuggerieren, daß hier eine Uhr liegt. Dann sähe der Betreffende nichts an der Stelle im Raum. Es ist dies nichts anderes, als ein Ablenken der Aufmerksamkeit auf einem abnormen Gebiet, ein künstliches Ablenken der Aufmerksamkeit. Diesen Vorgang kann jeder an sich beobachten. Der Mensch ist imstande, sich selbst abzusuggerieren, was vor ihm ist. Der theosophisch Gebildete muß folgenden Kunstgriff ausführen können, dann gelangt er zur Anschauung des ätherischen Körpers: Er muß sich den physischen Körper eines Tiers oder eines Menschen absuggerieren. Ist dann sein geistiges Auge erweckt, dann sieht er nicht etwa an der Stelle, wo der physische Körper war, nichts, sondern er sieht den Raum ausgefüllt mit ganz bestimmten Farbenbildern. Die Ausführung dieser Anleitung muß natürlich mit der allergrößten Vorsicht geschehen, denn es sind allerlei Illusionen auf diesem Gebiete möglich. Allein, wer wirklich weiß, mit welcher Vorsicht, mit welcher alle wissenschaftliche Genauigkeit übersteigenden Exaktheit gerade die theosophische Forschung gepflegt wird, der weiß Bescheid. Der Raum ist erfüllt mit Lichtbildern. Das ist der Äther- oder Doppelkörper. Dieses Lichtbild erscheint in einer Farbe, die nicht in unserem gewöhnlichen Spektrum vom Ultrarot bis Ultraviolett enthalten ist. Sie ähnelt etwa der Farbe der Pfirsichblüte. Das ist die Farbe, in der der Ätherdoppelkörper erscheint. Einen solchen Ätherdoppelkörper finden Sie bei jeder Pflanze, bei jedem Tier, überhaupt bei jedem Lebewesen. Es ist der äußerliche, sinnliche Ausdruck für das, was der Naturforscher heute wieder ahnt, für das, was man Lebenskraft nennt. Damit haben wir das zweite Glied des physischen Leibes des Menschen.

Der physische Leib hat aber noch einen dritten Bestandteil. Den habe ich den Seelenleib genannt. Eine Vorstellung davon können Sie sich machen, wenn Sie sich denken, daß nicht jeder Körper, der lebt, auch empfinden kann. Ich kann mich nicht auf den Streit einlassen, ob die Pflanze auch empfinden kann, das steht auf einem anderen Blatt. Sie müssen das, was man im groben Sinne Empfinden nennt, ins Auge fassen. Was in dieser Art die Pflanze vom Tier unterscheidet, das wollen wir festhalten. Ebenso wie die Pflanze vom Stein unterschieden ist durch den Ätherdoppelkörper, so ist der Leib des Tieres als empfindender Leib wieder verschieden von dem bloßen Pflanzenkörper. Und dasjenige, was im Tierkörper ebenso hinausragt über das bloße Wachsen und Fortpflanzen, dasjenige, was die Empfindung möglich macht, das bezeichnen wir als den Seelenkörper. In dem physischen Leib, in dem Ätherleib und drittens in dem Seelenleib, dem Träger des Empfindungslebens, haben wir nur die äußerliche Seite des Menschen und des Tieres. Damit haben wir das beobachtet, was im Raume lebt.

Nun kommt dasjenige, was im Inneren lebt, dasjenige, was wir als empfindendes Selbst bezeichnen. Das Auge hat eine Empfindung und führt sie dahin, wo die Seele die Empfindung wahrnehmen kann. Wir gewinnen hier den Übergang vom Körper in die Seele, wenn wir aufsteigen vom Seelenleib in die Seele, in das unterste Glied der Seele, das bezeichnet wird als Empfindungsseele. Empfindungsseele hat auch das Tier, denn es setzt das, was der Körper ihm zubereitet für die Empfindung, das, was die Seele ihm zubereitet, in inneres Leben, in Seelenleben, in Empfindungen um. Nun kann man aber in der Wahrnehmung beim seelischen Schauen den Seelenleib und die Empfindungsseele nicht getrennt wahrnehmen. Diese stecken sozusagen ineinander und bilden ein Ganzes. Grob kann man vergleichen das, was hier ein Ganzes bildet – den Seelenleib als äußere Hülle und die darin steckende Empfindungsseele –, mit dem Schwert, das in der Scheide steckt. Das bildet für die seelische Anschauung ein Ganzes und wird von der Theosophie Kamarupa oder Astralleib genannt. Das höchste Glied des physischen Leibes und das niederste Glied der Seele bilden ein Ganzes und werden in der theosophischen Literatur Astralleib genannt.

Das zweite Glied der Seele ist dasjenige, was das Gedächtnis und den niederen Verstand umfaßt. Das höchste Glied ist dasjenige, was im eigentlichen Sinne das Bewußtsein enthält. Aus drei Gliedern besteht sowohl die Seele wie auch der Leib. Wie der Leib aus physischem Körper, Ätherdoppelkörper und Seelenleib oder Astralkörper besteht, so besteht die Seele aus Empfindungsseele, Verstandesseele und Bewußtseinsseele. Den richtigen Begriff davon kann nur derjenige bekommen, der durch die geisteswissenschaftlichen Methoden die Fähigkeiten ausbildet, die zum wirklichen Schauen führen. Was wir empfinden von den Dingen von außen, das haftet an der Empfindungsseele. Und was wir Gefühl nennen, Gefühl der Liebe, Gefühl des Hasses, Gefühl des Verlangens, also Sympathie und Antipathie, das haftet an dem zweiten Glied der Seele, an der Verstandesseele, an Kamamanas. Das dritte Glied, die Bewußtseinsseele, ist dasjenige, was der Mensch nur an einem einzigen Punkte beobachten kann. Das Kind hat in der Regel nur ein Bewußtsein von den zwei ersten Seelengliedern. Es lebt nur in den zwei Gliedern der Seele, die ich genannt habe, in der Empfindungsseele und in der Verstandesseele, aber es lebt noch nicht in der Bewußtseinsseele. In dieser Bewußtseinsseele fängt der Mensch zu leben an im Verlaufe seines Kindheitsalters, und dann wird diese Bewußtseinsseele zur selbstbewußten Seele.

Diejenigen, welche das eigene Leben fein zu beobachten verstehen, betrachten diesen Punkt in ihrem Leben als etwas besonders Wichtiges. Diesen Punkt finden Sie geschildert in *Jean Pauls* eigener Lebensbeschreibung, da wo er das Bewußtsein des inneren Selbst erlebt. «Nie vergeß ich die noch keinem Menschen erzählte Erscheinung in mir, wo ich bei der Geburt meines Selbstbewußtseins stand, von der ich Ort und Zeit anzugeben weiß. An einem Vormittag stand ich als ein sehr junges Kind unter der Haustür und sah links nach der Holzlege, als auf einmal das innere Gesicht: ich bin ein Ich, wie ein Blitzstrahl vom Himmel vor mich fuhr und seitdem leuchtend stehen blieb. Da hatte mein Ich zum ersten Male sich selber gesehen und auf ewig. Täuschungen des Erinnerns sind hier schwerlich denkbar, da kein fremdes Erzählen sich in eine bloß im verhangenen Allerheiligsten des Menschen vorgefallene Begebenheit, deren Neuheit allein so alltäglichen Nebenumständen das Bleiben gegeben, mit Zusätzen mengen konnte.» Damit ist das höchste Gebilde der Seele, so wie der Mensch es lebt, dargestellt.

Bei dem seelisch Erweckten stellen sich in der Tat auch der äußerlichen Anschauung die drei Bestandteile der Seele dar. So wie der Ätherdoppelkörper, so stellen sich auch die drei Stufen, die drei Bestandteile der Seele wirklich für die äußere seelische Anschauung dar. Ich sagte schon, der Empfindungsleib ist nie von dem Seelenleib in der Anschauung trennbar. Nun stellt sich dieser höhere Teil des Menschen, die Seele, dar in dem, was die theosophische Literatur als die sogenannte Aura bezeichnet. Wer durch die Anschauung Kenntnis davon haben will, muß lernen, sie zu sehen. Die Aura ist dreigliedrig. Die drei Glieder stecken ineinander wie drei ovale Nebelgebilde, die die menschliche Gestalt umhüllen und einhüllen. In dieser Aura stellt sich der Seelenleib des Menschen für unsere Anschauung dar. Sie erglänzt in den mannigfaltigsten Farben, die nur einen äußerlichen Vergleich zulassen mit dem, was wir Farben des Spektrums nennen. In diesen Farben, die auf die höhere Oktave wiederum gehen von Rot und Violett, erglänzt in der mannigfaltigsten Weise das, was wir die Aura nennen. In dieser ist der Mensch eingebettet wie in einer Wolke und in dieser Wolke drückt sich das aus, was als Begierde, Leidenschaft, Triebe in der Menschenseele lebt. Der ganze Gefühlsorganismus des Menschen spricht sich in dem wunderbaren

Farbenspiel der Aura aus. Diese dreigliedrige Aura ist die Seele des Menschen. Das ist die Seele, wenn man sie objektiv wahrnimmt. Subjektiv kann sie jeder wahrnehmen: Jeder fühlt und begehrt und hat Leidenschaften. Er lebt sie so, wie er das Verdauen lebt und das Atmen. Aber die äußere gewöhnliche Schule der Psychologie beschreibt in der Regel nur das, was ich den Seelenleib genannt habe, oder sie beschreibt höchstens noch den äußeren Ausdruck des Seelenlebens, nicht aber dasjenige, was die Theosophie unter Seele versteht. Was sie unter der Seele versteht, ist eine objektive Tatsache. Aber man kann in der Regel nur so darauf hindeuten, wie es Fichte getan hat, als er darauf aufmerksam machte, daß in dieser Welt höhere Erlebnisse sind, denen gegenüber aber der nur sinnlich wahrnehmende Mensch wie ein Blindgeborener ist.

Damit haben wir die drei Glieder des menschlichen physischen Körpers und die drei Glieder der menschlichen Seele geschildert. Da aber des Menschen physischer Leib in seinem dritten Teile eine Einheit bildet mit dem menschlichen Seelenglied, so haben wir zuerst zwei Teile plus einen plus weitere zwei, also fünf Teile: physischer Leib, Ätherleib, Seelenleib, Verstandesseele, Bewußtseinsseele, in der das Ich aufleuchtet. Dieses Ich ist ein ganz interessanter Punkt in der Aura. An einer Stelle wird das Ich wahrnehmbar. Da finden Sie innerhalb des äußeren Ovals eine merkwürdige, blau flimmernde oder blau schillernde Stelle, auch ovalförmig. Es ist eigentlich so, wie wenn Sie eine Kerzenflamme sehen; aber mit der Differenz, die die astralen Farben gegenüber den physischen Farben haben, ist es so, wie wenn Sie in der Kerzenflamme in der Mitte das Blau sähen. Das ist das Ich, das da wahrgenommen wird innerhalb der Aura. Und das ist eine sehr interessante Tatsache. Wenn der Mensch auch noch so weit sich entwickelt, wenn er auch noch so weit seine hellseherischen Gaben ausbildet, an dieser Stelle sieht er zunächst diesen blauen Ich-Körper, diesen blauen Lichtkörper. Das ist ein verhangenes Heiligtum, auch für den Hellseher. Niemand kann in das eigentliche Ich des anderen hineinschauen. Das bleibt selbst für denjenigen, der seine seelischen Sinne entwickelt hat, zunächst ein Geheimnis. Nur innerhalb dieser blau flimmernden Stelle glänzt Neues auf. Da ist eine neue Flammenbildung, die im Mittelpunkt der blauen Flamme aufglänzt. Das ist das dritte Glied, der Geist. Dieser Geist besteht wieder aus drei Gliedern, wie die anderen Bestandteile des Menschen. Die morgenländische Philosophie nennt diese Manas, Buddhi, Atma. Diese drei Bestandteile sind bei den heutigen Menschen so ausgebildet, daß eigentlich nur der unterste Teil, das Geistselbst – das ist die richtige Übersetzung für Manas – in der Anlage bei dem heutigen denkenden Menschen entwickelt ist. Es ist dieses Manas ebenso fest verbunden mit dem höchsten Gliede der Seele wie die Empfindungsseele mit dem Seelenleib, so daß wieder das Höchste der Seele und das Niederste des Geistes ein Ganzes bilden, weil man sie nicht unterscheiden kann. Man sieht eben in der Aura das höchste Glied der Seele in dem Mittelpunkte der blau flimmernden Stelle, wo das Ich sitzt, und man sieht aufleuchten innerhalb des Ich den Geist. Der Geist ist heute bei der Menschheit bis zum Manas entwickelt. Die beiden höheren Teile, Buddhi und Atma – Lebensgeist und Geistesmensch –, sind in der Anlage entwickelt, und wir werden sehen, wie sie sich weiter entwickeln werden, wenn wir im nächsten Vortrag über Reinkarnation und Karma sprechen.

Das ist es, was verbunden dasteht, das höchste Gebilde der Seele und das niederste Gebilde des Geistes. Was nicht getrennt beobachtet werden kann, das nennt die theosophische Literatur schlechtweg Manas. Die zwei höchsten

Gebilde, Buddhi und Atma, sind die tiefste Wesenheit des Menschen, sind der unsterbliche Menschengeist. So haben wir drei mal drei Glieder der menschlichen Wesenheit, von denen das dritte mit dem vierten zu einem Ganzen verbunden ist, und ebenso das sechste mit dem siebenten. Dadurch kommt die berühmte oder berüchtigte Siebenzahl in der menschlichen Zusammensetzung, die Sie so oft lesen können, zustande. In Wahrheit besteht der Mensch aus Leib, Seele und Geist und jedes Glied wieder aus drei Bestandteilen; davon sind zwei mal zwei Glieder je zu einem Ganzen vereinigt, wodurch die Neun zu einer Sieben sich reduziert. In dem zweiten der drei Glieder, dem höheren Teil, lebt der Mensch zunächst. Der Mensch kann sie mit den äußeren Sinnen nicht wahrnehmen.

Ich habe schon erwähnt in dem Einleitungsvortrage, daß die theosophische Literatur nicht nur eine Beschreibung gibt der verschiedenen Lebensgebiete, sondern auch die Mittel und Wege zeigt, durch welche sich der Mensch zu den Methoden erheben kann, die es ihm ermöglichen, selbst dies alles wahrzunehmen. Nur gehört dazu, ebenso wie es für den Naturforscher notwendig ist, das Mikroskopieren zu lernen, um Einblick zu gewinnen in die physische Natur, eine gewisse geistige Entwickelung, um dasjenige, was wir beschrieben haben, in eine echte Anschauung zu bringen. Jeder kann das kennenlernen; es ist nicht das Gut von wenigen Bevorzugten, sondern ein Gesamtgut für alle. Diejenigen, welche sich sehr darauf eingelassen haben, die Anweisungen der Theosophischen Gesellschaft zu befolgen, und die selbst zu Anschauungen gekommen sind, können das, was sie erfahren haben, erzählen. Sie betrachten es nicht anders, als wie wenn ein Afrikaforscher von seinen Erlebnissen erzählt. Diese können nicht nachgeprüft werden, wenn man nicht selbst dahin geht. Die Methoden werden aber gewöhnlich nicht ernst genug genommen. Würde wirklich und ernsthaft durchgeführt, was im letzten Kapitel meines Buches «Theosophie» gegeben ist, dann könnte ein Mensch schon sehr weit kommen in der Beobachtung der höheren Gebiete des menschlichen Geistes.

Wer sich ein theosophisches Weltbild machen kann, der wird manches verstehen, was er vorher im gewöhnlichen Verlauf des Lebens nicht hat verstehen können. Sie können schon ganz bestimmte Gebiete bei Goethe nicht verstehen, wenn Sie nicht eine Ahnung haben von Theosophie. Goethes Ausführungen über die Pflanzenwelt versteht nur derjenige, welcher eine Ahnung davon hat, was Goethe die Lebensvorgänge oder die Metamorphose der Pflanzen nennt. Daß Goethe Theosoph war, geht aus einer «verborgenen» Schrift hervor, die zwar in jeder Ausgabe vorhanden ist, jedoch von den wenigsten gelesen wird: aus dem «Märchen von der grünen Schlange und der schönen Lilie». Das enthält die ganze Theosophie, aber so, wie von jeher die theosophischen Wahrheiten mitgeteilt worden sind. Erst seit der Begründung der Theosophischen Gesellschaft sind sie äußerlich zum Ausdruck gekommen; früher konnten sie nur bildlich dargestellt werden. Das «Märchen» ist ein solcher bildlicher Ausdruck für die theosophische Lehre. In Leipzig hat Goethe Einblick gewonnen in diejenige Welt, von der wir sprechen, und zwar in ziemlich tiefgehender Weise. Manches im «Faust» weist darauf hin, daß Goethe zu den eingeweihten Theosophen gehörte. Manches ist bei Goethe wie das Glaubensbekenntnis eines Theosophen. Ich möchte den heutigen Vortrag beschließen mit Goethes Worten, welche wie ein Motto über diesem Vortrag stehen könnten, weil sie in großen Zügen und in lapidarem Stil verkündigen, daß die Welt nicht physische Natur allein ist, sondern auch seelische und geistige Wesenheit. Und daß die Welt eine

geistige Wesenheit ist, drückt eben Goethe aus da, wo er den
Erdgeist die Worte sagen läßt, die das Weben des Geisteslebens in der ganzen Welt erkennen lassen:

> In Lebensfluten, im Tatensturm
> Wall' ich auf und ab,
> Webe hin und her!
> Geburt und Grab,
> Ein ewiges Meer,
> Ein wechselnd Weben,
> Ein glühend Leben:
> So schaff' ich am sausenden Webstuhl der Zeit
> Und wirke der Gottheit lebendiges Kleid.

REINKARNATION UND KARMA

Berlin, 20. Oktober 1904

Vor acht Tagen sprach ich über die Zusammensetzung des Menschen und über die verschiedenen Teile seiner Wesenheit. Wenn Sie absehen von der feineren Einteilung, die wir damals besprochen haben, so können wir sagen, daß die menschliche Wesenheit zerfällt in die drei Glieder: Leib, Seele und Geist. Nun führt eine Betrachtung dieser drei Glieder der menschlichen Wesenheit zu den großen Gesetzen des menschlichen Lebens, zu ebensolchen Gesetzen der Seele und des Geistes, wie uns die Betrachtung der Außenwelt zu den Gesetzen des physischen Lebens führt. Unsere gebräuchliche Wissenschaft kennt ja nur die Gesetze des physischen Lebens. Sie weiß nichts zu sagen über die Gesetze des seelischen und geistigen Lebens auf den höheren Gebieten. Aber es gibt auf diesen höheren Gebieten ebensolche Gesetze, und diese Gesetze des seelischen und geistigen Lebens sind unzweifelhaft für den Menschen noch wichtiger und bedeutungsvoller als das, was äußerlich im physischen Raume geschieht. Aber die hohe Bestimmung des Menschen, das Begreifen unseres Schicksals, das Begreifen, warum wir in diesem Leibe sind, welchen Sinn dieses Leben hat – die Beantwortung dieser Fragen kann einzig und allein auf den höheren Gebieten des geistigen Lebens gefunden werden.

Nun zeigt uns eine Betrachtung des seelischen Lebens das große Grundgesetz des seelischen Lebens, das Gesetz der Entwickelung auf dem seelischen Gebiet, das Gesetz der Wiederverkörperung. Und eine Betrachtung des geistigen

Lebens zeigt uns das Gesetz von Ursache und Wirkung im geistigen Leben, das Gesetz, das wir im Physischen genau kennen, daß jegliche Tatsache ihre Ursache hat. Jede Tat des Geisteslebens hat ihre Ursache und muß ihre Ursache haben, und dieses Gesetz im geistigen Leben heißt das Gesetz von Karma. Das Gesetz der Reinkarnation oder Wiederverkörperung besteht darin, daß der Mensch nicht nur einmal lebt, sondern daß das Leben des Menschen in einer ganzen Anzahl von Wiederholungen verläuft, die allerdings einmal einen Anfang genommen haben und einmal ein Ende finden werden. Von anderen Zuständen des Lebens ausgehend ist der Mensch, wie wir in späteren Stunden noch sehen werden, in dieses Gesetz der Reinkarnation eingetreten, und er wird dieses Gesetz später wieder überwinden, um zu anderen Phasen seiner Entwickelung überzugehen. Das Gesetz von Karma sagt, daß unser Schicksal, dasjenige, was wir im Leben erfahren, nicht ohne Ursache ist, sondern daß unsere Taten, unsere Erfahrungen, unsere Leiden und Freuden in einem Leben abhängen von den vorhergehenden Leben, daß wir uns in den verflossenen Lebensläufen unser Schicksal selbst gezimmert haben. Und so wie wir jetzt leben, schaffen wir uns die Ursachen für das Schicksal, das, wenn wir wiederverkörpert werden, uns treffen wird; das wird die Ursache sein, die uns in der Zukunft das Schicksal unseres Lebens bildet.

Nun wollen wir uns etwas genauer auf diese Vorstellungen der seelischen Entwickelung und der geistigen Verursachung einlassen. Das Gesetz von der Reinkarnation oder Wiederverkörperung handelt davon, daß die menschliche Seele nicht einmal, sondern viele Male auf dieser Erde erscheint und lebt. Dieses Gesetz in seiner unmittelbaren Tatsächlichkeit kann natürlich nur derjenige vollständig einsehen, der durch die mystischen, theosophischen Methoden sich so weit bringt, daß er imstande ist, auf den seelischen Gebieten des Daseins ebenso zu beobachten wie der gewöhnliche Mensch auf den äußeren Gebieten des sinnlichen Lebens und der sinnlichen Tatsachen. Erst wenn die höheren Tatsachen sich vor seinen seelischen Augen abspielen, wie für den sinnlichen Menschen die Tatsachen der physischen Welt vor den physischen Sinnen sich abspielen, dann ist für ihn die Reinkarnation eine Tatsache. Auch gibt es noch vieles, was der Mensch heute seiner eigentlichen Wesenheit nach noch nicht einsieht, aber er kann es in seinen Wirkungen sehen und deshalb glaubt er daran. Die Wiederverkörperung ist etwas, was die meisten Menschen nicht als Tatsache sehen können, was sie sich auch nicht gewöhnt haben als eine äußere Wirkung zu betrachten, und deshalb glauben sie nicht daran. Auch die Erscheinungen der Elektrizität sind derart, daß jeder Physiker sagen wird, die eigentliche Wesenheit der Elektrizität sei uns unbekannt; aber die Menschen zweifeln nicht daran, daß so etwas wie eine Wesenheit der Elektrizität existiert. Sie sehen die Wirkungen der Elektrizität, das Licht und die Bewegung. Könnten die Menschen die äußere Wirkung dessen, was Erinnerung ist, vor ihren physischen Augen sich abspielen sehen, dann könnten sie nicht zweifeln, daß es eine Wiederverkörperung gibt. Die Erinnerung kann man noch erkennen. Dennoch muß man sich zuerst bekannt machen mit dem, was äußerlich sich ausdrückt von der Wiederverkörperung, um dadurch sich allmählich an den Gedanken zu gewöhnen, um dahin zu kommen, in der richtigen Weise das zu sehen, was die Theosophie Wiederverkörperung nennt.

Ich möchte daher zunächst rein äußerlich diejenigen Tatsachen betrachten, die jedem zugänglich sind, die jeder beobachten kann, die er nur nicht gewohnt ist, in die richtigen Gesichtspunkte hineinzurücken. Wenn er sich aber gewöhnte, diese äußeren Tatsachen in die richtigen Gesichtspunkte hineinzurücken, so würde er sich sagen: Ich kenne die Reinkarnation noch nicht als Tatsache, aber ich kann, wie bei der Elektrizität, voraussetzen, daß es so etwas gibt. – Wer die äußeren physischen Tatsachen im richtigen Lichte sehen will, muß das Gesetz der Entwickelung, das wir seit der naturwissenschaftlichen Forschung des 19. Jahrhunderts in der Außenwelt überall wahrnehmen, aufmerksam verfolgen. Er muß sich fragen: Was geschieht vor unseren Augen in der Lebewelt? – Ich bemerke von vornherein, daß ich nur im allgemeinen diese Tatsache streifen will, weil ich in den nächsten Vorträgen über Darwinismus und Theosophie sprechen werde. Alle diejenigen Fragen, die sich an diesen Teil des heutigen Vortrages knüpfen können, knüpfen an an Zweifel und Gedanken darüber, ob die Theosophie durch den modernen Darwinismus zu widerlegen wäre. Diese Fragen werden Sie in dem Vortrage, den ich über acht Tagen halten werde, beantwortet erhalten.

Also, diese Entwickelung müssen wir in der richtigen Weise erfassen. Im 18. Jahrhundert hat noch der große Naturforscher *Linné* gesagt, daß so viele Pflanzen- und Tierarten nebeneinander existieren, als ursprünglich geschaffen worden sind. Diese Idee wird von keinem Naturforscher mehr geteilt. Die vollkommeneren Lebewesen – so wird angenommen – haben sich aus unvollkommeneren Organismen entwickelt. So hat die Naturwissenschaft das, was man früher nur nebeneinander betrachten konnte, in ein Nacheinander in der Zeit verwandelt. Wenn wir uns nun fragen: Wodurch ist es möglich, daß die Entwickelung geschieht, wodurch ist es möglich, daß im Laufe der Aufeinanderfolge der verschiedenen Arten und Gattungen im Tier- und Pflanzenreiche ein Zusammenhang existiert? – dann kommen wir auf ein Gesetz, welches allerdings für unsere Naturwissenschaft etwas dunkel ist, aber doch zusammenhängt mit dem Gesetz der physischen Entwickelung. Und das ist die Tatsache, die sich in der sogenannten Vererbung ausdrückt. Nicht verschieden ist bekanntlich der Nachkomme eines Organismus von seinem Vorfahren. Die Ähnlichkeit tritt uns also entgegen zwischen Vorfahren und Nachkommen. Und dadurch, daß zu dieser Ähnlichkeit im Laufe der Zeit eine Verschiedenheit hinzutritt, entsteht die Mannigfaltigkeit. Sie ist sozusagen ein Ergebnis zweier Faktoren: dessen, worin die Nachkommen ihren Vorfahren gleichen, und dessen, worin sie sich verschieden zeigen. Dadurch entsteht auch die Mannigfaltigkeit der Tier- und Pflanzengestalt von der unvollkommensten bis zur vollkommensten. Niemals wäre einzusehen, warum die Verschiedenheit vorhanden ist, wenn nicht das Gesetz der Vererbung da wäre. Und es könnte auch nicht eingesehen werden, warum der Nachkomme verschieden ist, so daß sich diese Verschiedenheit zu der Ähnlichkeit hinzugesellt. Diese Verbindung zwischen Ähnlichkeit und Verschiedenheit gibt den Begriff der physischen Entwickelung. Sie finden ihn im Pflanzen-, Tier- und Menschenleben. Wenn Sie aber fragen: Was entwickelt sich im Physischen, was im Pflanzenleben, was im Tier- und was im Menschenleben? – dann bekommen wir einen durchgreifenden Unterschied heraus zwischen dem Menschenleben und dem Tierleben. Diesen Unterschied muß man sich klargemacht haben, vollständig durchdacht haben, dann wird man nicht stehenbleiben dort, wo der physische Forscher stehenbleibt. Man wird sich gezwungen fühlen, weiterzuschreiten, man wird den Gedanken der Entwickelung wesentlich erweitern müssen. Nur das Hängen an alten Denkgewohnheiten macht es, daß die Menschen nicht zu höheren Entwickelungsstufen kommen können.

Diesen Unterschied möchte ich nun bei der Menschheit und bei der Tierheit klarmachen. Er drückt sich in einer Tatsache aus, die unbestreitbar ist, aber nur nicht genügend berücksichtigt wird. Wenn man sie aber gefaßt hat, dann ist sie lichtbringend und durchaus aufklärend. Diese Tatsache kann man mit dem Schlagworte ausdrücken: Der Mensch hat eine Biographie, das Tier hat keine Biographie. – Natürlich wird jeder Hunde-, Pferde-, Affenbesitzer einwenden, daß ein Tier eigentümliche, individuelle Neigungen und in gewisser Beziehung ein individuelles Dasein hat, und daß man daher auch die Biographie eines Hundes, eines Pferdes oder eines Affen schreiben kann. Das soll nicht bezweifelt werden. Aber in demselben Sinne kann man auch die Biographie einer Schreibfeder schreiben. Niemand wird aber bestreiten, daß es nicht dasselbe ist, wenn wir von einer menschlichen Biographie sprechen. Überall sind nur Übergänge, Gradunterschiede, und daher gilt das, was für den Menschen vorzugsweise gilt, im übertragenen Sinne auch für untergeordnete Wesen, ja es kann sogar auf äußerliche Dinge angewendet werden. Warum sollten wir nicht die Eigenschaften eines Tintenfasses beschreiben können? Aber Sie werden doch finden, daß ein radikaler Unterschied besteht zwischen der Biographie eines Menschen und der Biographie eines Tieres. Wenn wir sprechen wollen von dem, was uns beim Tiere in gleichem Maße interessiert wie beim einzelnen Menschen die Biographie, dann müssen wir die Beschreibung der Gattung liefern. Wenn wir einen Hund, einen Löwen beschreiben, dann hat das, was wir beschreiben, Gültigkeit für alle Hunde oder für alle Löwen. Wir brauchen dabei nicht an Biographien hervorragender Menschen zu denken. Wir können die Biographie eines Herrn Lehmann oder eines Herrn Schulze schreiben. Sie unterscheidet sich doch wesentlich von jeder Tierbiographie, und sie ist für den Menschen von gleichem Interesse wie die Beschreibung der Gattung für das Tierleben ist.

Damit ist gesagt für jeden, der in dieser Weise ganz und gar präzis denkt: Die Biographie bedeutet für den Menschen das, was die Gattungsbeschreibung für das Tier bedeutet. Im Tierreich spricht man daher von einer Entwickelung der Gattung und der Arten; beim Menschen muß man beim Individuum einsetzen. Der Mensch ist eine Gattung für sich, nicht im physischen Sinne, insofern der Mensch auf der höchsten Stufe der Tierheit ist, denn in bezug auf das Gattungsmäßige ist es beim Menschen ebenso wie bei den Tieren: Wenn wir den Menschen als Gattung beschreiben, beschreiben wir ihn so, wie wir die Löwengattung oder die Tigerart, die Katzenart beschreiben. Wesentlich anders ist die Beschreibung des Individuellen des Menschen. Das Individuelle des Menschen ist eine Gattung für sich. Dieser Satz, durch und durch begriffen, ist das, was uns zu einer höheren Fassung des Beschreibens der Evolution innerhalb des Menschenreiches führt. Wenn Sie über das Gattungsmäßige des Menschen sich unterrichten wollen, wenn Sie sich unterrichten wollen über dasjenige, was äußerliche Gestalt ist – denn das ist das Gattungsmäßige am Menschen –, dann werden Sie ganz wie in der tierischen Entwickelung zum Begriffe der Vererbung Ihre Zuflucht nehmen, dann werden Sie wissen, warum Schiller eine bestimmte Gestalt der Nase, eine bestimmte Physiognomie trug; dann werden Sie die Gestalt Schillers mit mehr oder weniger Glück von seinen Ahnen herleiten. Darüber hinaus geht das, was die Biographie des Menschen ist. Da handelt es sich erst um dasjenige, wodurch sich der eine Mensch von allen anderen radikal unterscheidet. Von diesen zwei Gebieten ist das Gattungsmäßige für den Begriff der Reinkarnation oder Wiederverkörperung nicht wichtig. Das, worauf es ankommt, ist das andere

Gebiet, das wir als das eigentliche Seelische, als das Innenleben des Menschen von dem Gattungsmäßigen unterscheiden, dasjenige, was den einen Menschen unterscheidet von jedem anderen.

Sie alle wissen, daß ein jeder von uns ein ganz besonderes Seelenleben hat und daß es sich ausdrückt in dem, was wir unsere eigentlichen Sympathien und Antipathien nennen, was wir unseren Charakter nennen, was wir als die eigentümliche Art erkennen, wie wir uns seelisch darleben können. So wie dasjenige, wodurch die Löwen etwas leisten, den spezifischen Stempel der Löwen, der Löwenart trägt, so trägt die spezifische Leistung eines Herrn Müller oder Lehmann die spezifische Prägung dieser einzelnen Seelen. Sympathie, Antipathie, Neigungen, Gewohnheiten, kurz, alles was wir das Temperament eines Menschen und was wir seinen Charakter nennen – seine Begierden, Triebe, Leidenschaften, die Art und Weise, ob er stark oder schwach, so oder so geartet zu sein wünscht –, das können wir nur im Menschen als Individuelles ansprechen. Wir finden allerdings schon im Tierreich überall dasselbe, was wir jetzt lebenden Menschen als das Eigentümliche der Seele betrachtet haben. Wir finden da auch Sympathien und Antipathien, Neigungen, Triebe, ja einen bestimmten Charakter. Wir nennen im allgemeinen, wiederum von feineren Unterschieden abgesehen, die Summe dessen, was wir beim Tier als seine Gewohnheiten beobachten, die Äußerung der tierischen Instinkte. Nun hat die Naturwissenschaft des 19. Jahrhunderts versucht, auch diesen Instinkt, dieses Seelische im Tier, zu erklären wie die äußere Gestalt, nämlich durch Vererbung. Man hat gesagt, die Tiere verrichten gewisse Tätigkeiten, und dadurch, daß sie viele Tätigkeiten oft und oft verrichtet haben, prägen sich diese Tätigkeiten in ihre Natur ein, so daß sie gewohnheitsmäßig werden; dann erscheinen sie bei den Nachkommen

71

vererbt als bestimmte Instinkte, etwa wenn man bestimmte Hunde anhält, schnell zu laufen, indem man sie zur Jagd verwendet. Durch diese Übung des Schnellaufens werden die Nachkommen dieser Hunde dann schon mit dem Instinkt des Schnellaufens als so veranlagte Jagdhunde geboren. Das ist die Art und Weise, wie *Lamarck* die Instinkte der Tiere zu erklären sucht; sie sollen vererbte Übungen sein.

Eine wirkliche Überlegung zeigt aber sehr bald, daß gerade die komplizierten Instinkte unmöglich vererbt sein können und unmöglich zusammenhängen können mit irgendeiner vererbten Übung. Gerade diejenigen Instinkte, die am kompliziertesten sind, zeigen ihrer bloßen Natur nach den Beobachtern, daß man unmöglich davon sprechen kann, daß sie von der Vererbung herrühren. Nehmen Sie eine Fliege, welche davonfliegt, wenn man in ihre Nähe kommt. Das ist eine instinktive Äußerung. Wodurch soll die Fliege diesen Instinkt erworben haben? Die Vorfahren müßten diesen Instinkt nicht gehabt haben. Sie müßten die bewußte oder unbewußte Erfahrung gemacht haben, daß ihnen das Sitzenbleiben unter gewissen Umständen schädlich ist, und dadurch müßten sie sich angewöhnt haben, wegzufliegen, um den Schaden zu vermeiden. Wer den Zusammenhang wirklich übersieht, wird kaum in der Lage sein, zu sagen, daß so und so viele Insekten, weil sie gefunden haben, daß sie getötet werden, sich angewöhnt haben fortzufliegen, um nicht getötet zu werden. Um diese Erfahrungen an ihre Nachkommen weiterzugeben, hätten sie ja am Leben bleiben müssen. Also, Sie sehen, es ist unmöglich, so von Vererbung zu sprechen, ohne sich in die schlimmsten Widersprüche zu verwickeln. Wir könnten von hundert und tausend Fällen sprechen, wo Tiere nur ein einziges Mal etwas tun. Nehmen Sie die Einpuppung: Das wird nur einmal im Leben gemacht, und daraus geht schlagend hervor, daß es nicht möglich ist, von einer Vererbung wie im physischen Leben auch auf dem Gebiete des seelischen Lebens zu sprechen. Daher verläßt der Naturforscher den Satz vollständig, daß die Instinkte vererbte Übungen seien. Hier haben wir es nicht zu tun mit einer Übertragung dessen, was im physischen Leben unmittelbar erfahren ist, sondern mit einer Wirkung der Tierseelenwelt. Wir werden in den nächsten Vorträgen etwas genauer über diese Tierseelenwelt sprechen. Wir können uns heute begnügen mit der Feststellung der Unmöglichkeit, von der Übertragung seelischer Eigenschaften von Vorfahren auf Nachkommen in demselben Sinne zu sprechen, wie man im physischen spricht von Vererbung. Dennoch aber muß der Mensch, wenn er überhaupt Sinn und Verstand in der Welt sehen will, einen Zusammenhang in die Welt hineinbringen; er muß in der Lage sein, eine jegliche Wirkung auf ihre Ursache zurückzuführen. Es muß also dasjenige, was im individuellen Seelenleben auftritt, was auftritt beim einzelnen menschlichen Individuum an Sympathien und Antipathien, an Äußerungen des Temperamentes und des Charakters, auf Ursachen zurückgeführt werden können.

Nun treten uns die Menschen verschieden in bezug auf ihre Eigenschaften entgegen. Wir müssen daher die Verschiedenheit der menschlichen Individuen erklären. Wir können sie nicht anders erklären, als daß wir auf seelischem Gebiete denselben Begriff der Entwickelung einführen, wie wir ihn im Physischen haben. So unsinnig es wäre, wenn man glauben wollte, daß ein vollkommener Löwe als Gattung plötzlich aus der Erde herausgewachsen sei oder daß ein unvollkommenes Tier sich plötzlich entwickelt habe, ebenso unmöglich ist es, daß das Individuelle des Menschen sich aus dem Unbestimmten heraus entwickelt hat. Wir müssen das Individuelle ebenso ableiten, wie wir die vollkommene Gattung von einer unentwickelten Gattung ableiten. Niemand wird, wenn er wirklich nachdenkt, die seelischen Eigenschaften eines Menschen ebenso wie die körperlichen Eigenschaften in ehrlicher Weise durch Vererbung erklären wollen. Was mit dem Körper zusammenhängt, was dadurch bedingt ist, daß ich schwächere Hände habe als der andere, das ist physische Vererbung. Dadurch, daß ich eine schwache Körpergestalt habe, wird auch die Schwäche der Hand eine größere sein als bei einem anderen, der eine stärkere Körpergestalt hat. Alles was mit dem physischen Leib zusammenhängt, kann seiner Entwickelung nach mit dem Worte Vererbung getroffen werden, nicht aber das, was dem inneren Seelenleben angehört. Wer wollte Schillers charakteristische Eigenart, seine Begabung, sein Temperament und so weiter, oder das Talent eines Newton auf die Vorfahren zurückführen? Wer die Augen verschließt, wird das tun können. Aber es ist unmöglich, zu einer solchen Betrachtung zu kommen für den, der sich nicht so verschließt. Wenn der Mensch als seelisches Wesen seine eigene Gattung ist, so müssen die komplizierten seelischen Eigenschaften, die uns bei diesem oder jenem Wesen entgegentreten, nicht auf seine physischen Vorfahren zurückgeführt werden, sondern sie müssen zurückgeführt werden auf andere Ursachen in der Vorzeit, die anderswo gestanden haben als bei den Vorfahren. Und da die Ursachen nur dem einzelnen Menschen zukommen, so haben sie auch nur mit dem einzelnen Menschen zu tun. Und wie wir beim Tier den Löwen nicht verfolgen können in der Bärengattung, so kann auch die Individualität nicht von einem anderen Menschen abgeleitet werden, sondern nur von dem Menschen selbst, weil der Mensch das Individuum der eigenen Gattung ist. Deshalb kann er nur von ihm selber abgeleitet werden. Weil der Mensch gewisse Eigenschaften mitbringt, die ihn ebenso bestimmen wie den Löwen die Gattung bestimmt, so müssen sie auch von dem Individuum selber abgeleitet werden. Wir kommen so zu der Kette der verschiedenen Verkörperungen, die der einzelne Mensch ebenso wie die Löwengattung, die ganze Gattung, bereits durchgemacht haben muß. Das ist die äußere Betrachtungsweise. Wenn wir im physischen Leben uns umsehen, so erscheint es uns nur verständlich, wenn wir imstande sind, über die bloße Vererbung hinauszugehen und ein Gesetz der Wiederverkörperung zu denken, das das Naturgesetz auf der seelischen Stufe ist.

Für denjenigen, der überhaupt seelisch beobachten kann, liegt hier nicht eine Hypothese, sondern eine Schlußfolgerung vor. Was ich gesagt habe, ist doch nur eine Schlußfolgerung. Die Tatsache der Wiederverkörperung selbst liegt für denjenigen vor, der sich durch die Methoden der Mystik und Theosophie erheben kann zu dem direkten Beobachten. In der letzten Stunde wollten wir gleichsam theosophisch mikroskopieren lernen. Heute wollen wir konstatieren, daß Theosophen so weit sind, daß das, was wir Sympathien und Antipathien, Leidenschaften und Wünsche, kurz, Charakter nennen, vor ihrem seelischen Auge als eine Tatsache daliegt wie vor dem Auge des physischen Beobachters die äußere physische Gestalt. Wenn das der Fall ist, dann ist der Seelenbeobachter in derselben Lage wie der äußere Forscher, dann hat der Seelenbeobachter dieselben Tatsachen vorliegen, dann betrachtet er das komplizierte Gebilde, jene Lichtgestalt, die in der äußeren Gestalt eingebettet ist, ebenso als äußere Wirklichkeit, wie die äußere Gestalt für den physischen Beobachter Wirklichkeit ist. Dieses aurische Gebilde drückt für ihn in dem einen Falle die Tatsache aus, daß er es zu tun hat mit einem hohen, vollkommenen seelischen Lebewesen, mit einer differenzierten, organisierten, mit vielen

Organen ausgestatteten Aura, wie wir es beim Löwen zu tun haben mit einem Wesen, das viele Organe hat.

Und wenn wir die Seele, die Aura betrachten bei unvollkommenen Wilden, dann erscheint sie relativ einfach; sie erscheint in einfachen Farben, erscheint so, daß wir diese einfache Aura, diese undifferenzierte, farbenarme Aura des Wilden in bezug auf ihre Vollkommenheit zu der komplizierten Aura eines europäischen Kulturmenschen in denselben Gegensatz bringen können wie eine unvollkommene Schnecke oder Amöbe zu dem vollkommenen Löwen. Und dann verfolgen wir auf dem seelischen Gebiete die Entwickelung geradeso wie die Aura. Dann sehen wir, daß eine vollkommene Aura nur entstehen kann auf dem Wege der Entwickelung, indem wir nämlich sehen, daß die Aura, wenn wir nach rückwärts gehen, eine unvollkommenere war. Das liefert für denjenigen, der auf diesem Gebiete beobachten kann, eine unmittelbare Beobachtung des seelischen Lebens selbst.

Wenn wir nun zum Geistesleben aufsteigen, dann tritt uns das physische Gesetz von Ursache und Wirkung im höheren Leben entgegen, das Gesetz von Karma. Dieses Gesetz von Karma besagt für den Geist genau dasselbe, was das Gesetz von Ursache und Wirkung, das Gesetz der Kausalität, für die äußeren, physischen Erscheinungen besagt. Wenn Sie irgendeine Tatsache in der äußeren physischen Welt sehen, wenn Sie sehen, daß ein Stein zur Erde fällt, dann fragen Sie: Warum fällt der Stein? – Und Sie ruhen so lange nicht, bis Sie die Ursache festgestellt haben. Wenn Sie geistige Erscheinungen haben, müssen Sie ebenso nach den geistigen Ursachen fragen. Und wie nahe liegen uns die geistigen Tatsachen! Der eine ist ein Mensch, den wir einen glücklichen nennen, ein anderer ist sein ganzes Leben hindurch zum Unglück verurteilt. Was wir Menschenschicksal nennen, schließt sich in die Frage ein: Warum ist dieses und jenes? Vor diesem Warum steht die ganze äußere Wissenschaft vollständig ratlos da, weil sie ihr Gesetz von Ursache und Wirkung nicht anzuwenden weiß auf die geistigen Erscheinungen. Wenn Sie eine Metallkugel haben und Sie werfen diese Metallkugel ins Wasser, so wird eine ganz bestimmte Tatsache geschehen. Die Tatsache wird aber eine ganz andere, wenn Sie die Metallkugel zuerst glühend gemacht haben. Die verschiedenen Erscheinungen werden Sie sich nach Ursache und Wirkung klarzumachen suchen. Und ebenso müssen Sie im geistigen Leben fragen: Warum glückt etwas dem einen Menschen, dem anderen nicht? Warum glückt mir dieses, warum ein anderes nicht? – Dies führt dazu, zu erkennen, woran es liegt, daß eine bestimmte Tatsache eine ganz bestimmte Charaktereigenschaft in der Wirklichkeit aufweist. Dadurch, daß ich die Metallkugel erst erhitzt habe, entsteht jenes Sieden im Wasser. Nicht vom Wasser hängt es ab, sondern die Veränderung, die vorher mit der Metallkugel vorgegangen ist, bewirkt das Schicksal, welches die Metallkugel im Wasser erfährt. So hängt das Schicksal der Metallkugel davon ab, welche Zustände sie vorher durchgemacht hat; davon hängt ab, was für Erscheinungen bei einem nachfolgenden Erlebnis dieser Kugel an sie herantreten – um bei dem Beispiel zu bleiben.

Wir müssen also sagen: Jede Handlung, die ich begehe, trägt ebenso zu meinem geistigen Menschen bei, verändert meinen geistigen Menschen, wie die Erhitzung die physische Metallkugel verändert hat. Hier ist ein noch feineres Denken notwendig als auf dem seelischen Gebiet. Hier muß man mit Geduld und Ruhe sich klarmachen, daß durch eine Handlung der geistige Mensch verändert wird. Wenn heute jemand etwas stiehlt, so ist das eine Handlung, die den geistigen Menschen mit einer niedrigeren Eigenschaft stem-

pelt, als wenn ich einem Menschen wohltue. Es ist nicht
dasselbe, ob ich eine moralische Handlung begehe oder eine
physische. Was die erhitzte Metallkugel für das Wasser ist,
das ist der moralische Stempel für den Menschen. Ebensowenig wie etwas Physisches ohne Wirkung bleiben wird für
die Zukunft, ebensowenig wird der moralische Stempel für
die Zukunft ohne Wirkung bleiben. Auch im Geistigen gibt
es keine Ursachen ohne entsprechende Wirkung. Daraus
folgt das große Gesetz, daß jede Handlung notwendiger-
weise eine Wirkung hervorbringen muß, eine Wirkung für
das betreffende Geistwesen. An dem Geistwesen selbst, an
dem Schicksal des Geistwesens, muß sich der moralische
Stempel zum Ausdruck bringen.

Dieses Gesetz, durch das der moralische Stempel einer
Handlung unter allen Umständen zur Wirkung kommen
muß, ist das Gesetz von Karma. So haben wir die Begriffe
von Reinkarnation und Karma kennengelernt. Mancherlei
wird eingewendet gegen diese Begriffe; gegen deren allgemeinen Charakter kann aber durch den wirklichen Denker
nichts eingewendet werden. Das menschliche Leben zeigt
uns in allen Erscheinungen, und die äußeren Tatsachen
beweisen es, daß Entwickelung auch in dem geistigen Leben
da ist, daß Ursache und Wirkung auch im geistigen Leben
vorhanden sind. Auch diejenigen, welche nicht auf dem
Standpunkte der Theosophie stehen, haben versucht, Ursache und Wirkung auch auf dem geistigen Gebiete zu suchen,
so zum Beispiel ein Philosoph der neueren Zeit, *Paul Rée*,
der Freund Friedrich Nietzsches. Er hat eine geistige
Erscheinung auf äußerliche Weise durch die Entwickelung
zu erklären versucht. Er frägt: Ist das Gewissen immer
da gewesen in der Entwickelung? – Und er zeigt dann, daß es
Menschen gibt, die das nicht haben, was wir in unserer
Entwickelung Gewissen nennen. Er sagt, es hat Zeiten gege-

ben, in denen so etwas in der menschlichen Seele noch nicht entwickelt war, was wir Gewissen nennen. Dazumal haben die Menschen, verschieden von uns, bestimmte Erfahrungen gemacht. Die Menschen haben gefunden, daß, wenn sie gewisse Taten vollziehen, ihnen diese Taten Bestrafung einbringen, daß die Gesellschaft sich rächt an denjenigen, die der Gesellschaft schaden. Dadurch hat sich innerhalb der menschlichen Seele ein Gefühl für dasjenige, was sein soll, und für dasjenige, was nicht sein soll, entwickelt. Das ist im Laufe der Zeit in eine Art Vererbung übergegangen, und heute werden die Menschen mit dem Gefühl, das sich eben im Gewissen ausdrückt – etwas soll sein oder etwas soll nicht sein –, schon geboren. So hat sich im allgemeinen, so meint Rée, bei der ganzen Menschheit das Gewissen entwickelt. Rée hat hier in schöner Weise gezeigt, daß wir auch den Begriff der Entwickelung auf die seelischen Eigenschaften, auf das Gewissen also, anwenden können. Hätte er noch einen Schritt weiter gemacht, so wäre er in das Gebiet der Theosophie hineingekommen.

Nur noch eine Erscheinung möchte ich erzählen, das ist die Erscheinung, daß wir in der europäischen Kulturgeschichte geradezu den Punkt genau angeben können, wo überhaupt zuerst vom Gewissen gesprochen wird. Wenn Sie die ganze alte griechische Welt durchgehen und die Beschreibungen und Schilderungen verfolgen, so finden Sie nirgends, nicht einmal in der alten griechischen Sprache, ein Wort für dasjenige, was wir Gewissen nennen. Man hatte kein Wort dafür. Besonders auffallend dürfte sein das, was wir bei Plato über Sokrates erzählen hören. In allen sokratischen Gesprächen ist noch nicht das Wort enthalten, das später – erst im letzten Jahrhundert vor Christi Geburt – in Griechenland aufgetreten ist. Einige meinen, daß das Dämonium das Gewissen sei. Das kann aber leicht widerlegt werden, und es kann daher nicht ernsthaft in Betracht gezogen werden. Das Gewissen finden wir nur in der christlichen Welt. Es gibt eine Dramentrilogie, die Orestie von *Äschylos*. Wenn Sie diese drei Dramen verfolgen, so sehen Sie, daß Orest unter dem unmittelbaren Eindruck des Muttermordes steht. Er hat die Mutter gemordet, weil sie den Vater getötet hat. Nun wird uns vorgeführt, wie Orestes verfolgt wird von den Erinnyen, und es wird uns gezeigt, wie er sich dem Gerichte stellt und das Gericht ihn freispricht. Nichts tritt auf als der Begriff der äußerlich sich rächenden Götter. Es drückt sich der Vorgang aus in der Furcht vor äußeren Gewalten. Nichts ist darin von dem, was den Begriff des Gewissens einschließt.

Dann folgt *Sophokles* und dann *Euripides*. Bei ihnen tritt uns Orest ganz anders entgegen. Warum er sich schuldig fühlt – das tritt uns hier in einer ganz anderen Weise entgegen. Bei diesen Dichtern fühlt Orest sich schuldig, weil er jetzt ein Wissen davon besitzt, ein Unrecht getan zu haben. Und daraus bildet sich im Griechischen und ebenso im Lateinischen das Wort Gewissen. Ein Wissen von seiner eigenen Tat haben, sich beobachten können, bei seiner eigenen Tat sein – das muß sich also erst entwickelt haben. Wenn nun Paul Rée recht hätte, daß das Gewissen eine Folge allgemeiner menschlicher Entwickelung wäre, daß es sich herausentwickelt aus dem, was der Mensch beobachtet, indem er Strafe erhält für dasjenige, was den Mitmenschen schadet, und daß es somit ihm selbst schadet, wenn er etwas tut, was nicht im Sinne einer vernünftigen Weltordnung ist, wenn das die Ursache wäre, dann hätte zweifellos dieses Gewissen auch generell auftreten müssen. Weil die äußere Veranlassung im gleichen Sinne verläuft, so müßte es bei größeren Menschenmassen auftreten; es müßte in einem Stamme zu gleicher Zeit auftreten, artgemäß sich entwikkeln. Hier müßte man die griechische Geschichte als Seelengeschichte studieren. Damals nämlich, als in Griechenland bei einzelnen sich der Begriff entwickelt hat, den wir im älteren Griechenland noch nicht finden, da war eine Zeit, in welcher geradezu die öffentliche Gewissenlosigkeit an der Tagesordnung war. Lesen Sie die Schilderungen der Zeit der Kriege zwischen Athen und Sparta! Wir können also in bezug auf das Gewissen nicht von etwas Artgemäßem sprechen wie beim Tier.

Ein weiterer Einwand wird gemacht. Wenn der Mensch wiederholt lebt, so müßte er sich doch an die früheren Leben erinnern. Das ist allerdings nicht so von vornherein einzusehen, warum das zumeist nicht der Fall ist. Man muß sich klarmachen, was Erinnerung heißt und wodurch Erinnerung zustande kommt. Ich habe das letzte Mal bereits ausgeführt, daß der Mensch heute im gegenwärtigen Entwickelungsstadium zwar lebt im seelisch-astralischen und im geistig-mentalen Bereich, daß er sich aber nicht bewußt ist dieser zwei Welten, daß er sich bewußt nur ist der physischen Welt und erst in der Zukunft und auf höheren Stufen das erreichen wird, was heute schon einzelne erreicht haben. Daß er sich bewußt wird im Seelischen und Geistigen, das wird der Durchschnittsmensch erst später erreichen. Der Durchschnittsmensch ist in der physischen Welt bewußt und lebt in der seelischen und geistigen Welt. Das rührt davon her, daß seine eigentliche denkende Kraft, das Gehirn, die physische Welt braucht, um tätig sein zu können. Physisch tätig sein heißt, im physischen Leben sich bewußt werden. Im Schlafe ist der Mensch sich seiner selbst nicht bewußt. Wer sich mit mystischen Methoden entwickelt, entwickelt auch das Bewußtsein während des Schlafes und in den höheren Zuständen. Es macht die Erinnerung möglich an das, was der Mensch im Verlaufe des Lebens erlebt. Weil sein Gehirn existiert in der physischen Welt, erinnert er sich an das, was ihm physisch begegnet. Der Mensch, der nicht nur mit dem physischen Gehirn arbeitet, sondern des Seelenmaterials sich bedienen kann, um innerhalb der Seele ebenso bewußt zu sein, wie der gewöhnliche Mensch innerhalb des physischen Körpers bewußt ist, bei dem reicht nun auch die Erinnerung weiter. Geradeso wie das unvollkommene Tier noch nicht die Fähigkeit des entwickelten Löwen hat, aber diese Eigenschaft einst haben wird, so wird auch der Mensch, der noch nicht die Fähigkeit hat, sich an die früheren Leben zu erinnern, diese später erringen.

Auf den noch höheren Gebieten ist es schwierig, zur Einsicht in den Zusammenhang von Ursache und Wirkung auf geistige Weise zu kommen. Das ist nur in der mentalen Welt möglich, wenn der Mensch nicht nur im physischen und astralen Körper zu denken vermag, sondern im rein geistigen Leben. Dann ist er auch imstande, bei jeder Begebenheit zu sagen, warum sie eingetreten ist. Dieses Gebiet ist so hoch, daß viel Geduld dazu gehört, um diejenigen Eigenschaften sich anzueignen, die es ermöglichen, Ursache und Wirkung im geistigen Leben zu durchschauen. Wer im Physischen bewußt ist und im Seelischen und Geistigen nur lebt, der hat nur die Erinnerung an das, was ihm passiert ist seit der Geburt bis zum Tode. Der im Seelischen Bewußte hat die Erinnerung der Geburt bis zu einem gewissen Grade. Wer aber auf geistigem Gebiet bewußt ist, der sieht das Gesetz von Ursache und Wirkung in seinem wirklichen Zusammenhang.

Ein weiterer Einwand, der gemacht wird, liegt in der Frage: Kommen wir da nicht in den Fatalismus hinein? Wenn alles verursacht ist, dann steht der Mensch ja unter dem Fatum, indem er sich immer wieder sagen wird: Das ist mein Karma, und wir können das Schicksal nicht ändern. –

Das kann man ebensowenig sagen wie man sagen kann: Ich kann meinem Mitmenschen nicht helfen, und es macht mich so trostlos, wenn ich ihm nicht helfen kann; ich muß daran verzweifeln, ihn besser zu machen, denn es liegt ja in seinem Karma. – Wer nur einigermaßen das Gesetz des Lebens mit den Naturgesetzen vergleicht und weiß, was Gesetz ist, der wird zu einer solchen irrtümlichen Auffassung des Karmagesetzes niemals kommen können. Wie sich Schwefel, Wasser- und Sauerstoff zu Schwefelsäure verbinden, das unterliegt einem unabänderlichen Naturgesetz. Wenn ich gegen das Gesetz handle, das in den Eigenschaften der drei Stoffe liegt, so werde ich niemals Schwefelsäure zustande bringen. Es gehört meine persönliche Verrichtung dazu. Es liegt in meiner Freiheit, die Stoffe zusammenzuführen. Trotzdem das Gesetz ein absolutes ist, kann es durch meine freie Handlung in Wirksamkeit gesetzt werden. So ist es beim Karmagesetz auch. Unabänderlich zieht eine Handlung, die ich in den verflossenen Leben begangen habe, in diesem Leben ihre Wirkung nach sich. Aber es steht mir frei, der Wirkung entgegenzuarbeiten, eine andere Handlung zu schaffen, die in gesetzmäßiger Weise etwa schädliche Folgen der früheren Handlung aufhebt. Wie nach unabänderlichem Gesetze eine glühende Kugel, auf den Tisch gelegt, den Tisch verbrennen wird, geradeso kann ich die Kugel abkühlen und sie dann auf den Tisch legen. Sie wird den Tisch nicht mehr verbrennen. In dem einen und in dem anderen Fall habe ich nach dem Gesetze gehandelt. Eine Handlung in der Vergangenheit bestimmt mich zu einer Handlung; die Wirkung meiner Handlung im vergangenen Leben kann nicht beseitigt werden, aber ich kann eine andere Handlung vornehmen und ebenso gesetzmäßig die schädliche Wirkung in eine nützliche Wirkung abändern, nur daß das alles nach den Gesetzen der geistigen Ursachen und Wirkungen verläuft. Das Gesetz von Karma läßt sich vergleichen mit dem, was ich in einem Kontobuch habe. Links und rechts haben wir bestimmte Zahlen. Wenn wir links und rechts addieren und dann voneinander abziehen, bekommen wir den Stand der Kasse. Das ist ein unabänderliches Gesetz. Je nachdem meine vorhergehenden Geschäfte verlaufen sind, wird der Stand der Kasse gut oder schlecht sein. Aber so bestimmt dieses Gesetz auch wirkt: ich kann doch neue Geschäfte hinzufügen, und der ganze Stand ändert sich ebenso gesetzmäßig, wie er sich früher geändert hat. Ich bin in ganz bestimmter Art verursacht durch Karma, aber in jedem Augenblick kann das Kontobuch meines Lebens durch neue Eintragungen verändert werden. Wenn ich einen neuen Posten hinzufügen will, muß ich erst die beiden Seiten addiert haben, um zu sehen, ob ich einen Kassenbestand oder Schulden habe. So ist es auch mit den Erfahrungen im Kontobuche des Lebens. Sie fügen sich dem Leben ein. Wer sehen kann, wie sein Leben verursacht ist, der kann sich auch sagen: mein Konto schließt aktiv oder passiv ab, und ich muß diese oder jene Handlung hinzufügen, um das Schlechte im Leben aufzuheben, um allmählich befreit zu werden von dem, was ich als mein Karma angesammelt habe. Das ist es, was wir als das große Ziel des menschlichen Lebens sehen: von dem Karma, das einmal verursacht worden ist, wieder befreit zu werden. Zielpunkte zu finden für das Kontobuch des Lebens, das liegt in der Hand eines jeden einzelnen Menschen.

Dadurch haben wir die zwei großen Gesetze, das Gesetz des Seelenlebens und das Gesetz des Geisteslebens. Es entsteht heute schon die Frage: Was entsteht zwischen den zwei Leben, wie wirkt der Geist zwischen dem Tod und der nächsten Geburt? – Wir müssen das menschliche Schicksal betrachten in der Zeit während zweier Leben und wollen die

Stationen durchgehen zwischen dem Tod und einem neuen Leben. Wir werden dann sehen, was an Glauben und Wissen und Religiosität in das abendländische Wissen hineindringen kann. Nicht nur zu den Sinnen sprechen die großen Gesetze, sondern auch zu dem Geistigen und zu dem Seelischen, so daß der Mensch nicht nur von Ursache und Wirkung im Physischen, sondern auch im geistigen Leben zu sprechen versteht; denn das, was die großen Geister gesagt haben, wird sich erfüllen; es wird sich zeigen, daß wir die Welt nur zum Teil verstehen, wenn wir nur das nehmen, was wir hören, sehen und tasten. Wir müssen, um die Welt ganz zu begreifen, hinaufsteigen und die Gesetze, die das ganze Sinnen des Menschen ausmachen, erforschen, um zu lernen, woher der Mensch kommt und in welche Zukunft er geht. Diese Gesetze müssen auf dem geistigen Gebiet gesucht werden, und dann werden wir den Ausspruch *Goethes,* der ein Repräsentant der Theosophie war, verstehen, und erkennen, was er damit sagen wollte:

Geheimnisvoll am lichten Tag,
Läßt sich Natur des Schleiers nicht berauben,
Und was sie deinem Geist nicht offenbaren mag,
Das zwingst du ihr nicht ab mit Hebeln und mit Schrauben.

Erst wenn der Mensch hinausschreitet über das bloß Persönliche, wenn er sich des Übergewichtes der Individualität, des höheren Persönlichen über das Persönliche bewußt ist, wenn er versteht, unpersönlich zu werden, unpersönlich zu leben, das Unpersönliche in sich walten zu lassen, dann lebt er sich aus der in der äußeren Form verstrickten Kultur heraus in eine lebensvolle Kultur der Zukunft hinein. Ist es auch nicht das, was die Theosophie als ihr höchstes Ideal erkennt, ist es auch nicht die letzte ethische Konsequenz, die wir aus der Theosophie ziehen, so ist es ein Schritt dem Ideale entgegen, das der Mensch nur dann zu leben lernt, wenn er nicht auf das Persönliche sieht, sondern auf das Ewige und Unvergängliche. Dieses Ewige und Unvergängliche, die Buddhi, der Weisheitskeim, der in der Seele ruht, ist dasjenige, was die bloße Verstandeskultur ablösen muß. Daß die Theosophie mit dieser Anschauung von der Zukunft der Menschheitsentwickelung recht hat, dafür gibt es viele Beweise. Der wichtigste aber ist derjenige, daß sich Kräfte im Leben selbst geltend machen, die es gilt, wirklich zu erfassen und zu verstehen, um uns dann selbst mit deren Ideal zu erfüllen. Das ist das Große bei *Tolstoi,* daß er den Menschen aus dem engen Kreise seiner Gedanken herausheben und spirituell vertiefen will, daß er ihm nicht die Ideale unserer materiellen Welt zeigen will, nicht unseres irgendwie gestalteten sozialen Lebens, sondern die Ideale, die nur in der Seele erquellen können. Wenn wir richtige Theosophen sind, dann werden wir die Kräfte, die in der Weltevolution wirken, erkennen, dann werden wir nicht blind und taub bleiben gegenüber dem, was uns an theosophischem Sinn in unserer Gegenwart entgegenleuchtet, sondern wir werden diese Kräfte, von denen gewöhnlich in der Theosophie prophetischerweise gesprochen wird, erkennen. Das muß gerade das Charakteristische eines Theosophen sein, daß er die Finsternis und den Irrtum überwindet, daß er das Leben und die Welt in der richtigen Weise einzuschätzen und zu erkennen lernt. Ein Theosoph, welcher sich zurückziehen, kalt und fremd dem Leben gegenüberstehen würde, wäre ein schlechter Theosoph, auch wenn er noch so viel von theosophischen Dogmen zu predigen hätte.

Solche Theosophen, welche uns von der sinnlichen Welt hinaufführen in die höheren Welten, welche selbst hineinblicken in die übersinnlichen Welten, sie sollen uns auch auf der anderen Seite lehren, wie wir auf unserem physischen

Plan das Übersinnliche beobachten und uns nicht verlieren im Sinnlichen. Wir erforschen die Ursachen, die aus dem Geistigen kommen, um das Sinnliche, das die Wirkung des Geistigen ist, vollkommen zu verstehen. Das Sinnliche verstehen wir nicht, wenn wir innerhalb des Sinnlichen stehenbleiben, denn die Ursachen zum sinnlichen Leben kommen aus dem Geistigen. Hellsehend im Sinnlichen will uns die Theosophie machen. Deshalb redet sie von der «uralten Weisheit». Aufgeschlossen will sie uns machen für das Geistige. Sie will den Menschen umgestalten, damit er hellsichtig hineinschauen kann in die höheren, übersinnlichen Geheimnisse des Daseins. Aber das soll nicht erkauft werden mit dem Unverstand für dasjenige, was unmittelbar um uns herum vorhanden ist. Der wäre ein schlechter Hellseher, der blind und taub wäre für dasjenige, was in der sinnlichen Welt sich abspielt, für das, was seine Zeitgenossen in der unmittelbaren Umgebung zu vollbringen in der Lage sind. Und außerdem wäre er ein schlechter Hellseher, wenn er nicht imstande wäre, das von einer Persönlichkeit zu erkennen, wodurch in unserer Zeit die Menschen in das Übersinnliche hineingeführt werden. Was nützte es uns, wenn wir hellsehend würden und nicht imstande wären, das zu erkennen, was als unsere nächste Aufgabe unmittelbar vor uns liegt!

Fragenbeantwortung

Frage: In welchem Verhältnis stehen die Tiere als Einzel- und als Gattungswesen zum Menschen?

Das Tier als Gattungswesen ist das, was der Mensch ist. Das Tier als Gattung unterliegt der Reinkarnation nicht, ebensowenig das einzelne Tier. Die Löwengattung zum Beispiel wird allmählich individualisiert und in Verbindung mit höheren Wesenheiten in der Zukunft Entwickelungsphasen durchmachen, die wir ahnen, aber nicht menschenähnlich nennen können, weil sie nicht dem ähnlich sein werden, was heute der Mensch ist und am wenigsten dem ähnlich sein werden, was dann der Mensch sein wird. Lesen Sie bei Haeckel in den «Lebenswundern» nach über den Zeitpunkt, wo das Leben zuerst entstanden ist auf der Erde. Tiere können also nicht Menschen werden. Das einzelne Tier kann jedenfalls niemals Mensch werden.

Frage: Hat das Gebet nach der theosophischen Anschauung eine Berechtigung?

Das Gebet war zu allen Zeiten der Entwickelung vorhanden. Es bedeutete für die ersten Christen nicht allein das Mittel der Vereinigung des Menschen mit seinem Gott. Ganz die Stimmung, welche *Tolstoi* als Stimmung in der Seele des Menschen schildert und fühlt, daß er davon durchdrungen ist, soll hervorgerufen werden beim Christen durch das Gebet. Je höher die Dinge sind, um die der Mensch bittet, um so besser ist es. Beten um äußerliche Dinge ist nicht im Sinne des Urchristentums. «Vater, nicht mein, sondern dein Wille geschehe.» Was ist der Wille des Vaters im urchristlichen Sinne? Derjenige Wille, welcher das Urgesetz aller Weltentwickelung darstellt. Ich will, daß meine Erfolge und Wünsche so vollkommen seien, daß sie dem Sinne des Willens des Vaters, das heißt, dem geistigen Weltgesetz entsprechend seien, daß sie nicht abweichen von dem großen geistigen Weltengesetz. Wenn ich irgendein Gebet habe, durch das ich eine willkürliche Bitte anstrebe, die aus meiner alltäglichen Natur entspringt, aus meinem Belieben, dann ist das Gebet nicht gehalten in dem Stile: «Nicht mein Wille, sondern dein Wille geschehe.» Ein Gebet in diesem Stile aber ist vorhanden, wenn nicht das zu Erflehende heruntergezogen werden soll zu uns, wenn nicht unser Wille durchgehen soll, sondern wenn wir mit unserem Willen hinaufgehoben werden, wenn die Vergöttlichung damit angestrebt wird, die Auferstehung der Seele im Göttlichen, im Christlichen. Da die Theosophie nur das Verstehen aller Religionsbekenntnisse will, so ist sie damit einverstanden. Nur dadurch kann er in Zwiespalt mit der Theosophie kommen, daß er seine eigene Religion nicht versteht. Wer das Christentum in seinen Methoden kennt – und das Gebet gehört zu den Methoden des Christentums, denn es ist ein Mittel zur Vereinigung mit der göttlichen Allseele, der weiß, daß es nicht in Widerspruch zur Theosophie steht.

Frage: Was hält der Theosoph von der christlichen Taufe?

Wenn wir die Taufe richtig verstehen wollen, so müssen wir auf deren ursprüngliche Bedeutung zurückgehen. Die Taufe bedeutete ursprünglich eine der ersten Stufen, durch die der Mensch allmählich zu den höheren Erkenntnissen hinaufkam. Sie war als sogenannte Wasserprobe in den alten Mysterien vorhanden. Sie gehörte zu den zeremoniellen

Handlungen, welche verknüpft waren damit, daß die Menschen stufenweise zu den höchsten Weisheiten hinaufgeführt wurden. Diese alten Mysterien waren nichts anderes als Kultstätten und Weisheitsschulen. Die Taufe war die erste Probe für die Einweihung. Sie war nicht bloß eine äußere Form, sondern verknüpft mit bestimmten Erkenntnisgraden. Der Täufling mußte gewisse Tugenden in sich ausgebildet haben; dann wurde ihm die Taufe erteilt. Vor allen Dingen wurde von den Täuflingen der alten Mysterienreligionen verlangt, daß sie das im Leben sich erworben haben, was man festes Selbstvertrauen nennt, die Möglichkeit, sich immer auf sich selbst zu verlassen. Diese Charaktereigenschaft hing damit zusammen, daß man in den tieferen Mysterienreligionen das Reich Gottes inwendig im Menschen gesucht hat, und daß man nur denjenigen zugestanden hat, daß sie der höheren Gemeinschaft angehören, welche in sich selbst Richtung und Ziel gefunden haben, welche also sich selbst vertrauen durften. Für diese war dann die innere Umwandlung der Schlußstein eines Lehrplanes.

Das war in den Mysterien der Fall. Dann kam das Christentum und stellte das, was in den Mysterien gelehrt worden war, als eine Wahrheit für die ganze Menschheit hin. Das ist eine ganz bedeutsame mystische Tatsache, daß jetzt nicht nur diejenigen selig werden können, welche in die Mysterien eingeweiht werden, sondern auch diejenigen, welche nur glauben. Damit wurde die Taufe zu einem sogenannten Sakramente der Kirche. Diese Taufe ist die Fortsetzung eines uralten zeremoniellen Gebrauches, der Wasserprobe in den Mysterien. Hier ist ein Punkt, wo wir an spirituelles Wissen glauben müssen oder nicht weiterkommen. Die Handlungen, die vollzogen werden bei der Eingliederung in die Gemeinschaft, sind so, daß damit etwas Spirituelles verknüpft ist, das nicht bloß äußere Formalität ist, sondern etwas ist, was mit dem ganzen spirituellen Leben der Gemeinschaft zusammenhängt, so daß tatsächlich – vom spirituellen Gesichtspunkte aus – mit dem Täufling etwas geschieht. Für denjenigen, der Materialist ist, ist dies eine ganz phantastische Sache. Aber für den, der etwas von den höheren Planen des Daseins weiß, ist es auch eine Tatsache. Viel innere Spiritualität ist auch unter der äußeren Form untergegangen. Wir dürfen aber nicht vergessen, wenn wir eine solche Handlung erfassen wollen, daß wir sie nicht herunterziehen dürfen in unsere gegenwärtige materialistische Weltanschauung.

THEOSOPHIE UND DARWIN

Berlin, 27. Oktober 1904

In der Gegenwart finden wir zwei wichtige Kulturströmungen. In *Darwin* zeigt sich die eine, die ihren Höhepunkt bereits überschritten hat, in *Tolstoi* eine andere Kulturströmung, die im Anfange begriffen ist.

Zahlreiche unserer Zeitgenossen, welche sich mit den Fragen beschäftigen, die mit dem Namen Darwin zu tun haben, sind wohl der Meinung, daß mit dem, was man Darwinismus nennt, so etwas wie eine endgültige Wahrheit gefunden sei; daß demgegenüber alles, was die Menschen früher gedacht haben, überwunden sei, und daß zu gleicher Zeit mit diesen endlich gefundenen Wahrheiten etwas da sei, was für die fernste Zukunft gelten müsse. Viele Menschen können sich nicht denken, daß die Meinungen der Menschen etwas durchaus Wandelbares sind. Sie haben keine Vorstellung davon, daß der wichtigste Begriff, den wir gerade im Darwinismus finden, der Begriff der Entwickelung, nicht minder auf das geistige Leben wie auf das natürliche Leben anwendbar ist, und daß vor allen Dingen die menschlichen Meinungen und die menschlichen Erkenntnisse selbst der Entwickelung unterworfen sind. Erst wenn Sie einen größeren Zeitraum der Entwickelung des Menschengeistes überblicken wollen, wird es Ihnen klarwerden, daß die Wahrheiten, die Erkenntnisse und Anschauungen einer bestimmten Epoche sich aus den früheren Gesichtspunkten heraus entwickelt haben, andere geworden sind und daß sie in der Zukunft wieder andere werden.

Die Theosophie würde ihre Aufgabe wenig erfüllen, wenn

sie nicht gerade diesen Begriff der Entwickelung auf die großen Erscheinungen des Lebens, des geistigen Lebens vor allem, anwenden würde. So lassen Sie uns heute einmal nicht vor dem engbegrenzten Horizont eines Gegenwartsmenschen, sondern von einem höheren Gesichtspunkte dasjenige betrachten, was sich an den Namen Darwin knüpft. Wir werden dabei allerdings etwas weit in der Zeit zurückgehen müssen, denn niemand kann jene Erscheinungen begreifen, wenn er sie nur für sich hinstellt, wenn er sie nicht im Zusammenhang mit anderen, ähnlichen Erscheinungen betrachtet. Die Theosophie macht es uns möglich, diese Erscheinungen in die entsprechenden großen Zusammenhänge hineinzubringen. Die Entwickelung des menschlichen Geistes, die Entwickelung dieses Geistes in den verschiedenen Formen des Daseins, wie wir sie in den letzten Vorträgen kennengelernt haben, betrachtet die Theosophie. Dieser Menschengeist, dieser Mensch, wie er heute ist und wie er seit Jahrtausenden ist, ist nichts Fertiges, nichts Abgeschlossenes. Er wird in Jahrtausenden und in noch ferneren Zeiten nicht mehr das sein, was er heute ist. Um zu begreifen, wie er sich heute in die Welt hineinstellt und seine Aufgabe in der Welt zunächst ansieht, müssen wir die charakteristischen Eigentümlichkeiten hervorheben, die wir bei diesem heutigen Menschen antreffen. Um aber das zu können, müssen wir unseren Blick dadurch etwas erweitern, daß wir gewisse Begriffe, gewisse Vorstellungen, die wir haben, nicht überschätzen.

Namentlich ein Begriff ist es, den der Mensch heute nur zu sehr überschätzt: das ist der Begriff der bewußten menschlichen Tätigkeit, so wie wir heute unser Bewußtsein auffassen. Immer, wenn der Mensch irgendwie Kunst, Technik und dergleichen betrachtet, das von ihm ausgeht, dann hat er in gewisser Weise den Begriff des bewußten Schaffens, des bewußten Denkens im Hintergrunde. Er wird gar nicht aufmerksam darauf, daß es um ihn herum in der Welt Kunsttätigkeiten und technische Tätigkeiten gibt, welche von mindestens so großer Bedeutung sind wie die menschlichen, sich aber von den menschlichen dadurch unterscheiden, daß der Mensch das, was von ihm bewirkt wird, in bewußter Weise ausführt; denn der Mensch ist durch den Gedanken in der Welt tätig. Alles, was der Mensch unternimmt, ist zuletzt ein verwirklichter menschlicher Gedanke. Als Gedanke lebt das Haus zuerst im Geiste des Baumeisters, und wenn es fertig ist, ist es ein materiell gewordener Gedanke. Aber solche materiell gewordene Gedanken finden wir auch sonst in der Welt. Betrachten Sie nur einmal unbefangen – nicht durch die Brille der gegenwärtigen Weltanschauung – die Bewegung der Sterne in ihrer Regelmäßigkeit, und Sie werden finden, daß dem Bau des Weltgebäudes ein universeller Gedanke zugrunde liegt, wie dem Bau eines Hauses. Wie sollte der Mensch als Astronom diesen Bau des Weltengebäudes in mathematische und in andere Gesetze zwingen können, wie sollte er die Gesetze des Weltenbaues finden können, wenn diese Gesetze, die er im Gedanken erfaßt, nicht zuerst in diesem Weltenbau selbst enthalten wären? Oder nehmen Sie, um an ein anderes Beispiel anzuknüpfen, die Bauten, welche ein bekanntes Tier, der Biber, ausführt. Sie sind so kunstvoll, von solch einer mathematischen Gesetzmäßigkeit, daß der Ingenieur, der diese Dinge studiert, sich sagen muß: Wenn ihm die Aufgabe gestellt würde, unter den gegebenen Verhältnissen das Zweckmäßigste zu bauen, er könnte nach dem Gefälle des Flusses und nach den Anforderungen der Lebensweise des Bibers nichts Zweckmäßigeres, nichts Vollendeteres ausführen. So können Sie die ganze Natur verfolgen, wenn Sie sie nur unbefangen verfolgen, und Sie werden überall sehen, daß dasjenige, was der Mensch bewußt in Gedanken vollbringt, in die Wirklichkeit umsetzt, rings um uns ist und daß das, was rings um uns ist, von Gedanken durchsetzt ist.

Wir sind gewöhnt, dasjenige, was das Tier vollbringt, eine instinktive Tätigkeit zu nennen. Wir würden also auch den kunstvollen Bau eines Bibers, der Ameisen, der Bienen, eine instinktive Tätigkeit nennen. So kommen wir aber dazu, zu begreifen, daß sich die menschliche Tätigkeit nur dadurch von dieser um uns herum verlaufenden Tätigkeit unterscheidet, daß der Mensch weiß von den Gesetzen seiner Tätigkeit, daß er ein Wissen davon hat. Und gerade das bezeichnen wir als eine instinktive Tätigkeit, welche bei einem Wesen vorliegt, das kein Bewußtsein von den Gesetzen hat, nach denen es arbeitet. Wenn Sie in dieser Weise zwei weit in ihrer Entwickelung auseinanderliegende Wesen, wie den Menschen in seiner bewußten Tätigkeit und zum Beispiel den Biber oder die Ameise betrachten, so wird Ihnen auffallend sein der große Unterschied zwischen der menschlichen bewußten Verstandestätigkeit und der unbewußten, instinktiven Tätigkeit eines verhältnismäßig unvollkommenen Tieres. Zwischen diesen beiden Tätigkeiten gibt es unzählig viele Grade. Von diesen Graden können wir auch solche beschreiben, die der Mensch in einer zwar langen, aber gegenüber dem großen Weltenzeitraum doch wieder kurzen Vorzeit durchgemacht hat. Wir werden im weiteren Verlauf dieser Vorträge geführt werden zu einer früheren, sehr viel früheren Stufe menschlicher Kulturtätigkeit – heute kann ich das nur andeuten –, wir werden geführt werden zu den menschlichen Vorfahren in einer längst verflossenen Zeit, zu den sogenannten Atlantiern, deren Kultur längst untergegangen ist und deren Nachkommen die Kulturschöpfer unserer gegenwärtigen menschlichen Rasse sind. Wenn wir nun die Geistestätigkeit, die ganze Art und Weise des Menschen, in der Umwelt tätig zu sein, bei diesen Atlantiern, die vor vielen Jahrtausenden unsere Vorgänger waren, verfolgen und sehen, mit welchen Mitteln die theosophische Weltbetrachtung die Geistestätigkeit dieser Vorfahren kennenlernt, dann würde sich uns zeigen, daß sie zwar nicht so weit absteht von unserer gegenwärtigen Verstandestätigkeit wie die Tätigkeit der Tiere, daß aber unsere atlantischen Vorfahren doch wesentlich anders geartet waren als unsere heutigen Zeitgenossen. Diese atlantischen Vorfahren waren keineswegs unbefähigt, große Bauten aufzuführen, keineswegs unbefähigt, die Natur in ihre Gewalt zu bringen; aber ihre Tätigkeit war mehr instinktiv als die voll bewußte Tätigkeit der gegenwärtigen Menschheit. Sie war nicht so instinktiv wie die der Tiere, aber instinktiver als die der heutigen Verstandesmenschheit.

Die Geschichte des alten Babylon und Assyrien erzählt uns von kunstvoll aufgerichteten Bauten, und heutige Baukünstler, die diese Dinge studieren, versichern uns, daß die Art und Weise, wie die damaligen Menschenwerke geschaffen worden sind, so außerordentlich waren, daß die bewußte Tätigkeit des heutigen Baukünstlers noch nicht so weit ist, um dasjenige zu vollbringen, was dazumal der Mensch auf verhältnismäßig unbewußten Stufen zu tun in der Lage war. Sie müssen sich an dem Worte «instinktiv» nicht stoßen. Es ist doch nur ein geringer Unterschied zwischen dem heutigen Geiste des Menschen und dem früheren. Würden wir die Tätigkeiten, die – um mich etwas populär auszudrücken – die Leute mehr im Griffe, mehr in der Empfindung und in der Intuition haben, die wir mehr mechanisch und nicht indem wir sie uns bewußt vorsetzen, verrichten, würden wir diese Tätigkeiten zurückverfolgen, dann kämen wir zu unseren atlantischen Vorfahren, die in viel höherem Grade instinktiv wirkten, als es in den Zeiten der Fall war, die wir geschichtlich verfolgen können. So können wir sagen, daß wir geschichtlich die menschliche Verstandestätigkeit verfolgen können bis zu einer Zeit, in der die Verstandestätigkeit noch nicht in dem heutigen Grade vorhanden war, ja, im Anfange der atlantischen Zeit überhaupt noch nicht vorhanden war, und daß wir auf der anderen Seite auch zugeben müssen, daß der Mensch sich in der Zukunft wieder zu ganz anderen Geistesfähigkeiten entwickeln wird, als sein heutiger Verstand ist. Also, unser heutiger Verstand, der das Bezeichnendste, das Charakteristische ist für den Gegenwartsmenschen, ist nicht etwas, was ewig oder auch nur unveränderlich ist, sondern er ist etwas, was in der Entwikkelung begriffen ist. Er ist entstanden und wird sich zu anderen, höheren Formen hinaufentwickeln.

Worin besteht nun die Tätigkeit dieses Verstandes? Auch das haben wir schon angedeutet. Sie besteht darin, daß der Mensch immer mehr das bloß Instinktive seiner Tätigkeit überwindet und klar weiß von den Gesetzen, die er anwendet im äußeren Leben, klar weiß auch von den Gesetzen, die in der Natur sich verwirklicht haben. Wenn aber dieser Verstand selbst in der Entwickelung begriffen ist, dann hat er offenbar verschiedene Entwickelungsstufen durchgemacht; er ist vorgeschritten von verhältnismäßig unvollkommenen Stufen zu einer höheren Stufe in der Gegenwart, und er wird in der Zukunft zu noch anderen aufsteigen.

Blicken wir zurück auf die atlantischen Vorfahren, so sehen wir den Verstand hervorgehen zuerst in seiner Morgendämmerung, dann entwickelt er sich bis zu einem Höhepunkt, um dann von einer höheren Geistestätigkeit in Zukunft abgelöst zu werden. Nicht auf einmal kann dieser Verstand sich ausbilden. Er muß sozusagen stückweise das vollbringen, was seine Aufgabe ist. Von Etappe zu Etappe muß er schreiten, wenn er wissen will von den Gesetzen, die in unserer Natur sind und die er selbst verwirklicht. Das kann nur in aufeinanderfolgenden Stufen geschehen. Was soll dieser Verstand? Er soll die Dinge um sich herum begreifen, von ihnen wissen. Er soll sie in seinem Inneren nacherschaffen, begrifflich nacherschaffen dasjenige, was draußen in der Wirklichkeit ist. Dieses Wissen muß er sich nach und nach aneignen. Dieses Wissen muß aber den äußeren Dingen entsprechen. Die äußeren Dinge sind aber mannigfaltig. Die Dinge, die wir in der Welt verfolgen können, sind Geist, Seele und äußere physische Wirklichkeit.

Nicht auf einmal ist der Verstand bei seiner Ausbildung in der Seele dagewesen, um diese äußere Natur in ihrer ganzen Mannigfaltigkeit zu begreifen. Stück um Stück hat der Mensch die verschiedenen Arten der Wirklichkeit erobern müssen, das Geistige, das Seelische und das Physische. Und in sehr interessanter Weise können wir verfolgen, wie er sie erobert. Der Mensch ist nicht in der Lage, draußen in der Welt die Dinge zu begreifen, bevor er sie sich nicht in der Einsamkeit seines Nachdenkens angeeignet hat. Niemals würde der Mensch imstande sein, eine Ellipse als Sternenbahn zu begreifen, wenn er nicht vorher die Gesetze der Ellipse, die Formen derselben sich in der Einsamkeit angeeignet hätte. Hat er den Begriff in sich gefunden, so sieht er denselben auch in der Außenwelt verwirklicht. Erst wenn der Mensch das Wissen in sich geschaffen hat, kann er es in der Außenwelt materialisiert finden. Nun müssen wir uns klar sein darüber, daß dies auf den verschiedensten Stufen der Verstandesentwickelung während unserer menschlichen Rassenentwickelung geschehen ist. Der menschliche Verstand mußte sich selbst erst einen Begriff machen von dem Bilde, das er in der Außenwelt sehen kann, um dann das in der Außenwelt Gesehene zu verstehen. Zuerst erkennt der

Mensch in der Regel das, was in ihm selbst lebt. Das ist der Geist, die Seele. Erst nach und nach gelangt er zu den Begriffen von dem, was um ihn herum ist. Sie können das beobachten bei jedem Kinde. Es hat nicht zuerst einen Begriff von der leblosen Natur, sondern von der Seele. Es schlägt den Tisch, an dem es sich gestoßen hat, weil es ihn für gleichartig hält mit sich selbst. So ist es auch in der Kulturentwickelung. Wir haben bei der Kulturentwickelung eine Epoche zu beobachten, welche die Forscher Animismus genannt haben. In der ganzen Natur hat man belebte Wesen gesehen, in jedem Stein, in jedem Felsen, in jeder Quelle sah man etwas Lebendiges, weil man selbst lebendig war und aus seinem Inneren den Begriff des Lebendigen bilden kann. So haben auch frühere Menschenrassen zuerst den Begriff des Geistes, dann den des Seelisch-Lebendigen gewonnen, und zuallerletzt haben sie sich den Begriff des äußeren Mechanischen, Leblosen angeeignet.

Sehen wir zurück in die Zeit, die wir geschichtlich verfolgen können, in die Zeit des alten Indiens mit seinen Veden und der Vedantaphilosophie, und studieren wir diese uralten Weltanschauungen, so finden wir, daß die Menschen einen Begriff des Geistigen im umfassendsten Sinne hatten. Der Begriff des Geistes lebt in diesen alten, wunderbaren Urkunden. Was aber die alten Völker nicht konnten, das war das Begreifen des einzelnen Geistes, des Sondergeistes. Sie hatten eine große Vorstellung von dem allumfassenden Weltengeist und seinen verschiedenen Wandlungen in der Welt, aber in die einzelne Menschenseele hineinzusehen, um den Geist der Menschenseele zu fassen, das ist in dieser ersten Zeit noch nicht möglich gewesen. Von einer Psychologie in unserem Sinne, von dem, was man heute Geistlehre nennt, was aber erst in der Zukunft einmal wirkliche Geistlehre sein wird, hatten sie keinen Begriff. Sie dachten den Geist, aber verstanden den einzelnen Geist nicht. Wenn wir die Anfänge der Geistentwickelung bis zum Anfange des Griechentums verfolgen, so finden wir, daß in jener Zeit selbst diejenigen, welche sich Philosophen nennen, den Begriff der Seele auf die ganze Welt anwenden. Alles ist bei ihnen beseelt. Sollen sie aber die einzelne Seele verstehen, so scheitert ihr Verständnis.

Zuerst bildet sich der Mensch also den allgemeinen Begriff des Geistes und den allgemeinen Begriff der Seele. Aber erst in späterer Zeit tritt er mit seinem Geiste an diese Begriffe heran, um sie im einzelnen Wesen zu begreifen. Im ganzen Mittelalter können wir verfolgen, daß der Mensch noch nicht in den einzelnen Geist hineindringt. Nur *Giordano Bruno* möchte ich hier nennen. Wer die Philosophie dieses tonangebenden Geistes studiert, der findet, daß er einen allumfassenden Begriff eines Weltenlebens hat, einen Begriff des Lebens in seiner höchsten Bedeutung. Die ganze Welt ist ihm Leben, in jedem Stein, in jedem Stern sieht er Leben. Jeder einzelne Teil des Universums ist ihm ein Glied, ein Organ des Universums. Er blickt zu den Sternen auf als zu belebten Wesen. Und auch den einzelnen Menschen betrachtet er konsequent in diesem Sinne. In dem lebendigen Menschen sieht er nur eine Stufe in der Folge des allgemeinen seelischen Menschenlebens. Er nennt den Menschen, der physisch vor uns steht, einen im Raum ausgebreiteten Geist, das im Raum ausgebreitete Leben. Und den Tod faßt er als nichts anderes auf als das Zusammenziehen des Lebens in einen einzigen Punkt. Ausdehnung und Zusammenziehung sind für ihn die Erscheinungen des Lebens und des Todes. Das Leben ist ewig. Das Leben, das uns im Physischen erscheint, ist ein im Raum ausgedehntes Leben; das Leben, das nicht im Physischen erscheint, ist zusammengezogenes Leben. So wechselt das Leben fortwährend durch Ausdehnung und Zusammenziehung. Außer diesen beiden Eigenschaften, durch die Giordano Bruno zeigt, was für einen umfassenden Begriff er vom Leben hat, könnte ich vielleicht noch anführen den Begriff des Himmels, einen Begriff, den die Wissenschaft noch lange nicht erreicht hat, den man aber studieren müßte, in den man sich versenken müßte, um wieder zum umfassenden Begriff des Himmels zurückzukehren. Was aber auch Giordano Bruno noch nicht möglich war, das ist, das einzelne Lebewesen, das Sonderwesen zu begreifen. Die Möglichkeit, diese einzelnen lebenden Sonderwesen zu begreifen, entwickelt sich aber gerade in dieser Zeit. Da fängt man erst an, die Vorgänge im menschlichen Körper für den Verstand klarzulegen, da fängt man an, zu begreifen, wie das Blut im Körper fließt, wie die Tätigkeiten des Körpers vor sich gehen. Was wir heute Physiologie nennen, das fing damals erst an, greifbare Gestalt zu bekommen. Wenn Sie die Naturforscher der damaligen Zeit, wie *Paracelsus*, betrachten, dann werden Sie sehen, daß diesen ein Begriff fehlt; die menschliche Kulturentwickelung hatte damals den Begriff noch nicht hervorgetrieben, der heute unsere Weltanschauung beherrscht: den Begriff des Mechanismus. Der Begriff des Mechanismus ist der, welcher am spätesten erfaßt ist. Was Maschine ist, das hat der Mensch am spätesten erfaßt. Erst nach Giordano Bruno und Paracelsus fängt das wissenschaftliche Denken an, den Begriff der Maschine auszubilden, den Begriff des Mechanischen.

Wir haben also gesehen, wie im Laufe der Zeiten die menschliche Verstandesentwickelung nacheinander die Begriffe: Geist, Seele, Leben, Mechanismus gefaßt hat. Nun folgt in unserer Rassenentwickelung das Umgekehrte. Nachdem die menschliche Entwickelung die Begriffe gefaßt hatte, wendete sie sie an auf die äußeren Dinge selbst, und die erste Epoche in dieser Beziehung ist die Anwendung des

Begriffes der Maschine auf die umliegende Wirklichkeit. Man will nicht nur die Maschine begreifen, sondern man wendet den Begriff der Maschine auch an auf das Einzelwesen. Die Anwendung des Begriffes der Maschinentätigkeit ist das Kennzeichen der Epoche, von welcher erst wenige Jahrhunderte abgelaufen sind. Das 17. Jahrhundert gehört zu dieser Epoche. Wenn wir bis dahin zurückgehen, finden wir den Philosophen *Descartes*. Er wendet den Begriff des Mechanismus auf die Tierwelt an. Er unterscheidet nicht zwischen dem Tier und leblosen Dingen, sondern er betrachtet die ganze Tier- und Pflanzenwelt als Wesen, die Automaten gleich sind, als vollständig in reiner mechanischer Tätigkeit aufgehende Wesen. Das kommt von nichts anderem, als weil die Menschheit so weit gekommen war, den Begriff des Mechanischen zu erfassen, aber noch nicht verstand, den Begriff der Seele und des Geistes auf das einzelne Wesen anzuwenden, sondern lediglich den Begriff des Mechanischen auf die Natur anzuwenden verstand. So sah der Mensch gleichsam durch Pflanze, Tier und Menschenseele hindurch. Da konnte er nichts fassen; es war ihm nicht möglich, in Pflanze, Tier und Mensch etwas Höheres zu sehen. Und in der äußeren Gestaltung ist ja jedes Wesen mechanisch. Ein jedes Wesen auf dem physischen Plane ist mechanisch. Diese unterste Stufe erfaßt zuerst der Verstand. Er erfaßt den physischen Leib der verschiedenen Weltdinge, und er faßt ihn, wie das naturgemäß ist, zunächst als rein physische, mechanische Tätigkeit auf. Das war die Epoche des mechanischen Verstehens der Welt und die Epoche des Nichterkennens alles Höheren der Welt zu gleicher Zeit. Diese Epoche dehnt sich bis in unsere Zeit hinein aus. Wir sehen, wie heute der Mensch bemüht ist, den Begriff des Mechanischen auf die Außenwelt anzuwenden; wir sehen, wie Descartes Pflanze, Tier und Mensch mechanisch begreift, denn auch des Menschen physischer Leib ist mechanisch. Daher auch die Behauptung, der Mensch sei nur Maschine.

Dann kommen die großen Entdecker und die große technische Tätigkeit der mechanischen Welt, der Industrie. Wir sehen, wie der Verstand und der mechanische Begriff seine höchsten Triumphe feiert. Er dringt hinauf bis in die einzelnen Lebewesen, und er begreift sie in ihrem physikalisch-technischen Zusammenhang. Was im 18. Jahrhundert noch nicht möglich war, das Zusammenleben der Tiere und Pflanzen mechanisch zu begreifen, das bringt das 19. Jahrhundert. Nicht die Entwickelung ist das Wesentliche, sondern daß eine Verwandtschaft besteht zwischen den Wesen. Die Entwickelung ist nicht das Charakteristische des Darwinismus; denn eine Entwickelungslehre gab es immer. Sie können auf *Aristoteles,* ja bis in die Vedantaphilosophie zurückgehen, auch bei *Goethe,* überall werden Sie finden, daß die Entwickelungslehre zu allen Zeiten vorhanden war. Auch im modernen naturwissenschaftlichen Sinne gibt es bereits im Beginne des 19. Jahrhunderts eine Entwickelungslehre, den Lamarckismus. *Lamarcks* Lehre betrachtet durchaus die Tierwelt so, daß sie aufsteigt vom Unvollkommenen zum Vollkommenen bis herauf zu dem physischen Menschen. Aber dazumal konnte der Lamarckismus noch nicht populär werden. Lamarck wurde nicht verstanden. Erst die Mitte des 19. Jahrhunderts war reif dafür, die Entwickelungslehre in mechanischer Weise zu verstehen. Da war die Erfahrung des äußeren physischen Lebens so weit, daß dieses wunderbare Gebäude zusammengestellt werden konnte, das Darwin aufgestellt hat und wodurch er nichts anderes tat, als daß er mechanisch aufgestellt hat das, was uns umgibt; in mechanische Gedanken gefaßt hat das, was um uns herum ist.

Das nächste war, daß der Mensch, wenigstens als Hypothese, den Gedanken von der physischen Verwandtschaft des materiellen Menschen mit den anderen materiellen Organismen faßte. Das war das Letzte, der Schlußstein in dem Gebäude. Und wir werden die Bedeutung des Schlußsteines kennenlernen, wenn wir über die Philosophie von *Ernst Haeckel* sprechen werden.

Wenn wir den Gedanken der Entwickelung auf den Menschen selbst anwenden, dann finden wir, daß es begreiflich ist, daß eine Entwickelungsstufe des geistigen Menschen die Eroberung des geistigen Gedankens sein muß. Der Darwinismus hat durch rein äußere Ursachen, durch das Gesetz vom Kampf ums Dasein, dieses Gebiet der Welt sich erobert. Er bedeutet daher eine notwendige Entwickelungsphase in der Kultur des Menschen, und wir werden aus der Notwendigkeit seines Entstehens die Notwendigkeit seiner Überwindung begreifen. Dadurch gewinnen wir den weiten Blick, daß wir den Darwinismus als eine Phase in der wissenschaftlichen Entwickelung auffassen werden. Daß der Darwinismus die Welt, die Tatsachen betrachtet, wie sie wirklich sind – nur der Befangene kann dieses sagen. Die Tatsachen kennt man, die waren ja immer da; nur die Art und Weise des Denkens ist eine andere. Wenn Sie Goethes Aufsätze «Geschichte meines botanischen Studiums» lesen, so werden Sie fast wörtlich finden, was Darwin in seiner Weise beschreibt. Auch in Goethes «Metamorphose der Pflanzen» finden Sie vieles. Goethe stützt auf dieselben Tatsachen eine weitaus höhere, viel umfassendere Theorie des Lebens, eine Theorie, von der die heutige Wissenschaft etwas Höheres ablösen wird, als der Darwinismus es ist. Das ist die Goethesche Lehre von dem Zusammenhang der Organismen. Aber wie jede Phase der Entwickelung durchgemacht werden muß, so mußte auch das Studium des

Darwinismus durchgemacht werden. Die ganze Lebenslage in der Mitte des 19. Jahrhunderts war so, daß durch sie erst die Menschheit reif wurde, mechanische Gedanken in das Tier- und Pflanzenreich einzuführen. Dieser mächtige Gedanke hat sich dann ausgedrückt in dem mechanischen Kampf ums Dasein der Lebewesen untereinander. Er hat seinen Ursprung in einer ganz bestimmten Art des menschlichen Lebens selbst.

Darwin bezog, neben seinen Beobachtungen, alles dasjenige, was für ihn den größten Ausschlag gegeben hat zu seiner Theorie, auf die Lehre von *Malthus*. Diese Lehre über die Bevölkerungs- und Nahrungsmittelzunahme ist es, die ihn darauf gebracht hat, den äußeren Kampf ums Dasein als das Vervollkommnungsprinzip aufzustellen. Malthus vertritt das Gesetz, daß die Menschheit sich rascher fortpflanzt, als die Möglichkeit wächst, sich Nahrungsmittel zu verschaffen. Die Nahrungsmittelzunahme geschieht langsam in arithmetischer Progression, also wie 1 – 2 – 3 – 4 – und so weiter, die Bevölkerungszunahme aber geschieht in geometrischer Progression, also wie 1– 2 – 4 – 8 – 16 – und so weiter. Wenn das der Fall ist, dann ist es natürlich, daß bei der ungleichen Zunahme der Nahrungsmittel im Verhältnis zur Zunahme der Bevölkerung ein Kampf ums Dasein entsteht. Das ist das trostlose sogenannte Malthussche Gesetz. Während Malthus in der ersten Hälfte des 19. Jahrhunderts aus diesem Gesetz nur logische Folgerungen ziehen wollte, die auf die Art des Zusammenlebens, auf eine Möglichkeit, die Kultur zu fördern, auf eine Möglichkeit, den Menschen ein besseres Leben zu bieten, hinausliefen, da sagte sich Darwin: Wenn dieses Gesetz in dem Menschenleben herrscht, dann ist es umso sicherer, daß der Kampf ums Dasein überall ist. – Sie sehen daher am Darwinismus am allerklarsten, daß der Mensch von sich selbst ausgeht; was er an sich beobachtet, das überträgt er auf die äußere Natur. Das rein mechanische Gesetz des Kampfes aller gegen alle, das das Prinzip der Lebensgestaltung im 19. Jahrhundert geworden ist, tritt uns wieder entgegen in der Darwinschen Theorie. Ich will nicht davon sprechen, daß die naturwissenschaftlichen Untersuchungen es längst nicht mehr möglich machen, an dem Prinzip des Kampfes ums Dasein festzuhalten, sondern nur hervorheben, daß die Anwendung des Prinzips keine Notwendigkeit ist.

Wir müssen aber auch begreifen, daß nicht etwas Umfassendes, nicht etwas Letztes geboten war damit, daß der Mensch die ganze Umwelt mechanisch begreift. In den Wesen steckt noch etwas anderes als der bloße Mechanismus. Wir haben gesehen, wie der Mechanismus, die äußere physische Gestalt, nur ein Teil, nur eines der Elemente ist, aus denen die Welt sich zusammensetzt. Dadurch, daß wir die äußere Erscheinung begreifen, begreifen wir auch nur den alleruntersten Teil der um uns herum existierenden Wesen. Jede Phase der menschlichen Kulturentwickelung hat auch ihre Schattenseite; jede Phase zeigt ihre Radikalismen. Derjenige, der klar gesehen hätte in der Zeit des aufblühenden Darwinismus, würde sich gesagt haben: Ganz gewiß muß die Entwickelung des mechanischen Gedankens geschehen; aber dieser Gedanke ist noch nicht geeignet, das Leben, die Seele, den Geist im Sonderwesen zu begreifen. Wir müssen erst lernen, Brunos Gedanken des allumfassenden Weltenlebens anzuwenden auf das einzelne Sonderwesen, das vor uns steht, dann werden wir die Welt um uns herum in Durchsichtigkeit bis hinauf zum Geist allmählich begreifen können. Wir sind heute erst so weit, den Begriff des Mechanischen auf die Einzelwesen anwenden zu können. In der Zukunft muß es gelingen, auch die Begriffe des Lebens, der Seele und des Geistes wiederum in den Einzelwesen zu finden. Wir müssen wiederum dahin kommen, die Pflanze nicht bloß mit den Augen des mechanisch denkenden Physiologen, sondern mit den Begriffen des zu höheren Stadien des Lebens steigenden Wissenschafters anzusehen. Wir müssen bis zu den Begriffen der Seele und des Geistes aufsteigen. Gefaßt sind diese Begriffe schon in vorhergegangenen Epochen; anwenden lernen muß sie die heutige Menschheit selber. Das wäre die Idee gewesen eines solchen, der die Dinge ganz überschaut.

Noch eine andere Idee, eine andere Ursache war da hemmend. Das war die, sich leicht zufrieden zu erklären mit den mechanischen Begriffen der Welt und zu glauben, daß damit, also mit dem mechanischen Standpunkt, alles erreicht sei, daß der Mechanismus alles erkläre. Diese Geister sind ja auch dagewesen. Das war in der Zeit, wo man das rein materielle für das All erklärt hat, die Zeit der *Büchner, Vogt* und auch – hinsichtlich der Begriffswelt, nicht der Forschung – *Haeckel*. Das ist das andere Extrem. Dazwischen waren die vorsichtigen Geister, die sich zwar nicht erheben konnten zu einem höheren Erfassen der Weltdinge, die aber ein dunkles Empfinden hatten, daß sie nur einen Teil erfaßt haben, nur einen Teil besitzen. Das sind die vorsichtigen Forscher, welche das Richtige erfaßt haben; die sich sagten, daß sie auf einer Stufe stehen, wo sie noch nicht alles erforschen konnten, und die das, was sie nicht erforschen konnten, als das Unerforschliche in Demut verehrten. Für diejenigen Forscher, welche die richtige Empfindung hatten, hätte das Gefühl sich anschließen müssen, daß hinter dem, was sie fanden, etwas Unbekanntes steht, demgegenüber sie nicht berufen sind, einzugreifen mit ihrem mechanischen Denken.

Nun wollen wir einmal fragen, welche Forscher so gedacht haben, und da treffen wir einen, der dieser Epoche angehört, welcher schreibt: «Ich halte dafür, daß alle organischen Wesen, die je auf dieser Erde gelebt haben, von einer Urform abstammen, welcher das Leben vom Schöpfer eingehaucht wurde.» Das ist ein vorsichtiger Forscher, ein Forscher, der die äußere Welt mechanisch begreift, aber nicht vordringen kann zur Erfassung des Lebens und des Geistes; er bleibt bei dem Gedanken eines Schöpfers und verehrt ihn in Demut. Derselbe Forscher darf auch angeführt werden gegenüber den Radikalen, die im Gefolge des Darwinismus aufgetreten sind. Man hat ja auch die Sprache mechanisch erklären wollen. Im Buche «Die Lebenswunder» fordert Haeckel, daß eingesehen werde, wie alle Sprache auch aus dem mechanischen Prinzip entstehe. Der andere oben erwähnte Forscher dagegen sagt: «Die Sprache ist jene wundervolle geistige Maschine, die allen Arten von Dingen und Eigenschaften bestimmte Zeichen anfügt und Gedankenzüge erregt, die aus bloß sinnlichen Eindrücken nie entstanden wären, und wenn sie entstanden wären, nicht hätten weiter entwickelt werden können.» Dieser vorsichtige Forscher sagt weiter: Was mechanisch entstanden ist, dringt nicht herauf bis zur Sprache; es muß künftigen Zeiten überlassen werden, das zu begreifen. – Wieder kommt hier ein Gefühl der Verehrung gegenüber dem Unerforschlichen. Und derselbe Forscher sagt es klar heraus: «Es ordnet ein allmächtiger und allwissender Schöpfer jedes Ding an und sieht jedes Ereignis voraus.» – Da haben Sie einen Forscher, der der Zeit der Eroberung der Welt durch mechanische Gedanken angehört und der den richtigen Gesichtspunkt findet gegenüber den Dingen und Wesen in der Welt; der in Bescheidenheit verfolgt, was er verfolgen kann, und hindeutet auf die zukünftige Entwickelungsepoche, so hindeutet, daß er sagt: Hier ist für mich eine Grenze.

Das, was dieser Forscher aus seiner Empfindung heraus gesprochen hat, ist der Standpunkt, den der Theosoph einnehmen muß gegenüber der darwinistischen Entwickelungslehre. Er zeigt uns den großen Überblick über die Entwickelung unserer Rasse, er zeigt uns, daß der Darwinismus nur eine Phase ist, die zu dem Begriffe des Lebens führen wird, zur Anwendung des Begriffes der Seele und des Geistes. Wie wir heute eine mechanische Wissenschaft haben, so werden wir in Zukunft eine Lebens-, eine Seelen- und Geisteswissenschaft haben. Das ist der Gesichtspunkt, den die Theosophie eröffnet; und nichts anderes will sie, als das vorausnehmen, was die Zukunft der Menschheit bringen muß. Sie will zeigen, wohin wir gehen, und es muß durchaus betont werden, daß diese theosophische Anschauung gerade mit den vorsichtigen Forschern, die durch sich selbst den richtigen Gesichtspunkt gefunden haben, übereinstimmt. Denn nicht von einem obskuren Darwinianer, der sich nicht losmachen konnte von traditionellen Vorurteilen – der religiöse Vorurteile verknüpfen wollte mit unserem Darwinismus –, nicht von einem solchen rühren diese Worte her, sondern von einem, dessen Kompetenz Sie nicht bezweifeln werden: sie rühren her von Charles Darwin selber!

Berlin, 3. November 1904

Die beiden Vorstellungen, die uns durch das Labyrinth der Welterscheinungen hindurchführen müssen, sind Leben und Form. In tausend und aber tausend Formen wechselt fortwährend das Leben. Dieses Leben drückt sich aus in seinen mannigfaltigsten Gestaltungen. Es wäre ohne alle Offenbarung nach außen, ohne die Möglichkeit, sich in der Welt darzustellen, wenn es nicht in immer neuen und neuen Formen auftreten würde. Die Form ist die Offenbarung des Lebens. Aber alles würde in der Starrheit der Form verschwinden, alles Leben müßte sich verlieren, wenn die Form nicht fortdauernd in dem Leben sich erneuerte, wenn es nicht immer wieder und wiederum zum Keim würde, um aus den alten Formen neue zu gestalten. Der Keim der Pflanze wird zur ausgestalteten Form der Pflanze, und diese Pflanze muß wiederum zum Keim werden und einer neuen Form das Dasein geben. So ist es in der Natur überall, und so gerade ist es in dem Geistesleben des Menschen. Auch im Geistesleben des Menschen und der Menschheit wechseln die Formen, und das Leben erhält sich durch die mannigfaltigsten Formen hindurch. Das Leben aber würde erstarren, wenn die Formen sich nicht fortwährend erneuerten, wenn nicht neues Leben keimhaft herausquellte aus alten Formen.

Wie die Zeitalter wechseln im Laufe der Menschheitsgeschichte, so sehen wir in diesen Zeitaltern das Leben in den mannigfaltigsten Formen auch in der großen Geschichte wechseln. Wir haben in dem Vortrage über «Theosophie und Darwin» gesehen, in welch mannigfaltigen Formen sich die Menschheitskulturen und das, was wir Geschichte nennen, seitdem ausgedrückt hat. Wir haben einige der Formen gesehen in der alten Vedenkultur Indiens. Wir haben diesen Formenwechsel gesehen durch die urpersische, dann durch die chaldäisch-babylonisch-assyrisch-ägyptische, dann die griechisch-römische Kultur und endlich durch die christliche Kultur herauf bis in unsere Zeit. Das ist aber gerade das Bedeutsame an der Geistesentwickelung unserer Zeit, daß sich ein gemeinsames Leben immer mehr und mehr in Formen nach außen ergießt, und unser Zeitalter darf geradezu genannt werden das Zeitalter der Formen, das Zeitalter, in dem der Mensch nach allen Seiten hin gelehrt wird, sich in der Form auszuleben.

Wohin wir blicken, überall sehen wir die Herrschaft der Form. Wir haben an *Darwin* das glänzendste Beispiel. Was hatte Darwin untersucht und in seiner Lehre der Menschheit überliefert? Die Entstehung und Verwandlung der tierischen und pflanzlichen Arten im Kampf ums Dasein. Das ist ein Beweis dafür, das diese unsere Wissenschaft auf die äußere Form gerichtet ist. Und wozu hat sich gerade Darwin erklären müssen und unverhohlen erklärt? Ich habe Ihnen gezeigt, wie er gerade betont hat, daß in den mannigfaltigsten Formen die Pflanzen und Tiere sich ausleben, daß aber nach seiner Überzeugung es ursprüngliche Formen gegeben hat, denen das Leben von einem weltgestaltenden Schöpfer eingehaucht worden sei. Das ist Darwins eigener Ausspruch. Darwins Blick ist auf die Entwickelung der Formen, auf die Entwickelung der äußeren Gestalt gerichtet, und er fühlt selbst die Unmöglichkeit, einzudringen in dasjenige, was diese Formen belebt. Dieses Leben nimmt er als gegeben an, dieses Leben will er nicht erklären. Er blickt gar nicht darauf hin, vielmehr besteht für ihn lediglich die Frage, wie sich das Leben ausgestaltet.

Betrachten wir das Leben auf einem anderen Gebiete, auf dem Gebiete der Kunst. Ich will nur von einer charakteristischen Erscheinung unseres künstlerischen Lebens sprechen, möchte es aber in seiner radikalsten Erscheinung gerade in dieser Beziehung beleuchten. Was hat nicht gerade in den siebziger und achtziger Jahren das Schlagwort Naturalismus – nicht im bösen Sinne gemeint – für Staub aufgewirbelt! Und dieses Schlagwort Naturalismus entspricht ganz dem Charakter unserer Zeit. Dieser Naturalismus kam am radikalsten heraus bei dem Franzosen *Zola*. Wie gewaltig schildert er das Menschenleben! Aber sein Blick ist nicht direkt auf das menschliche Leben gerichtet, sondern auf die Formen, in denen sich dieses Menschenleben ausdrückt. Wie es sich ausdrückt in Bergwerken, in Fabriken, in Stadtvierteln, wo der Mensch in Unmoralität zugrunde geht und so weiter – alle diese verschiedenen Ausgestaltungen des Lebens schildert Zola, und dasselbe schildern im Grunde alle Naturalisten. Sie richten den Blick nicht auf das Leben, sondern nur auf die Formen, in denen das Leben Ausdruck bekommt. – Betrachten Sie unsere Soziologen, welche die Daten liefern sollen, wie das Leben sich gestaltet hat und wie es sich in der Zukunft gestalten soll. Das Schlagwort von der materialistischen Geschichtsauffassung und vom historischen Materialismus hat viel von sich reden gemacht. Wie betrachten die Soziologen aber die Sache? Sie sehen nicht auf die Menschenseele, nicht auf das Innere des Menschengeistes; sie betrachten das äußere Leben, wie es sich darstellt in unserem Wirtschaftsleben, wie in dieser oder jener Gegend Handel und Industrie blühen, und wie der Mensch leben muß infolge dieser äußeren Gestaltung des Lebens. Das ist die Art, wie die Soziologen das Leben betrachten. Sie sagen: Was kümmert uns das Ethische und die Idee der Sittlichkeit! Schafft für die Menschen bessere äußere Formen, bessere äußere Lebensbedingungen, dann wird Sittlichkeit und Lebenshaltung von selbst eine höhere. – Ja, in der Form des Marxismus hat die moderne Soziologie die Behauptung aufgestellt, daß nicht die ideellen Kräfte im Menschenleben das Hauptsächlichste sind, sondern die äußeren Formen des Wirtschaftslebens.

Das alles zeigt Ihnen, daß wir in einer Phase der Entwickelung angekommen sind, in welcher der Blick der Menschen vorzugsweise auf die Form des äußeren Daseins gerichtet ist. Wenn Sie den größten Dichter unserer Gegenwart nehmen, *Ibsen,* dann werden Sie gerade bei ihm sehen, wie sein Blick auf diese Form des Daseins gerichtet ist und er sozusagen, weil er gleichzeitig von dem wärmsten Gefühl für das Leben der Seele, für ein freies Leben erfüllt ist, durch die Art und Weise, wie sich die Formen ausgestaltet haben, geradezu zur Verzweiflung gekommen ist. Das ist der Fall bei Henrik Ibsen. Er ist es, der uns das Leben in den verschiedensten Formen vorführt, der uns zeigt, wie das Leben in der Form immer Widersprüche wachruft, wie die Seelen zugrunde gehen und verkümmern unter dem Drucke der Lebensformen. Symbolisch ist es geradezu für das Vergessen des Seelisch-Geistigen, wie er abgeschlossen hat die Dichtung: «Wenn wir Toten erwachen.» Es ist, als ob er hätte sagen wollen: Wir modernen Menschen der Gegenwartskultur sind so ganz eingeschlossen in die äußere Lebensform, die wir so oft gemeistert haben ... und wenn wir erwachen, wie stellt sich uns dann der Anblick von dem Seelenleben dar in den festgefügten Gesellschafts- und Anschauungsformen des Westens? – Das ist die Grundtendenz in den Ibsenschen Dramen, die auch in seinem dramatischen Testament zum Ausdruck kommt.

Damit haben wir einige Streiflichter geworfen auf die Formenkultur des Westens. Bei der Betrachtung des Darwinismus haben wir gesehen, wie die Formenkultur gerichtet ist auf das äußere mechanische Leben der Natur, und wie unsere Seele eingespannt wird in vollständig abgezirkelte Lebens- und Gesellschaftsformen. Wir haben gesehen, wie das langsam und allmählich erreicht worden ist, wie unsere fünfte, arische Rasse von dem Geiste der alten Vedenkultur aus, die sich infolge unmittelbarer Anschauung das Leben beseelt vorgestellt hat, durchgegangen ist durch die persische, die chaldäisch-babylonisch-ägyptische Kultur, dann durch die griechisch-römische Kultur mit ihrer Anschauung, daß die ganze Natur beseelt ist. Bei den Griechen denken selbst die Philosophen die ganze Natur beseelt. Dann kam im 16. Jahrhundert *Giordano Bruno,* der in der ganzen Natur, im ganzen Universum, in der ganzen großen Sternenwelt noch das Leben findet. Dann: in noch späterer Zeit, ist das Leben stufenweise zum völligen Verstricktsein mit der äußeren Form herabgestiegen. Das ist der tiefste Stand. Nicht in abfälliger Weise sage ich das, denn jeder Standpunkt ist notwendig. Was die Pflanze schön macht, das ist die äußere Form, das ist dasjenige, was aus jeder Anlage des Keimes herauskommt. Unser Kulturleben ist in der vielgestaltigen Weise veräußerlicht, hat die mannigfaltigste veräußerlichte Gestalt erlangt. Das muß so sein. Dies muß die Theosophie als eine unbedingte Notwendigkeit verstehen. Am wenigsten käme es den Theosophen zu, zu tadeln. Ebenso wie einst die geist- und lebenserfüllte Kultur notwendig war, so ist für unser Zeitalter die Formkultur notwendig. Es war entstanden eine Formkultur in der Wissenschaft, im Darwinismus, eine Formkultur in dem Naturalismus, eine Formkultur in der Soziologie.

Mitten in dieser Betrachtung müssen wir stillhalten und uns fragen: Was muß geschehen in unserem geisteswissenschaftlichen Sinn – wir werden die notwendige Umkehr des

Menschengeistes in den «Grundbegriffen der Theosophie» nochmals wiederholt betrachten –, was muß also geschehen, wenn die Form zum Ausdruck gekommen ist? – Sie muß sich erneuern, neues, keimhaftes Leben muß wieder in die Form hineinkommen!

Wer aufmerksam und unbefangen Zolas Zeitgenossen *Tolstoi* betrachtet – zunächst den Künstler – von dem Gesichtspunkte aus, den ich soeben dargelegt habe, der wird schon finden, daß bei dem Künstler, dem Beschauer der verschiedenen Typen des russischen Volkes, etwa der Soldatentypen, dem Typus des kriegerischen Menschen, den er in «Krieg und Frieden» und später in «Anna Karenina» geschildert hat, ein ganz anderer Grundton herrscht als im Naturalismus des Westens. Überall sucht Tolstoi etwas anderes. Er kann schildern den Soldaten, den Beamten, den Menschen irgendeiner Gesellschaftsklasse, den Menschen innerhalb eines Geschlechtes oder einer Rasse – überall sucht er die Seele, die lebendige Seele, die in allen, wenn auch nicht in gleicher Weise, sich ausdrückt. Die einfachen, geraden Linien der Seele legt er – aber auf den verschiedensten Stufen und in den verschiedensten Formen des Lebens – dar. Was ist das Leben in seinen verschiedenen Formen, in seiner tausendfältigen Mannigfaltigkeit, was ist das eine Leben? – das geht wie eine Grundfrage durch Tolstois Dichtungen. Und von hier aus findet er dann die Möglichkeit, das Leben auch da zu verstehen, wo es scheinbar sich selbst aufhebt, wo dieses Leben in den Tod übergeht. Der Tod bleibt ja der große Stein des Anstoßes für die materialistische Weltauffassung. Der, welcher nur die äußere materielle Welt gelten läßt, wie sollte er den Tod begreifen, wie sollte er endlich mit dem Leben fertig werden, da der Tod wie ein Torschluß am Ende dieses Lebens steht, ihn mit Bangen und Schrecken erfüllend? Auch als Künstler ist Tolstoi bereits hinausge-

115

schritten über diesen Standpunkt des Materialismus. Schon in der Novelle «Der Tod des Iwan Iljitsch» können Sie sehen, wie künstlerisch das Allermateriellste überwunden wird, wie da in dieser Gestalt des Iwan ein vollständiger Einklang hergestellt wird in seinem innersten Leben. Einen kranken Menschen haben wir vor uns, nicht einen Kranken am Körper, sondern einen Kranken an der Seele. Wir hören es und sehen es an all den Worten, die uns Tolstoi sagt, daß er nicht der Meinung ist, daß in dem Körper eine Seele wohnt, die mit dem Körper nichts zu tun hat; sondern wir vernehmen aus seinen Worten, daß er im körperlichen Ausdruck den Ausdruck des Seelischen findet, daß die Seele den Körper krank macht, wenn sie krank ist, daß die Seele es ist, die sich durch die Adern des Körpers ergießt. Wir sehen aus dieser Form künstlerischer Darstellung, wie das Leben sich selbst findet. Und eine eigentümliche Auffassung des Todes tritt uns da entgegen, nicht als Theorie, nicht als Dogma, sondern in der Empfindung. Diese Idee gewährt die Möglichkeit, den Tod zu begreifen nicht als ein Ende, sondern als ein Ausgießen der Persönlichkeit in das Universum, als ein Verlieren im Unendlichen und als ein Wiederfinden im großen Urgeist der Welt. Dabei ist künstlerisch das Problem des Todes in wunderbarer Weise gelöst. Der Tod ist zu einem Glück im Leben geworden. Der Sterbende fühlt die Metamorphose von einer Lebensform zur anderen.

Das war Leo Tolstoi als künstlerischer Zeitgenosse der Naturalisten: der Sucher des Lebens, der Frager nach dem Rätsel des Lebens in seinen verschiedenen Formen. Da konnte es nicht anders sein, als daß für ihn dieses Rätsel des Lebens auch in den Mittelpunkt seiner Seele, seines Denkens und Fühlens tritt in wissenschaftlicher und in religiöser Beziehung. So hat er dieses Rätsel des Lebens zu erforschen gesucht, so hat er außer der Form auch das Leben gesucht, überall, wo es ihm begegnete. Daher ist er der Prophet einer neuen Zeitepoche geworden, welche die unsrige überwinden muß, einer Zeitepoche, welche im Gegensatz zu der Ausgestaltung der Naturwissenschaft wieder das Leben fühlen und erkennen wird. In der ganzen Kritik Tolstois über die westliche Kultur sehen wir nichts anderes als den Ausdruck des Geistes, der ein junges, frisches, kindhaftes Leben vertritt, der es eingießen will der sich fortentwickelnden Menschheit, der sich nicht befriedigen kann mit einer zwar reifen, ja sogar überreifen, in der äußeren Form zum Ausdruck gekommenen Kultur. Das ist der Gegensatz, in dem Tolstoi zur Kultur des Westens steht. Von diesem Gesichtspunkte aus kritisiert er die Gesellschaftsformen und die Lebensformen des Westens – überhaupt alles. Das ist der Standpunkt seiner Kritik.

Wir haben im Darwinismus gesehen, daß die Wissenschaft des Westens dazu gekommen ist, die Formen des Lebens zu begreifen, daß aber Darwin erklärt hat, nicht imstande zu sein, etwas von dem Leben selbst zu begreifen, welches er als Tatsache voraussetzt. Die ganze Kultur des Westens ist aufgebaut auf der Betrachtung der Form: Die äußere Form betrachten wir in der Stein-, in der Pflanzen-, in der Tier-, in der Menschenentwickelung. – Wo Sie auch irgendeines der Bücher der westlichen Wissenschaft aufschlagen, überall ist es die Form, die im Vordergrunde steht. Erinnern wir uns nochmals an das, woran wir schon gedacht haben: wie gerade die Forscher des Westens eingestehen, daß sie vor dem Rätsel des Lebens stehen und nicht einzudringen vermögen. Die Worte «Ignoramus, ignorabimus», sie tönen uns immer wieder entgegen, wenn die Wissenschaft Auskunft geben soll über das Leben selbst. Wie sich das Leben in Formen gestaltet, darüber weiß diese Wissenschaft etwas auszusagen. Wie aber dieses Leben selbst sich verhält, darüber weiß sie nichts. Sie verzweifelt an der Aufgabe, dieses Rätsel zu lösen, und spricht nur: Ignorabimus. – Da hat Tolstoi das richtige Wort gefunden, das richtige Prinzip für die Betrachtung des Lebens selbst. Ich möchte Ihnen eine entscheidende Stelle vorlesen, aus der Sie sehen werden, wie er den Standpunkt des Lebens gegenüber aller Wissenschaft der Formen des Lebens vertritt:

«Das falsche Wissen unserer Zeit» (des Westens) «nimmt an, daß wir das wissen, was wir nicht wissen können, und daß wir nicht wissen können, was wir wirklich wissen. Dem Menschen mit falschem Wissen scheint es, daß er alles weiß, was ihm in Raum und Zeit erscheint, und daß er das nicht weiß, was ihm durch sein vernünftiges Bewußtsein bekannt ist.

Einem solchen Menschen scheint es, daß das Wohl im allgemeinen und sein Wohl der für ihn unerforschbarste Gegenstand sei. Fast ebenso unerforschbar erscheint ihm seine Vernunft, sein vernünftiges Bewußtsein; etwas erforschbarer erscheint er sich selbst als Tier; noch erforschbarer erscheinen ihm die Tiere und Pflanzen, und als am meisten erforschbar die tote, unendlich verbreitete Materie.

Etwas Ähnliches geht mit dem Gesichte des Menschen vor. Der Mensch richtet seinen Blick immer unbewußt auf die entferntesten und ihm deshalb nach Farbe und Konturen am einfachsten erscheinenden Gegenstände: auf den Himmel, den Horizont, ferne Felder und Wälder. Diese Gegenstände erscheinen ihm desto bestimmter und einfacher, je ferner sie sind, und im Gegenteil, je näher der Gegenstand ist, desto mannigfaltiger sind seine Konturen und Farben.» – «Geht nicht dasselbe mit dem falschen Wissen des Menschen vor? Das, was ihm zweifellos bekannt ist – sein vernünftiges Bewußtsein –, erscheint ihm unerforschbar, weil es nicht einfach ist, doch das, was ihm unerreichlich ist – die grenzenlose, ewige Materie –, erscheint ihm leicht erforschbar, weil sie in der Entfernung einfach erscheint.

Und doch ist das eben das Gegenteil.»

Der Wissenschafter des Westens sieht als erstes, Stabiles, die leblose Materie an. Dann sieht er, wie aus dieser sich die Pflanzen, Tiere und Menschen als Wirkung der chemischen und physikalischen Kräfte aufbauen; sieht, wie sich die leblose Materie bewegt, zusammenballt und schließlich die Bewegung des Gehirns hervorbringt. Nur kann er nicht begreifen, wie das Leben zustandekommt: denn das, was er untersucht, ist nichts als die Form des Lebens. Tolstoi sagt: Das Leben ist uns das nächste, in dem stecken wir ja, das Leben sind wir ja; freilich, wenn wir das Leben dadurch begreifen wollen, daß wir es in der Form betrachten und untersuchen, dann werden wir es nie begreifen. Wir brauchen es nur in uns selbst zu erblicken, wir brauchen es nur zu leben, dann haben wir das Leben. Die, welche glauben, es nicht begreifen zu können, verstehen das Leben überhaupt nicht. – Hier setzt Tolstoi mit seiner Lebensbetrachtung ein und untersucht, was der Mensch als sein Leben erfassen kann, wenn auch die raffinierte, überreife Denkweise es in den großen Linien des einfachen Denkens nicht begreifen kann: Willst du die Form recht verstehen, dann mußt du in das Innere sehen. Willst du nur die formalen Naturgesetze erforschen, wie willst du dann unterscheiden, wie sich sinnvolles Leben von nicht sinnvollem Leben unterscheidet? Nach denselben höheren Gesetzen sind die Organismen gesund und werden die Organismen krank; ganz genau nach denselben Naturgesetzen wird der Mensch krank, wie er gesund ist. – Wieder in bezeichnender Weise spricht sich Tolstoi in der Abhandlung «Über das Leben» aus:

«Wie stark und rasch die Bewegungen des Menschen im Fieberdelirium, im Wahnsinn oder in der Agonie, in der

119

Trunkenheit, selbst im Ausbruch der Leidenschaft sein mögen, wir erkennen den Menschen nicht als lebend an, behandeln ihn nicht als einen lebenden Menschen und erkennen ihm bloß die Möglichkeit des Lebens zu. Aber wie schwach und unbeweglich auch ein Mensch sein mag – wenn wir sehen, daß seine tierische Persönlichkeit sich der Vernunft unterworfen hat, erkennen wir ihn als lebend an und behandeln ihn derart.»

Tolstoi meint, daß die äußere Form erst Sinn für uns gewinnt, wenn wir sie nicht bloß äußerlich studieren, sondern wenn wir das, was nicht Form ist, was nur Geist ist, das Innere, das Wesentliche, unmittelbar erfassen. Niemals können wir, wenn wir bloß die Form zu erfassen suchen, zum wahren Leben dringen; aber die Formen werden wir verstehen, wenn wir vom Leben aus auf die Form übergehen.

Doch nicht allein in dieser wissenschaftlichen Weise faßt Tolstoi sein Problem; er faßte es auch von der sittlichen Seite auf. Wie kommen wir in unserer menschlichen Form zu diesem eigentlichen Leben, bis zu dem, was gesetzlich ist bis in die äußere Form hinein? Das machte sich Tolstoi klar, indem er sich fragt: Wie befriedige ich – wie befriedigen die Mitmenschen das Bedürfnis ihres eigenen Wohlseins? Wie komme ich zur Befriedigung meines unmittelbaren persönlichen Lebens? Ausgehend von der Ausgestaltung des tierischen Lebens, hat der Mensch keine andere Frage als: Wie befriedige ich die Bedürfnisse der äußeren Lebensform? – Das ist eine tiefstehende Anschauung. Eine etwas höherstehende haben diejenigen, die sagen: Nicht der einzelne Mensch hat seine Bedürfnisse zu befriedigen, sondern er hat sich dem Gemeinwohl einzufügen, einer Gemeinschaft einzugliedern, und nicht nur für dasjenige zu sorgen, was sein eigenes äußeres Leben in seiner Form befriedigt, sondern er hat darauf zu sehen, daß diese Form des Lebens bei allen lebenden Wesen zur Befriedigung kommt. Wir sollen uns in die Gemeinschaft eingliedern und unterordnen den Bedürfnissen der Gesellschaft. Das ist dasjenige, was zahlreiche Persönlichkeiten, zahlreiche Ethiker und Soziologen in der Kulturentwickelung des Westens als das Ideal ansehen: Unterordnung der Bedürfnisse des einzelnen unter die Bedürfnisse der Gemeinsamkeit. Das ist aber nicht das Höchste – sagt Tolstoi –, denn was habe ich anderes im Auge als die äußere Form? Wie man in der Gemeinschaft lebt, wie man sich eingliedert in dieselbe, das bezieht sich doch nur auf die äußere Form. Und diese äußeren Formen ändern sich fortwährend. Und wenn mein einzelnes persönliches Leben nicht unmittelbar Zweck sein soll, warum sollte dann das Leben der vielen Zweck sein? Ist das persönliche Wohl der einzelnen menschlichen Lebensform nicht ein Ideal, so kann durch Summierung vieler einzelner nicht ein Ideal des Gemeinwohles entstehen. Nicht die Wohlfahrt des einzelnen, nicht die Wohlfahrt aller kann das Ideal sein: das geht nur auf die Formen, in denen das Leben erst lebt. Wo erkennen wir das Leben? Wem sollen wir uns unterordnen, wenn nicht den von unserer niederen Natur diktierten Bedürfnissen, wenn nicht dem, was ein Gemeinwohl oder Humanität vorschreibt?

Dasjenige, was im einzelnen und in der Gemeinschaft nach Wohlfahrt und Glückseligkeit begehrt, das ist in den mannigfaltigsten Formen das Leben selbst. Erfassen wir deshalb unser sittliches, unser innerstes Ideal nicht nach äußeren Formen, sondern nach dem, was der Seele selbst sich ergibt, was der Seele in ihrem Inneren, durch den Gott, der in ihr lebt, als Ideal sich darbietet. Das ist der Grund, warum Tolstoi wiederum auf eine Art höher ausgestaltetes Christentum zurückgreift, das er als das wahre Christentum betrachtet: Das Reich Gottes suchet nicht in äußeren Gebärden, in den Formen, sondern inwendig. Dann wird euch aufgehen, was eure Pflicht ist, wenn ihr das Leben der Seele erfaßt, wenn ihr euch inspirieren laßt von dem Gott in euch, wenn ihr hinhorcht auf das, was eure Seele zu euch spricht. Geht nicht in den Formen auf, so groß und gewaltig sie auch sein mögen! Geht zurück auf das ursprüngliche einige Leben, auf das göttliche Leben in euch selbst. Wenn der Mensch nicht von außen die ethischen Ideale, die Kulturideale in sich aufnimmt, sondern aus seiner Seele herausquillen läßt, was in seinem Herzen aufgeht, was Gott in seine Seele gesenkt hat, dann hat er aufgehört, bloß in der Form zu leben, dann hat er tatsächlich einen sittlichen Charakter. Das ist innere Sittlichkeit und Inspiration.

Von diesem Gesichtspunkt aus versucht er eine vollständige Erneuerung aller Lebens- und Weltanschauung in der Form dessen, was er sein Urchristentum nennt. Das Christentum hat sich veräußerlicht nach seiner Anschauung, hat sich angepaßt den verschiedenen Lebensformen, die aus der Kultur der verschiedenen Jahrhunderte hervorgegangen sind. Und er erwartet wieder eine Zeit, wo die Form mit neuem innerem Leben durchpulst, wo das Leben wieder in unmittelbarer Art ergriffen werden muß. Deshalb wird er nicht müde, in neuen Formen und immer wieder neuen Formen hinzuweisen darauf, daß es gilt, die Einfachheit des Seelischen zu erfassen, nicht das komplizierte Leben, das immer Neues und Neues erfahren will. Nein! Daß die Einfalt der Seele das Richtige treffen muß, daß zunächst verbunden werden muß das Verwirrende der äußeren Wissenschaft, der äußeren künstlerischen Darstellung, das Luxuriöse des modernen Lebens mit dem unmittelbar Einfachen, das in der Seele eines jeden aufquillt, gleichgültig in welcher Lebens- und Gesellschaftsform er steckt: das schreibt Tolstoi als Ideal vor. Und so wird er ein strenger Kritiker der verschiedenen Kulturformen des westlichen Europa, er wird ein strenger Kritiker der westlichen Wissenschaft. Er erklärt, daß diese Wissenschaft nach und nach in Dogmen erstarrt ist wie die Theologie, und daß die Wissenschafter des Westens einem vorkommen wie die echten, von falschem Geist erfüllten Dogmatiker. Streng geht er mit diesen Wissenschaftern ins Gericht. Vor allem mit dem, was in diesen wissenschaftlichen Formen als Ideal erstrebt wird, und mit denen, welche das «Um und Auf» alles Strebens in unserer sinnlichen Wohlfahrt suchen. Durch Jahrhunderte hindurch hat die Menschheit angestrebt, die Formen aufs Höchste zu bringen, im äußeren Besitz, im äußeren Wohlsein das Höchste zu sehen. Und nun soll – wir wissen ja, daß wir das nicht zu tadeln haben, sondern als eine Notwendigkeit zu betrachten haben –, nun soll das Wohlsein nicht bloß auf einzelne Stände und Klassen beschränkt sein, sondern allen teilhaftig werden. Gewiß, dagegen ist nichts einzuwenden, aber gegen die Form, in der das zu erreichen versucht wird durch die westliche Soziologie und den westlichen Sozialismus, wendet sich Tolstoi. Was sagt dieser Sozialismus? Er geht davon aus, die äußeren Lebensformen umzugestalten. Die Art der materiellen Kultur soll den Menschen dazu bringen, daß er zu einem höheren Lebensstand, zu einer höheren Lebenshaltung kommt. Und dann glaubt man, daß diejenigen, denen es besser gehen wird, die ein besseres äußeres Fortkommen haben, auch eine höhere Sittlichkeit haben werden. Alles sittliche Bemühen der Sozialisierung ist darauf gerichtet, die äußere Gestaltung einer Revolution zu unterwerfen.

Dagegen wendet sich Tolstoi. Denn das ist ja gerade das Ergebnis der Kulturentwickelung, daß sie dazu geführt hat, die mannigfaltigsten Stände- und Klassenunterschiede herauszubilden. Glaubt ihr, wenn ihr diese Formkultur aufs Höchste treibt, daß ihr wirklich zu einem höheren Kulturideal kommt? Ihr müßt den Menschen erfassen da, wo er selbst sich Form gibt. Ihr müßt seine Seele besser machen, in seine Seele göttlich-sittliche Kräfte gießen, dann wird er vom Leben aus die Form umgestalten. Das ist der Sozialismus Tolstois, und es ist seine Anschauung, daß aus aller Umgestaltung der Formkultur des Westens niemals eine Erneuerung der sittlichen Kultur erstehen kann, sondern daß diese Erneuerung von der Seele, vom Inneren heraus geschehen muß. Daher wird er nicht zum Prediger eines dogmatischen Sittenideals, sondern zum Förderer einer vollkommenen Umgestaltung der menschlichen Seele. Er sagt nicht, des Menschen Sittlichkeit erhöht sich, wenn des Menschen äußere Lebenslage sich erhöht, sondern er sagt: Gerade weil ihr von der äußeren Form ausgegangen seid, hat sich das Trübselige, das ihr lebt, über euch ergossen. Ihr werdet diese Lebensform erst wieder überwinden können, wenn ihr den Menschen von innen heraus umgestaltet. – In der Soziologie haben wir, ebenso wie in der darwinistischen wissenschaftlichen Betrachtung, die letzten Ausläufer der alten Formkultur. Bei uns aber haben wir die Ansätze zu einer neuen Lebenskultur. Wie wir dort die absteigende Linie haben, so haben wir hier die aufsteigende. Geradesowenig wie der Greis, der bereits seine Bestimmung, seine Lebensform erreicht hat, imstande ist, sich völlig zu erneuern, wie vielmehr aus dem frisch aufwachsenden Kinde die neue Lebensform durch innere Belebung hervorgeht aus dem, was noch undifferenziert ist und die Mannigfaltigkeit auseinandersprießen läßt, ebensowenig kann auch aus einem alten Kulturvolk eine neue Lebensform hervorgehen. Deshalb sieht Tolstoi gerade in dem russischen Volke ein noch nicht von den Kulturformen des Westens eingenommenes Volk, er sieht darin dasjenige Volk, innerhalb dessen dieses Leben der Zukunft aufsprießen muß. Gerade aus der Betrachtung dieses slawischen Volkes, das heute noch in stumpfer Gleichgültigkeit die europäischen Kulturideale ansieht – sowohl die europäische Wissenschaft als auch die europäische Kunst –, behauptet Tolstoi, daß in ihm ein undifferenzierter Geist lebt, der zum Träger werden muß für das künftige Kulturideal. Darin sieht er das, was zukünftig ist. Seine Kritik gründet sich auf das große Gesetz der Evolution, auf jenes Gesetz, welches uns den Wandel der Formen lehrt und das fortwährende neue keimhafte Aufgehen des Lebens.

Im zehnten Kapitel seines Buches «Über das Leben» heißt es: «Und das Gesetz, welches wir in uns selbst als das Gesetz unseres Lebens kennen, ist dasselbe Gesetz, nach dem sich auch alle äußeren Erscheinungen der Welt vollziehen, nur mit dem Unterschiede, daß wir in uns dieses Gesetz als ein solches kennen, das wir selbst vollziehen müssen – in den äußeren Erscheinungen jedoch als etwas, das sich ohne unser Hinzutun nach diesen Gesetzen vollzieht.»

So stellt sich Tolstoi selbst hinein in das in der Entwickelung begriffene, ewig wandelbare Leben. Wir wären recht schlechte Vertreter der Geisteswissenschaft, wenn wir eine solche Erscheinung nicht im richtigen Sinne verstehen könnten; schlechte Geisteswissenschafter wären wir, wenn wir nur uralte Wahrheit predigen wollten. Warum machen wir den Inhalt der uralten Weisheit zu dem unsrigen? Weil die uralte Weisheit uns das Leben in seinen Tiefen verstehen lehrt, weil sie uns zeigt, wie in den mannigfaltigsten Gestalten immer das eine Göttliche wieder und wieder erscheint. Ein schlechter Vertreter der Geisteswissenschaft wäre derjenige, der zum Dogmatiker würde, der nur predigen wollte, was die uralte Weisheit enthält, der sich zurückzöge und kalt und fremd dem Leben gegenüberstände, blind und taub wäre für das, was in der unmittelbaren Gegenwart geschieht. Die Weisheitslehre hat uns die uralte Weisheit nicht gelehrt, damit wir sie in Worten wiederholen, sondern damit wir sie leben und das verstehen lernen, was um uns herum ist. Die Entwickelung unserer eigenen Rasse, die in verschiedene Formen zerfallen ist seit der alten indischen Kultur bis zu der unsrigen, diese Entwickelung ist uns genau geschildert und vorgezeichnet in jener uralten Weisheit. Und gesprochen wird uns da auch von einer Zukunftsentwickelung, von einer Entwickelung in die unmittelbare Zukunft hinein. Es wird uns gesagt, daß wir am Ausgangspunkte einer neuen Zeitenära stehen. Unser Verstand, unsere Intelligenz, sie haben ihre Ausgestaltung erlangt infolge des Durchgangs durch die verschiedenen Gebiete des Daseins. Unsere physischen Verstandeskräfte haben ihre höchsten Triumphe in der Formkultur unserer Zeit erlangt. Der Verstand ist eingedrungen in die Naturgesetze der Form und hat in der Beherrschung der Naturgesetze der Form es bis zum höchsten gebracht, in den großen und gewaltigen Fortschritten der Technik, in den großen und gewaltigen Fortschritten unseres Lebens. Nun stehen wir am Ausgangspunkte derjenigen Epoche, in welcher sich in diesen Verstand etwas hineinergießen muß, etwas, das von innen heraus den Menschen ergreifen und ihn gestalten muß. Deshalb hat die theosophische Bewegung zu ihrem Leitwort gewählt und sich als Zweck gesetzt, den Kern, den Keim einer allgemeinen Menschenverbrüderung zu bilden. Nicht nach Ansichten, nicht nach Klassen, Geschlecht und Hautfarbe, nicht nach Religionsbekenntnissen soll unterschieden werden, das Leben ist in all diesen Formen zu suchen. Das, was uns vorschwebt als unser spirituelles Ideal, ist ein Ideal der Liebe, das der Mensch, wenn er seiner Göttlichkeit bewußt wird, als das Reich Gottes, das in ihm ist, erlebt. Als Manas bezeichnet die Theosophie die Kultur der Intellektualität, die Kultur des Geistes; als Buddhi das, was von der inneren Wesenheit, von der Liebe durchdrungen ist, das, was nicht weise sein will, ohne von Liebe erfüllt zu sein. Und wie unsere Rasse es auf Grund des Verstandes zur Manaskultur gebracht hat, so wird es nun das nächste sein, daß wir es zu der von Liebe erfüllten Individualität bringen, wo der Mensch aus der höheren, inneren, göttlichen Natur heraus handelt, und weder aufgeht in dem Chaos der äußeren Natur noch in der Wissenschaft noch im sozialen Leben. Wenn wir das spirituelle Ideal in dieser Weise erfassen, dann dürfen wir sagen, wir verstehen dieses Ideal richtig, und dann dürfen wir auch eine Persönlichkeit nicht verkennen, die unter uns lebt, die neue Lebensimpulse der Menschheitsentwickelung geben will.

Wie schön und übereinstimmend mit unseren Lehren ist manches, was gerade Tolstoi in bezug auf die Auffassung des Menschen in seiner Unmittelbarkeit sagt. Nur eine Stelle möchte ich noch vorlesen, die besonders für sein sittliches Ideal charakteristisch ist: «Das ganze Leben dieser Menschen ist auf die eingebildete Vergrößerung ihres persönlichen Wohles gerichtet. Das Wohl der Persönlichkeit erblikken sie nur in der Befriedigung ihrer Bedürfnisse. Bedürfnisse der Persönlichkeit nennen sie alle jene Existenzbedingungen der Persönlichkeit, auf die sie ihre Vernunft gerichtet haben. Die bewußten Bedürfnisse jedoch – jene, auf welche ihre Vernunft gerichtet ist – wachsen immer infolge dieses Bewußtseins ins Unendliche. Die Befriedigung dieser wachsenden Bedürfnisse verschließt ihnen die Forderungen ihres wahren Lebens.»

Tolstoi sagt also: Die Persönlichkeit aber schließt das vernünftige Bewußtsein nicht in sich ein. Die Persönlichkeit ist eine Eigenschaft des Tieres und des Menschen als Tier.

Das vernünftige Bewußtsein ist die Eigenschaft des Menschen allein. Erst wenn der Mensch hinausschreitet über die bloße Persönlichkeit, wenn er sich des Übergewichts der Individualität über das Persönliche bewußt wird, wenn er versteht unpersönlich zu werden, unpersönliches Leben in sich walten zu lassen, dann tritt er aus der in der äußeren Form verstrickten Kultur heraus in eine lebensvolle Kultur der Zukunft hinein.

Ist es auch nicht dasjenige, was die Theosophie als ihr Ideal erkennt, ist es auch nicht die ethische Konsequenz, die wir aus der Theosophie ziehen, so ist es doch ein Schritt dem Ideale entgegen, da der Mensch nur dann zu leben lernt, wenn er nicht auf die Persönlichkeit sieht, sondern auf das Ewige und Unvergängliche.

Dieses Ewige und Unvergängliche, die Buddhi, der Weisheitskeim, der in der Seele ruht, ist dasjenige, was die bloße Verstandeskultur ablösen muß. Daß die Theosophie mit dieser Anschauung von der Zukunft der Menschheitsentwickelung recht hat, darüber gibt es viele Beweise. Der wichtigste aber ist derjenige, daß sich ähnliche Kräfte im Leben selbst bereits geltend machen, die es nun gilt, wirklich zu erfassen und zu verstehen, um uns dann selbst mit deren Idealen zu erfüllen.

Das ist das große bei Tolstoi, daß er den Menschen aus dem engen Kreis seiner Gedanken herausheben und spirituell vertiefen will, daß er ihm zeigen will, daß die Ideale nicht außen in der materiellen Welt sind, sondern nur aus der Seele hervorquellen können.

Wenn wir rechte Theosophen sind, dann werden wir die Evolution erkennen, dann werden wir nicht blind und taub bleiben gegenüber dem, was uns im theosophischen Sinne in unserer Gegenwart entgegenleuchtet, sondern wir werden diese Kräfte, von denen gewöhnlich in theosophischen

Schriften in poetischer Weise gesprochen wird, wirklich erkennen.

Das muß gerade das Charakteristische eines Theosophen sein, daß er die Finsternis und den Irrtum überwunden hat, daß er das Leben und die Welt in der richtigen Weise einzuschätzen und erkennen lernt.

Ein Theosoph, welcher sich zurückziehen, kalt und fremd dem Leben gegenüberstehen würde, wäre ein schlechter Theosoph, und wenn er noch so viel wüßte. Solche Theosophen, welche uns von der sinnlichen Welt hinaufführen in eine höhere, welche selbst hineinblicken in übersinnliche Welten, sie sollen uns auch auf der anderen Seite lehren, wie wir auf dem physischen Plane das Übersinnliche beobachten können und uns nicht verlieren im Sinnlichen.

Wir erforschen die Ursachen, die aus dem Geistigen kommen, um das Sinnliche, das die Wirkung des Geistigen ist, vollkommen zu verstehen. Das Sinnliche verstehen wir nicht, wenn wir innerhalb des Sinnlichen stehenbleiben, denn die Ursachen zum sinnlichen Leben kommen aus dem geistigen.

Hellsehend im Sinnlichen will uns die Theosophie machen, deshalb redet sie von der uralten Weisheit. Sie will den Menschen umgestalten, daß er hellsichtig hineinsehe in die hohen übersinnlichen Geheimnisse des Daseins, aber das soll nicht erkauft werden mit Unverständnis für dasjenige, was unmittelbar um uns vorhanden ist.

Der wäre, wie gesagt, ein schlechter Hellseher, der blind und taub wäre für dasjenige, was in der Sinneswelt sich abspielt, für dasjenige, was seine Zeitgenossen in seiner unmittelbaren Umgebung zu vollbringen imstande sind, und außerdem wäre er ein schlechter Hellseher, wenn er nicht imstande wäre, das von einer Persönlichkeit zu erkennen, wodurch in unserer Zeit die Menschen in das Übersinnliche hineingeführt werden. Was nützt es uns, wenn wir hellsehend würden und nicht imstande wären, das zu erkennen, was als nächste Aufgabe unmittelbar vor uns liegt.

Ein Theosoph muß sich nicht vom Leben zurückziehen, er muß die Theosophie unmittelbar auf das Leben anzuwenden wissen. Soll die Theosophie uns hinaufführen zu höheren Welten, so müssen wir die übersinnlichen Erkenntnisse auf unseren physischen Plan herabbringen. Wir müssen die Ursachen, die im Geistigen liegen, erkennen. Der Theosoph soll im Leben stehen, die Welt, in der seine Zeitgenossen leben, verstehen und die geistigen Ursachen für die verschiedenen Entwickelungsepochen erkennen.

DIE SEELENWELT

Berlin, 10. November 1904

Wiederholt habe ich in diesen Vorträgen Veranlassung genommen, darauf hinzuweisen, daß die theosophische Weltanschauung nicht etwa von dem Wirken auf dem sinnlichen, dem unmittelbaren Gebiete, das den Menschen angewiesen ist, abführt, daß sie in phantastische, illusionäre Gebiete hinaufführt, wie es so häufig von den Gegnern dieser Weltanschauung behauptet wird. Das habe ich wiederholt zurückgewiesen. Es muß insbesondere aber heute, wo wir diejenige Welt in der Betrachtung der theosophischen Grundbegriffe betreten wollen, welche das Menschenwesen zu durchwandeln hat zwischen dem Tod und einer neuen Geburt, dies noch einmal ganz besonders betont werden; denn die Gegner der theosophischen Weltanschauung werden ja nur zu leicht geneigt sein, alles dasjenige, was ich auf diesem Gebiete schildere, als etwas Imaginäres, als etwas ganz und gar Phantastisches zu erklären. Und dennoch, gerade in diesen Welten, die über der sinnlichen Welt liegen, in diesen übersinnlichen Gebieten erkennt derjenige, der einen tieferen Blick in die Natur der Dinge zu tun in der Lage ist, das eigentliche Wesen, den eigentlichen Grund aller Wesen. So wie niemand in der Lage ist, eine Dampfmaschine zu konstruieren, wenn er das Wesen des Dampfes nicht kennt, so ist niemand in der Lage, dasjenige zu verstehen und zu erklären, was rings vor unseren sinnlichen Organen sich abspielt, wenn er das Wesen des Seelischen und Geistigen nicht kennt. Die Ursachen zu dem Physischen liegen im Übersinnlichen, im Überphysischen. So wahr es ist, daß wir hinaufsteigen zu den höheren Gebieten, so wahr ist es, daß wir dieses übersinnliche Wesen nur deshalb zu erfassen suchen, um hier in dieser Welt tätig sein zu können. Das Wesen des Übersinnlichen müssen wir kennen, um es in die Welt unseres Sinnlichen hineinzutragen. Ich sage, insbesondere deshalb muß das betont werden, weil wir Gebiete betreten, die dem sinnlichen Auge völlig entzogen sind. Für die sinnliche Beobachtung ist das Menschenwesen tot in dem Augenblicke, wo das Seelisch-Geistige sich getrennt hat von dem Physischen. Kein Auge und kein Ohr kann Aufschluß darüber geben, welches das Schicksal des Menschen ist in derjenigen Zeit, in welcher er nach dem Tode einer neuen Verkörperung entgegengeht.

Dieses Schicksal zwischen Tod und Wiedergeburt wollen wir betrachten. Zu diesem Zwecke wollen wir uns vertiefen in die zwei Gebiete unseres Daseins, welche zu unserem Leben gehören, die ebenso zu unserem Leben gehören wie die Sonne und der Mond und wie alle Dinge, die auf unserer Erde sind. Nur weiß der bloß mit den physischen Sinnen ausgerüstete Mensch nichts von diesen höheren Welten. Er lebt darin; aber leben in einer Welt und wissen davon sind zwei völlig voneinander verschiedene Sachen. Sehr schön hat der deutsche Philosoph *Lotze* und auch der Dichter-Philosoph *Hamerling* immer und immer wieder ausgesprochen, daß, wenn der Mensch ohne Augen und Ohren wäre, die ganze um uns befindliche, in Tönen und Farben erscheinende Welt finster und stumm wäre. Nur dadurch, daß wir diese sinnlichen Organe haben, erglänzt die Welt in Farben und erklingt in Tönen. Wir müssen von dieser Welt sagen, daß wir nur soviel von ihr kennen, als uns durch unsere sinnlichen Organe zugänglich ist.

Eben ist ein interessantes Buch erschienen, das uns erzählt von dem Seelenleben einer Dame – *Helen Keller* –, welche mit anderthalb Jahren taubstumm und blind wurde und es dennoch zu einem weitausblickenden, geradezu genial zu nennenden Seelenleben gebracht hat. Stellen wir uns einmal klar vor, wie die Welt, die anderen Menschen in Farben erglänzt und in Tönen erschallt, einem solchen Menschen erscheinen muß, und stellen wir uns vor, wie einem Blindgeborenen und dann an den Augen Operierten die Welt, die vorher farb- und lichtlos war, aufglänzt und bereichert wird mit neuen Eigenschaften; dann haben wir ein Bild von dem Menschen, der von der sinnlichen Anschauung zu der geistigen Anschauung erwacht, der herausoperiert wird von der Dunkelheit zur Helle. Über der gewöhnlichen Welt liegt eine seelische Welt, die für denjenigen, dessen geistiges Auge erschlossen ist, eine Wirklichkeit bedeutet. Diese seelische Welt wird in der theosophischen Literatur auch die astrale Welt genannt. Man hat viel eingewendet gegen den Ausdruck astrale Welt, weil man glaubte, ein mittelalterliches Vorurteil anzutreffen. Aber nicht umsonst ist diese Welt astral genannt worden von denjenigen, welche ein Sehvermögen im Seelischen haben. Denn genau ebenso wie Farben und Töne den physischen Sinnen erscheinen, so erscheinen zunächst in dieser astralen Welt als wahre Wirklichkeiten alle diejenigen Tatsachen, die wir zusammenfassen mit den Ausdrücken: Begierden, Instinkte, Leidenschaften, Triebe, Wünsche und Gefühle. Genau ebenso wie der Mensch verdaut, wie er sieht und hört, so wünscht er, so hat er Leidenschaften, so hat er Gefühle. Er lebt in der Welt der Leidenschaften, der Triebe und Begierden, der Gefühle und Wünsche, so wie er in der physischen Welt lebt. Und wie das physische Auge, wenn es einem anderen Menschen gegenübertritt, seine physischen Eigenschaften sieht, so sieht das erschlossene geistige Auge das, was wir als seelische Eigenschaften zusammenfassen. Genau ebenso wie die physischen

Sinne die Elektrizität unterscheiden können von dem Licht oder das Licht von der Wärme, so kann das seelisch geöffnete Auge unterscheiden zwischen einem Trieb, einer Begierde, die in der Seele des anderen vorhanden sind, und dem Gefühl der Liebe, der Hingabe, dem Gefühle des religiösen Frommseins. Wie Wärme und Licht verschieden sind, so sind Liebe und religiöses Frommsein in der Welt des Seelischen verschieden. Und weil für das seelisch geöffnete Auge diese Eigenschaften aufglänzen wie Farbenerscheinungen, die durchtönt sind wie das Astrale, deshalb sind sie astral genannt worden.

Hier muß ich einiges von okkulten Vorstellungen einschalten. Unter ihnen verstehen wir diejenigen Vorstellungen, welche sich auf das Übersinnliche beziehen, die nur gewonnen werden können von solchen, deren geistige und seelische Sinnesorgane aufgeschlossen sind. Nichts ist absolut verborgen. Wünsche, Begierden und Leidenschaft sind nur für denjenigen verborgen, dessen seelische Organe nicht geöffnet sind. Wir können mit unseren seelischen Organen dasjenige erkennen, was der Mensch von den Eigenschaften der Seelenwelt an sich hat. Wie er uns mit einer bestimmten Physiognomie entgegentritt, so tritt uns auch jeder Mensch mit einer bestimmten seelischen Physiognomie entgegen. Und wie er einen physischen Körper hat, so hat er auch einen im seelischen Licht erstrahlenden Körper, der größer ist als sein physischer Körper, in den er eingehüllt ist wie in eine Lichtwolke, die in den verschiedensten Farben erglänzt und erglimmt. Ich erwähne absichtlich beides, denn beides ist vorhanden. Von den Eigenschaften, die sich auf Gedanken und Ideen beziehen, sieht man einige erglänzen, andere nur erglimmen. Man nennt diese Lichtwolke, die für das gewöhnliche Auge unsichtbar ist, für den Seher aber sichtbar, die menschliche Aura. Sie enthält alles dasjenige, was ich als seelische Qualitäten bezeichnet habe. Wir können genau unterscheiden zwischen denjenigen Eigenschaften, welche die Seele dadurch hat, daß sie nach dem Sinnlichen hinneigt, daß sie an das Sinnliche sich anklammert, den Begierden, die daher kommen, daß der Mensch das Sinnliche begehrt, und demjenigen, was sich bezieht auf selbstlose Hingabe, auf Gefühle der Liebe oder religiöses Frommsein. Wenn die Aura durchstrahlt wird mit Gefühlen, die aus den unteren Instinkten kommen, die mit dem materiellen Leben zusammenhängen, so durchströmt das in verschiedenen Gestalten, in blitzförmigen oder anderen Figuren die Seele in blutroten oder rötlich-orangen oder rötlich-gelben Farben, während alles, was mit edleren Gefühlen, mit edleren Leidenschaften zusammenhängt, wie mit Enthusiasmus, mit Frommsein, mit Liebe, in der Aura des Menschen erscheint in wunderschönen grünlichen, grünlich-blauen, blau-violetten und violett-rötlichen Farben.

So hat der Mensch sein Seelisches auf der einen Seite hindeutend nach dem Materiellen, begehrend das Materielle, sich anklammernd daran, und auf der anderen Seite ist dieses Seelische mit dem entgegengesetzten Pole ausgerüstet, durch den es sich erhebt zu dem Edlen und immer wieder durchglüht und durchströmt wird von dem Edlen. Zwischen diesen beiden Eigenschaften ist das Leben der Seele geteilt. Diejenigen, welche in den grünen, blauen, violetten Farben hinleben, gehen durch viele Wiederverkörperungen hindurch, um sich diese edleren Eigenschaften zu erwerben. Zunächst ist die Seele ja ausgerüstet mit den niederen Eigenschaften, mit Trieben, Begierden, Leidenschaften, Instinkten. Sie muß diese haben, denn würde die Seele nicht dasjenige haben, was wir in der okkulten Philosophie das Verlangen nach dem Sinnlichen nennen, so würde die Seele in der Sinnenwelt nicht zum Handeln kommen. Daß der Mensch tätig ist in der Sinnenwelt, daß er sich Besitztümer verschafft, sich mit den Materialien der Sinnenwelt Werkzeuge für sein Leben formt, das entspringt daher, daß der Mensch Begierden hat nach dem sinnlichen Leben. Dieses Verlangen ist zunächst für die noch unentwickelte Seele, in den Zeiten, in denen sie ihre ersten Wiederverkörperungen durchmacht, eigentlich das allein treibende Prinzip. Nur dadurch wird die jugendliche Seele in Tätigkeit versetzt. Wenn die Seele dann durch die Wiedergeburten schreitet, schwingt sie sich immer mehr und mehr dazu auf, nicht nur aus den Begierden heraus zu wirken, sondern aus Erkenntnis, aus Hingabe, aus Liebe. So schreitet die Seele fort auf ihrer Pilgerschaft durch die Welt vom Verlangen zur Liebe. Das ist der Weg, den die Seele nimmt: vom Verlangen zur Liebe. Die Seele, welche verlangt, haftet am Körperlich-Sinnlichen. Diejenige aber, welche liebt, läßt sich vom Geiste durchdringen, gehorcht dem Geiste, erfüllt das Gebot des Geistes. Das ist der Unterschied im Alter der Seelen. Die jungen Seelen sind die begehrenden, die reifen Seelen sind diejenigen, welche lieben, das heißt, den Geist in sich wirken lassen. In der Seelenwelt oder in der astralen Welt sehen wir diesen Seelenkörper des Menschen erglänzen in seinen verschiedenen Eigenschaften, und wir können dadurch unterscheiden den Grad der Reife, den eine menschliche Seele hat. Alle die Eigenschaften, die wir an diesem Seelenkörper beobachten können, rühren her aus der Hingebung zum Sinnlichen oder aus der Hingebung zum Geistigen.

Nun werden wir auch verstehen, was eigentlich «sterben» heißt. Den Begriff, die Vorstellung des Sterbens wollen wir einmal mit diesem eben gewonnenen Begriff zu verstehen suchen. Was geschieht zunächst, wenn der Mensch stirbt? Dasjenige, was bisher in seinem physischen Leibe nicht allein physischen Gesetzen gefolgt ist, sondern was auch gehorcht hat den seelischen Gesetzen – die Hand, die sich bewegt hat nach Maßgabe der Gefühle, die die Seele durchwogt haben, der Blick, der hinausgesehen hat in die Welt, weil er getragen worden ist von den geistigen Eigenschaften in der Seele, die Physiognomie, welche gespielt hat, je nachdem die Seele ihr die Form gab –, alles das, was im Leben so der Seele gehorcht hat, geht nach dem Sterben des Leibes seine eigenen Wege. Der Leib des Menschen, insofern er ein Zusammenhang ist von physischen und chemischen Kräften, folgt nicht mehr den seelischen Impulsen, sondern den physikalischen Kräften der Welt, die ihn nunmehr völlig in Anspruch genommen hat. Er gehört fortan der äußeren physischen Welt an, und niemand, der sich nur beschäftigt hat mit denjenigen, welche das übersehen haben, kann entscheiden darüber, daß das Seelisch-Geistige, das früher den Leib beherrscht hat, entschwunden ist, denn jetzt ist das Seelisch-Geistige lediglich zugänglich dem geöffneten Auge des hellsehenden Menschen. Wir werden in den letzten Stunden, die sich mit den theosophischen Grundbegriffen beschäftigen, davon hören, wie der Mensch schon in diesem Leben das Auge geöffnet erhält für das höhere Leben und ihm daher bewußt werden kann, was ich erzählt habe. Aber Sie sehen von vornherein, daß das Schicksal des Geistes nach dem Tode nur verstanden werden kann vom Gesichtspunkte des Übersinnlichen aus. Jemand, der sich nur mit der Naturwissenschaft beschäftigt, ist nicht berufen, etwas über das Geistige auszumachen. Der Mensch war ausgerüstet mit physiologisch-chemischen Kräften. Die hat er nicht mehr zu beherrschen nach dem Tode; sein «Körper» ist dann nur noch ein seelischer Leib. Das, was in ihm gelebt hat an Wünschen, Begierden, Leidenschaften, an Liebe, Enthusiasmus und Frommsein, das war ja nicht gebunden an die physisch-chemischen Gesetze, das hat diese vielmehr in seinen Bannkreis gezogen. Das Seelische ist nach dem Tode da, wie es vorher da war, nur unvermischt mit dem leiblichen Körper. Wenn der Mensch während des physischen Lebens, wie wir gesehen haben, aus Geist, Seele und Leib besteht, so besteht er nach dem Tode aus Geist und Seele. Und wie der Mensch sein Leben abspielt in der physischen Welt, so spielt er auch nachher, in der höheren Welt, in der seelischen oder geistigen Welt sein Dasein ab. Das sind die Aufenthaltsorte, welche der Mensch durchzumachen hat, das Seelenland und das Geisterland.

Diese beiden lassen Sie uns des näheren betrachten. Man kann sie ebenso betrachten, diese astrale Welt oder diese mentale Welt, wie unsere physische Welt. Wie es in unserer physischen Welt die mannigfaltigsten Naturkräfte gibt, wie Wärme, Elektrizität, Magnetismus, so gibt es auch da die mannigfaltigsten Kräfte. Diese lassen sich in ganz bestimmte Gruppen bringen, die wir eben einmal kennenlernen müssen, weil wir nur dadurch einen Einblick gewinnen können in die Schicksale der Seele nach dem Tode. Da haben wir die niederste Gruppe von seelischen Eigenschaften, die eigentliche Begierdenwelt, die sich für den Okkultisten die Welt der sogenannten Begierdenglut benennt. Es ist diejenige Welt, welche in unserer Seele selbst erzeugt wird durch die niedersten Hinneigungen der Seele zum physischen Leibe. Alle diejenigen Gefühle unserer Seele drücken sich in der Begierdenwelt aus, die von dem Begehren der Seele nach dem Physischen kommen. Das ist die niederste Form des seelischen Lebens, die Glut der Begierden, die man daher auch in der Mystik genannt hat das brennende Feuer der Begierden. Lassen Sie uns jetzt auf die Natur der Betrachtung eine Vorschau werfen; das wird Ihnen erklären, wie der Unterschied ist zwischen dem Leben im Leibe und dem Leben ohne den Leib, wenn Sie diese Eigenschaft der Seele, die mit der Begierdenglut zusammenhängt, betrachten. Was ist die Begierde für die im Leibe lebende Seele? Sie ist ein Hinabstreben des seelischen Verlangens nach einem physischen Gegenstande, nach physischer Befriedigung. Nur dann verändert sich die Farbe der Begierdenglut der Seele, die aus der Seele herausströmt wie der elektrische Strom herausströmt aus einer Spitze, die elektrisch geladen ist, wenn die Begierde befriedigt wird. Der Strom ändert sich sofort, wenn die Begierde befriedigt wird. Dann hört das Begierdenfeuer auf zu brennen. Das ist ein wichtiger, für den Seelenforscher maßgebender Moment, wenn eine Begierde ihre Befriedigung findet. Es nimmt sich für den Seelenbeobachter aus, wie wenn ein Feuer gelöscht wird mit Wasser. Daß diese Begierdenglut gelöscht werden kann mit dem Befriedigen, das rührt daher, weil der Mensch einen Leib hat. Die sinnliche Begierde kann nur sinnlich befriedigt werden. Da ist der Gaumen, der Wohlschmeckendes begehrt. In dem Augenblicke aber, wo kein Gaumen mehr da ist, ist es unmöglich, die Begierde zu befriedigen. Die Seele hängt am Gefühle, an der sinnlichen Welt. Befriedigt kann die Begierde nur so lange werden, als die Seele mit dem Leib verbunden ist. In dem Augenblicke, wo sie nicht mehr mit dem Leibe verbunden ist, ist es unmöglich, die Begierde zu befriedigen, und sie leidet unsäglich an der Unmöglichkeit, nicht mehr befriedigt werden zu können. Das ist einer der Zustände, die die Seele durchzumachen hat im Kamaloka. Um sich zu befreien, muß sie jenen Zustand kennenlernen, welcher zwar die Begierde vorhanden sein läßt, aber die Unmöglichkeit der Befriedigung der Seele vor Augen führt. Dann lernt die Seele die Begierde allmählich abstreifen. Das ist eine Vorstellung, die gewonnen werden muß, wenn der Mensch sich einen Begriff machen will von dem, was geschieht zwischen dem

Tode und einer neuen Geburt. Die weiteren Vorgänge müssen wir aber erst kennenlernen, wenn wir einen genauen Blick getan haben in das, was wir Seelenwelt und Geisterland nennen.

Bevor ich die Schicksale zwischen dem Tode und einer weiteren Geburt schildere, werde ich genau diese Gruppe von seelischen Qualitäten und seelischen Vorgängen schildern, die wir finden in der übersinnlichen Welt. Die Begierde war das erste. Das zweite ist der seelische Reiz, dasjenige, was nicht unmittelbar Begierde ist. Es ist aber zusammenhängend mit dem Sinnlichen, was uns umgibt, wenn wir von der menschlichen Sinnlichkeit sprechen. Es ist der Reiz, der sich in edleren Farben zum Ausdruck bringt, der die Freude der Hingabe an die unmittelbare Sinnlichkeit bedeutet; der das Gefühl sich erheben läßt, gehoben sein läßt an der Farbe, die uns umgibt, an der Form, die wir erleben, an dem Geruch, den wir an uns herankommen spüren. Diese Hingabe an das Sinnliche, dieses Weben und Leben durch die sinnlichen Organe in der Umwelt, das bezeichnen wir als die Kraft des seelischen Reizes. – Ein weiteres Gebiet des seelischen Lebens ist das Gebiet der Wünsche. Die Wünsche beziehen sich darauf, daß die Seele Sympathie empfindet für dasjenige, was in ihrer Umwelt lebt, und daher ihre Gefühle eben in der Form des Wunsches auf diesen Gegenstand der Umwelt lenkt. Sie lebt nicht mehr bloß durch die Sinne in der sinnlichen Umwelt, sondern sie erfüllt sich für diese Umwelt mit dem Gefühl der Liebe. Diese ist aber noch ganz erfüllt von Selbstsucht, von Egoismus. Seelenliebe, die noch erfüllt ist von Egoismus, nennen wir in der theosophischen Sprache die eigentliche Qualität der seelischen Wünsche, der Wunscheswelt. Damit haben wir die dritte Gruppe des seelischen Erlebens kennengelernt, die Welt der Wünsche. Die vierte Gruppe ist diejenige, wo die Seele nicht mehr auf etwas in der Umgebung gerichtet ist, sondern wo diese Seele gerichtet ist auf dasjenige, was in dem eigenen Körper lebt; wo das Gefühl sich richtet auf dasjenige, was in dem eigenen Körper als Wohlsein, als Wehesein, als Lust- und Unlustgefühle sich abspielt. Dieses innere Wogen der Gefühle im eigenen Dasein, diese Selbstlust, diese Daseinslust bezeichnen wir bei jedem Wesen als die vierte Gruppe der seelischen Kräfte. Und eine fünfte Gruppe der seelischen Kräfte führt uns herüber aus der Welt des Verlangens in die Welt der sich durch Sympathie ausgießenden Seele. Alles was wir bisher kennengelernt haben, war mit Verlangen verknüpft, war damit verknüpft, daß die Seele die Dinge auf sich selbst bezogen hat. Jetzt lernen wir die Dinge kennen, wo die Seele ausstrahlt ihre Wesenheit, wo sie sympathisiert mit anderen Wesen ihrer Umgebung. Es gibt davon zwei Arten. Zuerst haben wir es zu tun mit der Liebe zu der Natur und dann mit der Liebe zu unseren Mitmenschen. Diese seelischen Kräfte bezeichnen wir als die fünfte Gruppe seelischer Tatsachen mit dem Namen des Seelenlichtes. Ebenso wie die Sonne ihr physisches Licht ausstrahlt, so strahlt die Seele hinaus ihr Licht, wenn sie sympathisiert mit der Welt, wenn sie sie einhüllt, beleuchtet mit dem Licht ihrer Liebe. Das erscheint für denjenigen Menschen, der nur Organe hat für das Physische, als etwas Illusionäres. Es ist aber viel wirklicher für denjenigen, der Geistesaugen und Geistesohren hat, als der Tisch und die Wände, die uns umgeben, viel wirklicher als das Licht der physischen Flamme. Die sechste Gruppe der seelischen Tatsachen ist dasjenige, was der Okkultist die eigentliche Seelenkraft nennt, dasjenige, was die Seele mit Enthusiasmus erfüllt für ihre Aufgabe in der Welt, die liebevolle Hingabe an die Pflicht, die in wunderschönen violetten und blau-violetten Farben erstrahlt. Dieses bildet das Geisteslicht, welches aus der Seele heraus die

Antriebe und Impulse für die menschliche Tätigkeit holt. Insbesondere entwickelt ist dies bei philanthropischen Menschen. Diese Gefühle begleiten die großen hingebungsvollen Taten der menschlichen Seele in dieser physischen Welt. Das sind die Erlebnisse der sechsten Gruppe. Und die Erlebnisse der siebenten, der höchsten Gruppe, das sind die Kräfte des eigentlichsten seelischen Geisteslebens. Es ist da, wo die Seele nicht mehr mit ihrem Gefühle auf das bloß Sinnliche sich bezieht, sondern wo sie das Licht des Geistes in sich einstrahlen läßt, wo die Seele sich höhere Aufgaben stellt, als sie in der bloßen Sinnenwelt bekommen kann, wo ihre Liebe hinausgeht zu jener geistigen Liebe, die *Spinoza* schildert am Ende seiner berühmten «Ethik», wo er davon spricht, daß das Höchste sich eingießt in die Seele und daß es wieder als Gottesstrahl herausstrahlt.

Wir haben das Seelische in der Menschenseele beobachtet und verfolgt von der egoistischen Begierde bis zur geistigen All-Liebe. Diese sieben Stufen der geistigen Tatsachen treten demjenigen, dessen Auge geöffnet ist, überall in der Welt entgegen. Die Welt erstrahlt nicht nur in Farben und ertönt nicht nur in Schallerscheinungen, sondern erstrahlt auch in der Welt der Wünsche, Begierden und Leidenschaften, erstrahlt auch in der Welt der Liebewirkungen. Das alles sind Wirklichkeiten. Und wenn die Seele diesem Schauplatz entzogen ist, dann ist sie auf einem anderen Schauplatz, welcher sich insofern von dem äußeren Sinnenschauplatz unterscheidet, als dieser äußere sinnliche Schauplatz nur dasjenige bietet, was Augen und Ohren und die anderen Sinne zunächst wahrnehmen können. Für das Organ verhüllt das Sinnliche gerade das Seelische, weil sich das Seelische zum Ausdruck bringt durch das Sinnliche. So erscheint das Seelische nur durch das Sinnliche. Die Seele hört durch die Töne der Sprache, fühlt durch das Tasten und so weiter.

Das geistige Auge sieht darüber hinaus, sieht die seelischen Tatsachen in ihrer Bloßheit, in ihrer Nacktheit. Wenn die Seele dem Schauplatz der Sinne entrückt ist, dann lebt sie in der Seelenwelt. Das sind die Erlebnisse der Seele in der Seelenwelt, die sie unmittelbar nach dem Tode durchmacht. Da lebt sie in einer von allen physischen und chemischen Kräften freien Welt, in einer Welt von Leiden, Begierden und Trieben. Sie hat zunächst alles dasjenige auszubilden, was da ausgebildet werden kann. Hüllenlos, das heißt ohne physische Hülle, ist sie hingegeben dem, was an sie heranflutet und sie selbst durchströmt. Sie läutert sich allmählich durch diese sie durchströmenden Eigenschaften, indem sie kennenlernt die Begierden, ohne die Möglichkeit zu haben, sie zu befriedigen. Da lernt die Seele leben ohne den physischen Leib. Da lernt sie ein Selbst zu sein, ohne die physische Lust und ohne den physischen Schmerz, ohne das physische Wohlbehagen und ohne das physische Mißbehagen. Und da fühlt sie sich zunächst nicht mehr als ein Selbst. Die leibverkörperte Seele fühlt sich als Selbst, weil sie im Leibe sich befindet. Die Seele im Leibe sagt zu ihrem Leibe «ich». Will sie aber nach dem Tod «ich» sagen, so lernt sie das Gefühl des Leibes kennen, ohne die Möglichkeit, es zu leben. Gewöhnt sie sich das ab, so lernt sie sich als Seele empfinden. Sich als Seele empfinden lernt der Mensch in der vierten Region, und je öfter der Mensch hindurchgegangen ist durch diese Region, je länger seine Seelenpilgerschaft gedauert hat, desto kräftiger ist ausgebildet sein Seelenselbstgefühl, desto mehr weiß er dann auch, wenn er wiederverkörpert wird, nicht nur zu seinem Leibe, sondern auch zu seiner Seele «ich» zu sagen, desto mehr fühlt er sich als seelisches Wesen. Das ist der Unterschied zwischen einem Menschen, der viele, und einem Menschen, der wenige Verkörperungen durchgemacht hat. Der Hochentwickelte fühlt sich als Seelenwesen. – Dann lernt der Mensch auch diese höhere Region kennen, die wir bezeichnet haben als das Seelenlicht, als die Seelenkraft und als die Geistseele. Da lebt und webt sich der Mensch hinein. Man ist gewohnt, diese höchsten Partien des astralischen Gebietes in der theosophischen Literatur als das Sommerland zu bezeichnen. Das ist dasjenige Gebiet, in dem die Seele allmählich übergeht in die Sympathiesphären, in die Sphären, wo sie in lauter Liebe zur Umwelt und in lauter Liebe zu den Farben leben lernt. Erst dann, wenn des Menschen Seele nach dem Tode hindurchgegangen ist durch diese verschiedenen Regionen, dann ist sein Geist, der dritte, der höchste Teil des Menschen, befähigt, alles Astralische, alles Seelische, was von Wünschen, Begierden und Leidenschaften erfüllt ist und das sich noch an das Sinnliche klammert, hinter sich zu lassen. Und nur dasjenige, was von der Seele dem Geiste gehört, was Geist entwickelt hat in dem Seelischen, das lebt weiter, nachdem der Mensch die Hinneigung, das Verlangen nach dem Sinnlichen abgestreift hat.

Jetzt tritt die Seele in diejenige Region ein, wo sie nichts mehr zu tun hat mit den Kräften, die nach unten gehen. Weil der Geist sie ganz durchdringt, tritt sie jetzt ein in das Gebiet des Devachan, in das eigentliche Geisterland. Das Geisterland, das die Seele durchlebt, beansprucht weitaus die längste Zeit des Lebens nach dem Tode. Die Zeit der Läuterung im Kamaloka ist verhältnismäßig kurz. Nachher, im Devachan, kommt alles zum freien, ungehinderten Ausleben, was sie an Erfahrungen in der irdischen, physischen Welt gewonnen hat, damit sie in Liebe wirken kann in dieser physischen Sinnenwelt. Nicht in der physisch-sinnlichen Welt selbst kann der Geist zum völligen Ausdruck kommen. Wir erwerben zwischen der Geburt und dem Tode fortwährend Erfahrungen. Aber diese sind eingeklemmt, wie eine Pflanze eingeklemmt ist in einen Felsspalt. Im Geisterlande stärkt und kräftigt sich die Seele. Von diesem Aufenthalt der Seele im Geisterlande wird der nächste Vortrag handeln. Er wird zeigen, welches das Schicksal der Seele ist in der weitaus längsten Zeit, die sie durchzumachen hat zwischen dem Tod und einer neuen Geburt. Die astrale Welt erscheint noch als etwas Niederdrückendes, dazu bestimmt, vieles abzustreifen. Das Geisterland ist ein solches, vor dem keine Furcht bestehen kann. Nichts verbindet den Geist, der eine Seele durchströmt, mit dem, was nach dem bloß Sinnlich-Materiellen hinzieht. Das Schicksal, das er da durchlebt und das uns das wahre Wesen des Menschen eröffnen soll, werden wir aus den Erfahrungen im Devachan zu zeichnen haben. Lassen Sie mich nur noch das eine erwähnen. Es könnte leicht scheinen, daß die einzelnen Gebiete der astralen Welt wie einzelne Schichten oder Lagen übereinander liegen. Das ist nicht der Fall. Sie sind mehr aufzufassen wie verschiedene Zustände des Bewußtseins. Nicht der Ort ändert sich, in dem der Mensch sich befindet, sondern der Zustand des Bewußtseins ändert sich. Das Seelenland, das Geisterland ist überall um uns. Überall ist eine Welt des Seelischen und Geistigen um uns, die wie Farbe und Licht aufglänzt, wenn die Seele fähig wird, die geistigen Augen, die geistigen Ohren zu gebrauchen. Das ist es, was für die Seele die ganze physische Welt versinken läßt. Ebenso wie Sie etwa einen Schleier sehen konnten und dann, wenn der Schleier versinkt, hinter den Schleier sehen, ebenso wird für die Seele zum Erlebnis, was in der Wunsch- und Begierdenwelt vorgeht, wenn sie den Schleier des sinnlichen Tastens, Sehens, Hörens abstreift. Eine andere Welt breitet sich dann um sie aus, eine Welt, die sonst auch um sie da war, aber nicht erlebt worden ist, die jetzt aber erlebt wird. Ein anderer Zustand des Erlebens ist es, in den die Seele eintritt. Nicht verschiedene Orte, nicht verschiedene Gebiete sind es, es ist eine Metamorphose des menschlichen Lebens. Von Stufe zu Stufe schreitet der Mensch auf seiner Lebenspilgerschaft. Das lehrt uns, daß wir im Übersinnlichen die Gründe für das Sinnliche zu suchen haben. Wir wollen diesen Ausblick in das Übersinnliche deshalb tun, um so gestärkt wieder in die wirkliche Welt hineinzugehen, mit dem vollen Bewußtsein, daß wir nicht nur sinnliche Wesen sind, sondern daß wir seelische und geistige Wesen sind. Mit diesem vollen Bewußtsein arbeiten wir in der Welt kräftig, mutvoll und sicherer, als wenn wir bloß glaubten, daß wir nur sinnliche Wesen seien. Das ist es, was die theosophische Weltanschauung unmittelbar bringt. Nicht untüchtiger, sondern tüchtiger, mutiger, kräftiger, kühner soll sie den Menschen machen. Das ist nicht die richtige Theosophie, welche den Menschen vom Leben abzieht. Die Kenntnis des Übersinnlichen wollen wir deshalb vermitteln, weil im Übersinnlichen der Ursprung und die Wesenheit des Sinnlichen zu suchen ist. Das haben alle wahren Erkenner und echten Okkultisten jederzeit gesagt, und das ist auch in allen inspirierten Schriften der Völker aller Zeiten zu finden. Und so richtig tönt es uns herüber wie bei unseren eigenen Mystikern aus dem wunderbaren, künstlerisch vollendeten Schriftwesen des Ostens. Wir finden da eine Stelle in den Upanishaden, mit der ich diese Betrachtung heute schließen möchte, die uns so recht sagt, wie sich das Sinnlich-Endliche zu dem Übersinnlichen, Ewig-Dauernden verhält. Sie zeigt, wie das Sinnlich-Endliche hervorgeht aus dem Ewig-Dauernden, wie der einzelne Funke aus der Flamme hervorgeht. Die Flamme, sie bleibt ein Ganzes, sie bleibt ein Dauerndes, wenn auch der sinnliche Funke abstirbt. Die einzelne sinnliche Erscheinung springt ab von dem Ewigen und kehrt wieder zu dem Ewigen zurück. So sagen die Upanishaden: «So wie aus dem wohlentflammten Feuer die Funken, ihm gleichen Wesens, tausendfach entspringen, so gehn aus dem Unvergänglichen die mannigfachen Wesen hervor und wieder in dasselbe ein.»

DAS GEISTERLAND

Berlin, 17. November 1904

Wir stehen an einem wichtigen Punkte in der Entwickelung des geistigen Menschen zwischen dem Tod und einer neuen Geburt, in dem der Mensch übergeht von dem sogenannten Seelenland in das Geistes- oder Geisterland. Der Mensch ist, wie wir das letzte Mal bereits gehört haben, frei geworden an diesem Punkte von allem, was ihn bindet, was ihn haften macht an das physisch-materielle Dasein. Alle die Wünsche, Begierden und Leidenschaften, die hinneigen zu dem physischen, zum materiellen Dasein, sind von dem Geistesmenschen abgefallen. Sie beirren ihn nicht mehr in seiner weiteren Entwickelung, und dieser geistige Mensch macht dann jene lange Zeit durch, die man mit einem deutschen Ausdruck als das Geisterland bezeichnen könnte, und die gewöhnlich in der theosophischen Literatur genannt wird Devachan. Deva heißt ein göttliches Wesen, ein Wesen, das nur in diesem Gebiete des Daseins seine Wirklichkeit hat; das nicht einen physischen Körper hat, sondern einen Körper, der nur aus Substanzen dieses Geisterlandes besteht. Der Mensch ist gleichsam ein Genosse dieser Wesenheiten in einer höheren Region gewesen.

Wir müssen uns – und das möchte ich immer wieder betonen – nicht vorstellen, als ob dieses Devachan irgendwo anders im Raume zu suchen wäre. Dieses Geisterland ist rings um uns, es erfüllt unsere Welt ungefähr so, wie die Luft die physische Welt allüberall erfüllt. Es kann nur nicht wahrgenommen werden von denjenigen Menschen, die sich bloß ihrer physischen Sinne zu bedienen vermögen. Ist der physische Sinn geschlossen und das geistige Auge geöffnet, dann erstrahlt die Welt ringsherum in einem neuen Glanze. Sie nimmt neue Eigenschaften an. Der Mensch sieht dann Dinge, die er vorher nicht gesehen hat. So wie das, was ich vor acht Tagen als astrale, als seelische Welt beschrieben habe, nur für die entsprechenden seelischen Organe vorhanden ist, so ist für das geistige Auge das Geisterland vorhanden.

Es ist schwer, ein Bild zu entwerfen von diesem Gebiete der Wirklichkeit. Sie können sich ja vorstellen, daß dieses schwer ist, denn unsere Sprache ist nicht gemacht für diese höheren Gebiete des Daseins. Unsere Worte sind allein angemessen für dasjenige, was es in dem Alltagsleben gibt. Jedes Wort ist einem Sinnendinge zugeteilt. Dieser Worte müssen wir uns aber bedienen, wenn wir die ganz andersgearteten Welten beschreiben wollen, zu denen wir aufsteigen. Es kann daher nur ein vergleichsweises Sprechen sein, eine mehr sinnbildliche Sprache, derer ich mich bedienen muß, um Ihnen das zu beschreiben. Dieses Land ist immerfort um uns, und dem geöffneten Auge des Sehers liegt es vor. Es erstrahlt um ihn herum, wie es dem Menschen erstrahlt, wenn nicht nur der physische Körper, sondern auch alle diejenigen astralen Eigenschaften, wie Begierden, Triebe, Leidenschaften, die ihn an das physische Dasein ketten, von ihm abgeschmolzen sind, wie der Schnee abschmilzt von einem Felsblock, wenn die Sonne diesen Block bescheint.

Das einzige, was der Mensch während seines physischen Daseins von diesem Geisterlande kennt, das ist sein Gedanke. Der Gedanke ist aber nur ein schwaches Abbild, ein Schattenbild dieses Geisterlandes. Gewöhnlich sagen auch Menschen, die am Physischen hängen, der Gedanke sei keine Wirklichkeit. Man hört auch sagen, irgend etwas sei «nur ein Gedanke». Für denjenigen aber, der sich einzuleben weiß in die Welt der Gedanken, der die Bedeutung des Gedankenlebens kennt, der in dem Gedankenleben zu leben weiß wie der gewöhnliche Mensch in unserer Welt, für den bekommt das Gedankenleben eine ganz andere Bedeutung. Auf keine andere Weise als durch den Gedanken kann sich das Geisterland dem Menschen mitteilen. Das Gedankenleben entspricht dieser höheren geistigen Wirklichkeit. Und derjenige, der in diese geistige Wirklichkeit hineinzuschauen vermag, lernt darin unterscheiden. Für ihn trennen sich die Gebiete für diese höhere Wirklichkeit, wie sich hier auf unserer Erde für das physische Auge die verschiedenen Partien derselben trennen. Es ist bildlich gesprochen, was ich sage, aber es entspricht dem Tatbestand. So wie wir auf unserer Erde die feste Erdkruste haben, die aus Felsen, Gestein und aus dem besteht, was wir das feste Land nennen, so entspricht dem auch ein ganz bestimmtes Gebiet im Geisterlande. Und dann entspricht dem, was wir die Ozeane, die Gewässer der Erde nennen, ein anderes bestimmtes Gebiet; und dem Luftkreis der Erde entspricht eine Art von Luftkreis im Devachan. Aber diese drei Gebiete des Devachan stehen in einer ganz bestimmten Beziehung zu den Erlebnissen auf unserer Erde. Alles das, was Sie im Physischen erleben können, was Sie erleben können als die physischen Gegenstände, die um Sie herum sind, alles das, was Sie mit den Augen sehen, mit den Sinnen wahrnehmen können, das bildet sozusagen die feste Kruste, das Festland im Devachan. Da sehen Sie alles dasjenige in seinen Urbildern auf geistige Art, was Sie hier mit den physischen Augen wahrnehmen.

Aber ganz anders nimmt sich dieses urbildliche Land aus. Wenn Sie einen physischen Menschen anschauen, dann ist ein gewisser Teil des Raumes mit seiner physischen Organisation ausgefüllt. Ringsherum sehen Sie nichts mehr von dem Menschen. Für den Seher aber gliedert sich die sogenannte Aura an, wie wir sie das letzte Mal beschrieben haben. Im Geisterlande oder im Devachan ist das ganz anders. Es verhält sich dasjenige, was man da sieht, zu dem physischen Bilde des Menschen so, wie das Bild auf der photographischen Platte zu der Wirklichkeit sich verhält, welche durch die photographische Platte aufgenommen wird. Es ist alles, was mit der physischen Materie ausgefüllt ist, im Geisterlande ein Hohlraum, sozusagen ausgespart. Und wenn der Mensch wieder heruntersteigt in das Physische, dann füllt sich der Hohlraum wieder mit physischer Materie an. Und da, wo in der physischen Welt nichts ist, ist strahlendes Dasein, strahlende Organisation. Daher glänzt es in manchem durch, was dann die ersten christlichen Eingeweihten das höhere Äonenlicht nannten. Das ist dasjenige, was den Menschen organisiert und was ihn in Zusammenhang bringt mit der geistigen Welt. So ist im Geisterlande der Mensch da nicht vorhanden, wo er im Physischen vorhanden ist. Er ist gerade außer sich vorhanden, außer dem physischen Raum, den er erfüllt.

Wenn der Seher eintritt in die geistige Welt, sieht er alles dasjenige mit einer höheren Wirklichkeit erfüllt, was dem physischen Auge leer erscheint um die Dinge herum. Das ist dann ausgefüllt mit einem glänzenden und strahlenden Licht. Dieses Licht ist ein ganz anderes Licht als dasjenige, das die seelische Aura zusammensetzt. Der Mensch ist ja nicht nur diese seelische Aura. Diese Aura wiederum ist durchzogen von einer höheren Aura. Während die seelische Aura in einem Glimmerlicht, in einem matten Licht leuchtet, ist diese höhere geistige Aura, die auch noch sichtbar bleibt, wenn der physische Körper des Menschen abgefallen ist, in einem Licht erglänzend, nicht bloß glimmend; sie ist also nicht bloß etwas Glimmendes, sondern etwas Flammendes.

Sie hat auch eine ganz besondere Eigenschaft, durch die sie sich unterscheidet von der astralen Aura. Das ist die, daß man durch die geistige Aura durchsehen kann, während man durch die astrale Aura nicht durchsehen kann. Jedes geistige Gebiet ist vollständig durchsichtig für dasjenige, was im Geisterlande ist.

Das ist der unterste Teil dieses Geisterlandes, den ich jetzt beschrieben habe. Erhebt sich der Seher zu noch höheren Regionen, dann erlebt er dasjenige, was man das all-eine Leben nennt. Dieses all-eine Leben durchfließt alle Gebilde. Es ist das flüssige Element des Geisterlandes. So wie das Meer oder ein Fluß mit seinen eigentümlichen Farben uns erscheint, wenn wir einen Fluß oder den Ozean betrachten, so erscheint uns das all-eine Leben als Ozean oder Fluß des Geisterlandes. Es erstrahlt in Farben, die sich nur vergleichen lassen mit den Farben der frischen Pfirsichblüte. In diesem all-einen Leben finden Sie nicht etwa so unregelmäßige Gestaltungen an Flüssen und Ozeanen wie hier auf der Erde, sondern ganz regelmäßig gestaltete, so daß der Vergleich viel besser wäre mit dem Herzen und seinen Blutadern.

Das dritte, was erlebt werden kann, ist das, was ich den Luftkreis dieses Landes nennen möchte. Dieser Luftkreis aber setzt sich zusammen aus dem, was wir hier auf der Erde die Empfindungen nennen können. Es ist sozusagen die luftförmige, vollständig den Raum des Geisterlandes durchdringende Empfindungswelt, was hier wahrgenommen wird – also der Luftkreis; das nimmt sich so aus, daß man da das all-eine Empfinden der ganzen Erde wahrzunehmen vermag. Es dringt aber von außen dieses Empfinden an uns heran, wie der Wind oder der Sturm, wie Blitz und Donner in der physischen Atmosphäre. Da gibt es nicht mehr unser eigenes Fühlen und Empfinden. Diese eigenen Gefühle hat der Mensch da abgestreift. Da tritt an ihn heran das, was alle anderen fühlen. Er fühlt sich eins mit dem, was andere fühlen. Das, was Leid und Schmerz ist, durchströmt wie Donner und Blitz diese geistige Welt. Sie können sich wohl denken, daß der Einblick in diese Welt ein ganz anderes Verständnis gibt für dasjenige, was überhaupt Wirklichkeit ist. Derjenige, der einmal hineingeblickt hat in dieses Wogenmeer von menschlichen und tierischen Leiden und menschlichen und tierischen Freuden, der gesehen hat, was es eigentlich heißt: leiden und sich freuen, was es heißt, daß die Leidenschaften toben und wüten, der hat einen anderen Begriff von dem Krieg und Frieden der Welt, einen ganz anderen Begriff von dem «Kampf ums Dasein». Von dem erlebt nun der Mensch auch etwas zwischen dem Tode und einer neuen Geburt.

Und dann kommt ein noch höheres Gebiet. Diese Gebiete sind nicht so vorzustellen, daß man sich von dem einen Ort nach dem anderen begibt. Sie sind alle ineinander, sie durchdringen einander vollständig. Ein viertes Gebiet steht mit unserer Erde nur noch in sehr entferntem Zusammenhang. Während wir in den drei Gebieten, die ich aufgeführt habe, Qualitäten wahrnehmen können, die sich auf unsere Erde beziehen, stehen die des vierten Gebietes nur in einem entfernten Zusammenhang mit dem, was wir auf der Erde wahrnehmen. Hier treten wir schon in Verbindung mit höher gearteten Wesenheiten, mit Wesenheiten, die vielleicht niemals auf dieser Erde verkörpert sind. Es treten einem hier entgegen diejenigen Kräfte, welche schon über das Physische hinausreichen. Dasjenige, was der Mensch leistet aus dem rein Idealen, aus dem reinen Denken heraus, aus einer rein wohlwollenden Gesinnung, aus der Liebe heraus, das, was der Mensch leistet über das Gebiet des Physischen hinaus, das stammt von Kräften, die in diesem Gebiete sichtbar werden. Diese Gebiete des Devachan umgeben fortwährend den Menschen, wirken fortwährend auf den Menschen. Derjenige, welcher Intuition, Erfindungsgabe hat, schafft Dinge, die nicht Abbilder von unserer Erde sind; er schafft also etwas, was aus einem Höheren in unsere Erde hineingetragen wird. Das entstammt diesem vierten Gebiet.

Man braucht nicht zu glauben, daß das, was uns nicht bewußt ist, in dieser Sphäre nicht vorhanden ist. Wir dürfen nicht glauben, daß, wenn ein einzelner Mensch diese Dinge nicht wahrnimmt, sie auch nicht da sind. Wer mit einem besonderen Genie auf die Welt kommt, der bringt es sich mit von seinem Verweilen in diesem Gebiete des Devachan.

Damit haben wir die Grenze erreicht, die zwar, wie wir sahen, nur noch entfernt mit unserem Erdenleben zusammenhängt, die aber das enthält, was gerade unserer Erde einen höheren Glanz verleiht und dazu bestimmt ist, unmittelbar hinuntergetragen zu werden in das sinnliche Dasein, was auch noch abhängt von dem sinnlichen Dasein. Der Mensch kann kein Kunstwerk formen, keine Maschine konstruieren, wenn er sich nicht nach der physischen Wirklichkeit richtet. Beim Kunstwerk muß er das Material studieren.

Die anderen drei Gebiete des Devachan, die noch höher liegen, sind Gebiete, die einen noch ferneren Zusammenhang mit der Erde haben, Gebiete, die sozusagen aus einer ganz anderen Welt herüberleuchten. Und steigt der Mensch, entweder als Seher oder in der Zeit zwischen dem Tode und einer neuen Geburt, in dieses Gebiet hinauf, dann entnimmt er diesem Gebiete alles dasjenige, was man nennen möchte den Himmelsfunken, den der Mensch in diese Welt hineinbringt. Es ist das, was ihm als Göttliches, als höheres Geistiges erscheint, als das eigentlich Idealistische, was aus der höheren Welt hereindringt und nur durch ihn hereinkommen kann in die physische Welt als höhere Moral, höhere

Religiosität und feinere geistige Wissenschaft. Alle Weisheit, aller höhere Glanz des Daseins, den der Mensch, gleichsam als Bote Gottes, hereinbringt in diese physische Welt, entnimmt er aus diesen drei höheren Gebieten des Devachan.

Noch einmal lassen Sie mich betonen, daß das, was ich geschildert habe, Bewußtseinszustände sind, so daß der Mensch sogar an ein und demselben Ort in seiner Betrachtung bleiben kann, indem um ihn herum die verschiedenen Gebiete des Devachan aufleuchten und ihm als eine viel reichere Wirklichkeit erscheinen, als die Wirklichkeit ist, die das physische Auge sehen, das physische Ohr vernehmen oder die physische Hand tasten kann. Ich möchte immer und immer wieder den Vergleich gebrauchen mit einem Menschen, welcher seiner physischen Augen und Ohren nicht bewußt sein kann. Ich habe schon das letzte Mal hingewiesen auf das interessante Buch mit der Lebensbeschreibung der blinden und taubstummen Amerikanerin *Helen Keller.* Wir sehen da in ein geistiges Leben hinein, das ganz andersgeartet ist. Denken Sie sich einmal, wie Ihnen die Welt erscheinen würde, wenn Sie keine Ohren und keine Augen hätten. So waren die Fähigkeiten der Helen Keller. Die aber hat heute ein Universitätsstudium hinter sich und besitzt eine Bildung gleich einem, der die Universität hinter sich hat. Wir sehen da, wie diese Helen Keller einen Reichtum sich geschaffen hat schon innerhalb der physischen Welt, der im Grunde genommen eine ganz andere Schattierung hat, von einer ganz anderen Wesenheit ist als dasjenige, was sonst der physische Mensch besitzt. Sie selbst sagt: «Leute, die der Meinung sind, daß uns alle Sinneseindrücke durch das Auge und das Ohr zugehen, haben sich gewundert, daß ich einen Unterschied zwischen den Straßen der Stadt und den Wegen auf dem Lande bemerke. Sie vergessen dabei, daß mein ganzer Körper auf die Umgebung reagiert.

Das Getöse der Stadt peitscht meine gesamten Nerven auf. Das Mißtönende, Turbulente mit seinen schrillen Eindrükken, das einfache Klappern der Maschinen ist um so marternder für die Nerven, als meine Aufmerksamkeit nicht durch bunt wechselnde Bilder, wie bei den anderen Menschen, abgelenkt wird.» Schon für diese eigentümlich organisierte Natur ist die Welt um sie herum ganz anders. Und noch ganz anders ist sie nun, wenn im Augenblicke des Todes – der Seher kann dies beschreiben, weil er durch seine mystische Versenkung in gewisser Beziehung durch die Pforte des Todes zu schreiten vermag – das physische Auge nicht mehr der Vermittler ist, wenn nicht mehr durch das physische Ohr die Eindrücke von außen an uns herantreten.

Denken Sie sich, Sie wären bewaffnet mit einem Glas, das rot gefärbt ist und alles in einem rötlichen Farbenton erscheinen läßt. Dadurch gewinnt die Welt eine Eigenschaft, die sie sofort nicht mehr hat, wenn Sie das rote Glas wegnehmen. So wie Sie das rote Glas wegnehmen, so geben Sie alles das weg in dem Momente des Todes, was Ihre Augen und Ohren aus der Umwelt machen. Und das, was der Mensch gleichsam in dem Schleier oder Farbenton, mit denen seine Augen und Ohren behaftet waren, von der geistigen Welt in der Umgebung hat, erscheint ihm jetzt, das erglänzt auf, wenn ich mich eines Goetheschen Ausdruckes bedienen darf, aus einer reichen, vielfältigen, mannigfaltigen Welt. Was aufflammt in der astralen Welt, habe ich das letzte Mal beschrieben. Jetzt, wenn der Mensch abgestreift hat die Wünsche, Begierden und Leidenschaften, die ihn veranlaßt haben, eine Zeit in der astralen Welt zuzubringen, kommt er in neue Zustände. Dann fällt ihm der Schleier von seinen astralen Augen, dann tritt er ein in die Welt, die, ebenso wie unsere physische Welt von der Sonne bestrahlt wird, durchstrahlt wird von dem, was die christlichen Mystiker das

Äonenlicht genannt haben, jenes Licht, das von innen heraus auch dem Menschen erstrahlen kann, wenn er sein geistiges Auge geöffnet hat. Dieses Licht durchdringt die ganze geistige Welt. Der Mensch macht in mehr oder weniger langen Zeiträumen die Zustände durch zwischen dem Tod und einer neuen Geburt, die ich Ihnen beschrieben habe. Der Mensch lernt die Gebiete des Geisterlandes wirklich kennen, lernt kennen, was es heißt, wenn die physische Materie verschwindet. Da, wo physische Materie ist, sind jetzt Hohlräume. Da ist nichts da. Ganz andere Gebiete des Daseins treten jetzt auf.

In der indischen Vedantaphilosophie wird besonders geübt ein Spruch, den sich die Mystiker immer wieder und wieder sagten. Dieser Spruch wird in den entsprechenden Sprachen überall geübt, und dieser Spruch heißt: Das bist du. – Wenn der Mystiker sich das immer und immer wieder sagt, so meint er damit, daß der Mensch wahrhaft nicht bloß das ist, was in seiner Haut physisch eingeschlossen ist. Der Mensch könnte nicht als Einzelwesen im Universum bestehen; er hängt zusammen mit Kräften und Daseinsstufen, die außerhalb seines physischen Leibes liegen, so daß, wo er auch hinsieht, eine Wirklichkeit ist, zu der er gehört. Und wie er selbst von dieser Wirklichkeit abgegliedert ist, so ist jeder andere Mensch von dieser Wirklichkeit abgegliedert. Da erlebt der Mensch, daß er im Grunde genommen nichts anderes ist als ein Blatt von einem großen Baume. Und dieser Baum bedeutet die Menschheit. Wie das eine Blatt verdorrt, wenn es vom Baume abfällt, so müßte der einzelne Mensch zugrunde gehen, wenn er sich trennen wollte von dem Baume der Menschheit. Aber das kann er ja nicht! Der physische Mensch weiß das nur nicht; auf dieser Ebene wird es ihm aber Wirklichkeit. Wenn der Mensch mit einer Gesinnung zur Welt kommt, die nicht bloß materialistisch ist, die nicht bloß am sinnlich-physischen Dasein hängt, so wird er in Berührung kommen mit der geistigen Welt. Und je mehr er sich zu einer idealistischen Gesinnung erhebt, je mehr er imstande ist, etwas Höheres zu ahnen, desto mehr wird er in dieser Welt des Geistes sich ausleben können. In dieser Welt ist der Mensch eingeschlossen in mannigfaltige physische Zusammenhänge: Hier ist der Mensch eingeschlossen in Familie, Volksstamm, Rasse; da hat er seine Freunde. Alles das sind Zusammenhänge in der physischen Welt. Diese Zusammenhänge durchlebt er nochmals im Geisterlande. Da im Geisterlande wird ihm die Freundschaft erst vollständig klar. Da wird ihm das Zusammengehörigkeitsgefühl, das Gefühl der Anhänglichkeit an seine Heimat erst in höherem Maße klar. Da lebt es sich aus, was hier in der physischen Welt der Zusammenhang bedeutet. Innerhalb der Welt der Urbilder lebt er nun. Je mehr er hier den Sinn gewendet hat auf einen dieser Zusammenhänge, desto mehr hat er auf dem Gebiete des Geisterlandes auszuleben, während er hier im physischen Leibe durch die physische Wirklichkeit eingeschlossen ist. Wie die Pflanze, wenn sie eingepflanzt ist in eine Felsspalte, sich nicht entfalten kann nach allen Seiten, so ist es auch mit dem menschlichen Geist.

Hier in der physischen Hülle sind die Eigenschaften eingeengt. Nur ein kleiner Teil von dem kommt heraus, was er an Freundesliebe, Familienliebe, Vaterlandsliebe und so weiter hat. Wenn der Mensch sich aber wie die Pflanze auf freiem Felde entfalten kann, so wird auch bei ihm, wenn er nicht mehr in die physische Hülle eingeschlossen ist, sich seine Wesenheit frei ausleben und dann mit gesteigerten Kräften wiederkommen. Wer Familiensinn im höheren Sinne durchlebt hat, lebt ihn hier in intensiver Weise aus und wird dann mit einem ganz besonderen Familiensinn wieder ins Leben treten.

In dem Gebiete erlebt der Mensch, was ich als das «all-eine Leben» beschrieben habe. Er erlebt das flüssige Element im Geisterlande. Da sehen wir, wenn wir als Seher einen Einblick gewinnen, wie langsam sich aufhellt derjenige, welcher auf dieser Erde schon einen Sinn entwickelt hat für das «all-eine Leben», das webt und treibt in allen Wesen. Das heißt, religiöse Frömmigkeit entwickeln. Der fromme Mensch erhebt seinen Sinn zu dem «all-einen Leben», das alles durchströmt. Den religiösen frommen Sinn lebt der Mensch frei aus in diesem zweiten Gebiete des Devachan. Gestärkt und gekräftigt kommt dieser Sinn bei der neuen Geburt zum Ausdruck. Hier sehen wir den Menschen sich erheben über die Schranken, die ihm in dieser Verkörperung im physischen Leben gesetzt sind. Wir sehen, wie der Hindu, der Christ auf ihre besondere Art das «all-eine Leben» erleben im Devachan, wenn die Schranken gefallen sind und eine größere Einheit auf diesem Gebiete hergestellt ist.

Das dritte Gebiet ist das, wo wir gewahr werden, was die Urbilder des Leides und der Lust, der Freude und des Schmerzes sind, wo dieses Element uns umgibt, wie die physische Erde der Luftkreis umgibt. Wenn der Mensch in dieses Gebiet sich einlebt, dann lernt er einen Sinn entwickeln für die selbstlose Hingabe an alles, was in der Welt leidet, an alles, was in der Welt sich freuen kann. Nicht mehr Sinneslust und Sinnesschmerz bedrücken ihn. Er kennt keinen Unterschied mehr zwischen seinem Schmerz und dem Schmerz anderer, sondern er weiß, was Lust und Schmerz an sich sind. Wir lernen so in seiner Realität erkennen, was als Leid und Schmerz an uns herantritt. Die großen Philanthropen lernen wir hier kennen; alle diejenigen, welche als die Genien des Philanthropismus, die Genien der Wohltätigkeit, die großen Schöpfer philanthropischer Zusammenhänge des Mitgefühls und Wohlwollens, der menschlichen Gemeinsamkeit in der Welt auftreten können, sind eingeschlossen in dieses dritte Gebiet und erlangen da ihre Fähigkeiten.

Im vierten Gebiete nimmt der Mensch dasjenige auf, was er unter Benützung der irdischen Kräfte und Fähigkeiten, unter Benützung der Eigenschaften der irdischen Dinge durch seine Intuition, seine Erfindungen und Entdeckungen verwirklicht. Hier sind diejenigen, welche sich als Künstler, als große Erfinder oder sonstwie mit genialen Geistesblitzen, mit umfassender Anschauung der Welt, mit umfassender Weisheit im neuen Leben ihren Mitmenschen dienstbar machen. Je nachdem der Mensch schon in diesem Leben diese oder jene Eigenschaften entwickelt hat, je nachdem dauert die Arbeit des Bewußtseins im Devachan natürlich länger. Es ist ein Zustand der höchsten Seligkeit. Was ihn auf der Erde beschränkt und gehemmt hat, ist von ihm gefallen. Frei entfaltet er jetzt seine Fähigkeiten. Alle Hindernisse sind weggefallen. Diese Möglichkeit, seine Flügel nach allen Seiten hin zu entfalten, um seine erhöhten Kräfte dann wieder hineinfließen zu lassen in die physische Verkörperung und auf diese Weise auf der Erde um so tatkräftiger und energischer wirken zu können; diese Möglichkeit fühlt der Mensch, und das erscheint ihm als ein Zustand der höchsten Seligkeit. Diese Seligkeit haben die Religionen aller Zeiten beschrieben als die himmlische Seligkeit. Daher erscheint auch bei verschiedenen Religionen Devachan als das sogenannte Himmelreich.

Nicht gleich ist die Zeit für alle Menschen, die sie im Devachan verbringen. Der ungebildete Wilde, der noch wenig von dieser Welt erfahren hat, der nur wenig seinen Geist und seinen Sinn angewendet hat, wird nur einen kurzen Aufenthalt im Devachan haben. Devachan ist ja im wesentlichen dafür da, das, was der Mensch im Physischen gelernt hat, auszuarbeiten, frei zu entfalten, es geeignet zu machen zu einem Neuen. Der Mensch, der auf einer höheren Stufe des Daseins steht, der reiche Erfahrungen gesammelt hat, der wird viel zu verarbeiten haben und daher einen langen Aufenthalt im Devachan haben. Erst später, wenn er in diese Zustände hineinschauen kann, werden die Aufenthalte wieder kürzer bis zu dem Punkte, wo das Wesen gleich nach dem Tode wieder zu einer neuen Verkörperung schreiten kann, weil der Mensch das, was in Devachan auszuleben ist, bereits ausgelebt hat.

Es gibt noch höhere Stufen, die über Devachan hinaus liegen, die der Mensch dann beschreiten wird, wenn er eine höhere Entwickelung des Wesens bereits erstiegen hat. Wir müssen uns vorstellen – dies ist auch bildlich gesprochen –, daß jeder Mensch zwischen dem Tode und einer neuen Geburt dasjenige Gebiet des Geisterlandes beschreitet, welches über dem Zusammenhang alles Irdischen hinausliegt, und daß Devachan in weit höhere Gebiete des Daseins hineinragt, von wo der Mensch die göttlichen Kräfte holt, die er als Götterbote in diese Welt hineinbringt. Aus diesem Gebiete stammen die Götterboten. Auch der ungebildete Mensch, wenn er noch so schnell hindurcheilt, weil er wenig darin zu suchen hat, weil er wenig darin entfalten kann, muß zwischen dem Tod und einer neuen Geburt wenigstens kurze Zeit in diesem von allen irdischen Banden freiesten Lande des Devachan zubringen. Da ist alle Erdenschwere von ihm gefallen. Da nimmt er teil an dem Luftzug, der aus der göttlichen Welt zu ihm herüberweht, der ihn durchdringt zwischen dem Tode und einer neuen Geburt. Diejenigen, welche eine höhere Ebene des Daseins erreicht haben, verweilen hier länger. Hier gewinnen sie die Möglichkeit, mit besonderer Weisheit, mit besonderen geistigen Kräften wieder hinunterzusteigen auf die Erde, um als höhergeartete Individualitäten ihren Mitmenschen zu helfen.

Die Führer der Menschheit weilen in diesem Gebiete längere Zeit. Auch die, welche der Welt schon entrückt sind, sind hier anzutreffen, Wesenheiten, die die theosophische Literatur Meister nennt, jene Wesenheiten, die mit ihrer Entwickelung weit hinaus sind über das, was dem Menschen der Gegenwart noch anhaftet. Je länger der Mensch sich des Umgangs dieser Wesenheiten zwischen dem Tode und einer neuen Geburt erfreuen kann, desto reiner, edler und moralischer betritt er wieder den irdischen Schauplatz. Und je mehr er wieder auf dieser Erde dafür gesorgt hat, daß er rein, edel, idealistisch geworden ist, desto länger kann er teilhaftig werden der Luft, die in diesen Partien des Devachan weht.

Das ist der Weg, den die menschliche Wesenheit auf ihrer Pilgerfahrt zwischen dem Tode und einer neuen Geburt durchzumachen hat. Es sind also Bewußtseinszustände, nicht andere Orte. Nicht von einem Ort zum anderen geht der Mensch, wenn er diese Gebiete durchwandert. Viel eher könnte man noch sagen, sie schwinden hinweg, aber nur so, wie etwa hinwegschwindet die äußere physische Welt, wenn Sie die Augen verschließen, die Ohren verstopfen. Aber wie es in diesem Falle dunkel und tonlos um Sie wird, so wird es in jenem Falle licht und klar und hell um Sie herum, und eine neue Welt geht auf.

Was über die Zeit, die der Mensch zu verbringen hat in diesem Devachan, zu sagen ist, ist natürlich nur nach der Erfahrung zu entscheiden. Nur derjenige vermag darüber etwas zu sagen, welcher irgendeine irgendwie geartete Erfahrung auf diesem Gebiete hat, derjenige, welcher sich zurückerinnern kann an seine eigenen früheren Verkörperungen oder der bewußt – als Seher – einen Einblick gewinnen kann in die leuchtende Welt des Geistes.

Es ist sehr verschieden, je nach der Entwickelungsstufe des Menschen, wie lange er in Devachan zubringt. Aber ungefähr kann man die Zeit, die der Mensch in der Himmelswelt zubringt, finden. Man findet sie, wenn man den irdischen Lebenslauf des Menschen, also die Zeit zwischen der Geburt und dem Tode, multipliziert mit einer Zahl, die zwischen zwanzig und vierzig liegt. Die Zeit hängt ab von der Entwickelung, die der Mensch erreicht hat, aber auch von der Länge des physischen Lebens. Wenn ein Kind bald nach der Geburt stirbt, so brauchen Sie nur die Zeit des Lebens mit zwanzig bis vierzig zu multiplizieren, und Sie bekommen die Zeit des Aufenthaltes im Devachan. Wer ein langes Leben hat, hat lange und wichtige Zustände im Devachan durchzumachen und hat auch viel von dem zu empfinden, was man in der Mystik die beseligenden Empfindungen des Devachan nennt. Dieses Leben im Devachan unterscheidet sich ganz wesentlich von alledem, was sich die physischen Augen oder überhaupt die physischen Sinne nur vorstellen können.

Aber so annähernd auch nur die Begriffe, die Worte, mit denen ich dieses Gebiet beschrieben habe, sein konnten, so versuchte ich doch so treu, so genau wie möglich dieses Gebiet zu beschreiben. Diese Gebiete selbst gehören nicht – nicht in ihrer Substanz, nicht in ihrem eigentlichen Wesen – zu der tiefsten Natur des Menschen. Diese tiefste Natur des Menschen, das, was *Giordano Bruno* die Monade nennt, das höchste Geistig-Lebendige im Menschen, das stammt aus noch höheren Welten. Von diesen noch höheren Welten werden wir einiges sprechen in der nächsten Stunde, die von den Grundbegriffen der Theosophie handeln wird. Dann werden wir auch sprechen über die Art und Weise, wie die Fähigkeiten der Menschen sich entwickeln müssen, um einen Blick hineinzutun in diese höheren Welten. Der Mystiker schildert nicht nur das, was er darin sieht, sondern er darf auch schon schildern, wie der Mensch dazu kommen kann, wie er seine Anlagen entwickeln kann, um einen näheren Blick in diese Welten zu tun. Heute, zum Schluß, möchte ich nur noch wenige Bemerkungen machen.

Es ist gang und gäbe, daß diejenigen, welche zuerst etwas hören von dem geschilderten Gebiete des Devachan, sagen, daß dieses Gebiet eine Illusion, etwas Illusorisches sei; weil es erinnert an sein Schattenbild, den Gedanken im physischen Leben, müsse es auch ein weniger wirkliches Dasein haben als unsere physische Welt. Das ist aber nicht der Fall. Für den, der Einblick gewonnen hat in diese höhere Welt, ist es klar geworden, daß darin viel stärkere, viel höhere Wirklichkeiten vorhanden sind als in unserer physischen Realität. Man lernt das physische Dasein erst in seiner wahren Bedeutung kennen, wenn man es im Lichte dieser höheren Welten zu sehen vermag. So wie ein Stück Stahl vor Ihnen liegen kann, ohne daß Sie ahnen, daß es elektrische oder magnetische Kräfte birgt, ebenso kann ein Gegenstand der physischen Welt vor Ihnen sich ausdehnen, ohne daß Sie ahnen, daß er eine viel höhere Wesenheit enthält. Daher beschreiben auch diejenigen, welche etwas gewußt haben von der farbigen und tönenden Welt, sie in den leuchtendsten Farben und schildern auch die Töne, die an ihr geistiges Ohr dringen, in der wunderbarsten Sprache. Die alten Pythagoreer sprachen von der Sphärenmusik. Niemand anders als der, welcher einen Einblick in diese Welt des Devachan hat, weiß, was Sphärenmusik ist. Viele meinen, es sei etwas Bildliches, etwas Symbolisches. Nein, es ist etwas von höchster Wirklichkeit. Aus der geistigen Welt klingen uns die rhythmischen Melodien entgegen, welches die kosmischen Kräfte des Universums sind. Die kosmischen Kräfte sind rhythmisch gestaltet, und jenen Rhythmus hören wir, wenn wir das «devachanische Ohr» zu gebrauchen vermögen, und es tritt jene unaussprechliche Beseligung ein, die der Mystiker wahrzunehmen vermag. Wenn schon alles in dieser Welt abfällt, alles seiner Aufmerksamkeit sich entzieht, was durch die Sinne ertönt, dann schildert er das, was der Eindruck des Devachan ist.

Dieses hat der Mensch zu durchlaufen zwischen dem Tod und einer neuen Geburt. Da ist er ein Keim für die neue Wiedergeburt. Er ist das Senfkorn, das herüberlebt durch die Devachanzeit zu einer neuen Verkörperung. Der deutsche Mystiker *Angelus Silesius,* der so viele schöne eindringliche Worte gesprochen hat in seinem «Cherubinischen Wandersmann», hat in diesem wunderbaren mystischen Buche auch in einem Spruche kurz und klar und inhaltsvoll die Empfindung und das ganze Sein geschildert, wie der Geist hinüberlebt vom Tode zu einer neuen Geburt als ein Keimkörnchen, das sich vorbereitet zu einem neuen Dasein, um dann neue und höhere Kräfte zu entfalten. Das, was jeder Mystiker weiß, daß das spirituelles Licht ausstrahlende Herz zu strahlen vermag, das sagt Angelus Silesius mit den Worten:

Ein Senfkorn ist mein Geist;
durchscheint ihn Seine Sonne,
So wächst er, Gotte gleich, mit freudenreicher Wonne.

FRIEDRICH NIETZSCHE
IM LICHTE DER GEISTESWISSENSCHAFT

Berlin, 1. Dezember 1904

Wer sich die Aufgabe stellt, das Verhältnis des modernen Geisteslebens zur theosophischen Lebensauffassung zu schildern, der darf an einer Erscheinung nicht vorübergehen, und das ist die Erscheinung *Friedrich Nietzsches*. Wie ein großes Rätsel steht Friedrich Nietzsche in der Kulturentwickelung der Gegenwart. Einen tiefen Eindruck hat er ohne Zweifel auf alle unsere denkenden Zeitgenossen gemacht. Für die einen war er eine Art von Führer, für die anderen eine Persönlichkeit, die man auf das intensivste bekämpfen muß. Aufgerüttelt hat er viele, und viele stark wirkende Ergebnisse seiner Arbeit hinterlassen. Eine umfangreiche Literatur ist über Nietzsche erschienen, und man kann heute fast keine Zeitung mehr aufschlagen – vor einigen Jahren war es noch mehr der Fall –, ohne irgendwo auf den Namen Nietzsche zu stoßen oder seine Denkweise direkt mit seinen Sätzen, mit seinen Gedanken angeführt zu finden, oder sonst irgendeinen Anklang an ihn. Tief eingewurzelt hat sich Friedrich Nietzsche in das ganze Gefüge unseres Zeitalters. Er steht, auch schon für einen bloßen Betrachter seines Lebens, wie ein Phänomen da.

Er ist hervorgegangen aus einem protestantischen Pfarrhause. Im Jahre 1844 geboren, zeigt er schon auf dem Gymnasium in freiester und unbefangenster Weise ein großes Interesse für alle religiösen Fragen. Manche Aufzeichnungen, die aus seiner Gymnasialzeit stammen, zeigen nicht nur einen frühreifen Jungen, sondern auch einen Menschen, der mit genialen Geistesblitzen in so manche Gebiete der religiösen Fragen hineinleuchtet. Und als er zur Universität kommt, interessiert ihn nicht nur sein Fachstudium in der Weise, daß er zu den ausgezeichnetsten Studenten gehört, sondern es interessieren ihn auch die allgemeinen Probleme der Menschheitsentwickelung. Er leistet in seiner Jugend schon viel auf dem Gebiete der Philologie, mehr, als andere in einem ganzen Leben leisten können. Ehe er zum Doktor promovierte, erhielt er eine Berufung nach Basel. Sein Lehrer Ritschl wurde gefragt, ob er empfehlen könne, daß Friedrich Nietzsche einen Lehrstuhl in Basel einnehme. Darauf antwortete der berühmte Philologe, er könne Nietzsche nur empfehlen, denn Nietzsche wisse alles, was er selber wisse. Und als er schon Professor war und das Doktorexamen machen wollte, da wurde zu ihm gesagt: Wir können Sie doch eigentlich nicht examinieren! – Nietzsche, der außerordentliche Professor, ist zum Doktor promoviert worden; so steht es auf dem Diplom! Wie tief man seinen Geist achtete, dafür ist das ein Zeichen. Dann machte er eine Bekanntschaft, die ausschlaggebend war für sein ganzes Leben. Er machte Bekanntschaft mit der Schopenhauerschen Philosophie, in die er sich so hineinlebte, daß er weniger die Philosophie als die Persönlichkeit *Schopenhauers* zum Führer und Leiter machte, so daß er in Schopenhauer seinen Erzieher sah.

Eine zweite wichtige Bekanntschaft war die mit *Richard Wagner.* Aus diesen beiden Begegnungen entwickelte sich die erste Epoche in Friedrich Nietzsches Geistesleben. In einer ganz persönlichen Weise geschah das. Als Nietzsche junger Professor in Basel war, da fuhr er, so oft er konnte – zeitweise jeden Sonntag –, nach Triebschen bei Luzern. Damals beschäftigte sich Richard Wagner mit Siegfried. Da wurden im Geiste der Schopenhauerschen Philosophie die meisten Werke Wagners und die tiefsten Probleme des Geisteslebens mit dem jugendlichen Nietzsche besprochen. Da sagte Wagner oft, daß er keinen besseren Ausleger finden könnte als Friedrich Nietzsche. Wenn wir die Schrift «Die Geburt der Tragödie aus dem Geiste der Musik» betrachten, so werden wir finden, daß durch sie Richard Wagners Kunst in ein solches Licht gerückt ist, daß sie unmittelbar als eine kulturhistorische Tat erscheint, die über die Jahrhunderte, ja Jahrtausende hinleuchtet. Selten hat ein solch inniges Verhältnis bestanden wie zwischen dem jüngeren Schüler und dem älteren Meister, der seine Ideen, die in reicher Fülle in seinem Inneren sprudelten, in geistvollster Weise sozusagen neu kennenlernte, indem sie ihm in einer befreundeten Gestalt in ihrem ganzen Wirken wie von außen entgegenkamen, so daß er sie dadurch in das richtige Licht zu stellen vermochte. Es war ein Phänomen noch nie dagewesener Art. Glücklich war Wagner, der sagen konnte, er habe einen Verstehenden gefunden, wie wenige in der Welt; nicht minder glücklich war Nietzsche, der zurückblickte in die Urzeit des alten Griechentums, von der er glaubte, daß die Menschen damals noch göttlich geschaffen haben, anders als in der Zeit, die er die dekadente nennt. In Richard Wagner sah er eine Wiederauferstehung seltenster Art, einen Menschen, der einen so reinen, geistigen Inhalt in sich hatte, wie er selten im menschlichen Leben vorkommt.

Erst vom Jahre 1889 an ist viel über Nietzsche geschrieben worden. Die, welche seine Worte nachsprechen, beschäftigen sich erst nach diesem Zeitpunkt mit seinen Werken. Die aber, welche sich schon um das Jahr 1889 mit Nietzsche beschäftigten, wußten, daß er damals in der Wagnerzeit, also bis etwa 1876, wie ein Komet geschienen, aufgeleuchtet hatte neben Richard Wagner, daß er dann aber nahezu vergessen wurde. Nur in kleinsten Kreisen war noch die Rede von ihm. Er schrieb dann sein Werk «Also sprach Zarathustra» (1883), durch das er wieder bekannter wurde. Dann ist eine Schrift von ihm erschienen, durch die er alles zu zertrümmern schien, was er früher als sein eigen betrachtet hat. Das war der «Fall Wagner», (1888). Dadurch ist er wieder bekannt geworden. Diejenigen, welche sich mit Nietzsche beschäftigten, traten in zwei Lager auseinander. *Georg Brandes* hat auf der Universität Kopenhagen Vorlesungen über Nietzsche gehalten. Nietzsche war also nicht nur in sehr jugendlichen Jahren zum Universitätsprofessor geworden, eine Stelle, die er allerdings aus Gesundheitsgründen bald wieder aufgeben mußte, sondern er wurde auch der Ehre gewürdigt, Gegenstand von Universitätsvorlesungen zu sein. Diese Nachricht brachte wohl Trost in seine verdüsterte Seele, konnte sie aber vor der drohenden Umnachtung nicht mehr retten. Dann aber kam die Nachricht, daß Nietzsche unheilbar dem Wahnsinn verfallen sei. So etwa war das Gerippe seines äußeren Lebens.

Wie ich schon erwähnt habe, war sein erstes Werk «Die Geburt der Tragödie aus dem Geiste der Musik». Das war herausgeboren aus einer seltenen Vertiefung in Schopenhauers Philosophie und aus der Vertiefung in die Kunst, wie sie ihm im Werk von Richard Wagner entgegentrat. Wer verstehen will, was diese Schrift als Morgenröte Nietzsches bedeutet, und auch verstehen will seinen Lebensweg, der muß sie herauserklären aus einer dreifachen Betrachtung. Erstens muß er sie herauserklären aus seiner Zeit, mit der Nietzsche intim gelebt hat. Ich selbst habe versucht, Nietzsche in dieser Weise objektiv darzustellen. Man kann ihn zweitens darstellen als ein Wesen, das man hervorgehen läßt aus seiner Persönlichkeit. Da ist er eines der interessantesten psychologischen, ja psychiatrischen Probleme. Auch das habe ich darzustellen versucht in einer medizinischen Zeitschrift in einem Artikel über Friedrich Nietzsche. Drittens kann man ihn darstellen vom Standpunkte der Weltanschauung des Geistes. Von diesem dritten Standpunkte aus zeigt sich sein Verhältnis zur Theosophie. Dieses wollen wir heute betrachten.

Schon seine erste Schrift «Die Geburt der Tragödie aus dem Geiste der Musik» ergibt wichtige Anhaltspunkte vom theosophischen Gesichtspunkt aus, vom Standpunkt einer geistigen Weltbetrachtung. Unser Zeitalter ist das Zeitalter der fünften Wurzelrasse der Menschheit, der zwei andere vorangegangen sind, welche ganz andere Kräfte auszubilden hatten als unsere Wurzelrasse. Unsere fünfte Wurzelrasse hat vorzugsweise das menschliche Verstandes- und Gedankenleben zu entwickeln. Die vorhergehende Wurzelrasse ist die atlantische, die auf dem Kontinent gelebt hat, der jetzt auf dem Grunde des Atlantischen Ozeans ist. Diese Menschen hatten noch nicht den Verstand, noch nicht die Intellektualität, sondern vorzugsweise Gedächtnis auszubilden. Und eine dieser vorangehende Wurzelrasse war die lemurische. Diese stand noch auf dem Standpunkte des Vorstellungslebens.

Das intellektuelle Leben ist dasjenige, was unsere Wurzelrasse auszubilden hat. Seit einer Reihe von Jahrhunderten ist namentlich die europäische Menschheit daran, die intellektuelle Kraft, diese Verstandeskraft, auszubilden. Unsere großen Philosophen, bis zu Kant und Schopenhauer herauf, sind es, die ganz und gar in dieser Entwickelungsbewegung unserer Wurzelrasse darinstehen. Für sie wurde das große Problem die Frage: Was bedeutet der menschliche Gedanke, wie kann der Mensch etwas erkennen? Für sie wurden diese Fragen die großen Rätselfragen des Daseins. Nun aber tritt für unsere Wurzelrasse etwas ganz Eigentümliches ein. Der Gedanke, den die Philosophen zur höchsten Entfaltung gebracht haben, wurde für unsere Zeit sozusagen losgelöst von seinem Mutterboden. In der reinsten und herrlichsten Weise hat unsere Zeit den Gedanken in der Wissenschaft in bezug auf das äußere technische Leben ausgebildet. Aber diese Gedanken oder eigentlich diese Vorstellungen haben uns aus der Natur herausgerissen. Der menschliche Gedanke ist nur ein Bild eines viel Höheren, das wir in den vorhergehenden Vorträgen besprochen haben; er ist ein Schatten, ein Bild der geistigen Welt. Geistige Wesenheit ist der Gedanke. Groß und gewaltig hat die neuere Zeit das Gedankenleben entwickelt; aber vergessen hat sie, daß dieser Gedanke nichts anderes ist als das Schattenbild des geistigen Lebens. Dieses Leben sendet sozusagen die geistigen Kräfte in uns hinein, und uns kommt dann die Vorstellung. Der Ursprung des Gedankens, der Vorstellung, war deshalb eine Rätselfrage, besonders für die Philosophie des 19. Jahrhunderts. Für sie wurde der Gedanke, die Vorstellung selbst zum Schein. Man hat vergessen, daß der Gedanke im Geiste urständet, wie *Jakob Böhme* sagt. Als man in der neueren Zeit versucht hatte, dennoch die Urquellen des Daseins zu suchen, hinzudringen nach jenem Urquell, den man verloren hatte und von dem man nicht mehr wußte, daß er in dem Geist urständet, konnte man ihn nur im Sinne der Schopenhauerschen Philosophie in dem unvernünftigen blinden Willen finden; der Gedanke hingegen sei nichts anderes als ein Scheinbild, das unsere Vorstellungswelt uns bietet. So wurde die Welt Vorstellung auf der einen, Wille auf der anderen Seite. Aber beide urständen nicht mehr im Geiste, nur noch im bloßen Schein. Wie konnte es anders sein, als daß diese in materialistischen Bahnen laufende Philosophie wenigstens den einen Träger des Geistes aufsuchte in einem für jeden unbefangenen Betrachter unmittelbar in der Welt zu finden-den Element, wo der Geist als solcher nur in der Form eines blinden Willens, eines Austriebes der Natur vorhanden ist? Das ist eben die Persönlichkeit. Man hatte zwar vergessen, daß in der Persönlichkeit etwas Geistiges ist; aber die Persönlichkeit als solche konnte man nicht wegleugnen. In der Schopenhauerschen Philosophie wurde wenigstens das eine, die geistige menschliche Persönlichkeit, als das Höchste anerkannt; die Persönlichkeit, welche durch ihre Genialität oder durch ihre Frömmigkeit oder Heiligkeit hervorragt und gleichsam eine Entwickelungsstufe innerhalb der übrigen Menschheit darstellt. So wurde Schopenhauer hart und stellte die Durchschnittsmenschen als Fabrikware der Natur dar; aus dem dunklen Triebe der Natur heraus aber kristallisieren sich einzelne große Persönlichkeiten heraus. Diese Anschauung wirkte auf Nietzsche.

Aber noch etwas anderes wirkte auf ihn. Durch Gedanken und Vorstellungen können wir niemals etwas erfahren über das, was im unvernünftigen Willen flutet. In der Musik findet Schopenhauer das wahre Wesen und Weben des Chaos der Urtriebe. So war es für Schopenhauer nicht möglich, durch diese Scheinwelt der Vorstellung hineinzudringen in das Wesen, das sich im Willen ausspricht, sondern das Wesen der Musik wurde für ihn eine Lösung des Welträtsels. Jeder, der in den Fragen der Mystik bekannt ist, weiß, wie jemand zur der Anschauung kommen kann, daß die Musik eine Lösung des Welträtsels biete. Musik gibt es ja nicht nur auf demjenigen Plan, den wir den physischen oder die sinnliche Welt nennen, sondern auch in den höheren Welten. Wenn wir heraufdringen durch die Seelenwelt in die höheren geistigen Welten, so erklingt uns etwas von einer höheren Musik. Nicht die, welche wir auf dem physischen Plan wahrnehmen; denn nicht wie eine Allegorie ist das aufzufassen, sondern als Wirklichkeit: Die Bewegung der Sterne im Weltenraum, das Wachsen jeder Blume, das Fühlen der Menschen und Tiere erscheint wie ein klingendes Wort! Der Okkultist sagt daher: Der Mensch erfährt erst die Weltgeheimnisse, wenn das mystische Wort, das in den Dingen vorhanden ist, zu ihm spricht. Das was Schopenhauer gefunden hat, ist ein Ausdruck für eine höhere Tatsache, etwas, was eine viel höhere Bedeutung hat, als was er darunter verstanden hat; denn bei ihm klingt es doch nur in das physische Ohr hinein. Manas nennen wir das Prinzip, das die Zeit überdauert und in das Ewige hineinreicht. Dieses Manas findet seinen physischen Ausdruck in den Tönen der Musik, die von der Außenwelt an uns herandringen. Schopenhauer hat etwas durchaus Richtiges ausgesprochen, und diesen Gedanken hat Nietzsche aufgenommen. Er empfand es mit dem ganzen Reichtum seines Geistes, daß derjenige, welcher mit der bloßen Sprache über die Weltgeheimnisse sich ausdrücken will, dies nicht in derselben Weise kann, wie der Meister der Töne sich aussprechen kann über die Weltgeheimnisse. Und so sieht Friedrich Nietzsche ebenso wie Schopenhauer in dem musikalischen Ausdruck den Ausdruck der höheren Weltgeheimnisse. So war für sie auch der Weg gewiesen in die Urzeiten der alten Griechen, wo Kunst, Religion und Wissenschaft noch ein Ganzes waren, wo in den Mysterientempeln die Mysterienpriester, die Wissenschafter und Künstler waren, in gewaltigen Bildern vor die Seele das Schicksal des Menschen und der ganzen Welt hinstellten. Wenn wir hineinsehen in den Tempel, so finden wir dargestellt das Schicksal des Gottes Dionysos. Dieses war die Lösung des Weltenrätsels. Dionysos war aber herabgestiegen in die Materie und war zerstückelt worden, und der menschliche Geist ist dazu berufen, den in der Materie Begrabenen zu erlösen und hinaufzuführen in die neue Glorie. Indem der Mensch seine göttliche Natur in sich sucht, erweckt er den Gott in sich selbst, und diese

Erweckung ist die Erweckung des Gottes, der in der niederen Natur eine Art von Grab gefunden hat. Dieses große Weltenschicksal wurde den Mysten nicht nur sinnlich, sondern auch in einer großartigen Weise geistig dargestellt. Das war das Urdrama des alten Griechenland. In ferne Zeiten reichen wir da zurück, und aus diesem Kern heraus stammt dasjenige, was das spätere griechische Drama wurde. Das Drama des *Äschylos,* des *Sophokles,* das war bloß Kunst; es war aber hervorgegangen aus der Tempelkunst. Abgezweigt hatten sich von der Tempelkunst Kunst, Wissenschaft und Religion. Wer zurückblickt in diese Urzeiten, der sieht auf dem Grunde etwas Tieferes, aus dem die menschliche Lebensauffassung und Lebensgestaltung hervorgegangen ist. Der lebendige Gott Dionysos war die große Gestalt der griechischen Mysterien. Das hat Nietzsche innerhalb des Wagnerkreises nicht erkannt, aber geahnt.

Eine große dunkle Ahnung war es, und daraus ergab sich seine Auffassung vom Wesen der Griechen vor Sokrates. Damals war der Mensch nicht einseitig, sondern aus dem vollen schöpfte der dionysische Mensch. Und weil alles unvollkommen ist, erschuf sich der Grieche die erlösende Religion und Weisheit und später auch die erlösende Kunst. So erschien für Nietzsche dasjenige, was später als Kunst aufgetreten war, nur wie ein Abbild der uralten Kunst, die er die dionysische nennt. Diese ergriff noch den ganzen Menschen, nicht nur einseitig die Phantasie, sondern alle geistigen Kräfte. Später war die Kunst nur ein Abbild.

So treten uns die beiden Begriffe dionysisch und apollinisch in seinen Werken entgegen. Durch sie ahnt er den Ursprung alles künstlerischen Lebens und der Sprache, durch die sich die alten Griechen ausgedrückt haben. Das war eine Sprache, die zugleich Musik war. In der Mitte wurde das Drama aufgeführt, darum herum war der Chor,

welcher das Leben und Sterben in gewaltigen Klängen dar-
stellte.

Noch tiefer haben dann andere, die mit dem Wagnerkreis
auch intim vertraut waren, dieses Schicksal dargestellt. Vor
allem aus dem Geiste der eleusinischen Mysterien finden Sie
es dargestellt in dem Buche: «Die Heiligtümer des Orients»
von *Schuré*. Was Nietzsche bloß ahnte, das hat Edouard
Schuré nicht bloß aus der Phantasie heraus, sondern aus
Spiritualität dargestellt. Es ist das, was Nietzsche wollte,
aber nicht erreichte. Auf dieser Grundlage wurde für ihn die
ganze materialistische Denkweise unserer Zeit zu einer großen Rätselfrage: Wie kam der Mensch aus dieser Zeit, in der
er sich selbst als Welträtsel aussprach, zu der trockenen
materialistischen Zeit? Für andere mochte das ein trockenes
Vernunfträtsel sein; für Nietzsche aber wurde es ein Her-
zensproblem, was andere mit Vernunft, Geist und Phantasie
behandeln und lösen wollen. Nietzsche war mit der Zeit
verschmolzen wie Eltern mit den Kindern verschmolzen
sind. Er konnte sich aber nicht freuen über die Zeit, sondern
nur leiden. Das konnte Nietzsche: leiden; nicht aber sich
freuen. Darin liegt die Lösung des Nietzsche-Problems.

In Wagner sah er den Erneuerer der alten griechischen
Kunst, die in Tönen die höchsten Geheimnisse ausspricht.
Hinaufsteigen sollte der alte Mensch zum Übermenschen,
zum göttlichen Menschen. Da brauchte man den Menschen,
der hinausreichte über das Durchschnittsmaß der Menschen.
Und Schopenhauer kam da gerade recht. Nach Schopenhauer war ja der Mensch im Durchschnitt Fabrikware. Zum
geistig-seelischen Menschen, der nicht auf der Erde ist,
sondern über der Erde schwebt, wurde der Mensch, und als
Mittel, das dazu hinleitet, über den Menschen hinauszukom-
men, wurde die dramatische Musik benutzt. Niemand hat so
verehrungsvoll über Richard Wagner geschrieben wie Fried-

rich Nietzsche in seinem Aufsatz: «Wagner in Bayreuth» im Jahre 1876. Das Alltägliche war aber für ihn etwas tief Verabscheuungswürdiges geworden. Deshalb bekämpfte er auch, was *David Friedrich Strauß* in seinem Werk «Der alte und der neue Glaube» ausgesprochen hat.

Es existiert noch eine andere Schrift aus dem Anfange der siebziger Jahre, eine Schrift, ohne deren Kenntnis man Nietzsche gar nicht verstehen kann. Aus dieser Schrift geht hervor, daß Nietzsche dasjenige Problem unserer Zeit, das wir kürzlich das Tolstoi-Problem nannten, ebenso ahnte wie das große Griechenproblem. Er ahnte, daß unserer Zeit, die eben vorübergeht, etwas fehlt. Die äußeren Gestalten sind ja dasjenige, in dem ewig Geburt und Tod waltet. Wir haben gesehen, wie jede Pflanze in ihrer Gestalt zwischen Geburt und Tod lebt, wie ganze Völker zwischen Geburt und Tod dahingehen, wie die herrlichsten Werke der Geburt und dem Tod unterliegen. Aber wir haben auch gesehen, wie eines bleibt, etwas, was Geburt und Tod besiegt, was gestaltet und immer neu gestaltet, was in immer neuer Verkörperung das Alte wiedererstehen läßt. Das, was der Keim einer Pflanze in eine neue Pflanze hinübernimmt und was da wiedererscheint, dieses Leben hat *Leo Tolstoi* dargestellt.

Und wieder, unsere gegenwärtige Menschenrasse ist in Formen verkörpert, die Geburt und Tod haben. Wir eilen einem Zeitpunkt entgegen, der das Leben selbst erkennen wird. Nietzsche hatte erkannt, daß unsere Zeit krankt an der Betrachtung der Gestalten, nicht nur an der Betrachtung der Gestalten in der Naturwissenschaft, sondern auch in der Geschichte. Aus diesem Sinn heraus hat er seine bedeutsame Schrift geschrieben über den Nutzen und Schaden der Historie, über die geschichtliche Krankheit. Die Menschen gehen in die fernsten Urzeiten zurück und wollen die Anfänge der Kultur betrachten, von Volk zu Volk, von

Nation zu Nation, von Staat zu Staat. Und dennoch lebt in allen diesen Geburt und Tod. Indem wir uns mit historischem Wissen vollpfropfen, ertöten wir das Leben, das wir in uns haben. Das, was in ewiger Gegenwart in uns lebt, ertöten wir. Je mehr wir uns mit dem Gedächtnisstoff der Geschichte anfüllen, ertöten wir in uns den Willen zum Leben. Blicken wir zurück und ermessen wir, was das bedeutet, dann sehen wir, daß wir nur etwas finden können, indem wir unmittelbar das menschliche Leben, indem wir uns selbst betrachten. Dadurch kommen wir einer neuen Zukunft näher.

Nietzsche weist auf diese neue Kulturepoche hin, die wir als die der Form und Gestalt ansehen müssen. Das ist es, was in Nietzsche webt und lebt. Er glaubte an die Kunst Richard Wagners, glaubte in ihr eine Erneuerung des Lebens, eine neue Renaissance zu erblicken. Wagner war viel realistischer als Nietzsche. Er stand ganz in seiner Zeit; er sagte sich, der Künstler kann nicht den dritten Schritt vor dem ersten machen. Und als Nietzsche im Jahre 1876 nach Bayreuth kam, da sah er etwas Merkwürdiges. Er sah, daß das Ideal, das er sich von Wagner gemacht hatte, zu groß war, daß es größer war als das, was Wagner erfüllen konnte. Wie Nietzsche eine dunkle Ahnung hatte von dem Hervorgang der griechischen Tragödie aus der Mysterienzeit und unserer ganzen Zeit aus der Urzeit, so hatte er auch eine Ahnung davon, daß eine künftige Kultur, die nicht bloß auf dem Verstand sich aufbaut, aus den heute noch in dem Menschen schlummernden Geisteskräften hervorgehen muß. Das ahnte er, und das verwechselte er mit dem, was schon da war. Er glaubte, daß das große Rätsel der Zukunft schon in der Gegenwart gelöst sei. Was er gegen Sokrates einzuwenden hatte, ist, daß durch seinen Einfluß unsere Kultur einseitig geworden war, daß sie sich einerseits in eine Verstandeskultur und anderseits in eine gemüthafte Bewegung gespalten hatte. Deshalb verspottet er auch Sokrates und bekämpft die sokratische Kultur, die Verstandeskultur.

Als die Kunstwerke Wagners sich ihm in Bayreuth entgegenstellten, da wurde er untreu, eigentlich nicht untreu, denn er hatte Wagner nie richtig gesehen, er hatte in Wagner hineingesehen, was er als Zukunftsideal sich erträumt hat; da sagte sich Nietzsche: Ich habe etwas falsch gesehen. – Nietzsche als Mann wurde so dem jungen Nietzsche untreu, und die harten Worte sind nicht so sehr gegen Wagner gerichtet als gegen das, was er in seiner Jugend als Wagner-Verehrer selbst gewesen war. Man kann eigentlich nicht eines anderen Gegner sein, man kann nur sein eigener Gegner sein. «Ich fühle alle meine Jugendideale kompromittiert», so fühlte er. Mitten unter den Ruinen einer Weltanschauung stand er. Nach etwas anderem mußte er sich umsehen. Und das wurde dann die «neue Aufklärung». Was er früher abgelehnt hatte, das wollte er jetzt beseelen und beleben. Leben wollte er herausschlagen aus der toten Materie, wie sie die Wissenschaft behandelt. Jetzt wurde er selbst zu einem Studenten der Form, der äußeren Gestalt, die ewig in Geburt und Tod an uns vorübergeht.

Und nun erfasse man die tiefe theosophische Wahrheit, daß dreierlei in der Welt lebt: Die äußere Gestalt, die der Geburt und dem Tode unterliegt, die entsteht und vergeht, von neuem erscheint, in dem Leben von Form zu Form eilt. Dann das Leben, das der Ausdruck der Seele ist. Die Seele durchbricht die Form, um in neuer Form wiedergeboren zu werden. Und ein Drittes erfasse man: Das Bewußtsein in seinen verschiedenen Graden. Jeder Stein, jede Pflanze und in den höheren Graden jeder Mensch hat Bewußtsein. Dreierlei haben wir also in der Welt: Gestalt, Leben und Bewußtsein. Dieses Dreifache ist der Ausdruck von einer

Welt des Leiblichen, von einer Welt des Seelischen und von einer Welt des Geistigen.

Das ist die Weisheit, die allmählich der Welt wieder erschlossen werden wird. Das ist auch die uralte Weisheit der Mysterien, die Nietzsche dunkel ahnend im Herzen hatte, für die er aber keinen klaren Ausdruck gewinnen konnte, an der er litt und die er herbeisehnte als neues Leben, das aus unserer Kultur hervorgehen sollte. Jetzt war er selbst in die Naturwissenschaft verstrickt. Er hatte kein Auge dafür, daß es das Bewußtsein ist, das im Leben lebt und zu höheren und höheren Gestalten aufsteigt. Das ist der Gang der Welt. Das Bewußtsein nimmt dasjenige aus der Form, was wert ist, herausgezogen zu werden, zu höherer Gestaltung. Dadurch haben wir eine Entwickelung der Dinge von Form zu Form, von Lebensstufe zu Lebensstufe, wo das Leben bleibt und die Formen und Gestalten erhöhte Bildung zeigen. Er verstand da nicht mehr das Bewußtsein, das sich entwickelt und in immer höhere und höhere Gestalten hineingeht. Nietzsche sah jetzt nurmehr die Form; er verstand nicht das Bewegende, das in immer erhöhter Form erscheint.

So kam es, daß er einsah das Wiederkommen der Dinge und Wesen, aber nicht einsah, daß sie sich in immer höheren und höheren Formen wiederverkörpern. Daher lehrte er die «Wiederkehr des Gleichen». Er wußte nicht mehr, daß das Bewußtsein auf höheren Stufen wiederkehrt. Das ist der Gedanke, zu dem er beeinflußt worden ist durch die Naturwissenschaft: So wie wir jetzt sind, so wie wir hier dasitzen, waren wir schon unzählige Male da und werden wir wieder da sein. Das muß sich dem Denker aufdrängen, der nicht weiß, daß das Bewußtsein nicht in derselben Gestalt, nicht in derselben Form wiederkehrt, sondern in erhöhter Gestalt, in erhöhter Form. Das war die zweite Stufe der Nietzsche-Entwickelung.

Die dritte Stufe ist diejenige, die damit bezeichnet werden muß, daß dennoch im Inneren der Seele Nietzsches geistiges Leben war, das er aber in einer solchen Weltanschauung der bloßen Form nicht herausholen konnte. Er wußte zwar nicht, daß sich ihm die höheren Gebiete des Daseins verschlossen hatten, wohl aber lebte in ihm der mächtige Drang nach diesen höheren Gebieten des Daseins. Der Mensch hat sich an der Gestalt heraufentwickelt, von dem Tier bis zu dem Menschen. Diese Entwickelung kann aber nicht abgeschlossen sein. Wie der Wurm zum Menschen sich entwickelt hat, so muß der Mensch sich weiter entwickeln. Dadurch entstand für ihn die Idee des Übermenschen. Dieser Übermensch ist dasjenige, was der Mensch in der Zukunft sein wird. Vergleichen Sie ihn mit der entsprechenden mystischen Idee, dann werden Sie finden, daß sie hart aneinandergrenzen. Der Drang in der menschlichen Natur, der sich auch ausdrückt in uns, ist der Drang nach Vergeistigung, so daß man schon jetzt auf dem Grunde der Seele den Gottmenschen finden kann, der herunterragt aus der zukünftigen Welt und der Nietzsche erscheint als großes geistiges Ideal, dem er zustrebt.

Betrachtet man nicht bloß Form und Gestalt, sondern auch Leben und Bewußtsein, Seele und Geist, dann erscheint dieser Übermensch in seiner wahren Gestalt, dann erscheint er als der ganze Mensch, der den höheren Sphären des Daseins zueilen wird. Für Nietzsche war dieser Gedanke im Keime vorhanden, aber er konnte sich nur mit Worten des Naturforschers ausdrücken. Wie der Mensch sich aus tausend und aber tausend Gestalten entwickelt hat, so muß er sich auch in höhere Gestalten zum Übermenschen entwikkeln. Als Nietzsche «Die Geburt der Tragödie» schrieb, stand er vor der Pforte der griechischen Mysterien, er stand vor der Pforte des Dionysostempels, aber er konnte die

Eingangspforte nicht aufschließen. Dann rang er weiter und schrieb «Also sprach Zarathustra»: noch einmal stand er vor der Pforte des Tempels – und konnte ihn nicht aufschließen. Das ist die Tragik seines Lebens, seines Schicksals. Steht man also als einzelner Mensch, als Ich mit-leidend, mit-fühlend mit seiner Zeit, dem Seelisch-Geistigen gegenüber, dann geschieht mit diesem Ich etwas ganz Besonderes. Jeder, der bekannt ist mit den Erscheinungen der astralischen Welt, der weiß, was sich für dieses Ich des Menschen einstellen muß, wenn es in dieser Weise geistvoll steht vor lauter Rätseln und Toren, die sich ihm nicht aufschließen: Vor jeder Frage steht in der seelisch-geistigen Welt etwas, das wie der Schatten dieser Frage ist, der als ein Verfolger der Seele erscheint. Das wird dem materialistisch Denkenden zunächst etwas eigentümlich erscheinen. Aber der, welcher vor dem Christentum stand und nicht wußte, wie es sich weiterentwickeln wird, derjenige, der vor unserer Philosophie, vor dem Materialismus unserer Zeit stand und einen neuen Dionysos begehrte und ihn nicht aus sich herausgebären konnte, der stand da wie vor Schatten der Vergangenheit. So stand für Nietzsche, allerdings innerhalb dessen, was wir die astrale Welt nennen, neben der Gestalt des Christus der Antichrist, neben der Gestalt des Moralisten der Unmoralist. Bei dem, was er als Philosophie unserer Zeit kannte, stand daneben die Negation. Das war es, was ihn quälte wie ein Verfolger seines Ich.

Lesen Sie die letzten Schriften Nietzsches, seinen «Willen zur Macht», und seinen «Antichrist», wo er darstellt das Gespenst, die Kritik des Christentums, die Kritik der Philosophie in seinem Nihilismus. Aus diesen Dingen kommt er nicht heraus; die Moral unserer Zeit hemmt ihn, die aus Gut und Böse nicht heraus kann, die Karma nicht erkennen will, obgleich sie darnach strebt. Endlich erschien ihm das ewig

Wechselnde der Gestalt wie die Wiederkunft der ewig gleichen Gestalt. Das vierte Werk ist nicht zu Ende gekommen. Er wollte es nennen «Dionysos oder die Philosophie der ewigen Wiederkunft». So blieb nur der Drang des alleinstehenden Ich nach dem Übermenschen.

Nietzsche hätte hineinschauen müssen in das menschliche Selbst und hätte den göttlichen Menschen erkennen müssen, dann wäre ihm aufgeleuchtet dasjenige, wonach er begehrte. So aber erschien es ihm unerreichbar. Es war nur der gewaltsame Drang seines Inneren nach dem Ergreifen dieses Inhalts. Das nannte er seinen Willen zur Macht, sein Streben zum Übermenschen. Mit der ganzen Intensität seines Wesens fand er einen lyrischen Ausdruck, der seelenerhebend, seelenerheiternd und ebenso seelenverzehrend, manchmal auch paradox ist, in «Also sprach Zarathustra». Das ist der Schrei des gegenwärtigen Menschen nach dem Gottmenschen, nach der Weisheit, der es aber nur bringt zum Willen zu der Weisheit, zum Willen zur Macht. Lyrisch Großartiges kann aus diesem Drang hervorgehen. Etwas aber, was den Menschen in dem tiefsten Inneren ergreifen und hinaufführen kann in diese Höhen, das kann aus diesem Drang nicht hervorgehen. So ist die Gestalt Nietzsches die letzte große Einfühlung in den Materialismus, der Mensch, der tragisch gelitten, tragisch zugrunde gegangen ist an dem Materialismus des 19. Jahrhunderts, und der hindeutet mit aller Sehnsucht auf die neue mystische Zeit. Meister *Eckhart* sagt, Gott ist gestorben, daß auch ich der Welt und allen geschaffenen Dingen absterbe und Gott werde. Das sagt auch Nietzsche in einem Prosaspruch: «Wenn es einen Gott gäbe, wer könnte es aushalten, kein Gott zu sein?» Also sagt Nietzsche, gibt es keinen Gott! Er hat den Goethespruch nicht erfaßt:

Wär' nicht das Auge sonnenhaft,
Die Sonne könnt' es nie erblicken;
Läg' nicht in uns des Gottes eigne Kraft,
Wie könnt' uns Göttliches entzücken?

Das, was in unserer Zeit sich so aufhellte und was er als Leid empfand, das mußte sich verzehren. Ich will nicht sagen, daß seine Krankheit etwas zu tun hat mit dem Geistesleben. Was er herbeigesehnt hat, aber nicht hat erreichen können, das war die theosophische Weltanschauung. Er hat Sehnsucht nach etwas empfunden, was er nicht hat finden können. Das hat er selbst in manchem quälenden Ausdruck seines Lebens empfunden. Deshalb enthalten seine letzten Schriften auch eine Sehnsucht nach dem Leben, das er aus der Form herauszaubern will, und dann wieder einen lyrischen Aufschrei nach dem Gottmenschen in «Also sprach Zarathustra». Dann die Zertrümmerung alles dessen, was ihm die Gegenwart nicht geben kann, die er versuchen wollte in der Schrift «Wille zur Macht» oder in «Die ewige Wiederkunft», die nur Fragmente geblieben sind und jetzt aus dem Nachlaß herausgegeben wurden. Das alles lebte in der letzten Zeit in dieser tragischen Persönlichkeit Nietzsches, und zeigt, wie man leiden kann in unserer Zeit, wenn man sich nicht zu einer spirituellen Anschauung erhebt. Das hat er selbst in einem Gedichte zum Ausdruck gebracht: «Ecce Homo», in dem er uns sein Lebensrätsel selbst vorführt:

Ja, ich weiß, woher ich stamme!
Ungesättigt, gleich der Flamme
Glühe und verzehr' ich mich.
Licht wird alles, was ich fasse,
Kohle alles, was ich lasse:
Flamme bin ich sicherlich!

VOM INNEREN LEBEN

Berlin, 15. Dezember 1904

In den Vorträgen über die Grundbegriffe der Theosophie habe ich mir gestattet, Ihnen ein Bild zu entwerfen von dem Wesen des Menschen und den sogenannten drei Welten: der eigentlichen physischen Welt, der Seelenwelt und der geistigen Welt. Nun wird es meine Aufgabe nach Neujahr sein, Ihnen die wichtigsten theosophischen Erkenntnisse zu entwickeln über die Entstehung des Menschen, über die Entstehung der Erde und der Himmelskörper überhaupt. Damit wird sich uns der große Ausblick eröffnen für das Weltbild, welches die Theosophie uns entwerfen kann.

Heute aber möchte ich in einigen Andeutungen darauf hinweisen, wie des Menschen innere Entwickelung vor sich gehen muß, wenn er selbst zu einer Überzeugung kommen will über die Dinge, welche durch die theosophische Weltanschauung verkündigt werden. Dabei bitte ich Sie allerdings das eine zu berücksichtigen, daß ein großer Unterschied gemacht werden muß zwischen derjenigen Ausbildung der menschlichen Seele und des menschlichen Geistes, welche dazu führt, ein eigenes Verständnis zu haben für dasjenige, was der Theosoph als seine Wahrheit, seine Erkenntnis, seine Erfahrung verkündigt, und einer zweiten Stufe. Eine höhere Stufe ist erst diejenige, welche befähigt, selbst zu solchen Erkenntnissen und Erfahrungen zu kommen. Ich möchte sagen, man muß unterscheiden zwischen einer elementaren Stufe der Ausbildung, die dazu führt, daß man fähig wird, zu dem, was der erfahrene Mystiker sagt, «ja» zu sagen, zu sagen: ich verstehe, ich kann das in mir nachdenken, nachfühlen und selbst als eine Wahrheit in gewissen Grenzen anerkennen – und einer höheren Stufe, durch die man befähigt wird, selbst Erfahrungen im Seelen- oder Geisterlande zu machen. Die erste Stufe soll uns heute beschäftigen. Die zweite Stufe betrifft das eigentliche Hellse- hen, und soweit überhaupt öffentlich über dieses eigentliche Hellsehen Andeutungen gemacht werden können, wird es uns in einem späteren Vortrag beschäftigen.

Also, wie man zu einer Art eigenem Verständnis der theosophischen Wahrheiten kommt, das ist die Frage, die uns heute beschäftigt. Glauben Sie nicht, daß ich mehr geben kann als ganz wenige Andeutungen; denn diejenige Ausbil- dung, welche die menschliche Seele und der menschliche Geist erfahren muß, um einigermaßen zu genanntem Ver- ständnis zu kommen, diese Ausbildung ist eine umfassende. Sie erfordert eine lange, lange Zeit eines inneren Studiums, und alle Einzelheiten, die dazu notwendig sind, können natürlich nicht einmal berührt werden im Verlaufe eines kurzen Vortrages. Was ich Ihnen zu sagen imstande bin, das verhält sich zu dem, was der persönliche Unterricht auf diesem Gebiete gibt, wie die Beschreibung eines Mikroskops oder eines Fernrohrs zu der Anleitung zur Handhabung des Instrumentes, die Sie im Laboratorium, auf der Sternwarte selbst erhalten können.

Vorerst ist zu bemerken, daß für die meisten Menschen ein wirklicher Unterricht auf diesem Gebiete nur zu erlan- gen ist durch einen persönlichen Lehrer. Es mag manchem erscheinen, als ob der Mensch durch eigenes Probieren dahin gelangen könnte, innere Fähigkeiten, seelische Kräfte, gei- stige Anschauung bei sich auszubilden, und es könnte viel- leicht betrüblich erscheinen, daß auf diesem wichtigen Gebiete des Lebens eine persönliche Anleitung nötig sein sollte. Allein die Art und Weise, wie eine solche Anleitung ist, gibt eine genügende Garantie dafür, daß der Mensch keineswegs in eine irgendwie geartete Abhängigkeit von einem anderen gelangen kann. Es gibt keine höhere Schätzung und Ehrung dessen, was man Menschenwürde und Selbstschätzung genannt hat, als diejenige, welche der Geheimlehrer hat. Derjenige, welcher in mystischer und theosophischer Entwickelung unterrichtet, wird nichts anderes geben als Ratschläge, und die höchsten Lehrer auf diesen Gebieten gaben nichts anderes als Ratschläge und Anweisungen, und es hängt ganz von des Menschen eigenem Ermessen ab, inwiefern man sie befolgen will oder nicht. Es hängt vom Menschen selbst ab, welche Aufgabe er seiner eigenen Seele und seinem Geiste setzt; so stark ist die Schätzung der menschlichen Freiheit, daß von seiten der Lehrer nichts anderes gegeben wird als Ratschläge und Anweisungen. Unter diesem Vorbehalt muß alles aufgefaßt werden, was auf diesem Gebiete nur irgendwie gesagt werden kann.

Dann müssen Sie sich auch klar sein darüber, daß die wichtigste Schulung auf diesem Gebiete keine solche ist, welche in besonderen Äußerlichkeiten verläuft, zu welcher ganz besondere äußere Maßnahmen nötig sind, sondern daß diese Schulung eine ganz intime Ausbildung der menschlichen Seele ist, daß alle wichtigen Stufen, welche da durchgegangen werden müssen, im tiefsten Inneren des Menschen sich vollziehen, daß eine Umwandlung mit dem Menschen vor sich geht, und niemand, selbst nicht einmal der intimste Freund, irgend etwas zu bemerken braucht. So im stillen, so in einer Ruhe und Abgeschlossenheit bildet sich der Mystiker, bildet sich derjenige aus, welcher zum Verständnis der Seelen- und Geisteswelt kommen will. Niemand, das muß immer und immer wieder hervorgehoben werden, braucht in irgend etwas seinen täglichen Beruf zu ändern, braucht in irgend etwas seine täglichen Pflichten auch nur im geringsten zu versäumen oder ihnen irgendeine Zeit zu entziehen, wenn er sich einer inneren mystischen Ausbildung widmet. Im Gegenteil, derjenige, welcher glaubt, eine besondere Zeit auf seine mystische Ausbildung verwenden zu sollen, welcher seine Pflichten vernachlässigt, ein schlechter Bürger, ein schlechtes Mitglied der menschlichen Gesellschaft dadurch wird, daß er Einblick zu bekommen versucht in die höheren Welten, der wird sich bald überzeugen, daß auf eine solche Art das wenigste auf diesem Gebiete zu erreichen ist.

Nicht tumultuarisch, sondern still, in vollständig innerer Ruhe geht diese innere Ausbildung vor sich. Und erwähnt sei durchaus von mir heute, daß keine, ich möchte sagen «ganz besonderen» Anweisungen gegeben werden, sondern nur eine Beschreibung eines solchen Weges, dessen Befolgung allerdings eines fordert von dem Menschen, und dieses eine ist zu gleicher Zeit dasjenige, ohne das niemals eigene höhere Erfahrung erreicht werden kann: das ist Geduld. Wer nicht Standhaftigkeit und Geduld hat, wer nicht ausharren kann und immer wieder und wieder in aller Stille die inneren Regeln befolgen kann, um die es sich dabei handelt, der wird in der Regel gar nichts erreichen. Es gibt nur eine einzige Möglichkeit, durch die man etwas erreichen kann, ohne die Befolgung dieser Regeln. Dann aber ist man sehr weit in der Entwickelung des menschlichen Wesens. Das ist dann der Fall, wenn man in früheren Leben bereits auf einer gewissen Stufe des Hellsehertums gestanden hat; dann ist der Weg viel kürzer und ganz anders. Das wird auch derjenige, der die betreffende Anleitung zu geben hat, bald wissen, und er wird nur nötig haben, die entsprechenden Hindernisse aus dem Weg zu räumen, die sich als ein Wall da auftürmen.

Es ist deshalb in der Regel untunlich, ohne persönliche Anleitung eine mystische Entwickelung zu suchen, weil fast für jeden Menschen der richtige Weg für diese Entwickelung ein anderer ist, und weil derjenige, der die Anleitung gibt, nicht im gewöhnlichen Sinne des Wortes, sondern im geistigen Sinne des Wortes seinen Schüler ganz genau kennen muß. Der Geheimlehrer braucht allerdings nichts zu wissen über Beruf, Lebensweise, Familienangehörige oder Erlebnisse des Schülers; er braucht sich nur eine intime Kenntnis seiner Seele und seines Geistes und der jeweiligen Stufe, auf der sie stehen, zu verschaffen. Die Art und Weise, wie der Geheimlehrer sich diese verschafft, kann heute noch nicht mitgeteilt werden; die Mitteilung wird aber folgen in den Vorträgen über das Hellsehen. Außerdem ist die innere Entwickelung mit ganz bestimmten Folgeerscheinungen für jeden Menschen verknüpft. Wer seinen Pfad antritt, muß sich klar darüber sein, daß in seinem Wesen ganz bestimmte Eigenschaften auftreten werden. Diese Eigenschaften sind Symptome der inneren Entwickelung. Sie sind sozusagen ein Zeugnis für diese innere Entwickelung, und sie müssen sorgfältig beobachtet werden. Der Geheimlehrer muß wissen, wie er diese Symptome zu deuten hat. Dann erst wird die Entwickelung in der richtigen Weise vor sich gehen können.

Die Entwickelung des inneren Menschen ist eine Geburt, die Geburt der Seele und des Geistes, und zwar ist sie dies nicht im bildlichen, figürlichen Sinne, sondern im wahrsten Sinne des Wortes als Tatsache. Und eine Geburt ist auch auf diesem Gebiete nicht ohne Folgeerscheinungen, und diese muß man zu behandeln wissen als Geheimlehrer. Das alles mußte ich vorausschicken.

Nunmehr werden Sie ja selbst die Fragen ungefähr stellen können, die als erste gewöhnlich gestellt werden, wenn man hört von den Grundlehren der Theosophie, von der Lehre, daß die menschliche Seele schon oftmals im Körper verleiblicht war, oftmals wiederkehren wird, von der Lehre von der Reinkarnation und der Lehre von der ausgleichenden Gerechtigkeit, von Karma. Sie werden fragen, wie man das verstehen kann, wie man sich selbst ein Verständnis davon verschaffen kann. Das ist die große Frage, die nun an jeden Menschen herantritt. Es gibt nun eine goldene Regel, die man befolgen muß; dann kommt jeder – das ist eine gemeinsame Erfahrung derjenigen, die sich wirklich den betreffenden Übungen unterzogen haben – einmal zu diesem Verständnis. Es gibt keinen Menschen, der sich nicht auf die leichteste Weise von der Welt dieses Verständnis von Reinkarnation und Karma verschaffen kann. Doch möchte man mit *Goethe* sagen: «Zwar ist es leicht, doch ist das Leichte schwer» – denn wenige finden den rechten Willensentschluß, die Standhaftigkeit und die Geduld, um sich ganz bestimmte Vorgänge der Seele und des Geistes zu erarbeiten, die für dieses Verständnis notwendig sind. Diese goldene Regel ist: Lebe so, wie wenn Reinkarnation und Karma Wahrheiten wären; dann werden sie für dich Wahrheiten werden. – Es sieht so aus, als ob das durch eine Art von Selbstsuggestion erreicht werden sollte. Das ist aber nicht der Fall. Sie kennen das mystische Symbol von der Schlange, die sich in den eigenen Schwanz beißt. Dieses Symbol hat verschiedene tiefe Bedeutungen, aber unter den vielen Bedeutungen, die es hat, ist auch diese, die in dieser goldenen Regel sich ausspricht.

Sie sehen, daß sich die Voraussetzung in gewisser Weise in sich selber verschlingt, wie das die sich in sich ringelnde Schlange tut. Wie kann man das? Wenn Reinkarnation eine Wahrheit ist, dann darf es nicht vergeblich sein, daß gewisse Anstrengungen, die gemacht werden von dem Menschen, eine Wirkung auf seine Seele haben, und diese Wirkungen müssen später Natur werden. Eines der großen Gesetze, die der Mensch aufstellt und intim bei sich selber erproben muß, ist das, was ausgesprochen ist in einer indischen Schrift mit den Worten: Was du heute denkst, das wirst du morgen. – Derjenige, welcher an Reinkarnation glaubt, muß sich klar darüber sein, daß eine Eigenschaft, die er bei sich ausbildet, ein Gedanke, den er sich dadurch einprägt, daß er ihn immer und immer wieder hegt, zu etwas Bleibendem in seiner Seele wird und in dieser Seele immer wieder und wieder erscheinen muß. Daher handelt es sich vor allen Dingen darum, daß der eine mystische Entwickelung Suchende bei sich selbst den Versuch macht, Neigungen, die er vorher gehabt hat, sich abzugewöhnen, sich neue Neigungen anzugewöhnen bloß dadurch, daß er den Gedanken intim hegt und daran anhängt diese Neigung, Tugend oder Eigenschaft, und sie so in sich einverleibt, daß er dadurch imstande ist, durch seinen eigenen Willen seine Seele zu wandeln. Das muß probiert werden genau ebenso, wie ein chemisches Experiment probiert werden muß. Wer niemals versucht hat, seine Seele zu wandeln, wer niemals den ersten Entschluß gefaßt hat, die Eigenschaften der Ausdauer, der Standhaftigkeit, des ruhigen logischen Nachdenkens zu entwickeln und niemals fest dabei geblieben ist – und wenn es ihm in einer Woche nicht gelingt, dann einen Monat, ein Jahr, ein Jahrzehnt darauf verwendet hat –, der kann über diese Wahrheiten nichts bei sich ausmachen.

Das ist der intime Weg, den die Seele gehen muß. Sie muß sich Eigenschaften, Gedanken, Neigungen einverleiben können. Es muß der Mensch imstande sein, im Laufe einer bestimmten Zeit mit ganz neuen Gewohnheiten durch die Macht seines Willens aufzutreten. Der Mensch, der vorher lässig war, muß sich angewöhnt haben, genau und exakt zu sein, nicht durch äußeren Zwang, sondern durch den eigenen Willensentschluß. Wenn das durch kleine Eigenschaften, durch kleine Dinge geschieht, dann ist es ganz besonders wirksam. Je klarer die Dinge sind, die er bei sich ausmacht, desto sicherer wird er zu wahrer Erkenntnis auf diesem Gebiete kommen. Sobald er imstande ist, eine ihm eigene Handbewegung, einen Gesichtsausdruck, eine unbedeutende Gewohnheit zunächst einmal an sich objektiv zu beobachten, wie wenn er sie an einem anderen beobachtete, und dann rein durch die Macht seines Willens anstelle der Gewohnheit, der Neigung und so weiter etwas zu setzen, was er selber will, es also selber sich einverleibt, wer das tut, der ist auf dem Wege, das große Gesetz der Reinkarnation selbst verstehen zu lernen. Genauso wie ein erfahrener Chemiker Anweisungen geben kann über das, was im Laboratorium vorgeht, so kann Ihnen einer auch solche Anweisungen geben, die er versucht hat. Durch kleine Umwandlungen wird das Höchste erreicht.

Nun, in bezug auf Karma, das große Gesetz des gerechten Ausgleiches. Darüber eignen wir uns die Erkenntnis, das Verständnis an, wenn wir so leben, als wenn Karma eine Wahrheit wäre. Wenn Sie getroffen werden von irgendeinem Unfall, von einem Schmerz oder dergleichen, dann versuchen Sie einmal, immer und immer wieder den Gedanken zu hegen: Dieser Schmerz, dieser Unfall steht nicht wie ein Wunder in der Welt da, sondern muß eine Ursache haben. – Sie brauchen nicht über die Ursache nachzuforschen. Erst derjenige, welcher Karma überschauen kann, wird die Ursache eines Glücksfalles, eines Schmerzes und so weiter wirklich sehen können. Aber ein bloßes Gefühl brauchen Sie, müssen Sie haben, um sich ihm hinzugeben und zu fühlen, daß eine solche Handlung, ein solcher Schmerz oder eine solche Freude eine Ursache haben muß, und daß sie Ursache sein muß von zukünftigen Ereignissen. Wer sich durchdringt mit dieser Empfindung und sein Leben und das, was von außen auf ihn hereinstürmt, so betrachtet, als ob Karma eine Wahrheit wäre, der wird sehen, daß es für ihn verständlich wird. Wer sich nicht ärgert, wenn ihm etwas zustößt, sondern imstande ist, dem Ärger Einhalt zu gebieten und sich denkt, daß ebenso wie ein Stein ins Rollen kommt, wenn er gestoßen wird, dasjenige, was ihn geärgert hat, eine notwendige Ursache haben muß und sich ablöst nach einer notwendigen Gesetzmäßigkeit in der Welt, der gelangt zur Erkenntnis von Karma. So sicher, wie Sie, wenn alle Verhältnisse bleiben wie sie sind, und Sie selbst gesund bleiben, morgen früh aufwachen werden, ebenso sicher kommen Sie zum Verständnis von Karma, wenn Sie in diesem Sinne das Leben betrachten.

Das sind die zwei Vorbedingungen für denjenigen, der eine Geistesschulung durchmachen will. Das sind die zwei Vorbedingungen für jeden Geistesschüler, daß er das Leben so betrachtet. Er braucht sich nicht den Gedanken gleich so hinzugeben, als ob sie Wahrheiten wären. Er muß es frei und offen lassen: vielleicht sind sie wahr, vielleicht sind sie es nicht. Weder Zweifel noch Aberglauben soll er haben, denn diese sind die wichtigsten Hindernisse. Wenn jemand geeignet ist, das Leben in diesem Sinne zu beobachten, dann ist er eigentlich erst geeignet, einen mystischen Unterricht zu empfangen. Und noch ein drittes ist nötig.

Kein Geheimlehrer wird sich darauf einlassen, einen Menschen, der von Aberglaube, vom Vorurteil derbster Art beseelt ist, oder dazu neigt, unvernünftig zu urteilen oder jeder Illusion sich hinzugeben, zu unterrichten. Das ist die goldene Regel, daß der Mensch versucht, ehe er die erste Stufe erreichen will, sich freizumachen von jeder Irrlichterei des Gedankens, von jedem Aberglauben und jeder Möglichkeit, die die Illusion für Wirklichkeit nehmen könnte. Vor allen Dingen hat der Geheimschüler ein vernünftiger Mensch zu sein, der sich nur der strengen Folge seiner Gedanken und seiner Beobachtungen hingibt. Wenn Sie in der sinnlichen Wirklichkeit sich einem Vorurteil, einem Aberglauben hingeben, dann wird es in der sinnlichen Wirklichkeit bald korrigiert. Wenn der Mensch aber nicht logisch denkt, sondern phantasiert, dann ist die Korrektur nicht so leicht. Daher ist es notwendig, bevor man in die Seelenwelt und in das Geisterland eintritt, völlig sicher in seinem Gedankenleben zu sein und strenge Kontrolle üben zu können in seinen Gedanken. Wer daher leicht zu Phantastik und Aberglaube und zu Illusionen neigt, der ist ungeeignet, in die Vorschule der Geisteslehre zu treten. Es könnte leicht entgegnet werden: Ich bin frei von Phantastik, Aberglaube und Illusion. – Das wird man sich leicht vortäuschen. Freiheit von Vorurteil, von Phantastik und Illusion, und Freiheit von Aberglaube, das sind Dinge, die durch strenge Selbstzucht erworben werden müssen; das sind Dinge, die nicht so leicht für jeden einzelnen Menschen zu haben sind. Man denke, wie die meisten Menschen irrlichtelieren und nicht imstande sind, durch die eigene Macht ihres Willens ihre Gedanken streng zu regeln.

Nun bedenken wir, wie das Leben ist. Es ist nicht möglich, sich von den äußeren Eindrücken ganz frei zu machen. Daher ist es nötig, kurze Zeit jeden Tag auszusondern. Die kurze Zeit, die notwendig ist, ohne in Kollision mit seinen Pflichten zu kommen, die genügt – wenn es auch nur fünf Minuten sind, ja noch weniger, sie genügen. Aber dann muß der Mensch imstande sein, sich herauszureißen aus alledem, was die Sinneseindrücke ihm geboten haben, was er durch seine Augen, durch seine Ohren, durch seinen Tastsinn aufgenommen hat. Er muß für eine Weile blind und taub werden für seine ganze Umgebung. Alles, was von außen auf uns einströmt, das verbindet uns mit dem Sinnlichen, mit dem Alltag. Das muß für eine Weile schweigen. Eine vollständige innere Ruhe muß eintreten. Und dann, wenn diese innere Ruhe, dieses Abstreifen aller Sinneseindrücke eingetreten ist, dann muß noch etwas kommen: dann muß alle Erinnerung an vorhergegangene Sinneseindrücke schweigen. Bedenken Sie einmal, wie der Mensch durch alles, was ich jetzt genannt habe, immer in Verbindung mit Zeitlichem und Räumlichem ist, in Verbindung mit dem, was entsteht und vergeht. Versuchen Sie einmal, eine kurze Weile das zu prüfen. Nehmen Sie den Gedanken, der vor einer Minute durch Ihren Kopf gegangen ist, und prüfen Sie, ob er nicht an Vergängliches sich anlehnt. Solche Gedanken taugen nichts zur inneren Entwickelung.

Alle Gedanken, die uns verbinden mit dem Endlichen, mit dem Vorübergehenden, müssen schweigen. Wenn diese Ruhe dann in der Seele hergestellt ist, wenn das, was uns umgibt als Zeitalter, Stamm, Volk, Jahrhundert, beseitigt ist, für eine Weile das innere Schweigen eingetreten ist, dann fängt die Seele von selbst zu sprechen an. Nicht gleich; sondern es ist notwendig, daß der Mensch sie erst einmal zum Sprechen bringt, und dazu gibt es Mittel und Anleitungen, welche diese innere Sprache der Seele hervorrufen. Der Mensch muß sich hingeben solchen Gedanken, Vorstellungen und Empfindungen, welche nicht dem Zeitlichen, sondern dem Ewigen entstammen, welche nicht bloß heute, gestern und morgen, nicht bloß vor einem Jahrhundert wahr gewesen sind, sondern immer wahr sein werden. Solche Gedanken finden Sie in den verschiedensten religiösen Büchern aller Völker. Sie finden sie zum Beispiel in der Bhagavad Gita, dem Lied von der menschlichen Vervollkommnung. Auch im Neuen und Alten Testamente, insbesondere aber im Johannes-Evangelium vom dreizehnten Kapitel ab. Solche Gedanken, die besonders für Menschen wirksam sind, welche der theosophischen Bewegung angehören und ihnen mitgegeben sind in dem Büchelchen «Licht auf den Weg», haben Sie auch in den ersten vier Sätzen dieses Buches. Diese vier Sätze, die auf den inneren Wänden eines jeden Einweihungstempels eingegraben sind, diese vier Sprüche sind nicht abhängig von Zeit und Raum; sie gehören nicht einem Menschen, nicht einer Familie, nicht einem Jahrhundert an, auch nicht einer Generation; sie greifen hinüber über die ganze Entwickelung. Sie waren wahr vor Jahrtausenden und werden wahr sein nach Jahrtausenden. Sie erwecken die schlummernden Kräfte und holen sie heraus aus dem Inneren. Allerdings muß das richtig gemacht werden. Es genügt nicht, daß man meint, den Satz zu verstehen. Der Mensch muß einen solchen Satz in seinem Inneren aufleben lassen. Er muß die ganze Kraft eines solchen Satzes in seinem Inneren ausstrahlen lassen, er muß sich ihm ganz hingeben. Er muß einen solchen Satz lieben lernen. Wenn er glaubt, ihn zu verstehen, dann ist erst der richtige Zeitpunkt gekommen, ihn immer und immer wieder in sich aufleuchten zu lassen. Es kommt nicht auf das intellektuelle Verstehen an, sondern auf das Lieben der geistigen Wahrheit. Je mehr Liebe uns durchströmt zu solchen inneren Wahrheiten, desto mehr Kraft des inneren Schauens erwächst uns. Ein solcher Satz muß uns nicht ein oder zwei Tage, sondern wochen-, monate- und jahrelang beschäftigen; dann erwachen in uns solche Kräfte der Seele. Und dann kommt ein ganz bestimmter Augenblick, wo noch eine andere Illumination eintritt.

Wer durch eigene Erfahrung theosophische Wahrheiten verkündigt, der kennt dieses innere beschauliche Leben. Er verkündigt Ihnen heute, morgen theosophische Wahrheiten.

Sie sind ein Teil eines großen theosophischen Weltenbildes, das er mit der inneren Kraft seines Geistes und seiner Seele erschaut. Er wendet den Blick in die Seelenwelt und in das Geisterland; er wendet den Blick von der Erde hinweg zu den Sonnensystemen, um sie zu erforschen. Aber diese Kraft würde bald in ihm erlöschen, wenn er ihr nicht jeden Morgen neue Nahrung gäbe. Das ist das Geheimnis des Geheimforschers. Das große Welt- und Menschheitsbild, das er hundert und aber hundert Mal durch seine Seele hat ziehen lassen, das zieht jeden Morgen wieder durch seine Seele. Nicht darauf kommt es bei ihm an, daß er das alles versteht, sondern darauf, daß er es mehr und mehr lieben lernt; daß er jeden Morgen einen Gottesdienst verrichtet, bei dem er in Verehrung zu den großen Geistern emporschaut. Er hat gelernt, in wenigen Minuten das ganze Bild zu überschauen. Mit Dankbarkeit durchrieselt es ihn für dasjenige, was es in seine Seele gegeben hat. Ohne diesen Pfad der Verehrung kommt man nicht zur Klarheit. Aus dieser Klarheit muß aber sein Wort geprägt sein. Wenn das der Fall ist, dann ist er wirklich erst berufen, über die Wahrheiten der Mystik, über die Wahrheiten der Theosophie und der Geisteswissenschaft zu sprechen. So macht es der Geistesforscher, und so muß es jeder machen, und in einfachster, elementarster Weise beginnen, bis er zum Verständnis dieser Lehren kommt. Das menschliche Wesen und die Weltenwesen sind tief, unendlich tief. Nicht anders als durch Geduld, Ausdauer und Liebe gegenüber den Weltenmächten erreicht man etwas auf diesem Gebiete. Das sind Kräfte, die, wie die Elektrizität in der äußeren Welt, mächtig sind in der inneren Welt. Sie sind nicht bloß moralische, sondern auch Erkenntniskräfte. Wenn der Schüler solche Wahrheiten eine Zeitlang hat in sich leben lassen, wenn er sich darin geübt hat und in Dankbarkeit gegenüber denen, die sie ihm eröffneten, sie hingenommen hat, dann kommt ein Moment, der für jeden einmal eintritt, der in seiner Seele Ruhe und Stille hat zur Entwickelung kommen lassen. Das ist der Moment, wo die eigene Seele zu sprechen beginnt, wo das eigene Innere die großen ewigen Wahrheiten zu schauen beginnt. Dann ist plötzlich die Welt um ihn herum erleuchtet von Farben, die er vorher nicht gesehen hat. Es wird für ihn etwas hörbar, was er früher niemals hat ertönen hören. Die Welt wird in einem neuen Lichte erglänzen; neue Töne und Worte werden wahrnehmbar werden. Dieses neue Licht und dieser Glanz leuchten ihm aus der Seelenwelt, und die neuen Töne, die er hört, kommen ihm aus dem Geisterlande zu. Die Seelenwelt sieht man, das Geisterland hört man. Das ist eine Charakteristik dieser Welten.

Will man selbst die Entwickelung suchen auf diesem Gebiete, dann gehört dazu die Beobachtung einer großen Summe von einzelnen Regeln, denn nur in großen Zügen konnte ich andeuten, wie so etwas erfolgt, wie es erfahren wird. Diese einzelnen Regeln sollen streng befolgt werden, wie der Chemiker mit den subtilsten Instrumenten die kleinsten Substanzen abwägen und messen muß, die er zu einer Verbindung braucht. Eine Beschreibung jener Regeln, welche öffentlich gegeben werden können, finden Sie in meiner Schrift «Wie erlangt man Erkenntnisse der höheren Welten?» Diese Regeln sind eine spezielle Anleitung, wie dieser Weg gegangen werden muß. Auch sie erfordern intimste Geduld und Ausdauer. Diese Regeln sind früher niemals veröffentlicht worden. Seien Sie sich klar darüber, daß der Geheimunterricht nur in Geheimschulen erteilt worden ist, und auch heute nur in Geheimschulen erteilt wird, weil er ein intimer ist, der als solcher von Person zu Person geht. Nichts hilft es, durch besondere Dinge, die man liest oder da oder dort als Fragment hört, Anleitung zu suchen und selbst zu probieren. Das nützt in der Regel gar nichts. Alle Anleitungen, die Sie von den verschiedensten Seiten erhalten können – es gibt ja geradezu Geschäfte, welche solche Anleitungen anpreisen! –, sind nichts anderes als kleine Fragmente aus dem großen Buche der Geheimschulung. Wer sie verwendet, muß sich klar sein darüber, daß er sich gewissen Gefahren hingibt und daß es keineswegs tunlich ist für den einzelnen Menschen, diese Dinge, die auf die innere Umwandlung der Seele sich beziehen, die auf das Größte, auf das Bedeutsamste der Seele sich beziehen, durch geschäftlichen Zusammenhang an sich herankommen zu lassen. Was auf diesem Gebiete durch Anpreisung für Geld an Sie herankommt, das alles wird nicht nur wertlos, sondern auch unter Umständen gefährlich sein. Das muß gesagt werden, weil heute so vieles auf diesem Gebiete an den Menschen herantritt. Diejenigen Regeln, die in «Wie erlangt man Erkenntnisse der höheren Welten?» gegeben sind, entstammen uralten Traditionen, und aus dem Grunde, weil es heute notwendig ist gegenüber den Dingen, die von allen Seiten an die Menschen herandringen, weil es notwendig ist gegenüber diesen Anweisungen, einmal ein Bild von der Wahrheit zu geben, deshalb haben die Meister der Weisheit die Erlaubnis gegeben zur Veröffentlichung solcher Regeln. Es gibt nur die Möglichkeit, einzelnes weniges zu veröffentlichen; das übrige mußte ausgeschlossen bleiben. Das Wichtigste kann nur von Mund zu Ohr mitgeteilt werden.

Was Sie in «Wie erlangt man Erkenntnisse der höheren Welten?» finden, hat zum Unterschied von vielem anderen die Eigenschaft, unschädlich zu sein. Nur solche Dinge sind mitgeteilt worden, welche – auch wenn sie nicht mit Geduld und Standhaftigkeit durchgeführt werden – dem Menschen keinen Schaden bringen. Auch wenn sie nicht mit Standhaftigkeit durchgeführt sind, können sie nicht schaden. Niemand kann Schaden durch sie erleiden. Das mußte gesagt werden, weil ich gefragt worden bin, wie es kommt, daß in letzter Zeit eine Summe solcher Regeln mitgeteilt worden sind. Es hängt noch davon ab, daß man, um bewußt zu werden in der Seelenwelt, für diese Seelenwelt Organe haben muß wie für die sinnliche Welt. Wie Sie im Leibe Augen und Ohren haben, so müssen Sie in der Seele und im Geiste Organe haben, um die Seelenlichter und die Geistestöne wahrnehmen zu können. Derjenige, der erfahren ist auf diesem Gebiete, der selbst sehen kann, der sieht, wie sich bei demjenigen, der in innerer Entwickelung begriffen ist, in der Aura wie in einer Wolke von Licht eingeschlossen diese Organe zu entwickeln beginnen. Bei unentwickelten Menschen ist die Aura wolkenartig gebildet. Wenn der Mensch schläft, schwebt sie, weil der Astralleib sich vom physischen Leib trennt, über dem physischen Leibe. Sie ist dann sichtbar wie zwei ineinander geringelte Spiralen, wie Nebelringe. In dieser Weise schlingen sie sich ineinander, um in weitergehenden Spiralen ins Unbestimmte zu verschwinden. Solche zwei ineinander verschlungene Ringe bilden beim Schlafenden die Aura. Wenn der Mensch eine okkulte Entwickelung durchmacht, wird die Aura immer bestimmter. Die ins Weite gehenden Enden der Spiralen verschwinden, und es werden die beiden ineinandergefügten Spiralgebilde sich organisieren. Immer mehr und mehr werden sie ein bestimmtes, geschlossenes Gebilde werden, und sie zeigen dann ganz gewisse Organe, welche in dieser Aura auftreten, und die man Chakras nennt. Das sind die Sinnesorgane der Seele. Diese kommen zur Entwickelung. Diese Entwickelung vollzieht sich unter keinen anderen Umständen. Die Gebilde sind zart, sie müssen gehegt und gepflegt werden. Wer dies unterläßt, der wird niemals sich einer seelischen Anschauung wirklich erfreuen können. Dieses seelische

Auge muß dadurch gehegt werden, daß der Mensch alle negativen Empfindungen und Gefühle bei sich unterdrückt. Nicht herauskommen können die Chakras, wenn der Mensch bei jeder Gelegenheit zornig wird. Gleichmut muß er sich bewahren, Geduld muß er haben. Ärger und Zorn lassen das Seelenorgan nicht herauskommen; auch Hastigkeit und Nervosität lassen sie nicht zur Entwickelung kommen.

Ferner ist notwendig, daß der Mensch insbesondere das ablegt, was bei unserer Kultur außerordentlich schwer abzulegen ist, nämlich die Begierde, fortwährend das Neueste zu erfahren. Das hat einen großen Einfluß auf das Seelenauge. Wer nicht schnell genug zur Zeitung greifen kann, und auch, wenn er etwas erfahren hat, es einem anderen gleich mitteilen muß, wer nicht hören und sehen und es bei sich behalten kann, wer die Begierde nicht unterdrücken kann, der kann nicht zur Entwickelung seiner Seele kommen. Ferner ist notwendig, daß der Mensch sich aneignet eine ganz bestimmte Art der Beurteilung seiner Mitmenschen. Das ist schwer zu erreichen: Kritiklosigkeit. Verständnis ist nötig statt Kritik. Wenn Sie dem Mitmenschen gleich Ihre eigene Meinung gegenüberstellen, so unterdrückt das die Seelenentwickelung. Wir müssen zuerst den anderen hören, und dieses Zuhören ist ein außerordentlich wirksames Mittel zur Entwickelung der Seelenaugen, und wer eine höhere Stufe auf diesem Pfade erreicht, hat es dem zu verdanken, daß er sich abgewöhnt hat, alles zu kritisieren, alles zu beurteilen. Wie können wir in die Seele hineinsehen? Wir sollen nicht über den Verbrecher den Stab brechen, sondern auch ihn verstehen, verstehen den Verbrecher wie den Heiligen. Verständnis für einen jeden, das ist notwendig. Das ist das höhere, okkulte Zuhören. Wenn der Mensch in dieser Weise durch festen Willen sich dazu bringt, nicht seinen Mitmenschen, auch nicht die übrige Welt nach seinem persönlichen Urteil, nach seiner Meinung und seinem Vorurteil zu bewerten, sondern sie mit Schweigsamkeit auf sich wirken zu lassen, dann hat er die Möglichkeit, okkulte Kräfte zu bekommen. Jeder Augenblick, wo der Mensch sich vorsetzt: Ich werde jetzt einmal etwas, das ich über meinen Mitmenschen Böses habe denken wollen, nicht denken – ein jeder solcher Augenblick ist ein gewonnener.

Der größte Weise kann von einem Kinde lernen, und der einfachste Mensch kann sagen: Was schwätzt mir das Kind da vor, das weiß ich ja viel besser! Er kann aber auch sagen: Was schwätzt mir der Weise vor, was soll mir das nützen? Erst wenn er das Stammeln des Kindes wie eine Offenbarung anhört, dann hat er in sich die Kraft geschaffen, die aus der Seele herausquillt.

Man darf auch nicht erwarten, daß die Seelenaugen schon morgen da sind. Wer Zorn, Ärger, Neugierde und so weiter bekämpft, der schafft zunächst nur Hindernisse hinweg, die sich wie Dämme vor seine Seele gelegt haben. Das muß immer wiederholt werden. Immer neue Anstrengungen sind zu machen. Der Okkultist kann beurteilen, wie die zarten Gebilde sich herausentwickeln. Wenn die menschlichen Worte das «Verwunden verlernt» haben, wenn sie nicht mehr scharf und spitzig sind, wenn sie milde geworden sind, um den Menschen mit Verständnis zu erfassen, dann erwacht das Chakram am Kehlkopf. Der Mensch muß aber lange üben, bis das für die eigene Persönlichkeit wahrnehmbar ist. Im Menschen wurde durch die Natur erst ein Augenpunkt, dann die ersten Ansätze zu einer Linse gebildet, und ganz langsam und allmählich hat sich das physische Auge in Millionen von Jahren entwickelt. Das Seelenauge braucht nicht so lange. Bei dem einen dauert es wenige Monate, bei dem anderen längere Zeit. Geduld muß man haben. Einmal kommt bei jedem der Augenblick, wo diese zarten Gebilde anfangen zu sehen, und dann, wenn der Mensch in entsprechender Weise diese Übungen fortsetzt, namentlich wenn er gewisse Tugenden entwickelt, die zuweilen auch das Leben eines geprüften Menschen in dem Menschen entwickeln können, drei Tugenden gibt es, die er da noch entwickeln muß, und die ihn fast zum Seher machen. Sie müssen nur in gehöriger Stärke, mit Intensität geübt werden: Selbstvertrauen mit Demut, Selbstbeherrschung mit Milde und Geistesgegenwart gepaart mit Standhaftigkeit. Das sind die großen Hebel in der Entwickelung der geistigen Organe. Die drei Tugenden führen aber zu entsetzlichen Untugenden, wenn sie nicht gepaart sind mit den drei anderen Tugenden, mit Demut, Milde und Standhaftigkeit.

Das sind Andeutungen, die gemacht werden können. Es sind herausgegriffene Beispiele, wie sie der Geheimschüler durchmacht auf den drei Stufen, die man die Vorbereitung, die Erleuchtung und die Einweihung nennt. In der Geheimschulung gibt es diese drei Stufen: Vorbereitung oder Katharsis, Erleuchtung und Einweihung. Die Vorbereitung ist geeignet, den Menschen so auszurüsten, daß es den zarten Gebilden der Seele möglich wird, herauszukommen. Durch die Erleuchtung erlangt er die Möglichkeit, auf seelischem Gebiete zu sehen, und durch die Einweihung erlangt er die Fähigkeit, daß er sich im Geistesraum selber aussprechen kann. Es mag manchem als etwas Schweres erscheinen, was ich heute geschildert habe. Es ist zwar leicht, doch es gilt wirklich davon auch das, daß das Leichte schwer ist.

Jeder kann den Geheimpfad gehen, niemandem ist er verschlossen. In jedes Menschen eigener Brust liegen die Geheimnisse. Es bedarf nur ernster innerer Arbeit und des Umstandes, daß der Mensch sich freimachen kann von allen Hindernissen, die dieses intime innere Leben hemmen. Das

Entfernteste und Größte in der Welt wird uns auf den intimsten Wegen kund. Dessen müssen wir uns klar sein. Die größten Weisen der Menschheit haben nicht auf einem anderen Wege als auf dem beschriebenen die großen Wahrheiten erlangt. Sie haben sie erlangt, weil sie den Weg in ihr Inneres gefunden haben, weil sie gewußt haben, daß sie Geduld und Standhaftigkeit in diesen Verrichtungen üben müssen. Wenn der Mensch auf diese Weise sein Inneres vertieft, wenn er von den Gedanken, die von außen auf ihn einstürmen, sich zu den Gedanken erhebt, die eine Ewigkeit bedeuten, dann facht er in sich die Flamme an, die ihm leuchtet über die Seelenwelten hin. Wenn der Mensch in sich selber die höheren Eigenschaften der Gelassenheit, der Ruhe und des Friedens im Inneren entwickelt und die Eigenschaften, die wir genannt haben, dann nährt er die Flamme, so daß sie unterhalten wird. Und wenn der Mensch imstande ist, schweigsam zu sein und nicht mehr Worte als solche in die Welt hinauszusenden, sondern Liebe zu leben, daß das, was Leben sein soll, Gottesdienst wird, dann fängt die Welt für ihn an zu tönen. Das ist dasjenige, was man pythagoreische Sphärenmusik nennt. Das ist nicht etwa ein Symbol, sondern eine Wirklichkeit. Nur Andeutungen konnte ich geben, welche den Weg zeigen zu dem Pfad, der zu einem engen Tor führt. Jeder kann zu dem engen Tor kommen, und wer Mittel und Mühe nicht scheut, dem wird es aufgetan, und er findet, was er in den großen Weltanschauungen der Menschheit mitgeteilt bekommen hat: Die urewige einzige Wahrheit und den Weg des Lebens.

URSPRUNG UND ZIEL DES MENSCHEN

Berlin, 9. Februar 1905

Vor Weihnachten habe ich hier im ersten Zyklus dieser Vorträge die Grundbegriffe der Theosophie so weit besprochen, daß ich wohl wagen kann, heute mit der Besprechung der wichtigsten Frage, die es für den Menschen geben kann – die nach seinem eigenen Ursprung und nach seinem Ziele –, zu beginnen. In den beiden letzten Vorträgen versuchte ich zu zeigen, wie dasjenige, was wir theosophische Weltanschauung nennen, die Grundlage des Goetheschen Schaffens ist, und in den nächsten Vorträgen werde ich versuchen, diese Goethesche Weltanschauung vom Standpunkte der Theosophie aus zu vertiefen. Heute habe ich, weil sich das wohl anschließt an die beiden Vorträge, die ich in den letzten vierzehn Tagen gehalten habe, einen Vortrag eingeschoben über die theosophische Vorstellung von dem Ursprung des Menschen, von der Abstammung des Menschen, im modernen Sinne des Wortes gesprochen.

Wer heute über den Ursprung des Menschen spricht, muß selbstverständlich Rücksicht nehmen auf dasjenige, was die gegenwärtige Naturwissenschaft in der zweiten Hälfte des 19. Jahrhunderts über dieses Thema erarbeitet hat. Nun könnte man meinen, daß die Ergebnisse der Naturwissenschaft etwas absolut Sicheres sind, daß sie etwas seien, wogegen es ein Ankämpfen nicht gibt. Nun, gerade diese naturwissenschaftliche Vorstellung über den Ursprung des Menschen hat im Laufe der letzten Jahre eine so gründliche Veränderung erfahren, daß wohl kaum einer der jüngeren ernstzunehmenden Forscher heute noch auf demselben

Standpunkt steht, auf dem die darwinistische Forschung gestanden hat. Derjenige, der sich mit dieser Wissenschaft befaßt, weiß, wie stark diese Wandlungen sind. Sie wissen, daß die naturwissenschaftliche materialistische Anschauungsweise noch vor kurzer Zeit es mehr oder weniger selbstverständlich fand, daß man den Menschen überhaupt, den ganzen Menschen herzuleiten hat aus niederen tierischen Vorfahren, daß man sich zu denken hat, daß unsere Erde einstmals von unvollkommenen Wesen bewohnt war und daß sich durch allmähliche, langsame Vervollkommnung dieser Wesen – ohne daß ein anderer Krafteinfluß hinzugetreten wäre – allmählich der Mensch aus diesen Wesen bis zu seiner jetzigen Höhe heraufentwickelt habe. Diese rein materialistische Vorstellungsweise ist heute von der Naturwissenschaft erschüttert.

Nun hat man geglaubt, daß diese naturwissenschaftliche Vorstellungsweise einen einzigen Gegenpol habe. Man hat bis zur Begründung der theosophischen Bewegung eigentlich nur die beiden Fälle für möglich gehalten: entweder eine natürliche Abstammungslehre im Sinne der materialistischen Weltdeutung oder eine übernatürliche Schöpfungsgeschichte, so wie sie etwa in der Bibel dargestellt wird. Bibel und Naturforschung sind ja immer noch etwas, was wie zwei polar entgegengesetzte Dinge hingestellt wird. Man hat sich auch vorgestellt, daß die biblische Vorstellung von sechs Schöpfungstagen die alten Zeiten ganz beherrscht hätte und daß erst die neuere Zeit, die es so herrlich weit gebracht hat, dazu gekommen ist, eine andere, natürliche Schöpfungsgeschichte an die Stelle dieser übernatürlichen zu setzen. Dabei hat man aber eines außer acht gelassen. Man hat nicht gewußt, daß die Vorstellungen, die sich die Gegner unserer sogenannten übernatürlichen Schöpfungsurkunde in der letzten Zeit gemacht haben und von denen aus sie dieses

Sechstagewerk bekämpft haben, auch für die sogenannte orthodoxe christliche Lehre und ihre Anhänger nicht älter sind als höchstens drei-, vier- oder fünfhundert Jahre. Alle diejenigen, welche sich überhaupt mit der Erforschung dieser Dinge in dem Sinne befaßt haben, daß sie auf Wissenschaft Anspruch gemacht haben, haben vor dieser Zeit durchaus nicht etwa die Bibel, so wie sie uns vorliegt, wirklich wörtlich genommen. Das Wörtlichnehmen der Bibel, die Auffassung, als ob dasjenige, was da erzählt wird, buchstäblich zu nehmen wäre, ist von den ernstzunehmenden auch christlichen Forschern niemals in den früheren Jahrhunderten geteilt worden.

Wir können zurückgehen in die Zeiten, in denen das Christentum entstanden ist. Es ist hervorgegangen aus älteren Weltanschauungen. Darauf können wir uns aber heute nicht einlassen. Ich möchte nur hinweisen darauf, daß wir im ausgehenden Zeitalter der griechischen Philosophie eine Schöpfungslehre haben, welche an den Namen *Plato* anknüpft, und daß sich diese Lehre am schönsten ausgebildet findet bei *Aristoteles*. Plato sagt, Gott bilde nach seinen Ideen, die die Vorbilder seien, die Körperwelt. Auch der Menschenkörper sei entstanden aus dem Urbild, der Idee Gottes. Und das, was in diesem Körper lebe als menschliches Bewußtsein, sei ein Nachbild des göttlichen Bewußtseins. Das Ziel der Erkenntnis des Menschen sei ein Wiedererkennen des von Gott Erkannten. Im Streben nach diesem Ziel erkenne der Mensch, daß sein Geist ewig sein müsse, denn er ist eine ewige Idee Gottes. Aristoteles, der Neu-Platonismus, die christliche Gnosis, sie leben alle in solchen Ideen vom Ursprung und Ziel des Menschen. In der christlichen Gnosis haben wir eine Schöpfungslehre, die ich charakterisieren muß, um Ihnen zu zeigen, wie wenig zutreffend die Vorstellungen waren, die sich die Gegner der übernatürlichen Schöpfungsgeschichte vor kurzem noch gemacht haben.

Man hat sich vorgestellt, daß sich im Laufe der Zeiten, seit urferner Vergangenheit, der Mensch entwickelt hat; daß er nicht dieselbe Gestalt, nicht dieselbe Wesenheit gehabt hat wie heute, daß er sich zu dieser Wesenheit erst heraufentwickelt hat. Man hat sich schließlich vorgestellt, daß in verschiedenen niederen Tierformen Erinnerungszeichen an die früheren Gestaltungen des Menschen vorhanden sind. Es ist etwas schwer, klarzumachen, wie diese Vorstellungen waren, weil sie den heutigen Menschen ungeläufig sind. Das was als physischer Mensch vor uns steht, war nicht immer so, wie es heute ist. Es war tierähnlicher, und diejenigen Tiere, welche dem Menschen am verwandtesten sind, zeigen auch ungefähr einen solchen Zustand, wie ihn der Mensch damals gehabt hat, und so weiter zurück, zu immer unvollkommeneren und unvollkommeneren Geschöpfen. Das war die Anschauung der Gnostiker. Sie haben nicht angenommen – wie die materialistische Anschauung es tut –, daß etwa der Mensch gleichsam von selbst hervorgegangen ist aus dem niederen Tierreich; sondern sie waren sich klar darüber, daß aus einem Wesen, das noch affenähnlich war, niemals der Mensch sich hätte entwickeln können, wenn nicht eine höhere Wesenheit dieses Wesen ergriffen und es heraufgeholt hätte zu einer höheren Gestalt. Ganz klar könnte man es machen, wenn man aus früheren Vorstellungen heraus darüber reden wollte. Aber es genügt zu zeigen, daß die Lehre der Gnostiker eine andere Entstehungslehre hatte, als gewöhnlich gesagt wird.

Sie finden sie deutlich ausgesprochen bei dem heiligen *Augustinus.* Er hat nicht etwa den Glauben an die buchstäbliche Auslegung der Bibel gelehrt, sondern er denkt sich die Entwickelung der Wesen so, wie ich das eben dargelegt habe. Er denkt sich den Einfluß einer geistigen Welt, welcher eine fortwährende Erhöhung der Wesenheit bewirkt, während der äußere Vorgang tatsächlich der ist, daß wir zuerst physisch unvollkommene Wesen waren, daß dann ein geistiger Einfluß stattfand und wir dann physisch höherstehende Wesen wurden, daß dann wieder ein geistiger Einfluß kam und daß wir dann wieder höhere Wesen wurden – bis der höchste geistige Einfluß stattfand und der Mensch sich als Mensch entwickelte. Das ungefähr ist die Anschauung des heiligen Augustinus. Das Sechstagewerk in der Bibel sieht er wie ein schönes Sinnbild an. Er ist der Meinung, daß man eine solche Anschauung, wie ich sie jetzt als gnostische entwickelt habe, nicht mehr in der rein gnostischen Gestalt weitergeben könne. Er stellt sich vor, daß in den Begriffen der Bibel äußere Sinnbilder gegeben werden müssen, weil die große Menge es nicht verstehen kann, wenn man in solchen abstrakten höheren Vorstellungen spricht. Daher soll in bildlicher Weise, so wie es den allgemeinen Volksvorstellungen angemessen ist, die Schöpfungsgeschichte geoffenbart werden. Dasselbe können Sie bei *Scotus Erigena,* bei allen großen Kirchenlehrern des Mittelalters, auch bei *Thomas von Aquino* und bis in das 14. Jahrhundert hinein finden. Und Sie können, wenn Sie sich das klarmachen, den wirklichen Gang der abendländischen Gelehrsamkeit und Wissenschaft sich erklären.

Dann, im 14., 15. Jahrhundert, verschwindet diese alte Entwickelungslehre. Immer mehr und mehr stellt sich heraus, daß der Glaube an die Buchstäblichkeit der Bibel das Maßgebende in der Kirche wird. Diesen Tatbestand müssen wir festhalten. In den folgenden Jahrhunderten kennt sich der Mensch nicht mehr aus. Alle Erinnerungen an solche Interpretationen der Bibel waren verlorengegangen, so daß im 19. Jahrhundert die Leute glaubten, etwas ganz Neues mit einer natürlichen Schöpfungsgeschichte zu geben. Allerdings, entsprechend der materialistischen Denkweise der neueren Zeit, wurde diese Schöpfungsgeschichte ganz vermaterialisiert, während man ihr früher mit spirituellen Begriffen gegenübertrat. Die Darwin-Haeckelsche Schöpfungsgeschichte hat nichts zu tun mit den wirklichen naturwissenschaftlichen Tatsachen, hat nichts zu tun mit dem, was man erforschen könnte. Eine natürliche Schöpfungsgeschichte gab es auch früher, nur war sie im spirituellen Sinne gedeutet, so daß man es dabei zu tun hat nicht nur mit materiellen Vorgängen, sondern auch mit einem spirituellen Einschlag.

Die Tatsachen haben in den allerletzten Jahren deutlich gesprochen, und zahlreiche Forscher sind wieder zurückgekehrt zu einer ideengemäßeren Anschauung der Entwickelung. Da haben wir aber jetzt einen anderen Forscher, *Reinke*, der seine Auseinandersetzungen über die Entwickelung in antidarwinistischer Weise dadurch namentlich für uns bezeichnend gemacht hat, daß er wiederum – aber ohne daß er die alte Entwickelungslehre kannte – zurückkehrte zur alten Vorstellung. Er spricht von fortwährenden «Einschlägen» geistiger Art, welche die Entwickelung erfahren hat. Er nannte diese Einschläge Dominanten. Das ist ein spärlicher Anfang zu einer Rückkehr zu früheren Vorstellungen. Es soll nicht mehr von selbst durch rein materielle Kräfte die Entwickelung vor sich gehen von unvollkommenen zu vollkommeneren Wesen, sondern es kann nur dadurch ein vollkommeneres Wesen entstehen aus einem unvollkommeneren, daß eine neue Dominante einschlägt, ein neuer Krafteinschlag geistiger Art, welcher den Fortschritt bewirkt, entgegen den materialistischen Lehren *Darwins*, *Lamarcks*, *Haeckels* und so weiter. Für denjenigen, der die Sache tiefer ansieht, erinnert der Ausdruck ganz genau an etwas, was *Heine* gesagt hat: «Die Armut kommt von der pauvreté.» Es ist die Umschreibung der Sache mit einem anderen Wort. Eine Schöpfungsgeschichte, welche sich wieder zu den Urkunden der religiösen Bekenntnisse so stellt, wie sich die Forscher bis ins 13., 14. Jahrhundert hinein dazu gestellt haben, gibt erst wieder die theosophische Weltanschauung, und diese Schöpfungsgeschichte lassen Sie uns jetzt mit einigen Worten entwickeln.

Wenn man den Menschen hinsichtlich seines Ursprunges erkennen will, so muß man sich klar darüber sein, was das Wesen des Menschen ist. Der, welcher auf dem Standpunkte steht, daß der Mensch nur der Zusammenhang dieser physischen Organe ist: Hände, Füße, Lunge, Herz und so weiter bis hinauf zum Gehirn, der wird kein anderes Bedürfnis haben, als aus materiellen Kräften den Ursprung des Menschen zu erklären. Dadurch wird für ihn die Frage eine andere werden als für denjenigen, der den Menschen als eine Ganzheit betrachtet. Er wird den Menschen als ein Wesen ansehen, welches nicht nur aus Leiblichem, sondern auch aus Seele und Geist besteht. Inwiefern sich der Mensch aus den drei Gliedern Leib, Seele und Geist zusammensetzt, das haben wir schon gesehen. Leib, Seele und Geist, das sind die Glieder, aus welchen der Mensch zusammengesetzt ist. Das was man Seelisches und Geistiges nennt, ist von der modernen Psychologie zusammengefaßt worden in einem einzigen Begriff, in dem Begriff der Seele. Darin besteht die Verwirrung der modernen Seelenlehre, daß sie nicht unterscheidet zwischen Seele und Geist. Das ist das, worauf die Theosophie immer wieder hinweisen muß. Das was von der einen Seite Seelenwesen ist, was fühlt und vorstellt und sich Gedanken macht über die alltäglichen Dinge, das alles ist für uns Theosophen auch Seele. Der Geist beginnt erst da, wo wir das sogenannte Ewige im Menschen gewahr werden, das

Unvergängliche, das, wovon Plato gesagt hat, daß es sich von geistiger Nahrung nährt. Erst der Gedanke, der frei ist von dem sinnlichen Inhalt, der sich erhebt zu dem Charakter der Ewigkeit, der vom Geist erschaut wird, wenn der Geist nicht mehr durch die Tore der Sinne nach außen sieht, sondern in sein Inneres blickt, dieser Gedanke ist es erst, der den Inhalt des Geistes ausmacht. Der abendländische Forscher kennt diesen Gedanken nur auf einem einzigen Gebiet, auf dem Gebiet der Mathematik, der Geometrie und Algebra. Da sind Gedanken, die uns nicht von der Außenwelt zufließen, die der Mensch nur von innen her, intuitiv schafft. Niemand könnte einen mathematischen Lehrsatz bloß aus der Anschauung gewinnen. Niemals könnten wir aus der Anschauung erkennen, daß die drei Winkel eines Dreiecks zusammen 180 Grad ausmachen.

Nun gibt es aber Gedanken, welche sich nicht bloß auf den Raum beziehen, sondern reine Gedanken, die sinnlichkeitsfrei sind und sich auf alles übrige in der Welt beziehen, auf Mineralien, Pflanzen, Tiere und zuletzt auch auf den Menschen. *Goethe* hat in seiner Morphologie versucht, eine Art von Pflanzenlehre zu geben, welche solche sinnlichkeitsfreien Gedanken hat. Da wollte er ergründen, wie Natur im Schaffen lebt. Und derjenige, der mit Gefühl und Empfindung sich in das, was Goethe in seiner Metamorphosenlehre gibt, versenkt und vertieft, erlebt daran etwas, wie eine große Erhebung in die Ätherhöhen. Wenn Sie sich dann höher und höher hinaufheben lassen zur Erfassung solcher Gedanken, die dem Mathematischen im Raum nachgebildet sind, so kommen Sie zu den großen Mystikern, die uns über Seele und Geist aufklären. Der Mystiker nennt daher auch die Mystik «Mathematik» – Mathesis –, nicht weil die Mystik Mathematik ist, sondern weil sie nach dem Muster der Mathematik aufgebaut ist. Goethe war ein solcher

211

Mystiker. Er wollte eine Welt aufstellen, die uns aus dem bloß Seelischen in das Geistige hinaufhebt. Da haben Sie dasjenige, was der Mensch mit seinem Verstand in der Alltäglichkeit tut, dies verständige Auffassen der unmittelbaren zeitlichen und vergänglichen Wirklichkeit, auf ein höheres Gebiet erhoben, in die reine Gedankenwelt. Und Sie können da in sich etwas erleben, wenn Sie sich zum reinen Gedanken erheben, wenn Sie von den sinnlichkeitserfüllten Gedanken abstrahieren können, was zum Ewigen gehört. Die Theosophie nennt dieses erste Element des Geistes auch Manas. Ich habe versucht, in meiner «Theosophie» diesen Ausdruck mit «Geistselbst» zu übersetzen. Es ist das höhere Selbst, das sich herauslöst aus dem, was nur auf die irdische Welt beschränkt ist.

So wie nun der Gedanke erhoben werden kann in eine höhere Sphäre, so kann auch die Gefühlswelt in eine höhere Sphäre erhoben werden. Dasjenige, worüber wir Freude haben, was wir begehren, ist scheinbar eine niedrigere Welt als die Welt der Gedanken, aber wenn es in die höheren Regionen erhoben wird, dann steht es noch höher als der Gedanke. Das Ewige im Gefühl ist höher als der Gedanke. Wenn Sie das Gefühl emporheben zu den höheren Sphären, wie den Gedanken in der Mathematik, dann erleben Sie die zweite Wesenheit des Geistes. Die Universitätspsychologie kennt nur das niedere Gefühl. Sie tut so, als wenn alles mit dem niederen Gefühl erschöpft wäre. Aber in unserer Gefühlswelt lebt dieses Ewige als Keim, und die Theosophie nennt es die Buddhi. Ich habe ihm den Namen «Lebensgeist» gegeben, als der zweiten spirituellen Wesenheit des Menschen. Erheben Sie Ihre Gedanken bis zur Erfassung eines Ewigen, dann leben Sie in Manas. Erheben Sie Ihr Gefühl und Ihre Empfindung bis zum Charakter des Ewigen, dann leben Sie in Buddhi. Dieses Leben in Buddhi ist bei den gegenwärtigen Menschen nur in der Anlage vorhanden. Manasisch denken können die Menschen schon manchmal, wenn das Denken geregelt ist, den logischen Weltgesetzen unterliegt. Es gibt aber auch ein Denken, welches irrlichteliert, das heißt, einen Gedanken haben und gleich darauf wieder einen anderen, also immer wechselnd. Das ist das gewöhnliche Denken. Dann gibt es ein höheres Denken, das logisch ist, zusammenhängend, das von dem Ewigen sich nährt – nach Plato – und teilhaftig wird des Ewigen. Wenn nun ein Gefühl sich zu diesem Weltgebiet, zu einer solchen Weltgesetzlichkeit erhoben hat, dann lebt es in Buddhi. Das bedeutet nichts anderes als eine Art urewiger Gesetzmäßigkeit des Gefühls. Wer im gewöhnlichen Leben lebt, kann irren, kann auch mit seinem Gefühl abirren. Derjenige aber, welcher die urewigen Normen des Gefühls in sich erlebt, wie der Denker die urewigen Normen des manasischen Denkens erlebt, dieser fühlende Mensch hat in sich eine ebensolche Sicherheit und Klarheit des Fühlens, wie der Denker eine Klarheit des Denkens hat. Das ist es, was die Theosophie beschreibt als spirituellen Menschen, der in sich den Geist erlebt. Das ist dasjenige, was auch der tiefere Inhalt des Christus war. Der Mensch erlebt dann den Christus, lebt mit dem Christus, hat teil an ihm. Christus ist dasselbe wie Buddhi.

Wenn der bloße äußere Wille, der das am meisten Unbewußte im Menschen ist, sich zur höchsten weltgesetzlichen Art erhebt, dann – man kann ja nur schwer von dieser höchsten Ausbildung des menschlichen Geistes reden, man kann nur andeuten –, dann spricht man von dem eigentlichen Geist, von dem Geistesmenschen, oder, mit einem Sanskritwort bezeichnet, von Atma. Denn auch der Wille des Menschen kann gereinigt werden vom Persönlichen. Das sind die drei Glieder des Geistigen: Manas, Buddhi, Atma.

Wie eine Substanz in Wasser aufgelöst ist, so sind diese drei Glieder in der Seele aufgelöst. Wo alles durcheinanderwogt, kann der Mensch gewöhnlich nicht unterscheiden, was da irrlichtelierend auf und ab wogt. Daher beschreibt der moderne Psychologe ein richtiges Durcheinander als Seele.

Wenn dasjenige, was sich als das höchste Geistige in der Seele auslebt, sich vermischt mit den niederen Eigenschaften der Seele, wenn es auftritt als ein niederes Gefühl, wenn es statt in Liebe sich auslebt in Verlangen, in Begierde, so nennen wir es Kama. Kama ist dasselbe wie Buddhi, nur ist Buddhi die Selbstlosigkeit des Kama, und Kama die Selbstigkeit, der Egoismus der Buddhi. Dann haben wir in uns unseren gewöhnlichen Verstand, der auf die Befriedigung unserer persönlichen Bedürfnisse ausgeht. Diesen Verstand nun nennen wir, insofern er in der Seele Manas zum Ausdruck bringt, Ahamkara, das Ich-Bewußtsein, das Ich-Gefühl. So daß wir, wenn wir von dem sprechen, was man gewöhnlich die Seele des Menschen nennt, auch sprechen können von Buddhi, die sich im Kama auslebt, und wenn wir sprechen von Manas oder dem eigentlichen Geistigen des Denkens, so sprechen wir von dem Verstande, der sich im Ich-Bewußtsein, im Ahamkara auslebt.

Nun habe ich versucht, die allmähliche Hinauferziehung des Menschen, die Reinigung des Menschen aus dem Seelischen in das Geistige, in einem Buche darzustellen, das ich vor einigen Jahren geschrieben habe als meine «Philosophie der Freiheit». Was ich jetzt dargestellt habe, finden Sie dort in den Begriffen der abendländischen Philosophie ausgedrückt. Sie finden dort die Entwickelung des Seelischen vom Kama zum Manasleben. Ich habe dort Ahamkara das «Ich» genannt, Manas das «höhere Denken», reines Denken, und die Buddhi, um noch nicht auf den Ursprung hinzuweisen, die «moralische Phantasie». Das sind nur andere Ausdrücke für ein und dieselbe Sache. Damit haben wir erkannt, was des Menschen geistig-seelisches Wesen ist. Dieses geistig-seelische Wesen ist verkörperlicht, verleiblicht in demjenigen, was uns die äußere Naturwissenschaft beschreibt. Dies geistig-seelische Wesen ist eigentlich der Mensch. Es hat etwas wie eine Hülle um sich: die äußere physische Körperlichkeit.

Nun ist die theosophische Anschauung die, daß das, was ich eben beschrieben habe als geistig-seelisches Wesen des Menschen, schon früher vorhanden war als die gegenwärtige Gestalt, als die physische Leiblichkeit des Menschen. Der Mensch hat seinen Ursprung nicht genommen aus dem Physischen, er hat seinen Ursprung genommen aus dem Geistig-Seelischen. Und dieses Geistig-Seelische, Atma, Buddhi und Manas, das ich eben beschrieben habe, liegt aller physischen Gestaltung zugrunde. Von ihm spricht auch Plato, wenn er sagt, daß der Geist des Menschen ewig sein müsse, denn er sei eine Idee Gottes. Diesem ewigen Geistesteil des Menschen kommt entgegen das, was sich als Formen entwickelt hat auf der Erde.

Nun können wir uns vorstellen, daß wir uns in einem sehr entfernten Punkt urferner Vergangenheit befinden. Da haben wir auf der einen Seite des Menschen geistig-seelische Wesenheit. Ich glaube, daß das materialistische Denken der Gegenwart sich schwer dieses Geistig-Seelische wird vorstellen können. Das rührt nur daher, daß seit Jahrhunderten das moderne Denken sich entwöhnt hat Seelisch-Geistiges vorzustellen. Auf der anderen Seite haben wir in urferner Vergangenheit das sinnliche Leben. Wie haben wir uns das sinnliche Leben nun vorzustellen? Die Naturwissenschaft lehrt uns, daß, wenn wir die Wesenheiten in den Überresten der Erdschichten untersuchen, wir dann zu einem Menschen von unvollkommener Gestalt kommen. Und weiter zurückgehend finden wir Zeiten, in denen der Mensch in der jetzigen Gestalt nicht auf der Erde war. Nur Affen und angrenzende verwandte Tiere waren vorhanden. Weiter zurückgehend finden wir, daß auch die Affen gefehlt haben und daß nur niedere Säugetiere vorhanden waren. Noch früher waren es Reptilien und Vögel, und noch früher finden wir Tierarten von gewaltiger Größe und Mächtigkeit, die Saurier, Ichthyosaurier. Die haben in anderer Weise gelebt als heute. Dann, weiter zurück, finden wir noch unvollkommenere Tiere, bis wir in ein Zeitalter kommen, wo wir nicht mehr nachweisen können, daß es etwas lebendiges Tierisches gegeben hat. Da muß das physisch Lebendige vorhanden gewesen sein in einer noch tierisch-pflanzlich geformten Art und Weise.

Die Theosophie weist hin auf Zustände der Erdentwickelung, von denen auch in der Wissenschaft gesprochen wird: die Erde war nicht immer der feste mineralische Boden, auf dem wir heute umhergehen. Sie war früher in flüssig-weichem Zustande da. Wenn man gewisse Erdformationen, Gebirgsformationen ansieht, da kann man noch erkennen, wie sie aus einem quellend-flüssigen Zustand heraus sich verhärtet haben. Noch früher war die ganze Erde in einem feurig-heißen Zustand gleich einer gewaltigen Feuermasse. Die Theosophie weist nun darauf hin, daß noch früher ein gasförmiger, ein ätherischer Zustand der Erde da war. Alles was jetzt in festem oder flüssigem oder luftförmigem Zustande auf der Erde vorhanden ist, war damals auch vorhanden, aber in einem ganz feinen Ätherzustande. Sie können sich ungefähr ein Bild davon machen, wenn Sie ein Stück Eis nehmen; das ist eine feste Materie. Sie schmelzen es, dann haben Sie das, was vorher fest war, in einen flüssigen, wässerigen Zustand gebracht. Sie verdampfen das Wasser, indem Sie es erhitzen. Dann haben Sie wiederum das, was fest, was flüssig war, in einem luft-dampfförmigen Zustand vor sich. – Die ganze Erde war früher in einem viel feineren, dünneren ätherischen Zustande da. Akasha ist die feinste Form, in der vor Urzeiten sich alles im Ätherzustand befand, was jetzt als Festes, Flüssiges und so weiter auf der Erde uns entgegentritt. Der feste Granit unserer Urgebirge, alle Metalle, alle Salze, alle Kalkarten, alles was heute auf unserer Erde ist – auch alle pflanzlichen und tierischen Formen –, waren damals vorhanden in diesem feinen Akasha. Akasha ist die feinste Form der Materie.

Der Menschenleib, den der Mensch heute hat, ist ja zusammengesetzt aus allen Stoffen der Erde. Alle Arten der Materie finden sich in irgendeiner chemischen Zusammensetzung im Menschenleibe. Damals waren alle diese Stoffe im Akasha-Zustande und in diese Akasha-Materie inkarnierte sich nun die geistig-seelische Wesenheit des Menschen. Eine ganz andere Gestalt war das als die heutige des Menschen. In dieser Akasha-Materie war noch alles undifferenziert, was sich später differenziert hat. Es war alles das darin, was später zu Mineral, Pflanze, Tierformen geworden ist. In dem, worin sich der reine göttliche Mensch inkarnierte, in dieser Akasha-Materie waren alle Tierformen noch mitenthalten, ebenso wie alles, was später Menschenform geworden ist.

Wenn man sich ein Bild machen will von den Vorgängen innerhalb der Erdenentwickelung, die sich in diesen Urzeiten der Erde abspielten, so muß man streng unterscheiden die Zweiheit. Der Mensch ist eine Zweiheit, er ist aus zwei Wesen zusammengesetzt. Oben ist der göttlich-geistige Wesenskern des Menschen: Atma, Buddhi, Manas. In diesem göttlich-geistigen Menschen lebt die Begierde, Mensch zu werden. Die treibt ihn herunter. Und im Herunterstieg bildet er sich eine Hülle aus dieser Begierde, einen Astralleib. Unten auf der Erde haben sich gebildet Wesen, tierähnlich, entstanden aus der noch unbestimmten Erdenmasse. Diese Wesen kamen her aus einem noch viel früheren Erdenzustand, dem alten Mondenzustand, einer früheren Verkörperung der Erde. Als dieser alte Mond sein kosmisches Dasein vollendet hatte, blieb zurück von ihm etwas wie ein Same von Wesenheiten, die auf dem alten Monde gelebt hatten; Wesen waren das, die nicht Tier, nicht Mensch waren, die zwischen Tier und Mensch standen. Das waren eine Art von Tiermenschen. Die kamen wieder heraus, als die Erde begann sich zu bilden. In diesen Tiermenschen lebten die wildesten Triebe, Instinkte und Begierden. Sie konnten zunächst noch nicht die höhere Geistigkeit in sich aufnehmen, sie mußten erst eine Reinigung ihrer Astralität durchmachen, um die höheren Prinzipien in sich aufnehmen zu können. Das sind die physischen Vorfahren des Menschen, von denen die Gnosis, Augustinus, die Scholastiker sprechen. Es waren tierähnliche Gestalten, die in viel weicherem Körpermaterial lebten als heute die physische Materie ist, viel weicher als die niedersten Tiere sie haben, zum Beispiel die Quallen und Weichtiere. Das waren Wesen, die in einer durchscheinenden Körperlichkeit lebten, zum Teil sehr schön gestaltet, zum Teil in ganz grotesken Formen. Sie hatten keine aufrechte Haltung, sie lebten in schwimmend-schwebender Körperhaltung; sie hatten kein Rückenmark, das bildete sich erst später, noch kein warmes Blut, waren noch nicht zweigeschlechtlich. Sie lebten mit allem, was später Pflanze, Mineral, Tier geworden ist, wie in einem gemeinsamen Astralzustand der Erde. Der Astralkörper der Erde hatte damals die sämtlichen auf dieser Erde verteilten Wesenheiten in sich. Diese Astralerde war zusammengesetzt aus diesen Astralleibern der Menschen-Tiere. Diese Astralerde, die aus den Astralkörpern der Menschen-Tiere bestand, war umgeben von einer geistigen Atmosphäre, in der lebten die Monaden, der geistige Mensch. Diese geistigen Menschen warteten oben, bis sie sich vereinigen konnten mit den Astralkörpern unten. Aber zunächst waren diese Astralkörper noch zu ungereinigt; alles Triebhafte der Tiere, die Instinkte und Leidenschaften mußten im gröbsten herausgeschieden werden. Sie wurden als besondere astrale Gebilde herausgeschieden. Diese Absonderungen gingen immer wieder vor sich. Diese Absonderungen verfestigten sich, und daraus gingen die anderen Reiche unserer Erde hervor.

Wir müssen uns vorstellen, daß zwei Astralitäten da waren, eine obere reinere und eine untere dichtere. Die obere, indem sie immer tiefer herabsteigt, wirkt auf die untere. Dadurch scheidet diese immer mehr das gröbere aus sich heraus. Es verdichtet sich das herausgeschiedene. Es entstehen so die anderen Naturreiche, die jetzt um uns herum sind. Der Mensch selber behält das feinste für sich. So war die ganze Umwelt einst verbunden mit dem Menschen; er hat sie herausgesetzt aus seinem Wesen.

Unten verdichtete sich die Astralmaterie zu reptilienartigen Tiergebilden; die waren noch kaltblütig. Sie waren nicht gebildet wie etwa ein Ichthyosaurus, von dem wir heute noch Reste finden. Reste von diesen Gebilden gibt es überhaupt nicht, denn diese Körper waren fein, weich – Knochen gab es erst viel später. Mit diesen Gebilden vereinigt sich zuerst das geistig-seelische Wesen von oben; beide befruchten sich. Es findet immer mehr eine Verdichtung der Materie statt. Sie geht über in einen feurig-flüssigen Zustand. Das war um die Mitte des Zeitraumes, den wir den lemurischen nennen. Dieser Zeitraum ging dem atlantischen voraus. Diese feurig-flüssige Masse wird durchzogen von Strömungen, die sich nach und nach immer mehr verdichten zu den späteren Knochen; es bildet sich heraus aus diesen Strömungen das Atmungs- und Herzorgan mit dem Blutumlauf, die verschiedenen Organe des Menschenkörpers. Herausgesetzt wird immer wieder von neuem alles dasjenige, was für den Menschen zu grob ist. Zum Beispiel die Wildheit des Löwen wird herausgesetzt. Außen entsteht eine Tierform aus gröberem Stoff: das wird dasjenige, was später Löwe geworden ist. Im Menschen bleibt zurück dasjenige, was seine mutigen, seine aggressiven Eigenschaften sind. Die Schlauheit und List wird herausgesetzt; es bildet sich draußen die Wesenheit Fuchs, und der Mensch behält für sich zurück das, was er gebrauchen kann an Schlauheit.

Es folgt dann ein weiterer Entwickelungszustand der Erde. Sie wurde kompakter, fester. Dadurch war der Mensch genötigt, sich dieser festeren Gestaltung des physischen Erdenlebens anzupassen. Der Mensch konnte das nur dadurch, daß er einen Teil seiner Wesenheit abgab an die gröbere Stofflichkeit. Und aus diesem Teil der menschlichen Wesenheit, der abgegeben worden ist an die gröbere Stofflichkeit, entstand die erste unvollkommenste Tierwelt. So ist dies gleichsam eine Schale, die der Mensch einmal abgeworfen hat. Sie ist aus der menschlichen Natur heraus entstanden. Die eigentlich menschliche Natur ist aber dadurch auf eine höhere Stufe hinaufgestiegen. Der Mensch ist dadurch freigeworden von dem Einschlag, den er von der niederen Tierwelt gehabt hat. Diese letzten Geschöpfe, die der Mensch abgestoßen hat, sehen wir in den ersten Erdschichten abgelagert. Es sind Krustentiere, Schalentiere, die der Mensch aus sich herausgesetzt hat. Dadurch ist er von etwas reinerer Wesenheit geworden. Es ist so wie bei einer Lösung, in der sich ein gröberer Teil abgesetzt hat. Und so geschieht die weitere Entwickelung dadurch, daß der Mensch wiederum einen Teil seiner Wesenheit an die Stofflichkeit abgibt. Dadurch entstand das, was wir die Wurmtiere, die

Fischtiere nennen. Das ist wieder eine Hülle, die der Mensch abgeworfen hat.

In dem zweiten Zustande hatte der Mensch eine Materie angenommen, die ähnlich unserer heutigen Luftmaterie ist. Der Mensch war da inkarniert als Luftwesen. Es mag dem materialistischen Denker sonderbar erscheinen, aber der, welcher sich mit der Theosophie bekannt macht, wird finden, daß alle übrige Schöpfungsgeschichte Phantastik ist und daß diese theosophische Schöpfungsgeschichte schon dem gewöhnlichen Verstande einleuchten kann. Dadurch, daß der Mensch mit seiner Seele sich in feinerer Materie, in Luftmaterie verkörperte, war es möglich, daß er eine neue Hülle abwarf, daß er Tiere aus sich heraussetzte. Die Erde hatte damals schon ein etwas festeres Knochengerüst aufgebaut, und es bildete sich der Mensch in dem, was man Feuernebel nennt. Man spricht da von den Söhnen des Feuernebels. Das kam dadurch zustande, daß der Mensch seine Schalen abgeworfen hat, die dann als Vögel und Reptilien auf der anderen Seite sich weiterentwickelten. Dann aber, als der Mensch auf diese Weise so weit war, als er zu dieser Feuermaterie vorgerückt war, da war er imstande, einen neuen Einschlag von außen aufzunehmen. So wie wir im Beginne unserer Erdenbildung gesehen haben, wie sich mit der physischen Materie dasjenige vereinigte, was der seelisch-geistige Mensch abgeworfen hatte als das gröbere Wesen, so vereinigte er sich in der Periode, von der wir jetzt sprechen und die schon mit starken Verdichtungszuständen unserer Erde parallel geht, das, was wir den höheren Geist nennen. Zunächst geschah das dadurch, daß das, was ich die Buddhi genannt habe, heruntersteig und zu Kama wurde. Es entstand dasjenige, was den Menschen von den niederen, kaltblütigen Wesenheiten scheidet, und es entstand damit auch alles übrige Warmblütige auf der Erde. Bis zu einem gewissen Punkte der Entwickelung gab es nur kaltblütige und leidenschaftslose Wesen; die anderen sind entstanden in der Mitte der lemurischen Zeit. Dadurch haben sich auch die zwei Geschlechter aus dem einen herausgebildet. Dadurch, daß der Mensch die niederen Wesen, die noch fortleben als Reptilien, und dann, als er schon aufgerückt war zur Warmblütigkeit, das Geschlecht der Vögel von sich abstieß, durch diese Ausscheidung wurde er reif, den Geist in seiner ersten Gestalt in sich aufzunehmen. Das ist das Geschlecht, das zum ersten Male geistbegabt auftritt. In der lemurischen Zeit ist der Mensch zu einer verdichteten Materialität gekommen, da hat der Mensch die Fleischlichkeit errungen. Es ist das der lemurische Mensch. Und dieser lebte auf unserer Erde zu einer Zeit, in welcher noch viel von der alten Feuermaterie vorhanden war. In diesem lemurischen Zeitalter geht dann das ganze Geschlecht in umfassender Art zugrunde, durch Katastrophen, die das Feuer in Form von großen vulkanischen Tätigkeiten anrichtet. Nur einige bleiben übrig und leben weiter.

Die atlantische Periode spielte sich auf den Gebieten der Erde ab, die heute bedeckt sind von den Fluten des Atlantischen Ozeans. Hier wird noch einmal etwas abgestoßen vom Menschen: Es werden die höheren Säugetiere abgeschieden. Der Mensch hatte zuerst noch die Natur der höheren Säugetiere in sich. Er hatte noch das in sich, was man als menschenähnliche Affen bezeichnet. Das sind alles Ausscheidungen niederer Bestandteile seiner Wesenheit. Der Mensch hat sich jetzt zu einer höheren Stufe nur dadurch heraufentwickelt, daß er das Niedere abgestreift hat. Es kam im Menschen das zum Vorschein, was ich früher Ahamkara, Ich, genannt habe. In der ersten atlantischen Zeit kommt Ahamkara mit der entsprechenden Entwickelung des Gedächtnisses und der Sprache im Menschengeschlecht zum

Vorschein. Ich-Bewußtsein wurde Bewußtsein des Egoismus. Die erste atlantische Zeit ist daher auch eine Zeit, in welcher sich mehr und mehr der brutale Egoismus ausgebildet hat. Wir werden noch hören und lesen, zu welchen Exzessen das ausgebildete Ahamkara geführt hat. Also abgestoßen worden ist die höhere Säugetiernatur, so daß wir im Affen keinen Vorfahren zu sehen haben; vielmehr haben wir im Menschen den Erstgeborenen auf unserer Erde zu sehen. Der Mensch ist im Akasha-Äther inkarniert vorhanden, und alles, was außer ihm besteht, ist nach und nach von ihm ausgeschieden worden. Mensch und Tiere haben sich den Verhältnissen und Umständen angepaßt und sind das geworden, als was wir sie heute kennenlernen können. *Paracelsus* hat das gewußt und gesagt, daß der Mensch die Buchstaben selbst niedergeschrieben hat, aus denen seine ganze Wesenheit besteht. Also im Affen haben wir keinen Vorfahren zu sehen, sondern einen Nachkommen des ursprünglichen Menschen. Es ist merkwürdig, daß diese theosophische Betrachtungsweise anklingt, ganz elementar, an eine Auslassung des Naturforschers und Botanikers *Reinke*. Er sagt in seinem Buche «Die Welt als Tat», daß der Affe sich nicht als ein Vorfahre des Menschen ausnimmt, sondern als ein degenerierter Mensch, als ein von der Menschheit abgefallener und degenerierter Mensch. – Diese Anschauung stimmt ganz außerordentlich mit dem überein, was uns die Naturwissenschaft auf diesem Gebiete lehrt. Sie lehrt uns, daß in der allerersten Anlage das menschliche Gehirn, namentlich das kindliche Menschengehirn, sehr ähnlich ist – bis zu einem gewissen Grade – einem Affengehirn, daß aber das entwickelte Menschengehirn doch abweicht vom Affengehirn. So daß das Affengehirn sich ausnimmt wie etwas, was einen ganz anderen Entwickelungsgang nimmt. Die darwinistische Anschauung aber will ihre Theorie von der Verwandtschaft des Affen mit dem Menschen stützten durch die erste Beobachtung. – Damals hat der Mensch, damit er sich freier, in edleren Eigenschaften nach aufwärts entwickeln konnte, die Natur, die heute die Affenbildung ausmacht, abgestoßen. Dadurch ist das Affengeschlecht degeneriert und hat sich nach einer anderen Richtung entwickelt. Der Affe ist nicht im entferntesten als Vorfahre des Menschen anzusprechen. Das aber bringt die Entwickelung des Menschen weiter.

Nachdem der Mensch Buddhi und Kama und Ahamkara entwickelt hatte, war er in der Lage, das erste Prinzip des Geistes wieder in sich aufzunehmen: Manas. Manas, das logische Denken, das kombinierende Denken hat sich seit der letzten Zeit der atlantischen Epoche und in unserer ganzen fünften Menschheitsepoche aus dieser veredelten Menschennatur herausentwickelt. So hat der Mensch, nachdem er Buddhi zuerst entwickelt hat bis zu Kama, die Weisheit ausleben müssen im Egoismus, in Ahamkara; so hat er ein egoistisches Leben führen müssen. Dann aber hat sich die Weisheit wieder in reinerer Gestalt entwickelt, so daß der Mensch heute in der Lage ist, logisch zu denken. Er wird einmal heraufsteigen zu einer höheren Art der Geistigkeit, indem er auch aus der Kamanatur und aus dem alltäglichen Fühlen die Buddhinatur herausarbeiten wird, um dann zu noch höheren Stufen der Geistigkeit emporzusteigen. Davon werden wir später noch sprechen, wenn wir die Entwickelungsstufen noch genauer kennenlernen werden.

Es konnte nur im allgemeinen eine Skizze der theosophischen Anschauung gegeben werden. Das ist die Entwickelungslehre, die Lehre von der Abstammung des Menschen im theosophischen Sinne. Das ist die Abstammungslehre, welche berufen ist, an die Stelle derjenigen zu treten, welche ohnedies in der letzten Zeit eine wesentliche Einbuße durch die wirklichen naturwissenschaftlichen Tatsachen erfahren hat.

Ich möchte nun doch noch, um zu zeigen, daß das, was ich gesagt habe, nicht so ganz gegen die naturwissenschaftlichen Vorstellungen spricht, einige Worte des Botanikers Reinke vorlesen, um zu zeigen, daß es heute nötig ist, eine neue Art «Schöpfungsgeschichte» zu denken. Er spricht da folgendes aus: «Es ist von vornherein klar, welch tiefer Gegensatz zwischen dieser eben ausgesprochenen Anschauung und der im allgemeinen in unserer Wissenschaft bestehenden Anschauung und Methode der Forschung liegt. Wir suchen im allgemeinen nicht nach Theorien, sondern bauen auf Tatsachen. Daher müßte sich die Naturwissenschaft dazu bequemen, sich nur auf Tatsachen zu beschränken. Die Tatsachen sind aber bis jetzt keineswegs vorhanden. Ich muß protestieren dagegen, wenn die Sache so dargestellt wird, als ob von der Zoologie, Anatomie usw. die Tatsachen geliefert worden seien. Wenn davon ein Bild abgeleitet werden soll, so ist das eine Phantasie.» – Dabei sieht dieser Naturforscher noch nicht ein, daß es unmöglich ist, aus den äußeren Tatsachen jemals eine Anschauung zu erhalten über den Ursprung des Menschen. Niemals kann man dies, denn der Ursprung des Menschen ist nicht im Sinnlichen gelegen, sondern im Seelisch-Geistigen. Erst wenn man von dem Sinnlichen aufsteigt zum Seelisch-Geistigen, wenn man aufsteigt zu einer Anschauung, die nicht phantastischer, sondern spiritueller Natur ist, können wir wiederum zu einer den Menschen wirklich befriedigenden Abstammungslehre kommen. Den Menschen zu einer ihn wieder befriedigenden Abstammungslehre zu führen, ist die Aufgabe der Theosophie. Die «natürliche» Schöpfungsgeschichte kann heute nicht mehr befriedigen. Auf der einen Seite macht sich das Bedürfnis nach einer spirituellen Erkenntnis geltend, und auf der anderen Seite haben die Tatsachen die Entwickelungslehre widerlegt. Die Naturwissenschaft wird niemals

225

über den Ursprung des Menschen etwas sagen können. Soll der Ursprung des Menschen erkannt werden, so kann das nur im Sinne einer im geistigen Sinne gehaltenen Erkenntnis geschehen. Die Gegenwart wieder hinzuführen zu einer solchen spirituellen Erkenntnis: diese Aufgabe hat die theosophische Weltanschauung.

Fragenbeantwortung

Frage: Waren die Krustazeen die ersten Lebewesen, welche abgeschieden wurden?

Die Krustazeen sind nicht die ersten Lebewesen gewesen, welche abgeschieden wurden. Natürlich sind es einzellige Lebewesen gewesen. Diese waren aber nicht wie die heutigen einzelligen Lebewesen, sie waren in ganz anderen Verhältnissen.

Frage: Wie hat man sich die feuerflüssige Oberfläche der Erde in der lemurischen Zeit zu denken und das Vorhandensein von Wesen darauf?

Nicht die gesamte Oberfläche der Erde war da in feuerflüssigem Zustande, nur der Wohnplatz der Wesen war feuerflüssig. Bei der Abscheidung der mineralischen Wesenheiten war etwas wie eine Art Überrest, schon fast ein Einschlag eines Knochengerüstes vorhanden, der Wesenheiten beherbergen konnte, welche in irgendeiner Form schon feste Gestalt angenommen haben. Nur das kann durch die Paläontologie nachgewiesen werden, was feste Gestalt angenommen hatte.

Frage: Wird die Abstoßung, welche die Zukunft noch bringen muß, gefördert durch den Vegetarismus?

Es ist schwer darüber zu sprechen, weil diese Frage, noch mehr wie andere Fragen, das Gefühl des Menschen herausfordert. Ich möchte aber doch unbefangen über die Frage sprechen. Allerdings wird die weitere Veredlung des Menschen durch den Vegetarismus in ganz wesentlicher Weise gefördert. Damit soll aber nicht gesagt werden, daß es jedem Menschen möglich ist und daß es jedem Menschen zuträglich ist, vegetarisch zu leben. Die Frage ist eine andere, wenn man frägt, ob man Vegetarier werden soll, als wenn man frägt: Was bewirkt die vegetarische Lebensweise? – Der Vegetarismus ist eine Beförderung der geistigen Intuition und ist auch förderlich für das Handeln. Gleichzeitig ist er auch eine Frage der Vererbung. Gegen ein Vorurteil möchte ich mich aber wenden. Der materialistische Denker kann auf diesem Gebiete zwar eine bis zu einem gewissen Grad reichende, aber keine ausreichende Erfahrung haben. Es wird gesagt, daß Persönlichkeiten durch den Vegetarismus schwach geworden sind, daß sie also die vegetarische Lebensweise nicht aushalten können. Das ist richtig und ist falsch. Richtig ist, daß viele Menschen, welche ihr Denken nur mit Kamamanas beschäftigen, die als Inhalt ihres Denkens also lediglich Sinnliches haben – und dazu gehört die gewöhnliche Gelehrsamkeit, Juristerei, Physiologie oder auch Medizin, wo der Inhalt der Vorstellungen lediglich ein solcher ist, der der Sinnenwelt entnommen wird –, in dem Vegetarismus nicht alles finden, was sie brauchen. Für alle diejenigen, die auf dem Gebiete des Verstandes, der auf die Sinnenwelt gerichtet ist, der sinnlich denkt, vorstellt und fühlt, ihr geistiges Leben leben, wird ein Punkt kommen, wo sie zusammenbrechen können durch den Vegetarismus. Es gibt sehr viele solcher Art. Es muß aber nicht sein. Ich habe auf diesem Gebiete Menschen kennengelernt, die selbst gelehrte Denker waren, die physiologische, historische Denker waren, bei denen es nicht möglich war, daß das Gehirn in entsprechender Weise richtig ernährt wurde, wenn sie bloß vegetarisch lebten. Die Sache wird aber sofort anders, wenn der Mensch eine Spiritualität entwickelt. Sobald der

Mensch zum spirituellen Erkennen kommt, sobald er zum Leben im Spirituellen kommt, dann ist es möglich, daß er sich beim Vegetarismus aufrechterhalten kann. Dann fördert der Vegetarismus das spirituelle Leben, und der Mensch wird dahin kommen, wo ihm noch eine höhere Zukunft in Aussicht steht. Von dieser höheren Zukunft werde ich in den nächsten Vorträgen, am 16. Februar, 23. Februar und 2. März sprechen, wo ich über Goethes «Geheime Offenbarung» sprechen werde.

Frage: Was hat man unter einer geistig-seelischen Wesenheit zu verstehen?

Wir werden noch sehen, wo der Geist seinen Ursprung hat. Diesen geistigen Einschlag müssen wir uns innerhalb der Entwickelung des Menschen als einen Einfluß von außen vorstellen. Damit ist nicht etwa eine Naturanschauung verletzt oder die Meinung berechtigt, daß das ja ein Dualismus sei. Wasserstoff und Sauerstoff geben ja auch Wasser. Deshalb braucht aber der, welcher dieses weiß, kein Dualist zu sein.

Frage: Was war es denn eigentlich, was als Mensch da war, bevor der geistige Einschlag stattfand?

Bis zu einem gewissen Punkte ist der Mensch die Dreiheit: Geist, Seele und Leib. Wenn wir weiter nach aufwärts kommen, so haben wir auf der Erde, verbunden mit dem Physischen der Erde, den leiblich-seelischen Menschen. Dieser leiblich-seelische Mensch ist da zunächst in einer viel feineren und lichteren Materie inkarniert, als der spätere Mensch. Es findet da fortwährend eine Verdichtung statt. Deshalb sprechen wir auch von den sogenannten «Söhnen des Feuernebels». Wir haben es da zu tun mit einer Ausgestaltung des Menschen. Diese Gestalt möchte ich aber in öffentlicher Vorlesung nicht beschreiben, weil, wenn man sie ohne weiteres hinstellt, es sich nicht gut ausnimmt. Die Vorbedingungen sind nicht vorhanden, um diese Gestalt zu verstehen. Im «Feuernebel» wurde zuletzt in Akasha inkarniert. Von dieser Akasha hat die Physik unserer Zeit keine Kenntnis. Was wir jetzt haben als Einschlag, das ist die Anlage zur Ewigkeit, der Geist, wenn wir beim heutigen Menschen von Geist sprechen, spricht man von der Ewigkeit. Das Bewußtsein, um das es sich damals handelte, war durchaus nicht dasselbe wie das Bewußtsein in der Hypnose oder im Trancezustand. Es ist vorhanden, annähernd, während eines besonders lebhaften Traumes. Das war der Bewußtseinszustand vor dem Einschlag des Geistes.

Frage: Warum soll jeder Fortschritt durch Verdichtung der Materie geschehen, während wir doch die feinere Materie als Fortschritt betrachten?

Die allgemeine Form des Bewußtseins wurde erhellt, aber auch beschränkt duch die Verdichtung bis zur materiellen Ausbildung der Sinnesorgane.

Frage: Ist der Akasha-Stoff ätherischer oder astralischer Stoff?

Der astralische Stoff ist der höhere Stoff. Der Akasha-Stoff steht zwischen der physischen und astralen Materie. Er ist die feinste physische Materie, die allerfeinste Materie, in welcher der Gedanke sich unmittelbar ausprägen kann.

Frage: Wie war der Mensch in diesen feinen Zuständen wahrnehmbar?

In der Zeit, als der Mensch noch luftig war, war es

möglich, ihn durch das Gehör wahrzunehmen, als Vibration, nicht aber durch das Auge.

Frage: Welchen Einfluß hatte der Einschlag des Geistes auf die Geschlechtlichkeit?

Mit dem Einschlag des Geistes trat auch die Eingeschlechtlichkeit des Einzelwesens auf. Vorher waren beide Geschlechter in einem Wesen vorhanden. Die Fortpflanzung war damals ähnlich derjenigen unserer einzelligen Wesen.

Frage: Was ist der Ursprung der theosophischen Weltanschauung?

Früher wurde in Bildern gelehrt. Heute ist das nicht mehr möglich. Daher muß man die Ideen in einer dem Verstande verständlichen Sprache zum Ausdruck bringen, besonders für unsere Wissenschafter. Man sollte diese Dinge betrachten, wie der Physiker die seinigen betrachtet, als eine brauchbare Arbeitshypothese. Das gibt nach und nach doch Überzeugung.

Als Dr. Steiner gebeten wurde, etwas Näheres über den Vorgang des Heraussetzens des Affen zu sagen, antwortete er etwa so:

Denken Sie sich einen Vorfahren, er hat zwei Nachkommen. Der eine dieser Nachkommen kann den göttlichen Funken in seine Form aufnehmen. Er entwickelt sich herauf und wird Mensch. Der andere Nachkomme hat eine aus gröberen Stoffen geschaffene Form, er kann nicht den Funken aufnehmen. Er entwickelt sich herab und wird Affe.

DIE ENTSTEHUNG DER ERDE

Berlin, 9. März 1905

Der Vortrag, den ich heute halten werde, ist eine Art Fortsetzung dessen, den ich über den Ursprung des Menschen gehalten habe. Wir kommen heute auf Zeiten zurück, die in urferner Vergangenheit liegen, und wir kommen heute auf Begriffe, welche dem gegenwärtigen materialistischen Denken sehr fern liegen. Daher gestatten Sie mir wohl, daß ich ein paar einleitende Worte über das Verhältnis meines heutigen Themas zu den zeitgenössischen Vorstellungen hier anknüpfe.

Es muß durchaus für jeden, der die naturwissenschaftlichen Erkenntnisse der Gegenwart durchdrungen hat und versteht, verständlich sein, daß die theosophischen Vorstellungen über den Ursprung der Erde als etwas sehr Spekulatives, vielleicht sogar sehr Phantastisches heute genommen werden können. Aber glauben Sie nicht, wenn man tiefer auf die Dinge eingeht, daß sich dann ein wirklicher Widerspruch herausstellt zwischen den naturwissenschaftlichen Vorstellungen und denen, welche die Theosophie, die Geisteswissenschaft zu den ihrigen macht. Wir müssen uns durchaus klar sein darüber, daß der Naturforscher lediglich in der Lage ist, dasjenige zu überprüfen und darzustellen, was sich in der äußeren Sinneswelt abspielt und mit dem wissenschaftlichen Verstande zu ergreifen ist. Ich bin ganz und gar der Ansicht, daß über solch schwierige Fragen, wie die heutige eine ist, auch vom theosophischen Gesichtspunkte nur derjenige sprechen sollte, welcher zu gleicher Zeit mit der ganzen naturwissenschaftlichen Bildung unserer Zeit bekannt ist, damit er eine Vorstellung davon hat, wie sehr er gegen die landläufigen Vorstellungen verstößt. Jedoch möchte ich für alle diejenigen, die sich vom Standpunkte des Materialismus oder, sagen wir, einer materialistisch gefärbten Denkart glauben auflehnen zu können gegen die weitergehenden Anschauungen, die heute vorgetragen werden, ein Beispiel von gegenseitigem Verständnis derjenigen Menschen, die sich mit Weltanschauung befassen, an die Spitze meines Vortrages stellen.

Es war Ende der sechziger Jahre, da trat, wie Sie wissen, zum letzten Male eine, wenn auch pessimistische, so doch entschieden idealistisch gefärbte Philosophie auf, welche einen tieferen Eindruck auf ein größeres Publikum machte. Es war *Eduard von Hartmanns* «Philosophie des Unbewußten». Ich will nur sagen, was geschichtlich sich da ergeben hat. Hartmann ging hart zu Leibe den weltanschaulichen Vorstellungen, die aus dem Darwinismus herausgeboren waren. Als die Männer jener Zeit sahen, welchen großen Eindruck die «Philosophie des Unbewußten» machte, da erschienen viele Oppositionsschriften. Unter diesen befand sich auch eine, die anonym erschienen war, mit dem Titel: «Das Unbewußte vom Standpunkte der Physiologie und Deszendenztheorie.» Die bedeutendsten Philosophen sagten, daß es die beste Schrift sei gegen Eduard von Hartmann und seine Philosophie. Die Schrift machte großes Aufsehen. Die Naturforscher waren sich darüber klar, daß sie von einem Naturforscher geschrieben sei und, daß Eduard von Hartmann gründlich widerlegt war. Da erschien bald darauf die zweite Auflage derselben anonymen Schrift, jetzt aber mit dem Namen des Verfassers, und zwar mit dem Namen Eduard von Hartmanns! Es war eine geschickte Mystifikation! Ich bin zwar kein Hartmannianer oder Anhänger der Philosophie des Unbewußten, aber diese Philosophie steht höher und enthält mehr, als von pessimistischer Richtung sonst vorgebracht werden kann. Hartmann zeigte, daß man nur seinen Standpunkt herunterzuschrauben braucht, um die betreffenden Sachen noch viel tiefer zu durchschauen als die Gegner. So könnte sich auch die Geisteswissenschaft oder Theosophie so ausdrücken, wie diejenigen, welche glauben, die besten Naturforscher zu sein. – Das habe ich gesagt, um zu zeigen, daß man in ähnlicher Weise auch die Theosophie widerlegen könnte. Diese Widerlegung aber könnte wahrscheinlich die Theosophie selbst besser geben als jeder andere.

Wir müssen nun bedenken, daß wir es heute zu tun haben mit sehr schwierigen Kapiteln und daß es außerordentlich mühsam ist, in diese Regionen einzudringen. Noch schwieriger ist es aber, innerhalb unserer nur für die äußere sinnliche Welt geprägten Sprache die gehörigen Ausdrucksmittel zu finden. Man muß alles Mögliche zu Hilfe nehmen, um die feinen, subtilen Begriffe und die Anschauungen, die aus rein geistigen Welten genommen sind, in eine anschauliche Sprache zu kleiden. Dennoch möchte ich versuchen, dasjenige, was mir bekannt ist als Erfahrung in diesen höheren Gebieten, in möglichst bildhafter und anschaulicher Sprache zum Ausdruck zu bringen. Sie finden die betreffenden Abschnitte der großen Weltentwickelung auch dargestellt in der theosophischen Literatur. Dort finden Sie sie aber mehr schematisch dargestellt, als ich es heute tun werde. Ich möchte nichts einwenden gegen diese so schematische Darstellung, welche auch ihren Nutzen hat und für den Verstand klare Begriffe gibt von dieser Evolution. Das kann man aus den theosophischen Handbüchern lernen. Ich möchte aber etwas anschaulicher schildern.

Wir haben von dem Menschen gesehen, daß er uns entgegengetreten ist als ein ganz anderes Wesen ·in urfernen

Zeiten, daß er das physische Kleid erst allmählich angenommen hat, daß er seinen Ursprung nicht hat aus dem Physischen, sondern aus dem Seelischen. Wir haben gesehen, daß das Seelische dem Physischen vorangeht, daß das Seelische in sich die Kräfte entwickelt, durch die es sich in dieses physische Kleid allmählich einkleiden kann. Das alles ist dargestellt worden. Wir haben zu gleicher Zeit darauf aufmerksam gemacht, daß wir den Menschen, so wie er heute vor uns steht, nur durch eine bestimmte Anzahl von Zeiträumen zurückverfolgen können. Wir stehen heute innerhalb des fünften Zeitraumes unserer physischen Erdenentwickelung. Ihr ist ein anderer Zeitraum vorangegangen, welcher sich auf einem Kontinent abspielte, der heute den Boden des Atlantischen Ozeans bildet. Und diesem Zeitalter, dem atlantischen, ist wiederum ein anderes vorangegangen, welches wir das lemurische nennen. Und damals, in der Mitte der lemurischen Rassenentwickelung, finden wir, daß eigentlich sich mit dem Menschen, so wie er bis dahin sich herausgebildet hatte, erst das verbindet, was wir heute unseren unsterblichen Geist nennen. Dieses höhere Element, diese höhere Wesenheit des Menschen, die alle physische Körperlichkeit überdauert, die auch alle seelische Entwickelung überdauert – mit anderen Worten das Ewige im Menschen –, das hat dazumal, wenn wir uns bildlich ausdrücken wollen, als ein geistiger Funke sich festgesetzt in der menschlichen Natur, so daß der Mensch bis dahin uns entgegentritt als die Verbindung von Seele und Leib. Bis zur Mitte dieser in längst verflossenen Zeiten auf der Erde wohnhaften lemurischen Bevölkerung waren unsere Menschenvorfahren leiblich-seelische Wesen.

Wollen wir uns eine klare Vorstellung davon machen, wie diese Menschenvorfahren eigentlich beschaffen waren, so müssen wir uns daran erinnern, daß das, was wir Geist nennen, untrennbar verknüpft ist mit allem wirklich höheren Denken. Ohne Geist könnte der Mensch nicht zählen, ohne Geist könnte der Mensch nicht sprechen, ohne Geist wäre keine höhere Verstandestätigkeit, geschweige noch höhere Tätigkeiten möglich. So daß wir es bis dahin zu tun haben mit einem Menschen, der wartete, um geistbegabt zu werden, der noch nicht den unsterblichen Teil hatte, der aber ein Seelenleben hatte, das ganz anders war als unser heutiges Seelenleben. Unser heutiges Seelenleben ist durchsetzt von Geist. Wenn wir den Menschen, der noch nicht geistesbegabt war, Mensch nennen wollen – und der Kürze halber wollen wir das tun –, so müssen wir sagen, daß sein Seelenleben dumpf war, daß es ein mehr träumerisches, bildhaftes Seelenleben war. Das Seelenleben des damaligen Menschen kann man nur verstehen, wenn man es noch einen Zeitraum zurückverfolgt. In der Zeit, von der ich jetzt gesprochen habe, ist der Mensch imstande, äußere Körpereindrücke aufzunehmen, die Umgebung wahrzunehmen. Diese Wahrnehmung hat sich erst langsam und allmählich entwickelt.

Wenn wir die Lemurier noch weiter zurückverfolgen, so finden wir, daß die Menschenvorfahren zwar schon Empfindung haben, daß die äußeren Gegenstände auf sie einen Eindruck machen, daß sie aber keine Vorstellungen mit diesen äußeren Wahrnehmungen verbinden konnten. Wenn Sie sich ein Seelenleben denken ähnlich dem, das sich während des Traumes abspielt, dann haben Sie etwas Ähnliches. Es ist aber nicht ganz das gleiche. Denn die Bildvorstellungen, die damals in der Seele auf und ab wogten, waren viel klarer, viel ursprünglicher und elementarer, viel gesättigter als die verworrenen Traumbilder des heutigen Durchschnittsmenschen sind. Vor allem waren diese Bilder in der Seele des Menschen in gewisser Weise doch abhängig von dem, was rings um den Menschen vorging. Der Mensch war damals noch nicht imstande, mit einem äußeren Gegenstande eine Farbe zu verbinden, er konnte die Dinge noch nicht farbig sehen. Er hat nicht sehen können, daß ein Gegenstand grün oder rot ist; die Farbvorstellung verband sich noch nicht mit dem Gegenstand. Und dennoch wogten Farben in der menschlichen Seele. Diese Farben hatten etwas Ähnlichkeit mit dem, was der Hellseher kennt, wenn er gewisse Fähigkeiten in sich ausbildet. Der Hellseher sieht nicht nur das äußere Körperliche, sondern auch die Gefühle und Instinkte in der Form einer Aura. Der physische Mensch ist nur ein Teil des Menschen. Der physische Mensch ist eingebettet wie in eine Wolke, in welcher allerlei Formengebilde auf und ab wogen. Diese kann nur derjenige sehen, der die Gabe des Hellsehens in unserem theosophischen Sinne hat – nicht im Sinne des Spiritismus. Ich werde das nächste Mal, wenn ich über die großen Eingeweihten der Welt sprechen werde, auch einige Bemerkungen machen über den Erwerb solcher Fähigkeiten. Alle wirkliche Einweihung kann nur verknüpft sein mit der Hellsehergabe. Die Fähigkeiten der großen Eingeweihten sind aus der Gabe des Hellsehens herausgeflossen.

Heute muß man, bevor man Hellseher wird, durchaus ein vernünftiger Mensch sein. Man muß fähig sein, logisch und klar zu denken. Derjenige, welcher die Gabe des Hellsehens sich erwerben würde, ohne daß er ausgebildet hätte die Gabe des vernünftigen, klaren Denkens, würde ein schlimmes Geschenk empfangen. Er würde statt in eine höhere, geistige Welt geführt zu werden, in eine Welt von Phantasien geführt werden, wo ihm jegliche Kontrolle fehlt, in eine Welt, die vor ihm stünde wie die Traumwelt, die chaotisch vor dem Träumenden steht. Erst wenn man sich logisches, klares, vernünftiges Denken angewöhnt hat, so daß man zwischen den geistigen Dingen so wandelt wie der vernünftige Mensch zwischen Tischen und Stühlen, so daß man nichts Besonderes mehr darin sieht, kann man die Hellsehergabe im heutigen Sinne als ein wirklich tiefer in die Welträtsel Hineinführendes einsehen. Es ist also so, daß alle Geheimschulen als Voraussetzung haben, daß der Mensch ein ganz vernünftiger, vielleicht sogar etwas nüchterner Mensch ist, so daß er das Gegenteil von dem ist, was man einen Phantastiker nennt. Daher sagen wir, daß das Hellsehen, das Erkennen der seelischen, der aurischen Welt verknüpft ist mit der Entwickelung unserer geistigen Fähigkeiten.

Die Anschauung des Menschen, wie ich sie Ihnen beschrieben habe, war in der vorlemurischen Zeit eine ähnliche. Aber es fehlte ihr das Durchdrungensein mit Bewußtsein. Es war nur ein dämmriges Bewußtsein in dem Menschen vorhanden. Er fühlte zwar schon auf der damaligen Stufe das, was Wärme und Kälte war, er hatte einen Tastsinn und konnte gewisse Unterschiede der Dichtigkeit und Undichtigkeit wahrnehmen. Auch die Gabe des Hörens hatte er. Der Gehörsinn ist einer der ältesten Sinne, die die Menschheit entwickelt hat. Aber noch nicht hatte er den Sinn des Sehens. Dieses war noch sozusagen ein innerliches. Im Menschen selbst lebte seelisch die Farbenvorstellung. Wenn er zum Beispiel in eine Region kam, die kälter war als die, aus welcher er herauskam, dann stieg in seiner Seele ein Farbenbild auf von dunkleren Farbenschattierungen. Machte er es umgekehrt, kam er von einer kälteren Luftschicht in eine wärmere, dann gab es ein gelbliches oder ein gelblich-rötliches Farbenbild. So hatten jene Menschen Farbenbilder, die sich aber nicht verbanden mit der Oberfläche der Körper, sondern als unbestimmte Farbenbilder in der Seele lebten. Das verband sich dann mit dem, was den Menschen ringsherum umgab.

Aber noch etwas anderes hatte der Mensch damals. Er hatte eine feine Sensibilität für dasjenige, was seelisch in seiner Umgebung vorging. Wenn wir hier in einem Raume sind, so sitzen Sie nicht bloß da als physische Körper, sondern auch als Seelen. In jedem von Ihnen leben Gefühle und Empfindungen. Und diese sind ebenso etwas Wirkliches wie der physische Körper etwas Wirkliches ist. Das, was heute die menschliche Seele an Empfindungsfähigkeit hat, kann nicht mehr eindringen in diese Kräfte der Gefühle und der Empfindung, weil gerade durch die Fortentwickelung der Menschheit der Mensch heller in seinem Bewußtsein geworden ist, weil er seinen Verstand, seine alltägliche Anschauung ausgebildet hat. Aber vorläufig ist ihm verlorengegangen das, was seelisch in ihm vorhanden war. Er wird diese Fähigkeit wiedererlangen unter Beibehaltung seiner gegenwärtigen Vernünftigkeit und seines klaren Tagesbewußtseins. Die ganze Menschheit wird einst einen Zustand erlangen, den heute nur der praktische Mystiker, der Hellseher hat. Um diesen Zustand zu erlangen, hatte der Mensch durch bloße körperliche Anschauung, durch bloßes leibliches Wahrnehmen hindurchzugehen. In einer Beziehung erreicht die Menschheit einen höheren Stand, und in anderer Beziehung kommt sie auf einen in gewisser Weise tieferen Standpunkt herab.

Von einem dumpfen, dämmerigen Wahrnehmen ging damals der Mensch aus. Aber das war zu gleicher Zeit ein seelisch-hellseherisches Wahrnehmen. Wenn nun in des Menschen Nähe irgendein sympathisches Gefühl, ein Seelisches lebte, welches – gestatten Sie den Ausdruck – Sympathie ausströmte, dann empfing der Mensch in sich jene hellen Farbenbilder. Böse Gefühle ließen durch eine seelische Wirkung dunklere, zum Blauen, Bräunlichen, Rötlichen hinneigende Farbenbilder aufsteigen. Das war der Zusammenhang des seelischen Innenlebens mit der damaligen äußeren seelischen Wirklichkeit. Aber damals konnte diese äußere seelische Wirklichkeit eben wahrgenommen werden. Nur allmählich gestalteten sich die Sinne so heraus, wie sie heute sind. Und damit gelangte der Verstand, das gegenständliche Erfassen der Dinge, zum Dasein. Die ursprüngliche dämmrige Hellsehergabe dagegen trat zurück. Zugleich kommen wir da in eine Zeit, wo Hand in Hand mit dieser Entwickelung eine andere geht, die Entwickelung der sogenannten Zweigeschlechlichkeit. Nicht immer war der Mensch so, wie er heute ist in bezug auf sein Fortpflanzungsvermögen. Die größere Kraft, welche die Seele über das Physische hatte, bewirkte, daß der Mensch, ohne zu einem anderen physischen Menschenwesen seine Zuflucht nehmen zu müssen – weil er beide Geschlechter in sich vereinigte –, ein Wesen gleicher Art aus sich hervorbringen konnte. Daher war der Übergang in jener Zeit zugleich ein solcher der gegenseitigen Wahrnehmung und ein solcher von der Zwei- zur Eingeschlechtlichkeit. In der damaligen Zeit war des Menschen Gehirn noch nicht in derselben Weise ausgebildet wie heute. Der Mensch war noch nicht ein solches Gehirnwesen, wie er es heute ist; auch ein solches Wahrnehmungsvermögen hatte er damals nicht, wie er es heute hat. Es ist das die Zeit, von der wir schon gesprochen haben, die zugleich die der Schöpfung des menschlichen Gehirns ist.

Das letzte Mal habe ich angedeutet, daß wir nicht genau den Darwinismus unterschreiben. Wir unterschreiben ihn insoweit, als er die Verwandtschaft des physischen Menschenwesens mit allen anderen physischen Lebewesen auf der Erde darstellt. Aber ich habe auch angedeutet, daß wir in den unvollkommenen tierischen Lebewesen, die wir neben uns auf der Erde haben, nicht Vorfahren der gegenwärtigen Menschen, auch nicht der physisch-seelischen Menschen sehen, geschweige des geistigen, daß wir vielmehr in diesen tierischen Wesen Abzweigungen von einem gemeinschaftlichen Vorfahren zu sehen haben, der weder dem heutigen Menschen gleicht noch den heute um uns herum lebenden unvollkommenen Lebewesen, den Tieren. In der Zeit, von der ich jetzt gesprochen habe, gibt es auf der Erde noch nicht die höheren Säugetiere. Die höheren Säugetiere haben, ebenso wie der Mensch, nur unvollkommener, ein Gehirn und ein dem menschlichen ähnliches Wahrnehmungsvermögen. Die Wesen, welche ein solches Wahrnehmungsvermögen ausgebildet haben, gab es in dieser Zeit noch nicht. Es gab auf der Erde nur Wesen mit bildhaften Vorstellungen, mit einer bildhaften Art der Seelenbildung, und im Grunde genommen war, wie in einem gemeinsamen Knotenpunkte, alles das, was heute Mensch und höheres Tierreich ist, in einer einzigen Wesensart vereinigt. Der Mensch war, insofern er ein seelisch-physisches Wesen ist, in einer gewissen Beziehung auf der Stufe der Tierheit. Aber kein Gegenwartstier und auch nicht der Gegenwartsmensch gleicht dem damaligen Menschen. Nun hat sich aber das Menschenwesen so weit entwickelt, daß ein Teil, ein Ast der damaligen Art, sich fortentwickelt hat bis zu den heutigen Menschen. Durch gewisse Verhältnisse, die ich ein anderes Mal besonders darstellen werde, sind andere Glieder der damaligen Wesen zurückgeblieben. Sie sind zurückgegangen in ihrer Entwickelung, sind dekadent geworden. Diese dekadenten Wesen sind die, welche wir als die höheren Tiere erkennen.

Ich möchte diesen Punkt klarmachen und dazu folgendes heranziehen: Sie wissen, daß es Gegenden gibt, in denen der Katholizismus bis zu einer Art Fetischdienst herabgesunken ist, wo er sich ausnimmt wie das Anbeten lebloser Gegenstände oder Heiligenbilder. Nun wird niemand behaupten können, daß dieser Standpunkt, im Verhältnis zu dem vollkommeneren, zu dem die Menschheit sich hinaufentwickelt hat, der gleiche sei. Dieses Fetischchristentum ist ein herabgekommenes Christentum. So ist es vom theosophischen Gesichtspunkte aus auch, wenn wir verschiedene der «wilden» Völkerstämme betrachten. Die materialistisch denkende Kulturgeschichte sieht in ihnen zurückgebliebene Vorfahren der Kulturmenschen. Wir sehen in ihnen die heruntergekommenen, dekadent gewordenen Nachkommen einstmals höherstehender Völkerschaften. So geht es uns, wenn wir noch weiter hinaufsteigen in der Zeit, mit den höheren Tieren. Sie waren einst vollkommener, sie haben sich herunterentwickelt. Wir kommen zu einer Gestaltung des Menschenreiches, welche anders ist, welche den Menschen noch undifferenziert von den übrigen höheren Tierarten zeigt, allerdings in einem Zeitpunkte, der Millionen von Jahren hinter uns liegt.

Wie kommt es nun, daß der Mensch dazumal auf der Bahn seiner Entwickelung stehengeblieben ist? Der Mensch ist hinsichtlich seiner seelischen Entwickelung ganz und gar das Ergebnis dessen, was um ihn herum vorgeht. Denken Sie sich nun einmal den Raum, in dem wir sind, mit einer um hundert Grad höheren Temperatur, und denken Sie sich auch, was da alles anders werden würde! Wenn Sie diesen Gedanken auf alle anderen Naturverhältnisse ausdehnen, wird er Ihnen zeigen, daß der Mensch in Wahrheit ganz abhängig ist von der Konstellation und von der Konfiguration der Kräfte, innerhalb deren er lebt. Er wird ein anderes Wesen, wenn er in einem anderen Zusammenhang ist. – Man hat in der neueren Zeit naturwissenschaftliche Versuche gemacht, man hat Schmetterlinge auskriechen lassen in Temperaturen, in denen sie sonst nicht leben. Man hat gefunden, daß sie ihre Farben und Farbenschattierungen ändern. Und bei höheren Temperaturen sind noch größere Veränderungen zu beobachten. Die Naturwissenschaft ist heute schon eine Art elementarer Theosophie. Für die Theosophie gibt es keinen Widerspruch zwischen der Naturwissenschaft und der Theosophie!

So hingen auch die damaligen Entwickelungsstufen der Menschheit von den ganz andersgearteten Entwickelungsstufen auf unserer Erde ab. Schon der Physiker sagt Ihnen – und zwar als Hypothese –, daß, je weiter wir in der Erdenentwickelung zurückgehen, wir auf immer höhere und höhere Temperaturgrade kommen. Der Theosoph oder der praktische Mystiker sieht nun wirklich zurück in diese Urzeiten, und er sieht in dem, was wir die Akasha-Chronik nennen, diese Zustände als eine Wahrheit, wie der Durchschnittsmensch Tisch und Stühle als eine Wahrheit vor sich sieht. Wir kommen zu einem Zustande, in dem alle Stoffe auf unserer Erde in ganz anderen Verhältnissen zueinander sind als heute.

Sie wissen, daß die Stoffe, wenn sie erwärmt werden, ihren Zustand verändern. Feste Stoffe werden flüssig, flüssige werden dampfförmig und so weiter. Nun kommen wir zu unermeßlich viel höheren Temperaturgraden zurück, als wir sie heute auf der Erde kennen. Da war die ganze stoffliche Welt unserer Erde eine andere. Nur derjenige, welcher in der materialistischen Auffassung befangen ist und befangen ist in der unmittelbaren Anschauung auf unserer Erde, kann zu der Anschauung kommen, daß dies unmöglich sei. Wer sich freimacht von dem, was heute unsere Wirklichkeit ist, der sieht auch ein, daß in diesen höheren Temperaturzuständen dieser Erde Leben möglich war. Der Mensch lebte wirklich in diesen höheren Temperaturzuständen, allerdings in einer ganz anderen Art. Er lebte im Zustande des «Feuernebels». Eine dampfartige, weiche Masse waren die Körper, eine Masse, die sich eigentlich nicht vergleichen läßt mit dem, was wir heute kennen. So kommen wir auf ganz andere Verhältnisse zurück. Diese muß man dann noch weiter verfolgen, wenn man den Ursprung der Erde kennenlernen will. Dieser Ursprung hängt innig zusammen mit der ganzen Entwickelung des Menschen. Gehen wir zurück, so finden wir den Menschen in Gesellschaft viel niedrigerer Tiere, von Tieren, welche den niedrigeren Klassen unserer heutigen Tierwelt angehören, welche aber dazumal andere Gestalten hatten, anders geartet waren als ihre heutigen Nachkommen. Dadurch, daß die Erde immer fester und fester, immer dichter und dichter wurde, nahmen sie andere Gestaltungen und andere Artung an. Wir haben heute, wenn wir das, was in uns vorgeht, mit bloßem Verstandesauge beobachten, keine Vorstellung von dem, wie es damals aussah. Dennoch lebte um den Menschen herum eine Tierwelt. Und wie der Mensch heute Nahrung aus der physischen Welt aufnimmt, so nahm er sie auch dazumal in ähnlicher Weise auf.

Nun müssen wir uns klar sein, daß für diejenigen, die ganz ungewohnt sind in solchen Vorstellungen zu denken, das, was ich jetzt sage, etwas ganz Phantastisches, etwas Befremdendes an sich hat. Heute ist die Zeit gekommen, es wieder einmal auszusprechen. Wir stehen auf dem Entwickelungspunkt, wo wiederum eine idealistische Weltanschauung die rein materialistische ablösen wird. Indem wir in diese Zeiten zurückgehen, wird die ganze Stofflichkeit unserer Erde eine andere. Damals war nämlich – ich bitte, nicht zu sehr frappiert zu sein über dasjenige, was ich sagen werde – die Erdmasse noch in einer Verbindung mit anderen Weltkörpern, als das heute der Fall ist. Schon derjenige, der ohne Hellsehergabe die physischen Vorstellungen unserer Gegenwart zu Ende denkt, wird sehen, daß das, was ich sagen werde, nicht ganz widerspruchsvoll ist. Sie brauchen nur im Sinne der Kant-Laplaceschen Theorie zurückzugehen bis dahin, wo die einzelnen Planeten die Sonne noch nicht umkreisen, sich noch nicht herausgebildet haben aus dem Urnebel, dann haben Sie eine kühne, aber richtige Hypothese. Wir können auch vom Standpunkte des Physikers in eine Zeit zurückkommen, wo die irdische Stofflichkeit noch in Kontakt war mit der Stofflichkeit des ganzen Sonnensystems. Der Mensch war damals viel verwandter mit allem, als er das heute ist. In der Akasha-Chronik finden wir in dieser Zeit, daß die Erde in einer stofflichen Verbindung viel intimerer Art war mit einem anderen Weltenkörper, der die Erde heute umkreist, mit dem Monde. Es war ein gewisser stofflicher Zusammenhang zwischen Erde und Mond.

Wenn ich mich grob ausdrücken darf, hat sich das, was wir heute als Erdmasse haben, erst dadurch gebildet, daß sich die derbe Stofflichkeit, die wir im Monde haben, gleichsam herausgestaltet hat. Es haben sich die beiden Körper voneinander differenziert. Sie können sich denken, welche gewaltigen Erschütterungen da in der ganzen Stofflichkeit vor sich gegangen sein müssen! Diese kosmische Erschütterung ist der Gegenpol, das Korrelat für das, was ich erzählt habe, das Korrelat für das große Lebewesen, bei dessen Trennung und der damit verbundenen Veränderung der Mensch aus der Eingeschlechtlichkeit in die Zweigeschlechtlichkeit überging. Die ganze Trennung ging nicht auf einmal vor sich. Die Lektüre der theosophischen Literatur bietet leider so viel Anlaß dazu, anzunehmen, als ob das so fix und fertig geschehen wäre, als ob ein Himmelskörper nur so aus dem anderen heraussauste. Es ist aber keine gewaltsame Entwickelung. Langsam und allmählich ging alles vor sich, in Millionen und Millionen von Jahren. Über Zahlen zu sprechen ist aber schwierig, weil man die Methoden kennenlernen muß, welche die Geheimlehre anwendet. Wenn wir noch weiter zurückgehen, so finden wir noch einen anderen

Zusammenhang, noch schwieriger vorzustellen; intimer als jener Zusammenhang, der heute besteht zwischen Sonne und Erde. Aber er ist in einer älteren Zeit vorhanden gewesen. Wir wollen einmal eine Vorstellung zur Hand nehmen, welche uns einigermaßen erleichtern wird, diesen Zusammenhang ein wenig bildlich zu veranschaulichen. Wenn Sie die Sonne sehen, wenn Sie infolge Ihrer sinnlichen Vorstellung sich die Sonne begrenzt denken innerhalb des Raumes – ist sie wirklich so begrenzt? Schon ein ganz gewöhnliches Nachdenken kann uns ja lehren, daß im Grunde genommen eine wirkliche Abgrenzung der Sonne nicht möglich ist. Hört denn die Sonne wirklich da auf, Wesenheit, wesenhaft zu sein, wo man ihre Grenze sieht? Sie hört nicht da auf, ihre Wirkung pflanzt sich durch das ganze Planetensystem fort. Auf unserer Erde wirkt die Sonne. Gehört das, was die Sonne auf unserer Erde tut, gehören die Ätherkräfte, die sich fortpflanzen und das Leben möglich machen auf der Erde, nicht zum Sonnenkörper dazu? Sind diese Ätherkräfte nicht bloß die Fortsetzung der Ätherkräfte der Sonne? Oder deren Anziehungskraft? Gehört sie nicht zur Sonne? Da sehen wir, daß wenn wir das Dasein in einer weiterschauenden Weise auffassen, wir dann einsehen können, daß eine solche willkürliche Begrenzung nicht stattfindet, wenn wir von einem Himmelskörper wie die Sonne sprechen. Die Wirkungen, die von der Sonne ausgingen, sie waren in den früheren Zeiten noch ganz andere auf der Erde als sie später waren, und andere als sie heute sind. Sie waren so, daß, wenn jemand sich auf einen Stuhl setzen könnte und das ganze Weltgebäude hätte anschauen können – im Grunde genommen stellt sich das der Physiker auch so vor, wenn er es den Kindern veranschaulicht –, er nicht die Sonne und die Erde als getrennt voneinander stehende Körper wahrgenommen haben würde, sondern er würde das Ganze ausgefüllt mit wahrnehmbarem Inhalt überblickt haben; er würde gesehen haben, daß sich in späterer Zeit die Erde herauskristallisiert hat aus dem ganzen Sonnenball.

Wenn wir also zurückgehen in die Zeiten urferner Erdenvergangenheit, so kommen wir auf einen Punkt, wo dasjenige, was heute in der Mondmaterie sich abgelagert hat, noch verknüpft war mit der irdischen Materie, wo die Kräfte, die heute herausgezogen sind, noch wirksam waren mit der Materie. Diese wirkten mit auf unsere physischen Körper. Sie waren derart, daß sie ihn so gestalteten, daß er in ganz anderer Weise auf die Kräfte reagierte und daß sich in ganz anderer Weise die Wirkungen auf das Leibliche äußerten. Und in noch früherer Zeit war die Sonnenwirkung auf der Erde in noch ganz anderer Weise da als heute, auch in bezug auf das Wachstum. Als der Mond- und der Erdkörper noch miteinander verknüpft waren, da haben wir alle Erdenwesen noch in einem Zustand, den wir nur antreffen bei den Tieren, welche ungefähr die Temperatur ihrer Umgebung haben. Das warme Blut beginnt sich in demselben Maße zu entwickeln, wie sich die Mondmaterie aus der Erde hinauszieht.

Wenn wir weiter zurückgehen in die Zeiten, in denen der Sonnenkörper noch mit der Erde verbunden war, da finden wir innerhalb der damaligen Menschenvorfahren Wirkungen, welche uns heute in nur ganz dekadenten Formen bei den allerniedersten Tieren erhalten sind. Der Mensch pflanzte sich dazumal fort durch eine Art von Teilungsprozeß. Der Mensch war in ganz feiner Materie vorhanden, in ganz feiner Leiblichkeit, noch feiner als der Feuernebel. Damals geschah die Fortpflanzung in einer Art Abschnürung. Das Tochterwesen war auch ungefähr in derselben Größe wie das Mutterwesen. Die Sonnenkräfte waren dazumal Lebenskräfte. Die überwältigten das Materielle. Sie prägten dem Materiellen Formen ein. So sehen wir, wenn wir auf den Ursprung unserer Erde zurückgehen, auf eine Zeit, in der der Mensch von immer feineren und feineren stofflichen Zuständen umgeben war. Zuletzt kommen wir zu einem Zustand, den nur noch der Hellseher sich vergegenwärtigen kann, wo die feinste ätherische Körperlichkeit übergeht in das, was wir astralische Wesenheit nennen; als reines Seelenwesen wurde der Mensch in den irdischen Schauplatz hineinversetzt. Menschen, die so gestaltet waren, wie die physische Aura gestaltet ist, wurden in den irdischen Schauplatz hineinversetzt. In der Seele wirkten Kräfte, welche der Materie Formen einprägten, indem sie die Materie in sich aufsaugten und gestalteten, daß sie ein äußerer Siegelabdruck, eine Art Schatten von dem wurden, was die Seelen im reinen Seelenland waren. Und nun sind wir bis zu dem Stadium unserer Erde zurückgekommen, wo der Mensch noch nicht die physische Stofflichkeit hatte, wo der Mensch als Astralwesen in diese physische Welt, die dazumal von äußerst feiner Natur war, erst hereinkam. Nun könnten wir zurückgehen auf noch viel ältere Zustände, in denen der Mensch noch nicht diese astrale Art des Daseins hatte. Wir könnten zurückgehen auf rein geistige Zustände. Das soll uns aber jetzt nicht interessieren; denn wir wollen nicht den Menschen, sondern den Ursprung der Erde verfolgen.

Noch ein paar Worte über den Gang rückwärts. Wir treffen den Menschen da sozusagen noch ohne materielle Erde. Er ist noch nicht in physischer Leiblichkeit verkörpert. Da müßten wir lange Zeiträume zurückgehen, wenn wir den Menschen auf den früheren Entwickelungsstadien antreffen wollten. Der Mensch, der als Seelenwesen in die Erde hineinversetzt ist, hat die Fähigkeit, den Stoff in ganz bestimmter Art an sich zu ziehen. Würde man den Äthermenschen prüfen können, so würde man wahrnehmen, daß seine Seele bereits organisiert war. Sie konnte bereits Formen bilden. Dazu mußte sie sich durch lange Zeiten heraufentwickeln. Sie hatte ja schon früher lange Entwickelungszustände durchgemacht. Diese sind natürlich auf anderen Weltenkörpern absolviert worden. Aber nun – wie haben wir uns eine solche Entwickelung auf anderen Weltenkörpern vorzustellen? Die ganzen Fähigkeiten, die sich die Seele angeeignet hatte, waren so, daß sie im Physischen wirken konnten. Sie wurde geführt von früheren Entwickelungszuständen her. Die Seele mußte schon mehrmals durch physische Zustände durchgegangen sein, denn nur innerhalb der physischen Welt können gewisse Fähigkeiten entwickelt werden. Der Mensch könnte heute nicht sprechen und nicht denken, wenn er nicht mit der physischen Natur in Berührung gekommen wäre. Was wir uns heute erarbeiten, das wird später Fähigkeit von uns werden. Schon öfters habe ich durch einen Vergleich darauf hingedeutet: durch das Kind, das schreiben und lesen lernt. Wenn das Kind herangewachsen ist, so kann es schreiben und lesen. Was vorher Arbeit, Verkehr mit der Außenwelt war, ist verschwunden, aber die Frucht, das Ergebnis ist geblieben. Und das ist die Fähigkeit des Schreibens, die Fähigkeit des Lesens. Was wir in der Seele haben, das ist durch den Verkehr mit der Außenwelt entstanden.

Die theosophische Weltanschauung nennt das Involution. Und wenn der Mensch das, was er sich angeeignet hat, wieder von innen herausarbeitet, dann nennen wir das Evolution. Zwischen Involution und Evolution geht alles Leben vor sich. Was die Seele getan hat in der Evolution, beruht darauf, daß die Fähigkeiten herausgetreten sind aus der Seele. Diese Fähigkeiten sind einstmals durch die Involution erworben worden. Diese Involution hat wieder stattgefunden in einem anderen physischen Körper. Wir haben da einen wichtigen Moment, der auf unserer Erde eingetreten ist; das ist der Moment, wo durch das Heraustreten der Mondmaterie der Mensch imstande war, aus dem wechselwarmen Wesen zu dem selbstwarmen Wesen zu werden. Das ist der wichtige Punkt in der Erdenentwickelung. In allen mystischen Schulen wird das hervorgehoben. Der Mensch nimmt die Wärme an sich und arbeitet sie im Inneren um. Die Mythe, die immer die großen Wahrheiten bildlich darstellt, hat uns das erhalten in der Prometheussage. Prometheus hat das Feuer vom Himmel heruntergeholt. Das ist die Wärme des Menschen, was er da heruntergeholt hat, nicht das äußere Feuer. So mußten von dem Menschen auch alle übrigen Fähigkeiten aus dem Himmel herabgeholt werden.

Ich möchte Sie noch bis zu einem Punkt führen, der auch sehr wichtig ist für die Erdentwickelung. Das ist der Augenblick, wo der Mensch das in sich aufnimmt, was wir früher als das Innere der Seele kennengelernt haben. Wir haben gesehen, daß Bilder in dem Menschen aufgestiegen sind, die er nachher mit den Gegenständen verbunden hat. Diese Fähigkeit, Licht in sich zu entwickeln, war dem Menschen in der ersten Zeit eigen. Die hat er sich früher angeeignet, so wie er sich später angeeignet hat die Fähigkeit, Wärme zu entwickeln. Licht um sich her überhaupt erst als Dasein zu empfinden, oder noch besser gesagt, die Gegenstände um sich her im Lichtesdasein zu empfinden, diese Fähigkeit hat sich der Mensch auf einem Planeten entwickelt, den die theosophische Weltanschauung den «Mond» nennt. Das war aber nicht unser physischer Mond. Als die Seele sich die Fähigkeit des inneren Lichtes angeeignet hatte, da war die Verbindung da, und wer die Verhältnisse der damaligen Zeit kennt, weiß, daß sie das Seelenvermögen des Farbenschauens, des innerlichen Leuchtens hervorrief. Wir müssen uns einmal klarmachen, wie diese Vermögen zusammenhängen. Die Wärmeentwickelung hängt zusammen mit allem Leben auf unserer Erde, die Wärmeentwickelung hängt zusammen mit der gegenwärtigen Art der Fortpflanzung, mit der Art, wie der Mensch etwas ins reale Dasein rufen kann. Alles übrige ist ein Kombinieren; nur die Fortpflanzung ist ein wirkliches Schaffen, und das hängt mit der Wärme zusammen. Ebenso haben wir eine ähnliche Entwickelungsstufe mit dem Auftreten des inneren Leuchtens. Das Leuchten hat der Mensch auf einem früheren Planeten entwickelt. Das war ein Von-innen-heraus-Leuchten, wie es heute ein Von-innen-heraus-Wärmen ist. Ein Leuchten war es. Und damit sind wir zu dem hervorragendsten Charakteristikum des Menschenwesens gekommen in seinem vorphysischen Zustand auf einem anderen Himmelskörper. Alles was vom Menschen ausging, war selbst ein Leuchten, wie seine Aura heute leuchtet. Der Mensch war ein leuchtendes Wesen, und die Wahrnehmung des Menschen bestand in der Wahrnehmung seines Leuchtens. Damals war das Leuchten bis zum Physischen herunterentwickelt. Es war ein physisches Leuchten des Menschen.

Wodurch haben wir unsere vorzüglichsten Vorstellungen von der Umwelt? Gerade durch die Gesichtswahrnehmungen. Sie würden ungefähr neun Zehntel verlieren von dem, was Sie wissen, wenn Sie die Gesichtswahrnehmungen streichen. Dadurch daß wir heute Gesichtsvorstellungen haben, kann die Weisheit etwas in uns einströmen. Bei unseren lunarischen Vorfahren war das anders. Von ihnen strömte das Licht aus. Es war dasselbe von ihnen ausströmend, was heute mit Lichtwirkung in uns einströmt. Man nennt in der mystischen Mythologie unsere Erde, weil sie zusammenhängt mit Liebeskräften, den Kosmos der Liebe. Und diesem Kosmos der Liebe ging voran der Kosmos der Weisheit, auf dem das Licht die gleiche Rolle spielte wie heute die Wärme. Die Erde folgte als Kosmos der Liebe dem Kosmos der Weisheit. Was innerliches Licht ist, hängt mit dem Willen des Menschen zusammen. Der Mensch, der gewisse Triebe, Leidenschaften, Empfindungen, Gefühle in sich hat, stattet seine Aura, seinen Astralleib mit bestimmten Farbengebilden aus. Diese sind dem unterworfen, was man im weiteren Sinne den Willen nennt. Dazumal, in der lunarischen Periode, war der ganze Mensch Ausdruck des Willens. Der Wille strömte nach außen und erschien als das, was leuchtet. Daher sind unsere Vorfahren, wenn wir diese Menschen des Kosmos der Weisheit Menschen nennen, die Söhne des Willens. Es stammen also die Kinder der Liebe von den Söhnen des Willens ab. Das Licht spielte dazumal also eine ähnliche Rolle, wie heute die Wärme auf der Erde.

Man nennt diese leuchtenden Menschenwesen innerhalb der leuchtenden Umwelt auch die Söhne des Zwielichts. Ein besonders leuchtendes Menschenwesen innerhalb des umliegenden Leuchtens, ein Zusammenleuchten, ein Austausch war es, wie wir heute einen Wärmeaustausch haben. So ungefähr, wie wir heute ein Kältegefühl haben, wenn es kalt ist, so ein ähnliches Gefühl hatte man, wenn es ringsherum dunkler war als im eigenen Inneren. Der Wille war dasjenige, was dem zugrunde lag, weil der Wille dasjenige war, was im Grunde genommen seinen Ausdruck fand in der ganzen Umgebung. Wie heute der Mensch schaffend ist durch die Liebe, so war dazumal der Mensch noch durch seinen Willen schaffend. Sein Wille hatte einen unmittelbaren Einfluß auf alle Umgebung. So ohnmächtig der Mensch heute im Schaffen gegenüber den physischen Dingen der Außenwelt ist, weil er in seinem Bewußtsein zur Klarheit gekommen ist und dadurch die anderen seelischen Kräfte unvollkommener geworden sind, so mächtig war dazumal der Wille. Der Wille des Menschen hatte Einfluß auf die ganze physische Umgebung. Und weil er strebt und in der Entwickelung die Tendenz nach aufwärts ist, so strebte dieser Wille zum Höheren hinauf. Damit wurde dasjenige bewirkt, unmittelbar aus der lebendigen Natur heraus, was den Mittelpunkt des damaligen Weltenkörpers in zwei trennte, so daß damals schon eine Art von Einstülpung stattgefunden hat. In einer mehr seelischen Art wurde der eine Mittelpunkt zu zwei Mittelpunkten. Und dieses Auseinandertreten der Mittelpunkte sehen wir verwirklicht in der späteren Entwickelung in dem Auseinandertreten der Erde und des Mondes.

Das sind skizzenhafte Andeutungen, die ich Ihnen habe geben können. Sie werden aber das eine sehen, daß die Dinge in sich selbst zusammenstimmen. Wer konsequent und streng zu denken bemüht ist, wird das von vornherein zugeben können. Eine Widerlegung könnte ich ja selbst geben, wie ich es am Anfang angedeutet habe in bezug auf Eduard von Hartmann. Denkgewohnheiten sind etwas Vorübergehendes. Wer die Geschichte studiert, und zwar nicht bloß die äußere, denn es ist ein falsches Bild, das uns zum Beispiel über das Mittelalter gegeben wird, wird meine Ausführungen bestätigt finden. *Goethe* sagt auch, es ist im Grunde genommen nur der Herren eigener Geist, in dem die Zeiten sich bespiegeln. Die Entwickelung in der Vergangenheit zu zeigen, um eine Vorstellung zu bekommen von der großen Menschheitszukunft, das ist die Aufgabe der Theosophie. Goethe habe ich zitiert, denn er hat tief hineingesehen in diese mystischen, geheimnisvollen Zusammenhänge der Weltentwickelung. Er hat eine merkwürdige Figur gebraucht, den «Alten mit der Lampe» in dem «Märchen von der grünen Schlange und der schönen Lilie». Die Lampe kann nur da scheinen, wo schon anderes Licht ist. Ich habe

Ihnen das dargestellt als die Verkörperung uralter Weisheit. Jetzt kommen wir zu einer noch tieferen Bedeutung. Jetzt wird uns klar, was Goethe meint mit dem Licht, das nur seinen Schein verbreitet, wo Licht ist. Da, wo wieder die Hellsehergabe entwickelt wird, da entwickelt sie ihre ganze magische Kraft, diese Lampe. Da kommen wir in jene Zeit, wo der Mensch zur Flamme wird, um auf diese Epoche zurückzublicken, in der der Mensch ein leuchtendes Wesen war, wo ihm die Fähigkeit sich entwickelte, Licht in das Dasein hineinzubringen. Goethe wußte, daß dieses innere Licht einmal im Menschen dagewesen ist, und daß das heutige Sehen des Lichtes ein späterer Entwickelungszustand ist.

Ehe der Mensch die Sonne sehen konnte, mußte er erst ein innerlich leuchtendes Wesen werden; er mußte Licht in sich entwickeln, um Licht dem Lichte entgegenzubringen. Goethe war Mystiker, man weiß es nur nicht. An der Spitze seiner Vorrede zur Farbenlehre spricht er es aus, indem er die Worte eines alten Mystikers gebraucht:

> Wär' nicht das Auge sonnenhaft,
> Wie könnten wir das Licht erblicken?
> Lebt' nicht in uns des Gottes eigne Kraft,
> Wie könnt' uns Göttliches entzücken?

DIE GROSSEN EINGEWEIHTEN

Berlin, 16. März 1905

Die theosophische Weltanschauung unterscheidet sich von, man darf wohl sagen, allen übrigen Weltanschauungen, denen wir in der Gegenwart begegnen können, dadurch, daß sie der Erkenntnis auch in hohem Maße Befriedigung gewährt. Wir haben ja so oft in der Gegenwart gehört: Gewisse Dinge sind für uns unerkennbar, unser Erkenntnisvermögen hat Grenzen und kann sich nicht über eine gewisse Höhe hinaus erheben. Wenn wir die philosophischen Untersuchungen der Gegenwart an uns herantreten lassen, dann wird uns – insbesondere bei denjenigen philosophischen Schulen, welche auf den Kantianismus zurückgehen – immer von solchen Erkenntnisgrenzen gesprochen. Die Auffassung des Theosophen und des praktischen Mystikers unterscheidet sich von allen solchen Auseinandersetzungen ihrer Art nach dadurch, daß sie niemals dem menschlichen Erkenntnisvermögen Grenzen setzt, sondern es so betrachtet, daß es selbst einer Erweiterung, einer Erhöhung fähig ist. Ist es da nicht in gewissem Grade eine Unbescheidenheit höchster Art, wenn jemand sein besonderes Erkenntnisvermögen, den Standpunkt des Erkennens, auf dem er gerade steht, in gewisser Beziehung als etwas Ausschlaggebendes betrachtet und nun sagt, daß wir mit diesem unserem Erkenntnisvermögen nicht über eine gewisse Grenze hinausgehen können? Der Theosoph sagt: Ich stehe heute auf einem gewissen Standpunkt menschlichen Erkennens. Von diesem Standpunkt aus kann ich dieses oder jenes erkennen, dieses oder jenes nicht erkennen. –

Aber es ist möglich, das menschliche Erkenntnisvermögen selbst auszubilden, dieses Erkenntnisvermögen selbst zu erhöhen. Dasjenige, was man Einweihungsschulen nennt, ist im wesentlichen dazu bestimmt, dieses menschliche Erkenntnisvermögen selbst auf eine höhere Stufe zu erheben, so daß es gewiß richtig ist, wenn man von einer niederen Stufe der Erkenntnis aus sagt, es gibt Grenzen des Erkennens, man kann dieses oder jenes nicht erkennen. Aber man kann sich ja auch erheben über eine solche Stufe der Erkenntnis, man kann zu höheren Stufen vordringen, und dann kann man erkennen, was man auf untergeordneten Stufen nicht hat erkennen können. Dieses ist das Wesen der Einweihung, und diese Vertiefung oder Erhöhung der Erkenntnis ist die Aufgabe der Einweihungsschulen. Es gilt, den Menschen zu Erkenntnisstufen zu erheben, auf denen er nicht von Natur aus stehen kann, die er sich erst durch langjährige geduldige Übungen erwerben muß.

Zu allen Zeiten hat es solche Einweihungsschulen gegeben. Bei allen Völkern sind Erkennende höherer Art aus solchen Einweihungsschulen hervorgegangen. Und das Wesen solcher Einweihungsschulen und der großen Eingeweihten selbst, die hinausgewachsen sind über die niederen Stufen des menschlichen Erkenntnisvermögens und durch ihre Inspirationen mit den höchsten Erkenntnissen, die uns auf diesem Erdball zugänglich sind, bekannt wurden, drückt sich darin aus, daß diese Eingeweihten den verschiedenen Völkern der Erde die verschiedenen Religionen und Weltanschauungen geschenkt haben.

Das Wesen dieser großen Eingeweihten oder Initiierten wollen wir heute einmal mit einigen Strichen beleuchten. Wie man in jeder Wissenschaft, in jeder geistigen Verfahrensart erst die Methoden kennenlernen muß, durch die man zu den Erkenntnissen dringt, so ist es auch in den

Einweihungsschulen. Auch da handelt es sich darum, daß wir durch gewisse Methoden zu den höheren Erkenntnisstufen, von denen wir eben gesprochen haben, hinaufgeführt werden. Ich werde nun in Kürze die Stufen, um die es sich handelt, anführen. Gewisse Stufen der Erkenntnis sind nur in den intimen Einweihungsschulen zu erlangen, nur da, wo Lehrer sind, die in eigener Erfahrung selbst jene Schule durchgemacht haben, selbst jenen Übungen obgelegen haben, die jede einzelne Stufe, jeden einzelnen Schritt wirklich erwägen können. Und nur solchen Lehrern muß man sich in diesen Einweihungsschulen anvertrauen.

Allerdings, es gibt in diesen Einweihungsschulen nichts von Autorität, nichts von dem Prinzip des Dogmatismus, sondern es herrscht darin lediglich das Prinzip des Ratens, des Erteilens von Ratschlägen. Wer einen gewissen Stufengang des Lernens durchgemacht hat und dadurch sich die Erfahrungen des höheren, des übersinnlichen Lebens selbst erworben hat, der weiß, welches die intimen Wege sind, die zu diesem höheren Erkennen führen. Nur ein solcher ist befähigt zu sagen, was man zu tun hat. Was notwendig ist auf diesem Gebiete zwischen Schüler und Lehrer, das ist lediglich Vertrauen. Wer dieses Vertrauen nicht hat, kann auch nichts lernen. Wer aber das Vertrauen hat, wird sehr bald sehen, daß von seiten irgendeines okkulten, mystischen oder Geheimlehrers nichts anderes anempfohlen wird, als was dieser Lehrer selbst durchgemacht hat. Es handelt sich dabei darum, daß von der gesamten Wesenheit des Menschen, so wie der Mensch heute vor uns steht, eigentlich nur der äußerlich sichtbare Teil heute schon innerhalb der menschlichen Natur abgeschlossen ist. Dieses muß sich jeder, der Geheimschulung anstreben will, klarmachen, daß der Mensch heute so, wie er vor uns steht, kein abgeschlossenes Wesen ist, sondern daß er in der Entwickelung begriffen ist, daß er in der Zukunft viel höhere Stufen erreichen wird.

Das, was heute die Ebenbildlichkeit Gottes bereits erlangt hat, das, was heute vom Menschen auf der höchsten Stufe angekommen ist, das ist des Menschen sinnlicher Körper, das was wir an ihm mit Augen sehen, überhaupt mit unseren Sinnen wahrnehmen können. Das ist aber nicht das einzige, was der Mensch hat. Der Mensch hat noch höhere Glieder seiner Natur. Zunächst besitzt er noch ein Glied, das wir den Ätherkörper nennen. Diesen Ätherkörper kann der, welcher die seelischen Organe bei sich ausgebildet hat, sehen. Durch diesen Ätherkörper ist der Mensch nicht bloß ein Gebilde, in dem chemische und physische Kräfte wirken, sondern ein lebendiges Gebilde, ein Gebilde, welches lebt, mit Wachstum, Leben und Fortpflanzungsvermögen versehen ist. Diesen Ätherkörper, der eine Art von Urbild des Menschen darstellt, kann man sehen, wenn man mit den Methoden der Hellseherkunst, die im weiteren noch charakterisiert werden wird, sich den gewöhnlichen physischen Körper absuggeriert. Sie wissen, man kann durch die gewöhnliche Methode der Hypnose und Suggestion erreichen, daß, wenn Sie zu jemand sagen, es ist keine Lampe hier, er tatsächlich auch keine Lampe hier sieht. So können Sie, wenn Sie genügend starke Willenskraft in sich entwickeln, jene Willenskraft, welche die Aufmerksamkeit ablenkt, aber gründlich ablenkt von dem physischen Körper, trotzdem Sie hineinsehen in den Raum, sich selbst den physischen Raum völlig absuggerieren. Dann sehen Sie den Raum nicht leer, sondern ausgefüllt mit einer Art von Urbild. Ungefähr dieselbe Gestalt hat dieses Urbild wie der physische Körper. Es ist aber nicht durch und durch gleichartig, sondern durch und durch organisiert. Es ist nicht nur mit feinen Äderchen und Strömungen durchzogen, sondern es hat auch Organe. Dieses

Gebilde, dieser Ätherkörper bewirkt das eigentliche Leben des Menschen. Seine Farbe kann nur verglichen werden mit der Farbe der jungen Pfirsichblüte. Es ist keine Farbe, die in dem Sonnenspektrum enthalten ist; sie ist etwa zwischen violett und rötlich. Das ist also der zweite Körper.

Der dritte Körper ist die Aura, die ich schon öfter beschrieben habe, jenes wolkenartige Gebilde, wovon ich das letzte Mal, da, wo ich den Ursprung des Menschen schilderte, gesprochen habe, in dem der Mensch wie in einer eiförmigen Wolke ist. Es drückt sich darin alles aus, was im Menschen lebt als Begierde, Leidenschaft und Gefühl. Freudige, hingebende Gefühle drücken sich in hellen Farbenströmungen in dieser Aura aus. Haßgefühle, sinnliche Gefühle drücken sich in dunkleren Farbentönen aus. Scharfe, logische Gedanken drücken sich in scharfumrissenen Figuren aus. Unlogische, verworrene Gedanken kommen in Figuren mit unklaren Umrissen zum Ausdruck. So haben wir in dieser Aura ein Abbild dessen, was in der Seele des Menschen an Gefühlen, Leidenschaften und Trieben lebt.

So wie jetzt der Mensch beschrieben worden ist, so ist er – sozusagen von der Hand der Natur – in dem Zeitpunkte auf die Erde hingesetzt worden, der ungefähr im Beginne des atlantischen Zeitraumes liegt. Ich habe das letzte Mal beschrieben, was man unter dem atlantischen Zeitraum zu verstehen hat. In dem Zeitpunkte, wo die Befruchtung mit dem urewigen Geist bereits stattgefunden hatte, da tritt uns der Mensch mit den drei Gliedern: Leib, Seele und Geist entgegen. Heute ist im Grunde genommen dieses Dreifache der menschlichen Wesenheit schon etwas verändert dadurch, daß der Mensch seit jener Zeit, seit die Natur ihn entlassen hat, seitdem er ein selbstbewußtes Wesen geworden ist, an sich gearbeitet hat. Dieses Arbeiten an sich heißt, seine Aura veredeln, heißt, aus dem Selbstbewußtsein heraus in diese

Aura Licht hineinsenden. Der Mensch, der auf sehr tiefer Stufe steht, nicht an sich gearbeitet hat, sagen wir ein Wilder, der hat eine Aura, wie sie ihm von der Natur anerschaffen ist. Alle diejenigen aber, welche innerhalb unserer zivilisierten, unserer gebildeten Welt stehen, haben Auren, an denen sie schon selbst mitgearbeitet haben, denn insofern der Mensch ein selbstbewußtes Wesen ist, arbeitet er an sich, und diese Arbeit kommt zunächst dadurch in ihm zum Ausdruck, daß sie seine Aura verändert. Alles was der Mensch durch die Natur gelernt hat, was er aufgenommen hat, seitdem er sprechen und selbstbewußt denken kann, alles das ist ein neuer, durch ihn selbst bewirkter Einschlag in seiner Aura.

Wenn Sie sich in die Zeit des lemurischen Zeitraumes zurückversetzen, wo der Mensch bereits seit langer Zeit warmes Blut in seinen Adern fließen hatte, wo seine Befruchtung mit dem Geist in der Mitte dieses lemurischen Zeitraumes stattgefunden hatte, da war der Mensch noch nicht ein des hellen Gedankens fähiges Wesen. Das alles stand eben im Beginn der Entwickelung. Eben hatte der Geist Besitz ergriffen von der Körperlichkeit. Die Aura war damals noch ganz ein Ergebnis der Naturkräfte. Da konnte man bemerken – und man kann es noch heute bei sehr tiefstehenden Menschen –, wie an einer gewissen Stelle im Inneren des Kopfes, das heißt an einer Stelle, die wir im Inneren des Kopfes zu suchen haben, eine kleinere Aura in bläulicher Farbe entsteht. Diese kleinere Aura ist der äußere aurische Ausdruck des Selbstbewußtseins. Und je mehr der Mensch dieses Selbstbewußtsein durch sein Denken und durch seine Arbeit entwickelt hat, desto mehr breitet sich diese kleinere Aura über die andere aus, so daß sie oft beide in kurzer Zeit ganz anders werden. Der Mensch, der in der äußeren Kultur lebt, der ein gebildeter Kulturmensch ist, arbeitet an seiner Aura so, wie die Kultur ihn eben antreibt. Unsere gewöhnliche Erkenntnis, wie sie unsere Schule bietet, unsere Erfahrungen, die uns das Leben bringt, nehmen wir in uns auf, und sie verändern fortwährend unsere Aura. Aber diese Veränderung muß fortgesetzt werden, wenn der Mensch in die praktische Mystik eintreten will. Da muß er ganz besonders an sich arbeiten. Da muß er nicht nur das, was die Kultur ihm bietet, seiner Aura einverleiben, sondern da muß er in bestimmter, regelrechter Weise auf seine Aura einen Einfluß ausüben. Und das geschieht durch die sogenannte Meditation. Diese Meditation oder die innere Versenkung ist die erste Stufe, die der Schüler eines Eingeweihten durchzumachen hat.

Was hat diese Meditation für einen Sinn? Versuchen Sie einmal, sich die Gedanken, die Sie vom Morgen bis zum Abend hegen, vorzuhalten und nachzudenken darüber, wie diese Gedanken beeinflußt sind von dem Ort und der Zeit, in denen Sie leben. Versuchen Sie, ob Sie Ihre Gedanken verhindern können, und fragen Sie sich, ob Sie sie haben würden, wenn Sie nicht zufällig in Berlin und im Anfange des 20. Jahrhunderts leben würden. Am Ende des 18. und am Beginne des 19. Jahrhunderts haben die Menschen nicht in derselben Weise gedacht wie die Menschen von heute. Wenn Sie sich denken, wie die Welt im Laufe des letzten Jahrhunderts verändert worden ist und was die Zeit für Veränderungen bewirkt hat, dann werden Sie sehen, daß das, was Ihre Seele vom Morgen bis zum Abend durchzieht, abhängt von Raum und Zeit. Anders ist es, wenn wir uns Gedanken hingeben, welche einen Ewigkeitswert haben. Eigentlich sind es nur gewisse abstrakte, wissenschaftliche Gedanken, höchste Gedanken der Mathematik und der Geometrie, denen sich der Mensch hingibt, und welche Ewigkeitswert haben. Zweimal zwei ist vier: das muß zu allen Zeiten und an allen Orten gelten. Ebenso verhält es sich mit den geometrischen Wahrheiten, die wir aufnehmen. Aber wenn wir von dem gewissen Grundstock solcher Wahrheiten absehen, dann können wir sagen, daß der Durchschnittsmensch sehr wenig denkt, was von Raum und Zeit unabhängig ist. Was davon abhängig ist, das verbindet uns mit der Welt und übt nur einen geringen Einfluß auf jene Wesenheit, welche selbst ein Bleibendes ist.

Meditation heißt nichts anderes, als sich hingeben an Gedanken, welche einen Ewigkeitswert haben, um in bewußter Weise sich zu erziehen zu dem, was über Raum und Zeit hinaus liegt. Solche Gedanken enthalten die großen Religionsschriften: Der Vedanta, die Bhagavad Gita, das Johannes-Evangelium vom dreizehnten Kapitel ab bis zum Schluß, auch die «Nachfolge Christi» von *Thomas von Kempen.* Wer sich mit Geduld und Ausdauer versenkt, so, daß er in solchen Schriften lebt, wer jeden Tag aufs neue sich vertieft und vielleicht an einem einzigen Satz durch Wochen hindurch arbeitet, ihn durchdenkt und durchfühlt, der wird unendlichen Nutzen haben. So wie man ein Kind mit allen seinen Eigentümlichkeiten jeden Tag selbst näher kennen und lieben lernt, so läßt man sich jeden Tag einen solchen Ewigkeitssatz, der von den großen Eingeweihten oder von inspirierten Menschen herrührt, durch die Seele ziehen. Dies bewirkt dann, daß wir mit neuem Leben erfüllt werden. Sehr bedeutungsvoll sind auch die Sprüche in «Licht auf den Weg», nach höheren Weisungen niedergeschrieben von *Mabel Collins.* Schon die vier ersten Sätze sind so etwas, das, wenn es in entsprechender Weise geduldig angewendet wird, geeignet ist, in des Menschen Aura so einzugreifen, daß diese Aura ganz mit einem neuen Licht durchleuchtet wird. Man kann dieses Licht in des Menschen Aura aufglänzen und aufleuchten sehen. An die Stelle der rötlichen oder rötlichbräunlich schimmernden Farbennuancen treten bläuliche, an die Stelle von gelben treten hellrötliche und so weiter. Die ganzen Farben der Aura verändern sich unter dem Einfluß solcher Ewigkeitsgedanken. Der Schüler kann dies im Anfange noch nicht wahrnehmen, aber er beginnt allmählich den tiefen Einfluß zu verspüren, der von dieser sehr veränderten Aura ausgeht.

Wenn der Mensch dann neben diesen Meditationen noch in sorgfältigster Weise bewußt gewisse Tugenden ausübt, gewisse Verrichtungen der Seele ausübt, dann entwickeln sich innerhalb dieser Aura seine seelischen Sinnesorgane. Diese müssen wir haben, wenn wir in die Seelenwelt hineinsehen wollen, ebenso wie wir physische Sinnesorgane haben müssen, um in die Körperwelt hineinsehen zu können. Wie die äußeren Sinne von der Natur dem Körper eingepflanzt worden sind, so muß der Mensch in gesetzmäßiger Weise seiner Aura höhere seelische Sinnesorgane einpflanzen. Die Meditation bewirkt, daß der Mensch reif wird, von innen heraus auf diese in der Anlage vorhandenen seelischen Sinne gestaltend, entwickelnd einzuwirken.

Aber wir müssen die Aufmerksamkeit auf ganz bestimmte seelische Verrichtungen lenken, wenn wir diese Sinnesorgane ausbilden wollen. Sehen Sie, der Mensch hat eine Reihe von solchen Sinnesorganen in der Anlage. Wir nennen diese Sinnesorgane die sogenannten Lotusblumen, deshalb, weil das astrale Gebilde, welches der Mensch in seiner Aura zu entwickeln beginnt, wenn er sich in dieser geschilderten Weise ausbildet, vergleichsweise die Gestalt von Lotusblumen annimmt. Selbstverständlich ist dies nur vergleichsweise, ebenso wie man von Lungenflügeln spricht, die ja auch nur eine Ähnlichkeit mit Flügeln haben. Die zweiblättrige Lotusblume befindet sich in der Mitte des Hauptes über der Nasenwurzel zwischen den Augen. In der Nähe des

Kehlkopfes ist dann die sechzehnblättrige Lotusblume, in der Nähe des Herzens die zwölfblättrige, in der Nähe der Magengrube die zehnblättrige. Weiter unten noch befinden sich die sechsblättrige und die vierblättrige Lotusblume. Ich möchte heute nur von der sechzehnblättrigen und der zwölfblättrigen Lotusblume sprechen.

In der Lehre des Buddha finden Sie den sogenannten achtgliedrigen Pfad angegeben. Nun fragen Sie sich einmal, warum gibt Buddha gerade diesen achtgliedrigen Pfad als besonders wichtig an zur Erreichung der höheren Entwickelungsstufen des Menschen? Dieser achtgliedrige Pfad ist: Rechtes Entschließen, rechtes Denken, rechtes Reden, rechtes Handeln, rechtes Leben, rechtes Streben, rechtes Gedenken, rechtes Sich-Versenken. – Solch ein großer Eingeweihter wie Buddha spricht nicht aus einem unbestimmt gefühlten Ideale heraus, er spricht aus der Erkenntnis der menschlichen Natur, er weiß, welchen Einfluß auf diejenigen Körper, welche sich erst in der Zukunft entwickeln müssen, das Ausüben solcher seelischen Betätigungen hat. Wenn wir die sechzehnblättrige Lotusblume an einem heutigen Durchschnittsmenschen betrachten, so sehen wir eigentlich sehr wenig. Sie ist eben, wenn ich so sagen darf, wiederum im Aufleuchten. In Zeiten urferner Vergangenheit war diese Lotusblume schon einmal vorhanden. Sie ist in ihrer Entwickelung zurückgegangen. Heute erscheint sie wieder etwas durch die Kulturarbeit des Menschen. In der Zukunft aber wird diese sechzehnblättrige Lotusblume wieder zur vollen Entwickelung kommen. Sie wird in ihren sechzehn Speichen oder Blättern hell aufglänzen, jedes Blatt wird in einem anderen Farbenton erscheinen, und endlich wird sie sich von links nach rechts bewegen. Was jeder Mensch einmal in der Zukunft erleben und besitzen wird, das bildet derjenige, der in der Einweihungsschule seine Ausbildung sucht, in bewußter Weise heute schon aus, damit er ein Führer der Menschheit werden kann. Nun sind acht von diesen sechzehn Blättern in urferner Vergangenheit bereits ausgebildet worden. Acht müssen heute noch ausgebildet werden, wenn der Geheimschüler zum Gebrauch dieser Sinnesorgane kommen will. Diese bilden sich aus, wenn der Mensch in bewußter Weise aufmerksam und klar den achtgliedrigen Pfad geht, wenn er diese von Buddha angegebenen acht Seelenbetätigungen in bewußter Weise ausübt, wenn er sein ganzes Seelenleben so einrichtet, daß er diese acht Tugenden, sozusagen indem er sich selbst in die Hand nimmt, so stark übt, als er sie nur üben kann, daß er seine Meditationsarbeit unterstützt und die sechzehnblättrige Lotusblume nicht nur zur Reife, sondern auch zur Bewegung, zur wirklichen Wahrnehmung bringt.

Ich will nun noch von der zwölfblättrigen Lotusblume in der Nähe des Herzens sprechen. Von ihr waren sechs Blätter in urferner Vergangenheit bereits entwickelt, sechs müssen in Zukunft bei allen Menschen, bei Eingeweihten und ihren Schülern heute schon, entwickelt werden. In allen theosophischen Handbüchern können Sie gewisse Tugenden angeführt finden, welche im Vorhofe der sich aneignen soll, der zur Stufe des eigentlichen Chela oder Schülers hinansteigen soll. Diese sechs Tugenden, die Sie in jedem theosophischen Handbuche, wo von der Entwickelung des Menschen die Rede ist, angeführt finden, sind: Kontrolle der Gedanken, Kontrolle der Handlungen, Duldsamkeit, Standhaftigkeit, Unbefangenheit und Gleichgewicht oder das, was *Angelus Silesius* Gelassenheit nennt. Diese sechs Tugenden, die man bewußt und aufmerksam üben und zur Medidation hinzufügen muß, bringen die sechs weiteren Blätter der zwölfblättrigen Lotusblume zur Entfaltung. Dieses ist in den theosophischen Lehrbüchern nicht blind aufgelesen, nicht zufällig oder aus eigenem innerem Gefühl heraus geprägt, sondern aus der tiefsten Erkenntnis der großen Eingeweihten heraus gesprochen. Die Eingeweihten wissen, daß derjenige, der sich wirklich zu höheren übersinnlichen Entwickelungsstufen entwickeln will, die zwölfblättrige Lotusblume zur Entfaltung bringen muß. Dazu muß er die sechs Blätter, die in der Vergangenheit nicht entwickelt waren, heute schon durch diese sechs Tugenden entwickeln. So sehen Sie, wie aus einer tieferen Erkenntnis des menschlichen Wesens heraus die großen Eingeweihten eigentlich ihre Anweisungen für das Leben gaben. Ich könnte diese Betrachtung noch auf andere Erkenntnis- und Beobachtungsorgane ausdehnen, allein ich will Ihnen nur eine Skizze des Einweihungsvorganges geben, wozu diese Andeutungen genügen dürften.

Wenn der Schüler dann so weit gekommen ist, daß er diese astralischen Sinnesorgane anfängt auszubilden, wenn er so weit gekommen ist, daß er dadurch imstande ist, nicht nur die sinnlichen Eindrücke in seiner Umgebung zu sehen, sondern auch das, was seelisch ist, also das, was im Menschen selbst, was im Tier und was in der Pflanze Aura ist, dann beginnt eine ganz neue Stufe der Unterweisung. Niemand kann, bevor seine Lotusblumen sich drehen, irgend etwas Seelisches in seiner Umgebung sehen, ebenso wie der, welcher keine Augen hat, keine Farben und kein Licht sehen kann. Wenn nun die Wand durchbrochen ist, wenn er auf der Vorstufe der Erkenntnis so weit vorangeschritten ist, daß er einen Einblick in diese seelische Welt hat, dann erst beginnt für ihn die eigentliche Schülerschaft. Diese führt durch vier Stufen der Erkenntnis hindurch. Was geschieht nun in diesem Augenblick, wo der Mensch, nachdem er die Vorstufen durchschritten hat, Chela geworden ist? Wir haben gesehen, daß, was wir jetzt beschrieben haben, sich alles auf den Astralkörper bezieht. Dieser wird vom menschlichen Körper aus durchorganisiert. Eine ganz andere Aura hat der Mensch, der durch eine solche Entwickelung hindurchgeschritten ist. Wenn dann der Mensch vom Selbstbewußtsein aus seinen Astralkörper durchleuchtet hat, wenn er selbst die lichtvolle Organisation seines Astralkörpers geworden ist, dann sagen wir, dieser Schüler hat seinen Astralkörper mit Manas durchleuchtet. Nichts anderes ist Manas als ein Astralkörper, welcher vom Selbstbewußtsein aus beherrscht ist. Manas und Astralkörper sind ein und dasselbe, aber auf verschiedener Entwickelungsstufe.

Man muß dies einsehen, wenn man das, was in den theosophischen Handbüchern als die sieben Prinzipien angegeben ist, in praktischer Weise für die praktische Mystik verwenden will. Jeder, der den mystischen Entwickelungsgang kennt, jeder, der etwas von Einweihung weiß, der wird sagen, sie haben einen theoretischen Wert für das Studium, aber für den praktischen Mystiker nur dann, wenn man die Beziehungen weiß, die bestehen zwischen den unteren und oberen Prinzipien. Kein praktischer Mystiker kennt mehr als vier Glieder: den physischen Leib, in dem die chemischen und physischen Gesetze wirken, dann den Ätherkörper, dann den Astralkörper und endlich das Selbstbewußtsein, das wir in der gegenwärtigen Entwickelung Kamamanas nennen, das selbstbewußt denkende Prinzip. Manas ist nichts anderes als das, was das Selbstbewußtsein in den Körper hineinarbeitet. Der Ätherkörper, wie er jetzt ist, ist jedem Einfluß des Selbstbewußtseins entzogen. Wachstum und Ernährung können wir mittelbar beeinflussen, aber nicht so, wie wir unsere Wünsche, unsere Gedanken und Vorstellungen vom Selbstbewußtsein ausgehen lassen. So können wir unsere Ernährungs-, Verdauungs- und Wachstumsverhältnisse nicht selbst beeinflussen. Diese sind beim Menschen ohne irgendwelchen Zusammenhang mit dem

Selbstbewußtsein. Dieser Ätherkörper muß unter den Einfluß des Astralkörpers, der sogenannten Aura, gebracht werden. Das Selbstbewußtsein des Astralkörpers muß den Ätherkörper ebenso durchdringen, ebenso von sich aus bearbeiten können, wie auf die beschriebene Art der Mensch seine Aura, seinen Astralkörper bearbeitet. Dann, wenn der Mensch durch Meditation, durch innere Versenkung und durch Ausübung der Seelentätigkeiten, die ich beschrieben habe, so weit ist, daß der Astralkörper von sich aus organisiert ist, dann geht die Arbeit über auf den Ätherkörper, dann bekommt der Ätherkörper das innere Wort, dann hört der Mensch nicht nur dasjenige, was in der Umwelt lebt, dann erklingt ihm in seinem Ätherkörper der innere Sinn der Dinge.

Schon öfters habe ich hier gesagt, daß das eigentlich Geistige in den Dingen ein Tönendes ist. Ich habe darauf aufmerksam gemacht, daß der praktische Mystiker, wenn er in dem richtigen Sinne spricht, von einem Tönen in der geistigen Welt spricht, wie er von einem Leuchten in der astralen oder Wunschwelt spricht. Nicht umsonst sagt *Goethe,* als er seinen Faust nach dem Himmel führt: «Die Sonne tönt nach alter Weise in Brudersphären Wettgesang, und ihre vorgeschriebne Reise vollendet sie mit Donnergang.» Und nicht umsonst sagt Ariel, als Faust durch die Geister in die geistige Welt geleitet wird: «Tönend wird für Geistesohren schon der neue Tag geboren.»

Dieses innere Tönen, das natürlich kein für das äußere sinnliche Ohr wahrnehmbares Tönen ist, dieses innere Wort der Dinge, wodurch sie ihre eigene Natur aussprechen, das ist das Erlebnis, das der Mensch hat, wenn er von seinem Astralkörper aus seinen Ätherkörper zu beeinflussen vermag. Dann ist er zum Chela geworden, zum wirklichen Schüler eines großen Eingeweihten. Dann kann er weitergeführt werden auf diesem Pfade. Einen solchen Menschen, der diese Stufe erstiegen hat, nennt man einen heimatlosen Menschen, aus dem Grunde, weil er den Zusammenhang gefunden hat, mit einer neuen Welt, weil es ihm aus der geistigen Welt herüberklingt und weil er dadurch sozusagen in dieser sinnlichen Welt nicht mehr seine Heimat hat. Man muß das nicht mißverstehen. Der Chela, der diese Stufe erlangt hat, ist ein ebenso guter Bürger und Familienvater, ein ebenso guter Freund, wie er es sonst wäre, wenn er nicht zur Chelaschaft gekommen wäre. Aus nichts braucht er herausgerissen zu werden. Was er da erlebt, das ist ein Entwickelungsgang der Seele. Da erlangt er eine neue Heimat in einer Welt, die hinter dieser sinnlichen liegt.

Was ist denn da geschehen? Es tönt die geistige Welt in den Menschen herein, und indem die geistige Welt in den Menschen hereintönt, überwindet er eine Illusion, die Illusion überhaupt, in der im Grunde genommen alle Menschen vor dieser Stufe der Entwickelung befangen sind. Das ist die Illusion des persönlichen Selbst. Der Mensch glaubt, er sei eine Persönlichkeit, abgesondert von der übrigen Welt. Schon ein bloßes Nachdenken könnte ihn lehren, daß er selbst im Physischen keine selbständige Wesenheit ist. Bedenken Sie, wenn in diesem Raume die Temperatur um zweihundert Grad höher wäre als jetzt, wir würden hier alle nicht bestehen können, wie wir jetzt bestehen. Sobald sich die Verhältnisse draußen ändern, sind die Bedingungen zu unserem physischen Dasein nicht mehr da. Wir sind nur die Fortsetzung der Außenwelt und schlechterdings undenkbar als Sonderwesen. Das ist noch mehr der Fall in der seelischen und in der geistigen Welt. Wir sehen, daß der Mensch, als Selbst aufgefaßt, nur eine Illusion ist, daß er ein Glied der allgemeinen göttlichen Geistigkeit ist. Hier überwindet der Mensch das persönliche Selbst. Es tritt das auf, was Goethe im Chorus mysticus mit den Worten ausgesprochen hat: «Alles Vergängliche ist nur ein Gleichnis.» Was wir sehen, ist nur ein Bild einer ewigen Wesenheit. Wir selbst sind nur ein Bild einer ewigen Wesenheit. Wenn wir unser Sonderwesen aufgeben, dann haben wir das äußere Leben – und wir leben ja durch den Ätherkörper ein gesondertes Leben –, dann haben wir das äußere, gesonderte Leben überwunden, wir sind ein Teil des All-Lebens geworden.

Im Menschen tritt jetzt etwas auf, was wir die Buddhi genannt haben. Praktisch ist jetzt die Buddhi erreicht, als eine Entwickelungsstufe des Ätherkörpers, jenes Ätherkörpers, der nicht mehr ein Sonderdasein bewirkt, sondern eintritt in das All-Leben. Der Mensch, der dieses erreicht hat, ist auf der zweiten Stufe der Chelaschaft angelangt. Dann fallen von seiner Seele alle Skrupel und Zweifel ab, dann kann er nicht mehr ein abergläubischer Mensch sein, ebensowenig wie er ein zweifelnder Mensch sein kann. Dann braucht er sich nicht mehr die Wahrheit dadurch zu verschaffen, daß er seine Vorstellungen mit der äußeren Umwelt vergleicht, dann lebt er im Ton, im Wort der Dinge, dann tönt und klingt es aus dem Wesen heraus, was es ist. Da gibt es keinen Aberglauben, keinen Zweifel mehr. Das nennt man die Auslieferung des Schlüssels des Wissens an den Chela. Wenn er diese Stufe erlangt hat, dann tönt ein Wort von der geistigen Welt in diese hinein. Dann verkündigt sein Wort nicht mehr die Wiedergabe dessen, was in dieser Welt ist, sondern es ist sein Wort die Wiedergabe dessen, was aus einer anderen Welt stammt, die hereinwirkt in diese, die aber nicht mit unseren äußeren Sinnen angeschaut werden kann. Boten der Gottheit sind diese Worte.

Wenn diese Stufe überschritten ist, kommt eine neue. Es tritt dies ein, daß der Mensch Einfluß gewinnt auf das, was sein physischer Körper unmittelbar tut. Vorher hatte er nur auf den Ätherkörper Einfluß, jetzt aber auf den physischen Körper. Seine Handlungen müssen den physischen Körper in Bewegung versetzen. Was der Mensch tut, wird eingegliedert in das, was wir sein Karma nennen. Aber der Mensch arbeitet nicht bewußt daran; er weiß nicht, wie er durch seine Tat eine Wirkung nach sich zieht. Erst jetzt fängt der Mensch an, in bewußter Weise in der physischen Welt die Handlungen so zu vollführen, daß er bewußt an seinem Karma arbeitet. Da gewinnt er Einfluß auf das Karma durch das physische Handeln. Da tönt es nicht nur von den Dingen der Umwelt, sondern da ist er so weit, daß er die Namen aller Dinge auszusprechen in der Lage ist. So wie der Mensch in unserer Kulturstufe lebt, ist er nur in der Lage, einen einzigen Namen auszusprechen. Und das ist der Name, den er sich selbst gibt: Ich. Das ist der einzige Name, den der Mensch sich selbst geben kann. Wer sich tiefer darein versenkt, der kann zu tiefen Erkenntnissen kommen, von denen die Schulpsychologie nichts träumt. Ein Einziges ist es, zu dem nur Sie selbst den betreffenden Namen geben können. Kein anderer kann zu Ihnen Ich sagen, nur Sie selbst. Zu jedem anderen müssen Sie du sagen und jeder andere muß zu Ihnen du sagen. Es ist in jedem etwas, zu dem jeder nur selbst den Namen Ich sagen kann. Deshalb spricht die jüdische Geheimlehre auch vom unaussprechlichen Namen Gottes. Das ist etwas, was unmittelbar eine Ankündigung des Gottes in ihm ist. Verboten war es, diesen Namen unwürdig und unheilig auszusprechen. Daher die heilige Scheu, die Wichtigkeit und Wesentlichkeit, wenn der jüdische Geheimlehrer diesen Namen aussprach. Ich ist das einzige Wort, das Ihnen etwas sagt, was Ihnen niemals in der Außenwelt entgegentreten kann. So nun, wie der Durchschnittsmensch seinem Ich allein den Namen gibt, so gibt der Chela im dritten Grade allen Dingen der Welt Namen, die er aus der Intuition heraus hat. Das heißt, er ist aufgegangen in das Welten-Ich. Er spricht aus diesem Welten-Ich selbst heraus. Er darf den tiefinnersten Namen eines jeglichen Dinges zu diesem Dinge sagen, während der auf der Durchschnittsstufe stehende heutige Mensch nur Ich zu sich sagen kann. Wenn der Chela diese Stufe erlangt hat, dann nennt man ihn einen Schwan. Der Chela, der sich bis zu dem Namen aller Dinge erheben kann, wird Schwan genannt, weil er der Verkündiger aller Dinge ist.

Was über den dritten Grad hinausliegt, ist nicht mit gewöhnlichen Worten auszusprechen. Das erfordert die Kenntnis einer besonderen Schrift, die nur in den Geheimschulen gelehrt wird. Der folgende Grad ist der Grad des Verhüllten. Darüber hinaus liegen die Grade, welche die großen Eingeweihten haben, jene Eingeweihten, welche unserer Kultur zu allen Zeiten die großen Impulse gegeben haben. Chelas waren sie zuerst. Zuerst haben sie den Schlüssel des Wissens erlangt. Dann wurden sie hingeführt zu den Regionen, wo ihnen das Allgemeine und die Namen der Dinge erschlossen wurden. Dann erhoben sie sich zur Stufe des All. Dann konnten sie die tiefen Erlebnisse haben, durch welche sie geeignet waren, die großen Religionen der Welt zu stiften.

Aber nicht nur die großen Religionen, sondern überhaupt jeder große Impuls, alles, was wichtig ist in der Welt, ist von den großen Eingeweihten ausgegangen. Nur zwei Beispiele seien angeführt dafür, welcher Art der Einfluß der großen Eingeweihten, die die Schulung durchgemacht haben, auf die Welt ist.

Versetzen wir uns zurück in die Alltäglichkeit jener Zeit, wo unter der Führung des Hermes die Schüler der Einweihungsschulen angeleitet worden sind. Diese Anleitung war zunächst ein gewöhnlicher, sogenannter esoterischer, wissenschaftlicher Unterricht. Nur mit ein paar Strichen kann ich Ihnen hinzeichnen, was ein solcher Unterricht enthielt. Es wurde da gezeigt, wie der Weltengeist heruntersteigt in die Körperwelt, sich verkörpert, und wie er in der Materie auflebt, wie er im Menschen dann seine höchste Stufe erreicht und seine Auferstehung feiert. Das hat besonders *Paracelsus* noch so schön ausgedrückt, indem er sagte: Was wir draußen treffen, diese einzelnen Wesen, sind die Buchstaben, und das Wort, das aus ihnen zusammengefügt ist, das ist der Mensch. – Wir haben alle menschlichen Tugenden oder Schwächen auf die Geschöpfe draußen abgeladen. Der Mensch aber ist der Zusammenfluß von alledem. Wie in dem Menschen ein Zusammenfluß des übrigen Makrokosmos als Mikrokosmos auflebt, das wurde in den Einzelheiten und mit ungeheurem Geistesreichtum als esoterischer Unterricht in den ägyptischen Einweihungsschulen gelehrt.

Nach diesem Unterricht kam der hermetische Unterricht. Was ich gesagt habe, das kann man mit den Sinnen und mit dem Verstande begreifen. Was aber im hermetischen Unterricht geboten wurde, das kann man nur begreifen, wenn man den ersten Grad der Chelaschaft erreicht hat. Dann lernt man jene besondere Schrift kennen, welche nicht eine zufällige und willkürliche ist, sondern welche die großen Gesetze der geistigen Welt widergibt. Diese Schrift ist nicht wie die unsrige ein äußerliches Abbild, das willkürlich in einzelnen Buchstaben und Gliedern festgesetzt ist, sondern sie ist herausgeboren aus dem geistigen Naturgesetze selbst, weil der Mensch, der dieser Schrift kundig ist, im Besitze dieser Naturgesetze ist. So wird all sein Vorstellen im Seelen- und Astralraum selbst ein Gesetzmäßiges. Was er vorstellt, stellt er im Sinne dieser großen Schriftzeichen vor. Das kann er, wenn er sein Selbst aufgibt. Er fügt sich den urewigen Gesetzen. Jetzt hat er seinen hermetischen Unterricht hinter sich. Nunmehr wird er selbst zur ersten Stufe einer tieferen Initiation zugelassen. Jetzt soll er als nächste Stufe etwas in der Astralwelt, in der eigentlichen Seelenwelt erleben, was eine Bedeutung hat, die über die Weltenzyklen hinüberreicht. Nachdem er die Fähigkeit erlangt hat, daß die astralen Sinne voll wirken, so daß sie herunterwirken bis in den Ätherkörper, dann wird er drei Tage eingeführt in ein tiefes Geheimnis der astralen Welt. Dann erlebt er in der astralen Welt das, was ich Ihnen das letzte Mal als den Ursprung der Erde und des Menschen beschrieben habe. Dieses Heraussteigen des Geistes, dieses Auseinandertreten von Sonne und Mond und Erde und das Hervorgehen des Menschen, diese ganze Reihe von Erscheinungen, die erlebt er, die hat er vor sich. Und zu gleicher Zeit hat er sie so vor sich, daß sie ein Bild werden. Und dann tritt er heraus. Nachdem er dieses große Erlebnis in der Einweihungsschule hinter sich hat, tritt er unter das Volk und erzählt, was er in dieser seelischen und astralischen Welt erlebt hat. Und diese Erzählung lautet ungefähr so:

Einst war ein Götterpaar mit der Erde vereinigt, Osiris und Isis. Dieses Götterpaar sind die Regenten alles dessen, was auf der Erde geschieht. Aber Osiris wurde von dem Typhon verfolgt und zerstückelt, und die Isis mußte seinen Leichnam suchen. Sie brachte ihn nicht nach Hause, sondern es wurden an den verschiedenen Orten der Erde die Osirisgräber angelegt. Da ist er also ganz heruntergestiegen und in der Erde begraben. Da aber fiel auf Isis ein Strahl der geistigen Welt, der sie befruchtete zu dem neuen Horus durch unbefleckte Empfängnis.

Dieses Bild war nichts anderes als eine große Darstellung dessen, was wir soeben kennengelernt haben als das Hervortreten von Sonne und Mond, als das Auseinandergehen von Sonne und Mond und als das Aufgehen des Menschen. Isis ist das Sinnbild vom Mond, Horus bedeutet die Erdenmenschheit, die Erde selbst. Als die Menschheit noch nicht mit warmem Blute begabt war, als sie noch nicht umkleidet war mit dem physischen Körper, da hat die Menschheit in großen Bildern das empfunden, was in der seelischen Welt vorgeht. Vorbereitet war sie dazu, je im Beginne der lemurischen, der atlantischen und der arischen Entwickelung von den großen Eingeweihten, die großen Wahrheiten in solchen Bildern zu empfangen. Daher wurden diese Wahrheiten nicht einfach so hingestellt, sondern in dem Bilde von Osiris und Isis gegeben. Alle die großen Religionen, die wir im Altertum antreffen, sind von den großen Eingeweihten erlebt worden in dem seelischen Raum. Und heraus traten diese großen Eingeweihten und sprachen zu einem jeglichen Volk in der Art, wie es das Volk verstehen konnte, nämlich in Bildern, von dem, was sie selbst in den Einweihungsschulen erlebt haben. Das war im Altertum so. Nur dadurch, daß man in einer solchen Einweihungsschule war, konnte man zu dem höheren astralen Erlebnis hinaufsteigen.

Mit dem Heraufkommen des Christentums ist das anders geworden. Es stellt einen bedeutsamen Einschnitt dar in der Entwickelung. Seit dem Erscheinen Christi war es möglich, daß man eingeweiht werden konnte als Natureingeweihter, wie man auch vom Naturdichter spricht. Es gibt christliche Mystiker, welche aus Gnade die Einweihung erhalten hatten. Der erste, welcher dazu berufen war, das Christentum herauszutragen in alle Welt unter der Einwirkung des Spruches: «Selig sind, die da glauben, auch wenn sie nicht sehen», das war Paulus. Die Erscheinung auf dem Wege nach Damaskus war eine Einweihung außerhalb der Mysterien. Auf weitere Einzelheiten kann ich hier nicht eingehen.

In allen großen Bewegungen und Kulturbegründungen gaben die großen Eingeweihten die Impulse. Aus dem Mittelalter ist uns ein schöner Mythus erhalten, der das zeigen sollte in einer Zeit, als man noch nicht materialistische Gründe verlangte. Das Epos ist in Bayern entstanden und hat daher das Kleid des Katholizismus angenommen. Was damals geschehen ist, wollen wir uns auf folgende Weise klarmachen. In Europa entstand damals die sogenannte Städtekultur, das moderne Bürgertum. Die Fortentwickelung der Menschheit, jeder Seele Vorschreiten zu einer nächsten Stufe hat der Mystiker aufgefaßt als das Aufrücken der Seele, des Weiblichen im Menschen. Der Mystiker sieht in der Seele etwas Weibliches, das von den niederen Sinneseindrücken der Natur und von den ewigen Wahrheiten befruchtet wird. In jedem geschichtlichen Prozeß sieht der Mystiker einen solchen Befruchtungsprozeß. Die großen Impulse für den Fortschritt der Menschheit werden für denjenigen, welcher tiefer hineinschaut in den Entwickelungsgang der Menschheit, der die geistigen Kräfte sieht, die hinter den physischen Erscheinungen stehen, diese tiefen Impulse werden von den großen Eingeweihten gegeben. So hat auch der mittelalterliche Weltanschauungsmensch den großen Eingeweihten zugeschrieben jenen Aufstieg der Seele zu höheren Stufen während des neuen Kulturabschnittes, der durch die Städte bewirkt worden ist. Diese Städteentwickelung wurde dadurch erreicht, daß die Seele einen Ruck vorwärts machte in der Geschichte. Ein Eingeweihter war es, welcher diesen Ruck bewirkte. Alle großen Impulse schrieb man der großen Loge der Eingeweihten, die den Heiligen Gral umgaben, zu. Von dort kamen die großen Eingeweihten, die für den äußeren Menschen nicht sichtbar sind. Und denjenigen, der dazumal die Städtekultur mit einem Impulse versehen hat, nannte man damals im Mittelalter Lohengrin. Das ist der Sendling des Heiligen Grals, der großen Loge. Und die Städteseele, das Weibliche, welches befruchtet werden soll durch die großen Eingeweihten, das ist angedeutet durch Elsa von Brabant. Derjenige, der vermitteln soll, ist der Schwan. Lohengrin wird durch den Schwan herübergebracht in diese physische Welt. Der Eingeweihte darf nicht um seinen Namen gefragt werden. Er gehört einer höheren Welt an. Der Chela, der Schwan, hat diesen Einfluß vermittelt.

Nur andeuten habe ich können, daß der große Einschlag wieder symbolisiert wurde für das Volk in einem Mythos. So haben die großen Eingeweihten gewirkt und in ihre Lehren das, was sie zu verkündigen haben, hineingelegt. So wirkten auch die, welche die elementare Kultur der Menschheit begründet haben: Hermes in Ägypten, Krishna in Indien, Zarathustra in Persien, Moses im jüdischen Volk. Dann wirkten wieder Orpheus, Pythagoras und endlich derjenige, der der Eingeweihte der Eingeweihten ist, Jesus, der den Christus in sich getragen hat.

Damit sind nur die Großen der Eingeweihten bezeichnet. Wie deren Zusammenhang mit der Welt ist, das haben wir in diesen Ausführungen zu charakterisieren versucht. Was damit geschildert worden ist, wird vielen Menschen noch fernliegen. Aber diejenigen, welche selbst in ihrer Seele etwas verspürt haben von den höheren Welten, haben immer hinaufgeschaut, nicht nur zu den geistigen Welten, sondern auch zu den Menschheitsführern. Nur unter diesem Gesichtspunkte waren sie imstande, so begeistert zu sprechen wie Goethe. Aber Sie finden auch bei anderen noch etwas von einem heiligen Funken, der hinleitet zu diesem Punkte, den uns die Geisteswissenschaft wiederbringen soll. Bei einem Deutschen werden Sie es finden, bei einem jungen verständigen deutschen Dichter und Denker, dessen Leben sich ausnimmt wie eine selige Erinnerung eines früheren Lebens eines großen Eingeweihten. Wer *Novalis* liest, wird etwas verspüren von dem Hauch, der in diese höhere Welt hineinführt. Es ist nicht so ausgesprochen wie gewöhnlich, aber es ist etwas in ihm, was auch die Zauberworte haben. Dashalb hat er das schöne Wort des Verhältnisses unseres Planeten zur Menschheit geschrieben, das für den Niederen, Unentwickelten, wie auch für den Eingeweihten gilt:

Die Menschheit ist der Sinn unseres Erdenplaneten, die Menschheit ist der Nerv, welcher diesen Erdenplaneten mit den oberen Welten verbindet, die Menschheit ist das Auge, wodurch dieser Erdenplanet den Blick hinaufrichtet in die Himmelreiche des Weltalls.

Fragenbeantwortung

Frage: Warum hat Christus keine Schriften hinterlassen?

Dr. Steiner: Das ist gerade der Grundunterschied zwischen ihm und den früheren Religionsstiftern. Christus sagt: «Ich bin der Weg, die Wahrheit und das Leben.» Die anderen Religionsstifter waren Weg und Wahrheit. Sie haben verkündigt das, was getan und geglaubt werden soll, wie das Moses zum Beispiel getan hat. Wenn wir die alten Religionsbekenntnisse studieren, dann werden wir in dem Inhalt keinen Unterschied finden zwischen dem Christentum als Lehre und den anderen großen Religionen. Wer das ägyptische Religionssystem in seiner Tiefe kennt, der findet alles, was im Christentum enthalten ist, auch da. Und so ist es mit allen Religionen. Dennoch ist das Christentum etwas völlig Neues, nicht als Lehre, sondern als Tatsache. Daher habe ich mein Buch genannt: «Das Christentum als mystische Tatsache.» Die Erscheinung Christi bedeutet etwas, was mit «selig» bezeichnet wird, von Seele durchdrungen. Jetzt sollen alle selig werden, welche im Glauben zusammenhängen mit dem Stifter. Christus steigt herab in das Tal und wird Mensch unter Menschen. Er lehrt nichts Neues, aber er lebt im unmittelbaren Dasein, in eigenster Persönlichkeit dasjenige, was die anderen gelehrt haben. Was die anderen gelehrt haben, war der Logos, die göttliche Wahrheit. Wenn Sie Buddha studieren, die erhabenen Lehren des Hermes durchdringen oder die Lehren der Veden, so haben Sie äußere Aussprüche des göttlichen Schöpferwortes. Der Logos ist da Lehre geworden.

IBSENS GEISTESART

Berlin, 23. März 1905

Bevor ich den Vortragszyklus dieses Winters abschließe mit einem Bild der Menschheitszukunft und Menschheitsideale, möchte ich heute noch von dem Geistesleben der Gegenwart reden, wie es sich ausdrückt in einem der bedeutendsten und bezeichnendsten Geisteshelden unserer Zeit.

Nicht vom literarischen, nicht vom ästhetischen Standpunkt, sondern vom Weltanschauungsstandpunkt aus möchte ich von Ibsens Geistesart sprechen; denn tatsächlich spricht sich alles das, was die tiefsten und besten Geister der Jetztzeit fühlen und denken, gerade in Ibsen aus.

Man hat oft gesagt, jeder Dichter sei der Ausdruck seiner Zeit. Gewiß, dieser Satz gilt; aber nur dann, wenn man ihm den ganz speziellen Inhalt gibt, kann er verstanden werden. Ebenso wie Homer, Sophokles, Goethe Ausdrücke ihrer Zeit waren, ist es zweifellos *Henrik Ibsen* für die Gegenwart, und doch, wie ganz anders prägt sich unsere Zeit in ihm aus als in jenen Persönlichkeiten die ihre.

Um zu erkennen, wie ganz anders die Zeit um die Wende des 18. Jahrhunderts war, die Zeit Goethes, Schillers und Herders, und wie ganz anders sich unsere Zeit ausdrückt, braucht man nur zwei Dinge nebeneinander zu stellen. *Goethe* schließt noch den zweiten Teil seines «Faust» ab, versiegelt ihn und hinterläßt ihn wie ein großes Testament seines Lebens. Ein Vermächtnis, in die Zukunft leuchtend voll von Kräften, hinterläßt er es den Menschen nach seinem Tode, in dem Glauben: «Es kann die Spur von meinen Erdentagen nicht in Äonen untergehn.» Ein Mensch, der im

280

Grunde der Repräsentant der ganzen Menschheit ist, steht vor uns im Faust. Wir klammern uns an ihn, wir erfüllen uns mit Lebensinhalt, mit Lebenskraft an ihm. Über seinen Tod hinaus weist uns Goethe darauf hin. Er kann nicht veralten, der «Faust», immer tiefere Wahrheiten finden wir darin. Wir empfinden ihn als etwas Fortlebendes, etwas, das wir nicht ausgeschöpft haben: das ist ein Lebensabschluß, der in die Zukunft hinaus weist.

Henrik Ibsen hat lange vor seinem Tode sein Lebenswerk bewußt abgeschlossen mit seinem Drama «Wenn wir Toten erwachen». Was ein halbes Jahrhundert hindurch die Menschen erfüllt hat, was an revolutionären und anderen Ideen vorhanden war, ist durch die Seele Henrik Ibsens gegangen. Er hat geschildert, was die Herzen bewegt, was sie in die Sonderung bringt, sie den Daseinskampf in einer nie gewesenen Art kämpfen läßt. Wie ein großer Rückblick wirkt dieses Drama und steht da wie ein Symbol für den Künstler selbst. Ein Einsiedler im menschlichen Leben, ein Einsiedler im eignen Leben ist er gewesen. Ein halbes Jahrhundert hat er gesucht nach Menschenglück und Wahrheit, keine Kräfte gespart, um zu Licht und Wahrheit zu gelangen, zur Klärung der großen Rätselfragen. Nun erwacht er selbst, fühlt, was hinter ihm liegt, als etwas Totes, etwas Abgestorbenes und er beschließt, nichts mehr zu schreiben. Ein Rückblick ist es, der nur auf Vergängliches weist; was er ersehnte, erscheint ihm als etwas Rätselhaftes, nicht wirklich Dagewesenes – die Ideale fallen hinter ihm zusammen. Da er erwachte, weiß er nicht weiter. – Das ist der Dichter, welcher der Repräsentant unserer Zeit ist, der dichterisch größte. Eine Kritik ist diese Lebensbilanz alles dessen, was wir haben – ein Sich-Aufgeben und zugleich ein Erwachen aus und an der Kritik unserer Zeit. Eine gewaltige Überschau des modernen Lebens drückt sich in diesem Drama aus; wenn wir sie uns vorhalten, werden wir das Tragische in der Persönlichkeit des Dichters verstehen. Denn eine tragische Persönlichkeit ist Henrik Ibsen.

Will man ihn ganz verstehen, muß man ihn als Repräsentanten unserer Zeit auffassen. Deshalb betrachten Sie es nicht als gelehrte Klügelei, wenn ich zunächst versuche, den Nerv unserer Zeit zu erfassen; denn Henrik Ibsen ist ein Ausdruck davon. Ein Wort charakterisiert unsere Zeit und auch den ganzen Ibsen, das ist das Wort «Persönlichkeit». Wohl hat auch Goethe gesagt: «Höchstes Glück der Erdenkinder ist nur die Persönlichkeit.» Aber bei Ibsen geschieht es doch in noch ganz anderer Weise. Ibsen ist ganz Kind unserer Zeit, und von hier aus werden wir ihn am besten verstehen.

Erinnern Sie sich, wie ganz anders die Persönlichkeit dasteht im alten Griechenland. Wie steht Ödipus da? Weit hinaus reicht, was Ödipus' Schicksal bewegt, hinaus über sein ganzes Geschlecht. Wir müssen die Fäden ziehen in ganz andere Regionen hinein: das Schicksal reicht weit über seine Einzelpersönlichkeit hinaus, es ist über die Persönlichkeit herausgehoben – doch noch nicht herausgehoben ist das Persönliche aus dem sittlichen Zusammenhange mit der ganzen Welt. Das ist der Unterschied mit heute: daß wir jetzt den Mittelpunkt in der Persönlichkeit zu suchen haben, daß das Schicksal in die Persönlichkeit verlegt ist. Stück für Stück können wir das verfolgen. Mit dem Heraufkommen des Christentums geschieht es, daß der Drang der Persönlichkeit sich befriedigen will. Frei will die Persönlichkeit sein, frei wenigstens vor dem Höchsten, dem Göttlichen. Die Zusammenhänge werden zerrissen, die Persönlichkeit wird auf sich selbst gestellt. Und durch das Mittelalter hindurch versucht die Persönlichkeit, sich zu erfassen.

Wie tief hängt in Griechenland noch die ganze Umwelt

mit der Persönlichkeit zusammen! Wie wächst der Mensch heraus aus dem, was ihn umgibt! Er ist herausgeboren aus dem ganzen Kosmos. Die äußere Konfiguration des griechischen Lebens aber ist wie ein Kunstwerk: Plato schafft eine Staatsidee, in die der einzelne sich einfügen soll wie ein Glied in den ganzen Körper. Das Christentum bringt ein anderes Ideal herauf; aber dies Neue wird erkauft um den Preis der Naturverbundenheit, es wird gesucht *über* der Natur. Der Christ sucht das, was seine Persönlichkeit erlösen soll in einem Etwas, das über die Persönlichkeit hinausgeht. Noch der einzelne Römer fühlte sich als Glied des ganzen Staatswesens: er ist erst Bürger, dann Mensch. Im Mittelalter herrscht eine Stimmung, die hinausblickt über die Umwelt, hinaufblickt nach einer jenseitigen Welt, an die man sich klammert. Das macht einen großen Unterschied für das ganze menschliche Denken, Empfinden und Wollen. Und das geht so fort bis in die Neuzeit hinein.

Der Grieche, der römische Bürger lebte und starb für das, was ihn umgab, was in seiner Außenwelt lebte. Im Mittelalter lebte noch, zwar nicht in der Umwelt, aber in dem, was vom Göttlichen herüberströmte, in dem «Evangelium der frohen Botschaft», etwas von einer göttlichen Weltordnung und brachte sie wie im Spiegel zum Ausdruck. In den besten wie in den einfachsten Seelen, im Mystiker wie im Volke lebte diese göttliche Weltordnung. Es ist etwas, was von außen zwar gegeben wird, aber was als etwas neu Entstehendes in der Seele lebt. Was in der Sternenwelt sich abspielt als Willen Gottes, erfüllt als etwas Inhaltvolles die Seele: man weiß, was jenseits ist von Geburt und Tod.

Nehmen wir die neue Zeit, und blicken wir zunächst vom künstlerischen Standpunkt aus auf *Shakespeare*. Das, was zum Ausdruck kommt in den Dramen Shakespeares und zuvörderst in diesen Dramen lebt, ist der Charakter. So etwas hat es in Griechenland und im Mittelalter nicht gegeben. Shakespeares Dramen sind Charakterdramen, das Hauptinteresse heftet sich auf den Menschen selbst, auf das, was in den Tiefen seiner Seele sich abspielt, so wie er hineingestellt ist in die Welt.

Das Mittelalter hatte keine eigentliche Dramatik, die Menschen waren mit anderen Interessen beschäftigt. Jetzt beginnt die Persönlichkeit heraufzuziehen – aber damit zugleich alles Unbestimmte, Unbegreifliche der Persönlichkeit. Nehmen Sie Hamlet: man kann von so vielen Gelehrten so viele verschiedene Auslegungen darüber hören! Über kein Werk sind wohl so viele Bücher geschrieben worden. Und das rührt davon her, daß dieser Charakter selbst etwas Unbestimmtes hat. Er ist nicht mehr Spiegelbild der Außenwelt, auch nicht mehr Spiegel der frohen Botschaft.

Die ganze Anschauungsweise der Neuzeit nimmt diesen Charakter an. Sehen Sie sich die Gestalt *Kants* an, wie alles in die Persönlichkeit gelegt wird! Nicht möglich wäre, was er sagt, im Mittelalter, nicht möglich im Altertum. Es ist etwas ganz Unbestimmtes, was er vertritt: Handle so, daß dein Handeln zur Richtschnur für die Allgemeinheit werden könnte. – Aber dieses Ideal bleibt ein ganz Unbestimmtes. Er sagt: Wir können nicht erkennen, wir haben Grenzen, die wir mit unserer Vernunft nicht zu überschreiten vermögen; nur etwas Dunkles empfindet sie, was drängt und treibt. – Kant nennt es den kategorischen Imperativ.

Der Grieche, der mittelalterliche Mensch hatte bestimmte, scharf umrissene Ideale. Nicht nur wußte er, daß er wie die anderen Menschen in ihrem Sinne leben sollte: sie lebten in seinem Blut. Das war jetzt anders geworden: ein kategorischer Imperativ, der keinen rechten Inhalt hat, stellte sich vor die Vernunft; nichts füllt diese Seele mit bestimmten Idealen aus. So war es im 18. Jahrhundert.

In unseren Klassikern ist etwas erwacht, was nach bestimmten Idealen verlangt. Es ist interessant, daß *Schiller,* der ein nicht minder herber Kritiker seiner Zeit war als Ibsen – nehmen wir die «Räuber»: Karl Moor will etwas Bestimmtes, Menschen will er schaffen, die ihre Zeit umgestalten, nicht bloß Kritik üben –, es ist interessant, daß Schiller Vertrauen hat zum Ideale und sagt: Wie die Welt auch sein mag, ich stelle Menschen hinein, die diese Welt aus ihren Angeln heben können.

Noch bedeutsamer tritt das bei Goethe in seinem «Faust» hervor. Goethe erscheint hier wie ein Geist, der in das neue Morgenrot hineinschaut.

Aber nun kam das 19. Jahrhundert mit seiner Forderung nach Freiheit, nach Persönlichkeit. Was ist Freiheit? Worin soll der Mensch frei sein? Man muß etwas Bestimmtes wollen. Aber es war Freiheit an sich, die man wollte. Dazu kam, daß das 19. Jahrhundert das rationalistischste geworden war. Die Menschen sehen ihre Umgebung; aber es strömt kein Ideal daraus hervor, die Menschen werden nicht mehr getragen von Idealen. Es steht der Mensch auf der Spitze seiner Persönlichkeit, und die Persönlichkeit ist Selbstzweck geworden. Daher kann die Menschheit heute zwei Begriffe nicht mehr unterscheiden: Individualität und Persönlichkeit; sie trennt nicht mehr, was getrennt werden muß.

Was ist Individualität? Individualität ist dasjenige, was inhaltsvoll in der Welt aufragt. Wenn ich einen inhaltserfüllten Zukunftsgedanken habe, mir ein Bild von dem mache, was ich in die Welt einfüge, so mag meine Persönlichkeit kraftvoll oder schwach sein, aber sie ist der Träger dieser Ideale, die Hülle meiner Individualität. Die Summe aller dieser Ideale ist die Individualität, die aus der Persönlichkeit hervorleuchtet. Diesen Unterschied macht das 19. Jahrhundert nicht; es sieht in der bloßen kraftvollen Persönlichkeit, in dem, was eigentlich Gefäß sein soll, Selbstzweck. Daher wird die Persönlichkeit etwas Nebuloses, und damit wird auch das, was früher ätherklar war, etwas Nebelhaftes. Früher hieß die Mystik Mathesis, weil sie klar war wie zwei mal zwei. Der Mensch lebte in einem solchen geistigen Inhalt, er ging in sich und fand etwas, was höher war als die Persönlichkeit: er erkannte seine Individualität. Das 19. Jahrhundert kann die Mystik nicht verstehen, man redet von ihr als von etwas Unklarem, nicht Verständlichem. Das ist etwas, was notwendig war: es mußte einmal die Persönlichkeit wie ein ausgehöhlter Balg gefühlt werden. Heute spricht man am meisten von Persönlichkeit, von wirklicher Persönlichkeit ist aber am wenigsten vorhanden. Da, wo die Persönlichkeit erfüllt ist von der Individualität, spricht man am wenigsten von ihr, weil sie selbstverständlich ist. Man redet am meisten von dem, was nicht da ist. Wenn daher das 19. Jahrhundert von Mystik redet, spricht es von etwas Unklarem. Wir verstehen, warum das so gekommen ist.

Als ein Sohn seiner Zeit hat Henrik Ibsen tief hinuntergeblickt in diese Persönlichkeit und diese Zeit. Wie ein ehrlicher Wahrheitssucher trachtet er nach dem wahren Inhalt der Persönlichkeit, aber wie jemand, der ganz aus seiner Zeit herausgeboren ist. «Ach, geblendet ist mein Auge vor dem Licht, dem es sich wendet.»

Wie hätte ein alter Römer vom Recht gesprochen? Es war ihm selbstverständlich; so wenig wie er das Licht leugnete, hätte er das Recht geleugnet. Bei Ibsen heißt es: «Recht? wo gilt es noch als Recht?» Heute wird schlecht und recht alles von der Macht bestimmt. – So sehen wir Henrik Ibsen als gründlich revolutionären Geist. Er blickte hinein in die menschliche Brust, und nichts fand er da, alles, was das 19. Jahrhundert geboten, war ihm nichts. Er spricht es aus:

Ach, wie haben doch diese alten Ideale der Französischen Revolution ihre Kraft verloren; heute brauchen wir eine Revolution des ganzen menschlichen Geistes! – Das ist die Stimmung, die in Ibsens Dramen sich ausdrückt.

Noch einmal lassen Sie uns die alten Zeiten betrachten. Der Grieche fühlte sich wohl in seiner Polis, der Römer in seinem Staat, der mittelalterliche Mensch fühlte sich als Kind Gottes. Wie fühlt sich der Sohn der neuen Zeit? Er findet nichts um sich her, das ihn tragen kann. Nicht fühlte sich als ein einsamer Mensch der Grieche, der mittelalterliche Mensch – bei Ibsen ist der stärkste Mann der einsamste. Dieses Einsamkeitsgefühl ist etwas durchaus Modernes, und daraus erwächst Ibsens Kunst. Dieser Begriff jedoch, der aus Ibsens Dramen spricht: Wir müssen an die menschliche Persönlichkeit appellieren –, ist nichts Klares. Diese Kräfte im Menschen, die es bloßzulegen gilt, sie sind etwas Unbestimmtes, aber an sie müssen wir uns wenden. Und so versucht Ibsen auf solchen Wegen die Menschen um sich herum zu verstehen. – Doch was kann man denn anderes sehen in so einer Zeit als den Kampf der Persönlichkeit, die herausgerissen ist aus allem sozialen Zusammenhang? Ja, die zweite Möglichkeit gibt es: Wenn der Mensch noch zusammenhängt mit dem Staate, mit seiner Umgebung, daß sich die Persönlichkeit dem beugt, sich verleugnet. Doch was können dem Menschen diese Zusammenhänge heute noch sein? Früher waren sie wahr, jetzt steht der Mensch nur noch für sich – und es entstehen Disharmonien zwischen der Persönlichkeit und der Umgebung.

Ibsen hat einen scharfen Spürsinn für die Unwahrheit dieser Zusammenhänge zwischen dem Menschen und seiner Umgebung. Der Wahrheitsforscher wird zum scharfen Kritiker der Lüge. Seine Helden werden daher entwurzelte Persönlichkeiten, und diejenigen, die den Zusammenhang mit ihrer Umgebung herstellen wollen, müssen der Lüge verfallen, können es nur durch Täuschung ihres Selbstbewußtseins tun. In den Dramen der mittleren Zeit lebt diese Gesinnung. Wir sehen dies, wenn wir «Brand», «Peer Gynt», «Kaiser und Galiläer» an unseren Augen vorüberziehen lassen. Wir finden in dem letzteren Drama einen Hinweis auf drei Zeitalter. Das erste ist jenes, welches wir vorher charakterisiert haben, das der Vergangenheit, wo die äußere Form so viel gegolten hat. Kaiser Julian, er blickt hinüber in das zweite, das des Galiläers, das eine Verinnerlichung der Seele aufweist. Aber ein drittes Zeitalter soll kommen, wo der Mensch wieder Ideale hat und diese von innen nach außen hin ausprägt. Früher kam das Schicksal von außen herein. Was ersehnt werden muß, sind innere Ideale, die der starke Mensch der Welt aufprägen kann; er soll ein Sendbote sein – nicht nachbilden, sondern prägen, schaffen. Das dritte Weltalter, in dem das Ideal zu seiner Geltung kommt, ist noch nicht erreicht. In der Einsamkeit findet es der Mensch in seiner Seele, aber nicht so, daß es Kraft und Macht hätte, die Welt zu gestalten. Diese Vereinigung des Christentums mit dem antiken Ideal, es ist der umgekehrte Weg. Aber auf eine schwache Seele hat Ibsen dieses Ideal gelegt, die darunter zusammenbricht; Julian ist eben noch Mensch der Vergangenheit.

Wiederum haben wir es zu tun mit dem Menschen, der auf dem bloß Formalen, dem Ausgehöhlten der Persönlichkeit ruht: Nichts ist charakteristischer für Ibsen als die Art, in der er die harte knorrige Gestalt seines «Brand» hineingestellt hat in unsere Zeit. Nicht despotisch und autokratisch ist er, aber herausgerissen aus dem Zusammenhang mit der Umwelt. Er steht da als Geistlicher, umgeben von Menschen, denen der Zusammenhang mit dem Göttlichen zur Lüge hat werden können. Neben ihm steht ein Geistlicher, der, was er glauben kann, nur glaubt, weil er überhaupt kein starkes Glaubensgefühl hat.

Ein Ideal, das ein höheres ist, muß auf alle Menschen wirken können. Das theosophische Ideal der Brüderlichkeit taucht des Menschen Handeln in Milde und Güte und sieht in jedem Menschen den Menschenbruder. Solange dieses Ideal noch nicht geboren ist und der Mensch sich stützen muß auf die Fetzen und Reste der alten Ideale, welche Persönlichkeit und Individualität vermischen, wird er hart und unbeugsam erscheinen. Wer das Persönlichkeitsideal so hoch stellt, wird hart und unbeugsam wie Brand, und muß es sein. Die Individualität bindet, die Persönlichkeit trennt. Dieser Durchgangspunkt durch die Persönlichkeit legte jedoch Kräfte bloß, die entwickelt werden mußten und sonst nicht herausgekommen wären. Wir mußten die alten Ideale verlieren, um sie einst auf höherer Stufe wiederzugebären. Ein Dichter wie Ibsen mußte hineingreifen in diese Persönlichkeit und sie als eine ausgehöhlte schildern, wie er es in grandioser Weise im «Bund der Jugend» tut.

Was an der Persönlichkeit arbeitet, was sie bloß vorstellen soll, hat er in seinen späteren Dramen dargestellt, in denen er zum positiven Kritiker der Zeit wird, wie in den «Stützen der Gesellschaft».

Er zeigt uns die Persönlichkeit im Zwiespalt mit ihrer Umgebung in den «Gespenstern». Im Konflikt mit ihrer Umgebung muß Frau Alving da lügen, wo sie Wahrheit sucht, um ihren Sohn in eine reine Atmosphäre zu bringen. Und so bricht das Geschick über sie herein wie über die alten Griechen. In dem Zeichen Darwins lebt Ibsen, und dieser Oswald steht nicht in einem geistigen, ethischen Zusammenhange mit dem Vorhergegangenen, sondern in dem der Vererbung. Die Persönlichkeit kann nur, soweit sie Seele ist, herausgerissen werden aus ihrer Umgebung; die

Körperlichkeit steht im Zusammenhange der physischen Vererbung, und so bricht ein rein aus den physischen Gesetzen herausströmendes Schicksal über Oswald Alving aus wie ein moralisches, geistig-göttliches über den antiken Helden.

So ist Ibsen ganz Sohn seiner Zeit. So zeigt er aber auch, was berechtigt ist an dieser Persönlichkeit – der Persönlichkeit, die vielleicht später wieder Individualität werden soll.

In einer besonders charakteristischen Weise tritt uns dieses Problem entgegen in der Frau. «Nora» lebt gleichsam im Puppenheim und wächst aus ihm heraus, sucht den Weg zur Individualität. Alle alten Weltanschauungen haben einen individuellen, natürlichen Unterschied konstatiert zwischen Mann und Frau, und das pflanzte sich fort bis in unsere Zeit. Um dies abzustreifen, mußte eben der Durchgangspunkt gefunden werden durch die Persönlichkeit. Erst als Persönlichkeit stehen sich Mann und Weib gleich gegenüber; erst wenn sie das gleiche in der Persönlichkeit finden werden, können sie das gleiche Individuelle entwickeln, damit sie einst als Kameraden in die Zukunft gehen. Solange man die Ideale von außen hereinholte, waren sie mit dem Natürlichen verbunden, und das Natürliche wurzelte in der Differenz zwischen Mann und Weib, die nur in der Seele ausgeglichen werden kann. Aus der Natur wurde dieser Gegensatz in die Religion hineingetragen – auch im Mittelalter noch, indem sie noch im Göttlichen selbst einen Nachklang hatte vom Natürlichen.

Sie finden in den alten Religionen das männliche und das weibliche Prinzip nebeneinander stehen als etwas, was das ganze Sein durchzuckt, in der Natur lebt und webt. Wir finden es in Osiris und Isis, selbst in Gottvater und Maria. Erst als man die Naturgrundlage abgestreift hatte, da erst, als man zur Seele vordrang und diese Seele emanzipierte, rang sich das Persönliche im Menschen zur Freiheit durch, durch das, woran sich nicht die Differenzierung von Mann und Weib knüpft. So erst wurde der Gegensatz von männlich und weiblich überwunden. Und der Dichter der Persönlichkeit mußte auch das charakteristische Wort dafür finden. So wächst als Problem jene Differenzierung in ihm empor in solchen Dramen wie «Nora», «Rosmersholm» und «Die Frau vom Meer».

Wir sehen, wie Ibsen mit alldem zusammenhängt, was das Große, wenn auch vielleicht das Leere unserer Zeit ausmacht. Je mehr Ibsen in die Zukunft schaute, desto mehr fühlte er, wie das Leere eintreten muß, wenn die Persönlichkeit emanzipiert wird, losgelöst wird von ihren göttlich-geistigen Zusammenhängen. So steht in «Baumeister Solneß» Ibsen selbst vor dem Problem der Persönlichkeit mit der großen Frage an die Zukunft: Die Persönlichkeit haben wir frei gemacht – aber wozu? – Etwas Unbestimmtes bleibt bei diesem Suchen nach dem Wesenhaften. Als echter Wahrheitssucher stellt er dies Unbekannte wie im Gleichnis dar in der «Frau vom Meer». Frei wird diese – zu den alten Pflichten. Doch wozu? – muß man weiter fragen. Das ist in dem Drama in wunderbarer Weise symbolisch dargestellt.

Als er noch weiter in die Rätsel des Lebens hineinzublicken sucht in «Klein Eyolf», in «Wenn wir Toten erwachen», da verschwindet ihm etwas Tiefes im Menschenherzen, an das er vorher geglaubt hat. Den Bildhauer in «Wenn wir Toten erwachen», der das Ideal zu fassen suchte, ergreift die Verzweiflung. Noch kann er den freien Menschen nicht formen: Tierfratzen steigen vor ihm auf. Er sucht etwas, das ihn darüber hinaushebt, eine Auferstehung will er schöpferisch gestalten – doch immer drängt sich ihm das Fratzenhafte vor das Auge, stellt sich vor das Bild. Als ihm klar wird, daß er es nicht überwinden kann, erwacht er – und sieht, was unserer Zeit fehlt, was sie nicht hat. Ein ungeheuer tragischer Moment wird in «Wenn wir Toten erwachen» vor uns hingestellt.

So ist Henrik Ibsen ein kühner Prophet unserer Zeit: wohl fühlt er im tiefsten Herzen dennoch zukunftssicher, daß es etwas geben muß, was über die Persönlichkeit hinausgeht; aber er schweigt, und dieses Schweigen hat jenes ungeheuer Tragische in sich. Wer sich mit dem bekannt gemacht hat, was sich in der Persönlichkeit selbst über Geburt und Tod hinaushebt, wer mit dem großen Karmagesetz sich vertraut gemacht hat, der findet einen neuen Inhalt auch in dem Persönlichen. Er stellt ein neues Ideal auf, er schreitet über die Persönlichkeit hinaus und macht sich zum Bekenner und Herrn dieses großen Gesetzes der ausgleichenden Gerechtigkeit.

Der antike Mensch vertraute auf die Wirklichkeit um sich her; er baute auf ihr die Stützen seiner Seele auf. Das Mittelalter erlebte das Ideal im innersten der Seele. Der moderne Mensch ist heruntergegangen bis zur Vereinsamung in der Persönlichkeit, der Egoität. Den kategorischen Imperativ fühlt er noch, aber als etwas Unbestimmtes, Dunkles. Er strebt nach persönlicher Freiheit, aber ihm drängt sich die Frage auf: Wozu soll die Persönlichkeit freigemacht werden?

Die alten Ideale sagen unserer Zeit nichts mehr; ein Neues muß erstehen.

Freiheit, die nicht mehr an persönlicher Willkür hängt, die sich wieder mit göttlichen Idealen verbindet, dieses herbeizuführen ist das Ziel theosophischer Weltanschauung. Daran mitzuarbeiten, diese Zukunft aufzubauen, das ist spirituelles, theosophisches Leben, theosophische Weltanschauung.

Nur wenn die Besten unserer Zeit hinweisen auf diese in der kosmischen Wirklichkeit wurzelnde theosophische, geisteswissenschaftliche Weltanschauung, hat sie die Bedeutung, die sie haben muß. Und wenn ein Großer schweigt in tragischer Bescheidenheit, einer, der die Geister aufgerüttelt hat wie Henrik Ibsen, so ist das ein solcher Hinweis.

In den zu Ende gehenden Tagen des 19. Jahrhunderts hat er sein «Wenn wir Toten erwachen» geschrieben. Wohlan denn, jetzt ist es an der Zeit, daß an uns Toten sich Goethes Wort verwirkliche:

> Und so lang du das nicht hast,
> Dieses: Stirb und Werde!
> Bist du nur ein trüber Gast
> Auf der dunklen Erde.

Es ist an der Zeit, daß wir wieder leben, daß wir wieder zu Persönlichkeiten werden, aber zu emanzipierten Persönlichkeiten: zu Individualitäten.

DIE ZUKUNFT DES MENSCHEN

Berlin, 30. März 1905

In dem Vortrage über «Die großen Eingeweihten» vor vierzehn Tagen gestattete ich mir, darauf hinzuweisen, daß die großen Eingeweihten im wesentlichen die Träger der Zukunftsideale der Menschheit seien und daß ihre Kraft, ihre Wirkungsweise darin besteht, daß sie dasjenige, was für die ganze übrige Menschheit erst in der Zukunft offenbar wird, als ihr Geheimnis in sich bergen, als ihr Mysterium in sich aufgenommen haben und in der ihnen geeignet erscheinenden Weise in die Ideale der Menschheit hineinlegen. So daß wir in dem, was wir den Idealismus der Menschheit, die Zukunftsideale unseres Geschlechtes nennen, zumeist Ausprägungen dessen haben, was bei den großen Eingeweihten aus der Tiefe der Erkenntnis der großen geistigen Weltgesetze hervorgeht. Und ich sprach es dazumal aus, daß die theosophischen Ideale, die aus den Meistern hervorgehen, sich unterscheiden von dem, was man selbst im Leben Ideale nennt, daß sie aus einer wirklichen Erkenntnis der Naturgesetze hervorgehen und nicht etwa aus Empfindungen wie: so sollte es sein, so ist es richtig und so weiter. Ich habe damals darauf hingewiesen, daß das nicht Prophetie im schlechten Sinne des Wortes ist. Es ist eine Art von Hinweisung auf die Zukunft, wie wir sie auch in den Naturwissenschaften haben. So wie wir aus der Erkenntnis der stofflichen Gesetze von Wasserstoff und Sauerstoff genau wissen, daß sie sich unter gewissen Bedingungen verbinden und dann Wasser geben, so ist es auch mit den geistigen Gesetzen, so daß wir sagen können, welches die Ideale der menschlichen Zukunft sein werden. Das Entwickelungsgesetz führt den Menschen hinein in die Zukunft. In bewußter Weise muß der Eingeweihte das, was er für die Zukunft will, aus der Erkenntnis der großen Weltgesetze herausholen. Das war der eine schon vor vierzehn Tagen gegebene Hinweis auf unseren heutigen Vortrag. Der andere Hinweis war der, den ich vor acht Tagen in dem Vortrage über «Ibsens Geistesart» gemacht habe, wo gezeigt wurde, wie *Ibsen* in so scharfer und großartiger Weise auf die Ausgestaltung der Persönlichkeit in unserer Zeit hinweist und wie er gerade dadurch, daß er das, was in unserer Zeit sich so ausgeprägt hat, bedeutungsvoll charakterisiert, hinweist auf etwas Höheres, das über die Persönlichkeit hinausgeht, was wir in der theosophischen Weltanschauung Individualität nennen.

Wir stehen wirklich heute an einem Wendepunkte. Die großen Erfolge der Naturforschung haben uns gezeigt, wie auf der einen Seite die materialistische Anschauung die höchsten Früchte gebracht hat, wie der Darwinismus und der Materialismus in unsere Zeit hineinragen und wir ihnen einen großen Kulturfortschritt zu verdanken haben; daß sich aber andererseits auch Ströme geltend machen, die die Zukunft vorbereiten. Neue Ideale tauchen auf gerade in den hervorragendsten Geistern. Diese Geister, die auf eine ferne Zukunft hindeuten, sind zwar nicht die sogenannten praktischen Geister, aber die Weltgeschichte geht auch anders, als die Praktiker sich es vorstellen. Auf eine Säule des Idealismus, auf *Tolstoi,* habe ich schon früher hingewiesen. Heute möchte ich aber noch auf einen westlichen Geist hinweisen, auf *Keely,* den großen Mechaniker, der uns, wenn er auch heute mit seiner mechanischen Idee noch keine praktische bringen konnte, aber doch weiterführen wird. Damit sind Fragen verbunden, die dem Materialisten phantastisch vorkommen. Aber wir wollen doch zu gleicher Zeit einen

Idealismus kennenlernen, der anderer Art ist als der, den man gewöhnlich im Alltagsleben kennt. Es ist derselbe, der früher in den Mysterien gelebt hat. Bis zur Begründung der Theosophischen Gesellschaft im Jahre 1875 lebte das, was wir heute in populären Vorträgen verbreiten, in den sogenannten Geheimschulen. Ich habe schon öfter auf die Rosenkreuzer hingewiesen; auch darauf, daß man über die eigentlichen Geheimnisse der Rosenkreuzer auf gelehrtem Wege nichts finden kann. *Goethe* stand selbst mit den Rosenkreuzern in Verbindung; in dem Gedicht «Die Geheimnisse» hat er dies klar zum Ausdruck gebracht. Das alles haben wir den verflossenen Vorträgen entnommen.

Heute wollen wir uns mit denjenigen großen Weltgesetzen beschäftigen, die in den Mysterien als die Weltgesetze der Zukunft verkündigt worden sind, als diejenigen Weltgesetze, nach denen sich der Mensch zu richten hat, wenn er nicht im Dunkel hineintappen will in die Zukunft, sondern daß er – so wie der Naturforscher, der ins Laboratorium geht, weiß, daß wenn er gewisse Stoffe mischt und verbindet, er gewisse Resultate erhalten wird – sich bewußt ist, diesen oder jenen Ereignissen in der Zukunft entgegenzugehen. Das, in populärer Weise auseinandergesetzt, kann erst seit dem Jahre 1875, seit der Begründung der Theosophischen Gesellschaft, gehört werden. Daher kann es uns nicht erstaunen, daß das, was heute wissenschaftliche Literatur ist, noch nichts birgt von diesen Idealen der Zukunft.

Nun könnte die Frage entstehen, und es ist oftmals diese Frage gestellt worden: Sind es überhaupt die weltabgewandten Idealisten, welche scheinbar von aller Praxis entfernt sind, die zunächst in ihren Köpfen die Gedanken der Zukunft ausspinnen, welche das Leben tragen? Können es diese sein? Muß das Leben nicht aus der Praxis herausgeboren werden? Sie spinnen doch nur Gedanken aus, sie sind

Phantasten, und wollen die Zukunft gebären? Nur derjenige, der weiß, wie man die Dinge des Alltags handhabt, kann eingreifen, und dem kommt es zu, einzugreifen in das praktische Leben. Lassen Sie mich als kleines Intermezzo Beispiele über den Praktiker und den Idealisten herausgreifen und zeigen, daß es bei den großen und wahren Fortschritten nicht die Praktiker sind, sondern daß es die Theoretiker waren, die aus der Fülle der Ideen heraus schafften, und die auch im alltäglichen Leben die Zukunft herbeigeführt haben.

Nehmen Sie die Entdeckungen des 19. Jahrhunderts. Nichts können wir heute finden, was uns nicht auf Schritt und Tritt erinnert an die Dampfkraft, an den Telegraphen, an das Telephon, an das Postwesen, an die Eisenbahn und so weiter. Aber schon die Eisenbahn hat kein Praktiker erfunden. Und wie haben sich die Praktiker dazu gestellt? Ein Beispiel dafür: Als in Deutschland die ersten Eisenbahnen gebaut werden sollten, als die Eisenbahn von Berlin nach Potsdam geführt werden sollte, da machte dies dem preußischen Generalpostmeister *von Nagler* sehr viel Kopfzerbrechen. Er sagte: Ich lasse jetzt schon täglich sechs bis sieben Postwagen nach Potsdam gehen, die nicht einmal vollständig besetzt sind. Statt daß sie da eine Eisenbahn bauen, sollten sie lieber das Geld zum Fenster hinauswerfen. – Und das Votum des bayrischen Ärztekollegiums, das über die sanitäre Wirkung der Eisenbahn gefragt wurde, war ungefähr so: Man sollte keine Eisenbahnen bauen, denn die Menschen könnten sich dadurch schwere Schädigungen zufügen. Wenn man sie aber trotzdem baute, so sollte man wenigstens zu beiden Seiten Bretterwände aufrichten, damit die, welche vorbeigehen, durch den Anblick der schnellen Züge nicht schwindlig werden. Das war im Jahre 1830. Nehmen Sie ferner das Pfennigporto. *Rowland Hill,* ein Privatmann in England, hat zuerst diese Idee gehabt, nicht ein Praktiker des

Postwesens. Als im Parlament in London dieser Vorschlag verhandelt werden sollte, da wandte der oberste Postbeamte ein, daß die Postgebäude bei der zunehmenden Briefabfertigung zu klein werden würden, und man mußte dem Praktiker antworten, daß die Postgebäude sich nach dem Verkehr zu richten haben, und nicht umgekehrt der Verkehr nach den Postgebäuden. Das Telephon ist auch keine Erfindung eines Praktikers. Es wurde erfunden von dem Lehrer *Philipp Reis* in Frankfurt am Main. Dann ist es weiter ausgestaltet worden von dem Taubstummenlehrer *Graham Bell*. Es wurde ausgesprochen von Theoretikern erfunden. So war es auch mit dem Telegraphen. Erfunden wurde er von zwei Gelehrten, von *Gauß* und *Weber* in Göttingen.

An einigen großen Beispielen habe ich zeigen wollen, daß es niemals die Praktiker sind, welche den wirklichen Fortschritt der Menschheit bringen. Die Praktiker haben kein Urteil über das, was der Zukunft gehört. Sie sind die eigentlichen Konservativen, die jedem Gedanken, der in die Zukunft geht, alle möglichen Hemmnisse entgegensetzen. Es ist eine gewisse Betonung ihres ausschließlichen Könnens und ihres Autoritätsgefühls so leicht bei den Praktikern herauszufühlen.

Das ist vorausgeschickt worden, um zu zeigen, daß die Ideale nicht aus dem Praktischen hervorgehen, sondern getragen sind von denen, welche erfüllt sind von einer höheren geistigen Wirklichkeit. Doch, dies war nur ein Intermezzo.

Nun erinnern Sie sich an den Vortrag über den «Ursprung des Menschen», wo wir als Theosophen der Menschheit einen sehr frühen Ursprung zugeschrieben haben. Wir suchen diesen Ursprung viel weiter zurück, als uns selbst die naturwissenschaftlichen Dokumente führen können. Mag es phantastisch erscheinen, daß diese Abstammung bis zur

Spaltung der Erde von der Sonne und dem Mond zurückverfolgt wurde: der, welcher sich vertieft in die Methode, welche die Theosophie an die Hand gibt, wird finden, daß das keine phantastischen Ideen sind, sondern greifbare Wirklichkeiten wie die Tische und Stühle in diesem Raum. Wer sich so hineinvertieft in die Gesetze der Vergangenheit und zugleich den Blick schärft an der geistigen Entwickelung, der kann aus der Erkenntnis der Vergangenheit die Gesetze kennenlernen, die weder der Vergangenheit, noch der Gegenwart, noch der Zukunft, sondern der Allzeit angehören. Hat man es so weit gebracht, daß man die Einweihung bis zu dem Grade, den ich in dem Vortrage über die großen Eingeweihten charakterisiert habe, erlangt hat, dann liegen vor dem geistigen Blick die Weltgesetze offen da, Weltgesetze, nach denen sich die Entwickelung vollzieht, welche allerdings des Menschen bedürfen, um realisiert zu werden. Genauso wie der Chemiker die Stoffe erst mischen muß, um die Naturgesetze spielen zu lassen, so muß auch der Mensch die Stoffe mischen, um die großen Weltgesetze zum Durchbruch zu bringen. Fußend auf der Grundlage solcher Weltgesetze, soll uns heute zweierlei beschäftigen: Die ferne Zukunft, auf die wir hinblicken, so daß wir nicht haften bleiben an den paar Jahrtausenden, die wir geschichtlich überblicken können – und eine kurze Spanne Zeit, wenn wir mit dem Alltagsblick in die Zukunft hineinschauen.

Wir wollen in die fernere Zukunft hineinschauen, wie wir in die ferne Vergangenheit hineingeschaut haben. Wir wollen auch unsere Aufgabe in der Zukunft vom theosophischen Gesichtspunkte aus begreifen. Wir haben gesehen, daß unserer Gegenwartsmenschheit eine andere vorangegangen ist. Wir sind zurückgegangen auf die älteren Rassen, welche gelebt haben unter anderen Lebensverhältnissen und mit anderen Fähigkeiten. Die Aufgabe unserer Rasse ist es, den kombinierenden Verstand auszubilden. Während wir das logische Denken haben, das Rechnen und Zählen, das, was uns befähigt, die Gesetze der äußeren physischen Natur kennenzulernen und es im Dienste der Technik und Industrie zu verwenden, war es bei der atlantischen Rasse wesentlich anders. Die Grundkraft dieser Rasse war das Gedächtnis. Der Mensch von heute kann sich kaum mehr eine Vorstellung davon machen, welche Ausdehnung das Gedächtnis bei den Atlantiern gehabt hat. Rechnen konnten sie nur wenig. Alles beruhte auf dem Zusammenhang, den sie sich aus dem Gedächtnis heraus bildeten. Zum Beispiel drei mal sieben wußten sie aus dem Gedächtnis, nicht aber konnten sie es errechnen. Sie kannten kein Einmaleins. Eine andere Kraft, welche bei ihnen ausgebildet war, die aber noch schwieriger zu verstehen ist, war die, daß sie auf die Lebenskraft selbst einen gewissen Einfluß hatten. Durch eine besondere Ausbildung der Willenskraft konnten sie auf das Lebendige einen unmittelbaren Einfluß gewinnen, so zum Beispiel auf das Wachstum einer Pflanze. – Wenn wir noch weiter zurückgehen, dann kommen wir zu einem Kontinente, den wir Lemurien nennen. Die Naturwissenschaft gibt diesen Kontinent, der etwa an der Stelle des heutigen Indischen Ozeans lag, zu, obwohl sie als Bevölkerung auf demselben nicht Menschen annimmt, sondern niedere Säugetiere.

Wir kommen jetzt zu ganz anderen Entwickelungsstufen. Wer vor einigen Wochen den Vortrag über die Erdenentwickelung mitverfolgt hat, wird wissen, daß wir zu einer Periode kommen, wo der Mensch noch zweigeschlechtlich war, wo das einzelne Wesen männlich und weiblich zugleich war. In Mythen und Sagen ist diese ursprüngliche Zweigeschlechtlichkeit dem Bewußtsein der Völker noch erhalten geblieben. Die Griechen haben dem Zeus ursprünglich eine Zweigeschlechtlichkeit zugeschrieben. Man sagte, er sei ein schöner Mann und zugleich eine schöne Maid. In den Mysterien der Griechen spielte der zweigeschlechtliche Mensch noch eine große Rolle; er wurde als eine Einheit des Menschen hingestellt. Aus diesem ist erst, durch den Prozeß, den ich damals geschildert habe, der eingeschlechtliche Mensch entstanden. Nun verfolgen wir den Prozeß weiter, wie er sich dem Seher in den Welten, die einen Einblick gewähren in diese Dinge, darstellt; also dem, der durch die angedeuteten, ein anderes Mal weiter auszuführenden Mittel der praktischen Mystik sich ergibt.

Wenn wir den Menschen so weiter verfolgen, dann sehen wir, daß er jetzt nur bewußt das wieder durchmacht, was er unbewußt in früheren Zeiträumen bereits absolviert hat. Wir treffen den damaligen Menschen so, daß seine äußere materielle Hülle dünn ist. Die Erde war damals noch in einem hohen Temperaturzustande. Der Mensch hatte noch eine dünne Hülle. Die Stoffe gingen nur so aus und ein, es war wie eine Art Ein- und Ausatmen. So lebte der Mensch, ohne daß die Wahrnehmungen durch die Sinne zogen; als eine Art auf und ab wogender Bilder, wie beim Träumer, zogen die Sinneseindrücke an ihm vorüber. Wenn ein solcher Mensch, der im wesentlichen ein Seelenmensch war, träumerisch, hellsehend einem Gegenstand oder Wesen sich näherte, so konnte er nicht mit den Augen diesen Gegenstand oder dieses Wesen wahrnehmen, er konnte sie nicht mit dem Geruche riechen, sondern er näherte sich dem Wesen, und es war durch eine Kraft, die ich heute nicht weiter beschreiben kann, daß in ihm ein Traumbild aufgestiegen ist. Eine Welt in seiner Seele antwortete auf das, was draußen vorging. Es war ungefähr so, wie wenn Sie eine Uhr vor sich liegen haben, und Sie nehmen nicht die Uhr wahr, aber Sie vernehmen das Tick-Tack der Uhr. Oder Sie werfen im Schlafe einen Stuhl um und träumen von einem Duell. Heute ist das ja chaotisch, so daß es keine Bedeutung für uns hat. Das muß aber wiederum zum Hellsehen umgewandelt werden, dann hat es wieder Bedeutung. Wenn Sie sich dazumal einem Menschen näherten, der ein böses Gefühl in sich hatte, so stieg ein Bild in Ihrer Seele auf, das in dunklen Farbennuancen gehalten war und das eine Widerspiegelung und nicht eine Wahrnehmung der äußeren Wirklichkeit war. Das sympathische Verhältnis wurde durch helle Nuancen gespiegelt. So lebte der Mensch. Erst dadurch, daß er die Tore der Sinne erhalten hat, verwandelten sich die Seelenbilder in Wahrnehmungen. Er verband seine Fähigkeit, Farbenbilder auszugestalten, mit der äußeren Wirklichkeit. Der Physiker sagt heute, daß nichts anderes vorhanden sei als die Vibration der Materie, und was Farbe ist, ist die Antwort des Seelischen auf die Vibrationen. Als das menschliche Auge ausgebildet war, verlegte der Mensch das, was als Bilder in der Seele auf und ab wogte, auf die äußeren Gegenstände. Im Grunde genommen war das Ganze, was er in der Umwelt wahrnahm, nichts anderes als eine Ausbreitung der Seelenbilder über die äußere Welt.

Die weitere Entwickelung des Menschen besteht nun darin, daß er wiederum, und zwar in bewußter Weise, nicht in Dämmerungszuständen, hinaufdringt in die höheren Welten, wo er die Seelenwelt um sich gewahrt. Nichts anderes ist die Einweihung, als ein Hinaufentwickeln auf diese Stufe. Was der Mystiker heute schon durch gewisse Methoden in sich ausbilden kann, das wird in Zukunft bei allen Menschen entwickelt werden. Das ist das Wesen des Eingeweihten, daß er das, was bei allen Menschen in der Zukunft offenbar werden wird, heute schon entwickelt, und daß er die Zukunftsideale der Menschheit in ihrer Richtung wenigstens

schon angeben kann. Dadurch haben die Ideale der Eingeweihten einen Wert, den die unbewußten Ideale niemals
haben können. Der Mensch wird sich dann zwischen den
Seelendingen bewegen, wie er sich heute zwischen Tischen
und Stühlen bewegt. Immer und immer wieder möchte ich
betonen, daß es notwendig ist für denjenigen, der sich heute
schon auf diese Stufe emporarbeiten will, daß er völlig fest
ist in bezug auf die Entwickelungsstufe der Menschheit, auf
der sie jetzt steht: Er muß ein Mensch sein, der Phantastik
von Wirklichkeit unterscheiden kann. Nicht der kann in die
höhere Welt geführt werden, der sich jeder Phantasterei
hingibt, sondern nur der, welcher fest steht auf dem Standpunkte der Entwickelung, auf dem die Menschheit angekommen ist.

Ein weiterer Zustand ist der, in dem der Mensch anfängt,
geistig zu sehen, oder vielmehr geistig zu hören dasjenige,
was die Tiefe, das Wesen der Dinge ausmacht. Das ist das
sogenannte innere Wort, wodurch uns die Dinge selbst
sagen, was sie sind. So wie uns heute nur die Menschen
selbst sagen können, was sie sind, so gibt es eine innere
Wesenheit aller Dinge. Wir können diese innere Wesenheit
der Dinge nicht mit dem Verstande erkennen, wir müssen in
die Dinge hineinkriechen, mit den Dingen eins werden. Das
können wir nur mit dem Geist. Wir müssen uns also im
Geist mit den Dingen verbinden. Dadurch wird die Welt zu
jener tönenden Welt, von der Goethe spricht und die ich
öfter angeführt habe, so daß sich der Mensch hinaufhebt in
die höheren Regionen, gleichsam in die geistige Welt oder in
das Devachan; in die Welt, in der der Mensch verweilt in der
Zeit zwischen dem Tode und einer neuen Geburt. Das sind
die Welten, deren der Mensch teilhaftig wird zwischen dem
Tode und einer neuen Geburt.

Unsere Erde ist gegenwärtig in ihrem vierten Zyklus oder

in der vierten Runde. Drei Runden hat sie hinter sich. Die drei Runden, welche noch folgen, werden höhere Fähigkeiten beim Menschen zur Entwickelung bringen. Das, was ich eben beschrieben habe, bildet sich nun bald; und die Wurzelrasse, die der unsrigen folgen wird, wird wesentlich andere Eigenschaften haben. In der Mitte derselben wird sie ein Menschengeschlecht hervorbringen, welches nicht so tief in die physische Welt hineinsteigen wird wie das unsrige und welches die Eingeschlechtlichkeit abgestreift haben und zweigeschlechtlich geworden sein wird. Dann wird es sich höher entwickeln, bis dahin, wo die Entwickelung ihren Abschluß findet. Das wird im Astralen sein. Dann wird es noch einmal einen Zyklus durchmachen und noch einmal. Drei solche Zyklen muß also die Menschheit noch absolvieren. Aber nur den nächsten und den zweitnächsten können wir heute berühren.

Da müssen wir uns zunächst klarmachen, welches die Aufgabe des gegenwärtigen Menschheitszyklus ist. Dabei kommen wir am besten weiter, wenn wir uns die Frage stellen: Was für eine Aufgabe hat der Mensch auf der Erde mit seinem kombinierenden Verstand? Hellsehen und Hellhören sind Zustände, welche früheren und wieder späteren Entwickelungszuständen angehören. Jetzt hat der Mensch die Aufgabe, im physischen Leben festzustehen, und im Grunde genommen ist das nur deshalb, um der Menschheit ihr Ziel anzuweisen. Nicht abführen soll die Theosophie von der physischen Grundlage; nur deshalb erhebt sich die Theosophie von der physischen Erde, weil diese auch der Ausdruck von der seelischen und geistigen Welt ist. Wir wollen nicht in irgendein Unbestimmtes, Unklares hineinführen, wir wollen nicht abführen von der physischen Wirklichkeit, sondern wir wollen diese physische Wirklichkeit zum richtigen Verständnis, zum richtigen Begreifen bringen.

Dann wird das, was hinter der physischen Wirklichkeit steht, hinweisen darauf, welche Aufgabe der Mensch im gegenwärtigen Entwickelungszyklus hat.

Betrachten Sie das, was jetzt geschieht. Wir nennen den gegenwärtigen Zyklus den mineralischen, weil der Mensch es darin mit der mineralischen Welt zu tun hat. Der Naturforscher sagt: Die Pflanzenwelt können wir noch nicht begreifen – denn er betrachtet die Pflanze als eine Summe von mineralischen Prozessen –, und ebenso macht er es auch mit dem Tier. Wenn dies auch eine Karikatur einer Weltanschauung ist, so liegt doch der Sache etwas zugrunde. Er kombiniert mit dem Verstande das, was nebeneinander im Raume und hintereinander in der Zeit ist. Überall ist es der Verstand, der am Toten, am Unlebendigen arbeitet, der die Teile zusammensetzt. Fangen Sie an mit der Maschine und führen Sie es bis zum Kunstwerk: diese Aufgabe hat der Mensch in dem gegenwärtigen Entwickelungszyklus, und er wird sie so weit zu Ende führen, daß er die ganze Erde in sein Kunstwerk verwandelt. Das ist die Aufgabe, die der Mensch für die Zukunft hat. So lange noch ein Atom da ist, das der Mensch nicht durchgearbeitet hat mit seinen Kräften, so lange ist die menschliche Aufgabe auf der Erde noch nicht vollendet. Wer die neuesten Fortschritte der Elektrizität verfolgt, der weiß, wie der Naturforscher seinen Blick bis in die kleinsten Teile der mineralischen Welt werfen kann, weil er die vor fünfzig Jahren noch fast unbekannte elektrische Kraft beherrscht. Seine Aufgabe besteht darin, das Unlebendige in ein großes Kunstwerk zu verwandeln. Daher hat es weit vor den historischen Zeiten, lange vor den Ägyptern, Kunstwerke gegeben. Verfolgen Sie das, und Sie werden begreifen, daß der gegenwärtige Zyklus die Durchgeistigung der ganzen mineralischen Natur bedeutet. Schon der verständige Naturforscher sagt uns, daß es nicht undenkbar ist, nach dem, was wir heute wissen, daß eine Zeit kommen wird, wo die Menschen imstande sein werden, noch tiefer hineinzugehen in das Wesen des Materiellen. Das ist eine gewisse Zukunftsperspektive.

Denen, die sich mit Physik beschäftigt haben, wird ein Satz erinnerlich sein: eine Zukunftsperspektive wird dadurch gewonnen, daß ein großer Teil unserer technischen Arbeit durch Aufwendung von Wärme, durch Verwandlung von Wärme in Arbeit, geleistet wird. Der Wärmetheoretiker zeigt uns, daß immer nur ein gewisser Teil der Wärme verwandelt werden kann in Arbeit oder in dasjenige, was technisch brauchbar ist. Wenn Sie eine Dampfmaschine heizen, so können Sie nicht alle Wärme dazu verwenden, um Fortbewegungskräfte zu schaffen. Nun denken Sie sich, daß immer Wärme für die Arbeit verbraucht wird, ein Teil der Wärme aber nicht in Arbeit umgewandelt werden kann und zurückbleibt. Dies ist der Wärmezustand, den der Wärmetechniker, der Wärmetheoretiker als eine Art Todeszustand unserer physischen Erde hinstellen kann. Da wendet der ein, der sich mit den Erscheinungen des Lebens beschäftigt, daß dann möglicherweise der Zeitpunkt gekommen sein kann, daß das Leben selbst eingreift: jene lebendige Maschinerie, welche die Moleküle und Atome in ganz anderer Weise beherrscht, durch die wir unseren Arm bewegen, das Gehirn in Bewegung versetzen. Diese Kraft könnte dann, wenn unsere Umgestaltungskräfte nicht mehr ausreichen, tiefer hineinarbeiten in die materielle Natur, als selbst die Kräfte hineinarbeiten können, von denen wir uns heute eine Vorstellung machen können.

Dies zeigt Ihnen eine Perspektive, die aber für den Hellseher, der den Geist der Entwickelung zu verfolgen in der Lage ist, nicht nur ein Bild, sondern ein Konkretes und Wirkliches ist: Er sieht, wie sich die ganze Erde umgestaltet haben wird zu einem Kunstwerk. Ist das erreicht, dann hat der Mensch aber nichts mehr zu tun in der mineralischen Welt, dann wird er frei von allen Seiten, dann kann er sich frei bewegen, seine Seele stößt sich nicht mehr an den Gegenständen. Das ist die Zeit, in welcher die Erde eintreten wird in den sogenannten astralischen Zustand. Wie heute schon der Mechaniker Herr wird über die Außenwelt, wenn er die Maschine herstellt, die von seinem Geist durchdrungen ist, so ist es auch mit dem Menschen. Alles was da ist, wird das unmittelbare Produkt seiner Taten sein. Was unsere Tat ist, was wir selbst gestaltet haben, das brauchen wir nicht wahrzunehmen. Die Sinne haben sich dann umgewandelt, und der astralische Zustand tritt ein. Das ist die Perspektive: die mineralische Welt hört mit unserem Erdenzyklus auf. Wir nennen daher den nächsten Zyklus, den der Mensch absolvieren wird, den Zyklus des Pflanzendaseins. Die ganze Erde wird ihre mineralische Natur abgestreift haben, und der Mensch wird – wie jetzt mit dem Verstande in Mineralisches – mit seiner Seelenkraft in Lebendiges eingreifen. Er wird dann auf einer höheren Stufe Herr sein der Pflanzenwelt, wie er jetzt Herr der mineralischen Welt ist. Dann kommen wir auf die Stufe, wo der Mensch auf einer ganz lebendigen Erde leben wird. Doch wollen wir dieses Bild nur als ein annäherndes hinstellen; wir wollen uns damit begnügen, einen Ausblick in den nächsten Zyklus gewonnen zu haben.

Damit haben Sie gesehen, daß der Mensch auf einer Bahn ist, die in einen ganz anderen, von dem unseren total verschiedenen Zustand hineinführt, daß in ihm Kräfte liegen von einer solchen Art, daß sie ganz andere Formen in der Zukunft annehmen können. Damit aber verbindet sich für den, der das durchschauen kann, zu gleicher Zeit ein Gefühl, eine Empfindung, die grundlegend für unser ganzes Leben ist: Was wird der Mensch, wenn wir ihn so als einen Quellbrunn solcher Zukunftskräfte betrachten? Ganz anders treten wir dem Menschen gegenüber, von dem wir wissen, daß der Keim zu diesem Zukunftsmenschen in ihm schlummert. Da verwandelt sich unsere Seelenhaltung ihm gegenüber in das Gefühl, daß wir in einem jeglichen Menschen etwas wie ein ungelöstes Rätsel vor uns haben. Tiefer und immer tiefer möchten wir hinuntersteigen in die Schichten der Menschennatur, weil wir wissen, daß sie so Tiefes bergen. Nicht die Theorien sind das Wichtige und auch nicht das, sich in Gedanken auszumalen, wie es in der Pflanzenrunde einmal aussehen wird, sondern daß wir die große Ehrfurcht bekommen vor jeder menschlichen Individualität. Wenn wir so dem Menschen gegenübertreten, daß wir vor ihm stehen wie vor einem Gott, der herauswill aus seiner Hülle, dann haben wir etwas von dem theosophischen Leben begriffen; und auf das theosophische Leben, nicht auf die Theorien, kommt es an. Wenn wir bestimmte Ideen haben, die uns zeigen, was der Mensch werden kann, und was er in sich trägt, dann erfüllt sich unser Herz mit jener echten Liebe zu dem göttlichen Menschen, den die theosophische Weltanschauung heraufbringen will. Und wenn wir so denken, dann verstehen wir erst den ersten Grundsatz der Theosophischen Gesellschaft: den Kern einer allgemeinen Menschenbrüderschaft zu bilden, ohne Unterschied von Geschlecht, Farbe und Bekenntnis. Denn was sind hier diese Unterschiede?

Nun fragen Sie sich weiter: Was haben diese Menschenbilder für eine Bedeutung für die Zukunft? Wie stellt sich das große Ideal zu dem, was uns obliegt? Ist es nicht etwas, was schließlich doch einem Wolkenkuckucksheim angehört, weil es einer Zukunft angehört, in die wir uns praktisch nicht zu finden haben? Was der Mensch in sich entwickelt, muß er in sich verwerten. Es ist nicht einerlei, ob er mit den Gefühlen, die ich eben entwickelt habe, fortlebt, oder ob er nur dunkel tastend in die Zukunft hineinlebt. Genau wie die Pflanze bereits den Keim zu dem, was sie im nächsten Jahr sein wird, in sich trägt, so muß der Mensch die Zukunft als seinen Keim in sich tragen, und er kann diesen Keim nicht inhaltsvoll, nicht groß genug machen. Und das hat auch in der unmittelbaren Gegenwart seine Anwendung. Da Sie sich zum großen Teil mit dem beschäftigt haben, was man als soziale Ideale, als Zukunftspläne für die nächste Zeit des Menschen ausdenkt, so wissen Sie, daß fast jeder, der darüber nachdenkt, sein eigenes soziales Ideal hat. Nun frägt man sich, wenn man tiefer in diese Dinge hineinsieht: Warum haben diese Ideale so wenig Überzeugungswert? Die Sachen klappen alle nicht und gehen alle nicht zusammen. Sowohl diejenigen, welche in utopistischer Weise, als auch diejenigen, welche mit praktischem Geist Zukunftsideale aufzustellen versuchen, können unmöglich zu wirklich großen und einschneidenden Gesichtspunkten kommen. Alles das – das darf man behaupten von tieferen Gesichtspunkten aus –, was an sozialen Ideen, selbst der Glaube umfassender großer Weltparteien, bloß aus dem Bewußtsein der sinnlichen Welt heraus gepredigt wird, kann nie irgendeinen praktischen Wert haben. Nach fünfzig Jahren werden die Leute erstaunt sein über diese Hirngespinste. Das soziale Ideal kann nicht ausgedacht werden. Nicht unsere Gedanken, nicht dasjenige, was wir aus unseren Meinungen, aus unserem Verstande gewinnen, kann zu irgendeinem sozialen Ideale die Grundlage bilden; es muß geradezu gesagt werden: Keine soziale Theorie, und sei sie was auch immer, ist geeignet, zum Heile der Menschheit zu dienen.

Das ist allerdings schwer zu beweisen. Betrachten Sie aber den Zeitpunkt, in dem wir stehen: Die Gegenwart hat die

Persönlichkeit herausgebildet. Das Persönliche ist das Charakteristische, das Bedeutungsvolle am Menschen. Alle sonstigen Differenzierungen, selbst die Differenzierungen zwischen Mann und Frau, werden da überwunden. Heute gibt es nur noch Persönlichkeit, ohne jegliche andere Differenzierung. Halten wir uns da vor, daß durch diesen Durchgangspunkt die Menschheit durchgehen mußte; und halten wir uns vor, daß das, was wir hier Persönlichkeit nennen, in der theosophischen Weltanschauung niederes Manas genannt wird: das ist die Denkkraft, welche auf die unmittelbare Welt sich bezieht. Der Mensch ist also eine Persönlichkeit, soweit er der Sinnenwelt angehört, und dieser Sinnenwelt gehört auch der kombinierende Verstand an. Alles was der Mensch aus dem Verstande heraus denken kann, was seine Persönlichkeit erhöht, das müssen wir hinaufheben auf eine höhere Stufe, wenn wir es in seiner wahren Wesenheit begreifen wollen. Deshalb unterscheiden wir auch zwischen Persönlichkeit und Individualität, zwischen niederem und höherem Manas. Was ist eigentlich dieses niedere Manas?

Nehmen Sie den Unterschied, der besteht zwischen uns und einem einfachen Barbaren, welcher die Getreidekörner zwischen zwei Steinen zerreibt, um sich Mehl zu bereiten, dann ein Brot daraus zusammenbäckt und so weiter, mit einem modernen Menschen. Mit einem ganz geringen Aufwand von Denkkraft bringt der Barbar das zustande, was seinen leiblichen Bedürfnissen entspricht. Nun geht aber die Kultur weiter, und was tun wir im Grunde genommen in unserer Zeit? Wir telegraphieren nach Amerika und lassen uns dieselben Produkte kommen, die sich der Barbar zerrieben hat. – Alle technische Verständigkeit, was ist sie anderes als ein Umweg, die tierischen Bedürfnisse zu befriedigen? Denken Sie sich doch, ob der Verstand viel anderes leistet, als die gewöhnlichen leiblichen Bedürfnisse zu befriedigen?

Wird der Verstand deshalb zu etwas Höherem, indem er Schiffe, Eisenbahnen, Telephone und so weiter baut, wenn er doch nichts hervorbringt, als die gewöhnlichen Bedürfnisse des Menschen zu befriedigen?

Der Verstand ist also nur ein Umweg und führt nicht aus der Sinnenwelt heraus. Wo aber die geistige Welt hineinleuchtet in diese Welt: in den großen Kunstwerken, in den originellen Ideen, welche über die Alltagsbedürfnisse hinausgehen, oder wo hineinleuchtet etwas von dem, was wir die theosophische Weltanschauung nennen, da leuchtet etwas Höheres hinein; dann wird der Menschengeist nicht bloß zu einem Verarbeiter dessen, was rings um ihn ist, sondern dann ist er ein Kanal, durch den der Geist in die Welt hineinfließt. Er bringt etwas Produktives in diese Welt. Jeder einzelne Mensch ist ein Kanal, durch den sich eine Geistwelt ergießt. Solange der Mensch nur die Befriedigung seiner Bedürfnisse sucht, ist er Persönlichkeit. Wenn er tut, was darüber hinausführt, ist er Individualität. Diesen Quell können wir nur im einzelnen Individuum finden; der Mensch ist der Vermittler zwischen der geistigen und sinnlichen Welt, der Mensch vermittelt zwischen den beiden. Das ist die zweifache Art, wie wir dem Menschen gegenübertreten können.

Als Persönlichkeit sind wir im Grunde genommen alle gleich: der Verstand ist bei dem einen vielleicht etwas mehr, bei dem anderen etwas weniger ausgebildet. Aber nicht so ist es mit der Individualität. Da wird der Mensch zu einem besonderen Charakter, da bringt jeder etwas Besonderes in seine Sendung hinein. Will ich wissen, was er als Persönlichkeit in der Welt soll, will ich wissen, was er durch seine Originalität als Individualität sein kann, dann muß ich warten, bis durch diesen Kanal etwas aus der geistigen Welt in diese Welt einströmt. Wenn dieser Einfluß stattfinden soll, müssen wir jeden Menschen als ungelöstes Rätsel betrachten. Durch jede einzelne Individualität fließt uns die originelle Geistkraft zu. Solange wir den Menschen als Persönlichkeit betrachten, können wir ihn regeln: Sprechen wir von allgemeinen Pflichten und Rechten, so sprechen wir von der Persönlichkeit. Sprechen wir aber von der Individualität, so können wir den Menschen nicht in eine Form zwängen, er muß der Träger seiner Originalität sein. Was in zehn Jahren über die Menschheit kommen wird, das werden die Menschen wissen, die sich als Individualität ausleben. Das Kind, das ich erziehe, darf ich nicht von mir aus bestimmen, sondern aus seinem rätselhaften Inneren habe ich herauszuholen, was mir selbst ganz unbekannt ist. Wollen wir eine soziale Ordnung, dann müssen die einzelnen Individualitäten zusammenwirken, dann muß jeder in seiner Freiheit sich entwickeln können. Stellen wir ein soziales Ideal auf, so schnüren wir diese Persönlichkeit an diesen, jene Persönlichkeit an jenen Platz. Die Summe dessen, was vorhanden ist, wird einfach zusammengeworfen: Nichts Neues kommt aber dabei in die Welt. Deshalb müssen Individualitäten hinein, die großen Individualitäten müssen ihren Einschlag hineinwerfen. Nicht Gesetze, soziale Programme aus Verstandesidealen muß es geben, sondern soziale brüderliche Gesinnung soll entstehen. Nur eine soziale Gesinnung kann uns helfen, die Gesinnung, daß wir jedem Wesen als Individualität gegenübertreten. Seien wir uns immer dessen bewußt, daß jeder Mensch uns etwas zu sagen hat. Jeder Mensch hat uns etwas zu sagen. Eine soziale Gesinnung, nicht soziale Programme brauchen wir. Das ist durchaus real und praktisch. Es ist etwas, das man in der heutigen Stunde zum Ausdruck bringen kann, und es ist das, was die Theosophie hinstellt als großes Zukunftsideal. Damit gewinnt die Theosophie eine unmittelbare praktische Bedeutung. Wenn die Theosophie einfließt in das Leben, werden wir uns abgewöhnen, alles einzuschnüren in Regeln und Reglemente, wir werden uns abgewöhnen, nach Normen zu urteilen, wir werden den Menschen als Menschen frei und individuell gelten lassen. Wir werden uns dann klar sein darüber, daß wir unsere Aufgabe erfüllen, wenn wir den richtigen Menschen an den richtigen Platz hinstellen. Wir werden nicht mehr fragen, ist der der beste Lehrer, der am besten den Unterrichtsstoff beherrscht, sondern wir werden fragen, was ist das für ein Mensch? Man muß ein feines Gefühl, vielleicht eine hellseherische Gabe dafür haben, ob der betreffende Mensch mit seinem Wesen an seiner richtigen Stelle steht, ob er als Mensch an seinem Platze steht. Man kann seine Lehrgegenstände vollständig innehaben, man kann eine lebendig wandelnde Wissenschaft sein, und doch ungeeignet sein zu lehren, weil man dasjenige, was vom Menschen ausströmt, was die Individualität aus dem anderen Menschen herauslockt, nicht kennt. Erst wenn wir absehen von Regeln und Reglements und fragen, was ist das für ein Mensch, und den besten Menschen an den Platz stellen, wo er gebraucht wird, dann erfüllen wir in uns die Ideale, welche die Theosophie gebracht hat. Man kann auch als Arzt sehr viel wissen, aber es kommt doch schließlich darauf an, wie man dem Kranken gegenübersteht, was für ein Mensch der Arzt ist. Wenn die Theosophie eingreift unmittelbar in das Leben, dann ist sie das, was sie sein soll.

Fragenbeantwortung

Frage: Was halten Sie von Dr. Eugen Heinrich Schmitt?

Er steht der Theosophie sympathisch gegenüber, hat selbst, nachdem er die Schrift über das Geheimnis der Hegelschen Dialektik herausgegeben hat, manches über Theosophie geschrieben. Seine Denkweise ist aber eine zu mathematische, sie ist zu konstruktiv-mathematisch, und beruht auf zu wenig Anschauung. Seine Denkweise ist auch zu wenig tolerant gegen andere Anschauungen.

Frage: Woher wissen wir etwas von den Atlantiern und Lemuriern?

Aus der Akasha-Chronik. Das sind Spuren, die jede Tat zurückläßt und die man lange Zeiten zurück lesen kann. Diese Akasha-Chronik ist durchaus eine Wirklichkeit für den, der sie lesen kann. Sie ist aber schwer zu lesen, und man ist dabei leicht Irrtümern ausgesetzt. Um eine grobe Vorstellung davon zu geben, sei das Folgende gesagt. Wenn ich hier spreche, erfüllt das Wort den Luftraum. Die Schwingungen entsprechen den Worten. Wer meine Worte nicht hören könnte, aber die Schwingungen der Luft zu studieren vermöchte, der würde aus den Schwingungen meine Worte konstruieren können. In der Luft bleiben diese Schwingungen nur kurze Zeit. Im astralen Stoff aber halten sie sich länger. Wenn der Mensch als Träumender so lebt, wie der Mensch in der äußeren Wirklichkeit, dann kann er auch das Seelische in der äußeren Wirklichkeit sehen, dann kann er auch die Erdentstehung verfolgen bis zur astralen Entstehung der Erde. Wenn der Mensch aber die Kontinuität des

Bewußtseins erreicht hat, und wenn er dieses kontinuierende Bewußtsein während der Nacht im Traume hat, so kann er die Weltenketten, ihre Entstehung und ihr Vergehen sehen.

Frage: Was halten Sie von Karl Marx und seinem Werk?

Was Karl Marx geleistet hat, gilt für die Zeit vom 16. Jahrhundert bis heute. Es umfaßt die Zeit des heraufkommenden modernen Wirtschaftslebens und des sich entwickelnden Industrialismus. Soweit Produktion, Konsumtion und was damit zusammenhängt, in Betracht kommt, kann die Theosophie mit Marx zusammengehen. Der Fehler, den der Marxist macht, ist aber der, daß er alles auf Klassenkampf zurückführt. Es ist eine Verkennung der Tatsachen. Der Mensch gestaltet, nicht die Umgebung, nicht die Produktionsverhältnisse. Kann vielleicht jemand behaupten, daß die Erfindung der Differentialrechnung von den Produktionsverhältnissen abhing? Sicher nicht. Was aber ist mit Hilfe der Differentialrechnung geleistet worden?

Frage: Kann ein Theosoph Sozialdemokrat sein?

Ja, wenn er bei jedem Schritte auch Theosoph ist. Ob die Sozialdemokratische Partei das ist, was das Wünschenswerte ist für die nächste Zeit, das hat jeder mit sich selbst abzumachen.

Frage: Welche Aufgabe hat die Kunst in bezug auf die geistige Entwickelung der Menschheit?

Dieselbe, wie andere Betätigungen. Sie hilft die ganze Welt umgestalten in ein Kunstwerk, wenngleich auch das einzelne Kunstwerk vergeht. Wir können aber fragen, ob diese einzelnen Kunstwerke keine Bedeutung haben, und wir müssen dann vom theosophischen Gesichtspunkt aus sagen, daß bei einem solchen Kunstwerk zweierlei in Betracht kommt: Erstens das Kunstwerk im Raum und zweitens die Kraft des Menschen, die gewirkt hat. Die Kraft des Menschen ist das Bleibende. Die Kunst bedeutet etwas, was eine noch viel höhere Bedeutung hat.

Frage: Wie stellt sich die Theosophie zu dem Jüngsten Gericht und den ewigen Höllenstrafen?

Ewige Höllenstrafen gibt es in der theosophischen Anschauung nicht. Es gibt nur Entwickelungsetappen, Auswirkung des Karma. Das Jüngste Gericht hat aber eine ganz andere Bedeutung. Es bedeutet einen gewissen Zeitpunkt in jener Runde, von der ich im Vortrage gesprochen habe. In dieser Runde wird der Mensch eine gewisse Stufe erreichen, wo er keinen äußeren Anstoß mehr hat, wo er das Sinnliche vollständig überwunden haben wird, wo er das Mineralisch-Physische durchgeistigt hat. Dasjenige, was er im geistigen Leben erobert hat, wird auftreten, wie seine Gemütsstimmung in dem Geiste auftritt. Daher wird seine Stimmung in der äußeren Gestalt zum Ausdruck kommen. Der Mensch wird diejenige äußere Gestalt tragen, die er sich durch sein Karma ausgestaltet hat. Das Jüngste Gericht bedeutet nichts anderes, als daß jedem das aufgeprägt wird, was er in seiner Seele veranlagt hat. Heute kann der Mensch verbergen, was in seiner Seele lebt, das wird dann aber nicht mehr der Fall sein.

Frage: Wie verträgt sich der Patriotismus mit der allgemeinen Brüderschaft?

Der Patriotismus ist auf einer gewissen Stufe der Entwickelung berechtigt. Was wir aber als das Ideal der Menschenverbrüderung hinstellen, ist etwas Überspannendes. Beide sind miteinander vereinbar. Die Verstandestätigkeit kann ja auch individuelle Momente haben, und dadurch, daß wir über die Individualität nachdenken, kommt da ein gewisses Moment hinein. Nicht jeder Mensch hat seine eigene Logik, denn die Logik ist etwas Allgemeines, nichts Individuelles. Diese Verstandestätigkeiten bekommen aber eine individuelle Färbung. Der Verstand aber ist nicht das Individuelle.

Frage: Weshalb kann sich ein Irrsinniger nicht beherrschen?

Der Irrsinnige ist zunächst physisch krank. Das Gegenteil von Irrsinnigsein heißt Klugsein, das heißt, sein Leben im Inneren mit der Umgebung in Einklang bringen zu können. Wer diese Harmonie nicht fertig bringt, der erscheint irrsinnig. Wenn Sie sich auf dem Mars so benehmen wollten wie auf der Erde, so würden Sie ein Mars-Irrsinniger sein.

Frage: Was ist von den amerikanischen Büchern über Hypnotismus, Magnetismus zu halten?

Was eine wirkliche Bedeutung hat, ist nicht in diesen Büchern zu finden. Im übrigen sind diese Dinge oft nachteilig hinsichtlich der Gesundheit und auch sonst. Vom Standpunkte der theosophischen Weltanschauung kann ich von solchen Dingen nur in der schärfsten Weise abraten.

Frage: Hat Christus wirklich hundert Jahre vor dem Jahre eins gelebt?

Ich stehe hier auf dem Standpunkte der Orthodoxie. Andere haben da meiner Meinung nach einen Fehler gemacht.

II

GOETHES EVANGELIUM

Berlin, 26. Januar 1905

In diesem Vortrag möchte ich ein Bild der theosophischen Weltanschauung geben, das ganz frei ist von jeglicher Dogmatik, indem ich an Erscheinungen unseres mitteleuropäischen Geisteslebens versuche zu zeigen, was ihr eigen ist. Es handelt sich nicht um das Hereintragen irgendeiner fremden orientalischen Weltanschauung, sondern darum, zu zeigen, daß Theosophie Leben ist und Leben werden muß. Sie ist kein neues Evangelium, sondern die Erneuerung tief in der Menschenseele wurzelnder Empfindungen.

Am meisten muß uns interessieren, wie uns nahestehende Genien durchdrungen sind von dem, was wir theosophische Weltanschauung nennen. So hatte *Lessing* den Glauben an die Wiedergeburt. In *Herders* Schriften finden wir Ideen der Wiederverkörperung. Bei *Schiller* finden wir sie in seinen Philosophischen Briefen (1786), in dem Briefwechsel des Julius und Raphael (Schiller und Körner) und in den Briefen «Über die ästhetische Erziehung des Menschen» (1793/94). *Novalis* hatte auch den Glauben daran. Insbesondere finden wir theosophische Weltanschauung in den späteren Werken *Goethes.* Zwar kann dies zunächst überraschen, aber wer sich mit dem Studium Goethes beschäftigt, namentlich mit der tiefen Faust-Dichtung, wird sich immer mehr in das einleben, was ich auszuführen suche. In ungezwungendster Weise hat sich mir das ergeben, was ich jetzt versuchen werde zu erzählen.

Goethe war seiner ganzen Natur, dem innersten Sinn seines Lebens nach Theosoph, weil er niemals eine Grenze seines Erkennens, Wissens und Wirkens angenommen hat. Goethe war durch seine ganze Anlage zu der Weltanschauung bestimmt, von der wir hier sprechen. Er war überzeugt, daß der Mensch in tiefem Zusammenhang stehe mit der Welt, und daß diese Welt nichts Stoffliches ist, sondern wirkender, schaffender Geist; nicht nur Pantheismus mit unbestimmter, nicht zu fassender Wesenheit, sondern daß wir hinaufsteigen können zu einem lebendigen Verhältnis zum großen Gott.

Als siebenjähriger Knabe sammelte er die Sonnenstrahlen und entzündete das Kerzchen; an dem Feuer der Natur wollte er sich einen Opferdienst entzünden. In «Dichtung und Wahrheit» sagt er: Wenn wir die verschiedenen Religionen überschauen, finden wir in ihnen einen gemeinsamen Wahrheitskern. – Immer haben die Weisen aller Zeiten den Pendelschlag gezeigt zwischen dem höheren und dem niederen Selbst.

Als Goethe nach dem Leipziger Studium nach schwerer Krankheit heimgekehrt war, widmete er sich mystischen Studien. Was da in ihm vorgegangen ist, das ganze Drängen, beschloß er in der Faust-Dichtung zum Ausdruck zu bringen; in der Sage, in welcher das Mittelalter den Kampf zwischen alter und neuer Weltanschauung schildern will.

Das 16. Jahrhundert dachte nicht, daß man bis zur Erlösung durch die Kraft der eigenen Seele schreiten könne; es ließ Faust untergehen. Goethe aber hat es getan. Nachdem er Faust in der Jugend, im Ur-Faust, als strebenden Menschen hinstellt, hat er ihn in den neunziger Jahren des 18. Jahrhunderts auf eine neue Grundlage gestellt. Goethe stellt im «Faust» die Entwickelung des Menschen von den niederen zu den höheren Seelenkräften dar und, wie wir noch sehen werden, auch im «Märchen von der grünen Schlange und der schönen Lilie». Seine Anschauung war: Nur derjenige, der durch die Stufen der Entwickelung gegangen ist, der sich hingezogen gefühlt hat zum Göttlichen, der durch Zweifel hindurchgegangen ist, der hat die volle Überzeugung, hat den Glauben errungen und sich durch Disharmonie zur Harmonie durchgerungen. Sein «Faust» ist ein Lied der menschlichen Vervollkommnung. Wir brauchen den Weg zur Vervollkommnung nicht in der Bhagavad Gita zu suchen. Das große Problem finden wir auch im «Faust». Goethe stellt sich im «Faust» die Aufgabe, das Geheimnis des Bösen zu lösen.

Der Prolog im Himmel ist es, wodurch uns Goethe zeigen will, um was es sich ihm handelt in der Faust-Dichtung. Die physische Welt ist ein Abglanz von Kräfteverhältnissen der übersinnlichen Welt. Mit den Worten des Prologs im Himmel schildert Goethe die Welt des Devachan, die tönende Welt. Er faßt ihn im Bild der pythagoreischen Sphärenmusik:

> Die Sonne tönt nach alter Weise
> In Brudersphären Wettgesang.

Wer da sagt, daß es sich hierbei nur um ein oberflächliches Bild handle, sagt Oberflächliches.

> Horchet! horcht dem Sturm der Horen!
> Tönend wird für Geistesohren
> Schon der neue Tag geboren

sagt er auch zum Schluß in der Ariel-Szene; Goethe spricht immer vom Tönen der geistigen Welt.

Wir sprechen in der Theosophie von drei Welten: von der Traumwelt, der astralen oder seelischen Welt und der mentalen oder geistigen Welt. Das Aufleben des geistigen Auges bringt zuerst im Traumleben gewaltige Veränderungen hervor. Wenn das neue Schauen, die neue Welt sich erschließt, erhält es große Regelmäßigkeit. Auf das, was der Mensch da erfährt, darf freilich keine Wissenschaft gegründet werden. Der Schüler oder Chela muß lernen, durch den Traum das Bewußtsein der zweiten, der Astralwelt mit in sein Tagesbewußtsein hinüberzunehmen. Später dann erfährt er im traumlosen Schlaf Erlebnisse, mit denen er die geistige, die mentale Welt wahrnimmt.

Das Bewußtsein der Astralwelt drückt sich in Bildern aus; das Bewußtsein der geistigen Welt in geistigem Hören. Die Pythagoreer nannten das Sphärenmusik.

Noch ein wichtiges Prinzip des Menschen rollt sich im Prolog auf: das Karmagesetz. – Wer weiß, daß Goethe die Mystiker des Mittelalters gründlich gekannt hat, wird nicht von äußerlichen Bildern sprechen, wenn Goethe sagt:

> Die Geisterwelt ist nicht verschlossen,
> Dein Sinn ist zu, dein Herz ist tot!
> Auf, bade, Schüler, unverdrossen
> Die ird'sche Brust im Morgenrot.

«Morgenrot» ist ein Ausdruck, der den Mystikern geläufig ist. *Jakob Böhmes* erstes Werk hieß: «Aurora oder die Morgenröte im Aufgang».

Von Anfang an strebt Faust hinaus über die Grenzen des physischen Lebens. Die Schilderung des Erdgeistes ist ganz in technisch-mystischem Ausdruck gehalten, eine wunderbare Schilderung des Astralkörpers der Erde, aus den Früchten des Lebens geistig gewirktes und gewebtes unvergängliches Seelenkleid. Der Erdgeist ist kein Symbol; er ist ein wirkliches Wesen für Goethe. Er nahm an, daß in den Planeten planetarische Wesen seien und jene ihre Körper, wie wir unsere Körper, von Fleisch haben. Goethes Glaubensbekenntnis war: der Erdgeist habe ihn gelehrt, das einheitliche Wesen von Stein, Pflanze, Tier bis zum Menschen nicht nur zu betrachten, sondern zu fühlen und zu empfinden. Er habe ihn die Brüderlichkeit gelehrt von allem Geschaffenen bis zum Menschen, der Krone der Schöpfung. Sein Glaubensbekenntnis sprach er auch als Fünfunddreißig-, Sechsunddreißigjähriger aus in «Die Geheimnisse». Ein Pilger wandert zum Kloster. An der Pforte sieht er ein Rosenkreuz. Das Rosenkreuz ist Zeichen für die Reiche der Natur; Stein, Pflanze, Tier = Kreuz. Rosen = Liebe. Goethe sagt später selber, jede der zwölf Persönlichkeiten in den «Geheimnissen» stelle eines der großen Weltbekenntnisse oder eine der großen Weltreligionen dar. Zweck des Pilgers war, den wahren innerlichen Kern der Weltreligionen zu suchen.

Im ersten Teil sehen wir den jungen Faust voll Empfindung und Disharmonie. Anhand des Versuchers muß Faust sein niederes Selbst durch alle Irrtümer hindurchführen. Im Mephistopheles schuf Goethe das Bild für eine uralte Idee, die in aller tiefen Geistesweisheit enthalten ist. Er versuchte, das Geheimnis des Bösen zu lösen. Das Böse ist die Summe aller derjenigen Kräfte, die sich dem Fortgang der menschlichen Vervollkommnung entgegenstellen. Wenn Wahrheit in der Fortentwickelung besteht, dann ist jedes Hemmnis Lüge. Mephistopheles heißt der durch Lügen Verderbende, Mephiz, der Verderber – Tophel, im Hebräischen, der Lügner. Er führt durch alle Arten des Erfahrens des niederen Selbst.

Gegen Ende des ersten Teiles steht Faust anders vor dem Erdgeist; er erlangt den Einblick, daß es möglich ist, wirklich das Selbst zu erkennen. Nachdem er mit den Irrungen fertig ist, gelangt er durch Läuterung in die geistige Welt.

Faust endet im hohen Alter, und da wird man Mystiker. In den Gesprächen Eckermanns mit Goethe sagt Goethe:

Für den Eingeweihten wird bald ersichtlich sein, daß viel Tiefes in diesem «Faust» zu finden ist.

Der Gang zu den Müttern: in aller Mystik ist das höchste Seelische ein Weibliches; die Erkenntnis ist ein Befruchtungsprozeß. Das Feuer auf dem Dreifuß ist die Urmaterie. Das Reich der Mütter stellt den Urgrund aller Dinge dar; aus diesem stammt der Geist. Um in das geistige Reich – Devachan in der Sprache der Theosophie – einzugehen, dazu gehört eine moralische Qualifikation. Das Streben der Theosophie ist, die Menschen hinaufzuführen. Der Mensch muß sich erst dazu fähig machen, würdig machen. Als Faust zum ersten Male die Helena heraufführt, entbrennt er in wilder Leidenschaft und damit zerstiebt die Helena.

Faust soll das tiefe Geheimnis der Menschennatur ergründen, wie sich Leib, Seele und Geist verbinden.

Geist ist das Ewige; es war vor der Geburt und wird nach dem Tode sein; Seele ist das Bindeglied zwischen Geist und Leib; sie neigt sich in der Entwickelung erst mehr dem Leibe zu, dann dem Geist, und mit diesem dem Bleibenden, dem Ewigen. Die Entwickelung des geistigen Auges hilft dazu.

Im «Faust» wird man nun ins Laboratorium geführt, in dem der Homunkulus erzeugt wird; er wird wunderbar verständlich, wenn Homunkulus als Seele aufgefaßt wird, die sich noch nicht inkarniert hat. Homunkulus soll einen Leib bekommen. Die allmähliche Entwickelung des Leiblichen stellt Goethe in einem großartigen Bild in der Klassischen Walpurgisnacht dar. Proteus ist der Weise, der da weiß, wie die körperlichen Metamorphosen vor sich gehen. Mit dem Mineralischen muß Homunkulus den Anfang machen, dann folgt das Pflanzenreich. Für das Durchgehen durch das Reich der Pflanze gebraucht Goethe den Ausdruck: «Es grunelt so.»

Das Geschlechtliche tritt erst auf einer bestimmten Stufe auf. Eros verbindet sich mit Homunkulus: Durch die Verbindung des seelisch Männlichen und des seelisch Weiblichen entsteht der Mensch.

Fausts Erblindung stellt dar: die physische Welt stirbt für ihn ab; die innere Sehkraft geht ihm auf. Ein großartiges Bild für diesen Vorgang: «Und so lang du das nicht hast, dieses: Stirb und Werde . . .» Die Mystiker drücken es so aus: «Und so ist denn der Tod die Wurzel alles Lebens.» Und: «Wer nicht stirbt, bevor er stirbt, der verdirbt, eh er stirbt.»

Im Schlußbild des «Faust» sagt der Chorus mysticus:

> Alles Vergängliche
> Ist nur ein Gleichnis;
> Das Unzulängliche
> Hier wird's Ereignis;
> Das Unbeschreibliche,
> Hier ist's getan:
> Das Ewig-Weibliche
> Zieht uns hinan.

In aller Mystik ist die strebende menschliche Seele als etwas Weibliches bezeichnet. Die Vereinigung der Seele mit dem Weltgeheimnis: die geistige Vereinigung ist bei den Mystikern ausgedrückt als Hochzeit des Lammes. Diese Anschauung brachte Goethe noch tiefer in dem «Märchen von der grünen Schlange und der schönen Lilie» zum Ausdruck.

Von der letzten Partie in Goethes «Faust» hat Goethe selbst gesagt – in den Gesprächen mit Eckermann –, er habe im Schluß den Aufstieg Fausts im Bild des Montserrat darstellen wollen. Im Gedicht «Die Geheimnisse» ist es angedeutet. Parzival, der Talwanderer. Als Faust erblindete, war ihm die Möglichkeit gegeben, sich rasch emporzuentwickeln. Da kam er in die höheren Regionen, in den Devachan, würden wir sagen. Goethe brauchte aber auch katholische Ideen. So ließ er Pater Marianus in der «reinlichsten Zelle» erscheinen. Das deutete an: die Befreiung von jeglichem Geschlechtlichen, also über Mann und Weib stehend. Deshalb legte er ihm auch den Frauennamen mit männlicher Endung bei. Nun trat anstelle des Zweigeschlechtlichen das Eingeschlechtliche. Er war ganz in Buddhi erwacht. Buddhi, der sechste Grundteil, hatte über alles andere die Oberhand gewonnen.

GOETHES GEHEIME OFFENBARUNG
DAS MÄRCHEN VON DER GRÜNEN SCHLANGE
UND DER SCHÖNEN LILIE

I

Berlin, 16. Februar 1905

In diesem und den zwei folgenden Vorträgen wollen wir uns
beschäftigen mit dem, was man, nach *Goethes* eigenem
Ausdruck, seine Apokalypse, seine geheime Offenbarung,
nennen kann.

Wir haben gesehen, zu welch hoher Bruderschaft sich
Goethe rechnete. Es war seine Überzeugung, daß Erkenntnis nicht etwas von einem menschlichen Standpunkt aus
einmal Festgestelltes ist, sondern daß die menschliche
Erkenntnisfähigkeit sich entwickeln kann und daß diese
Seelenentwickelung einer Gesetzmäßigkeit unterliegt, von
der der Mensch zunächst nichts zu wissen braucht, ebensowenig wie die Pflanze die Gesetze kennt, nach denen sie sich
entwickelt. Die allgemeinen theosophischen Lehren von der
Entwickelung der Erkenntnisfähigkeit der menschlichen
Seele stimmen ganz überein mit der Goetheschen Lebensanschauung. In mancherlei Weise hat Goethe diese Anschauung ausgedrückt.

Eine Frage, die er in unendlich tiefer Weise zu lösen
versuchte, an die er heranging, als sein Freundschaftsbund
mit *Schiller* sich immer enger schloß, sie beantwortete er
jetzt. Schwer schloß sich dieser Bund, da diese beiden Persönlichkeiten geistig auf ganz verschiedenem Boden standen.
Erst in der Mitte der neunziger Jahre fanden sie sich auf

immer und ergänzten sich gegenseitig. Damals lud Schiller Goethe ein, an den Horen mitzuarbeiten, an einer Zeitschrift, in der die schönsten Produkte deutschen Geisteslebens dem Publikum zugänglich gemacht werden sollten. Goethe sagte seine Mitarbeit zu, und sein erster Beitrag in dieser Zeitschrift war seine Apokalypse, seine «Geheime Offenbarung»: Das Märchen von der grünen Schlange und der schönen Lilie (1794/95).

Es handelt sich hierbei um den großen Zusammenhang des Leiblichen und des Geistigen, des Irdischen und des Übersinnlichen, den er darlegen wollte, sowie um den Weg, den der Mensch durch seine sich entwickelnden Erkenntnisfähigkeiten nehmen muß, wenn er vom Irdischen zum Geistigen aufsteigen will.

Es ist dies eine Frage, die der Mensch sich immer stellen muß. Schiller hatte dies Problem in seiner Weise geistvoll dargelegt in den «Briefen über die ästhetische Erziehung des Menschen». Diese Abhandlung, nur wenig gekannt und studiert, ist eine Fundgrube für denjenigen, der sich an dieses Rätsel macht. Goethe wurde dadurch angeregt, sich über dieselbe Frage zu äußern und er hat es getan im Märchen «Von der grünen Schlange und der schönen Lilie», das er später den «Unterhaltungen deutscher Ausgewanderten» angefügt hat.

Dies Märchen führt tief hinein in die Theosophie. Auch die Theosophie sagt, daß der Erkenntnisinhalt unserer Seele jederzeit abhängig ist von unserer Erkenntnisfähigkeit, und daß wir als Menschen diese Erkenntnisfähigkeit immer höher hinauf entwickeln können, so daß wir nach und nach dazu kommen können, in unserer Seele als Erkenntnisinhalt nicht mehr zu haben etwas Subjektives, sondern daß wir in der Seele einen objektiven Welteninhalt erleben können. Das Märchen «Von der grünen Schlange und der schönen Lilie»

zeigt die Entwickelung der menschlichen Seele zu immer
höherer Einsicht dadurch, daß *alle* menschlichen Seelenkräfte sich entwickeln können, nicht nur allein das menschliche Denkvermögen. Alle Seelenkräfte, auch das Fühlen und
Wollen, können eindringen in die objektiven Weltgeheimnisse. Aber sie müssen alles Persönliche ausschalten lernen.

Es ist so tief, dieses Märchen, daß es sich lohnt, eine
intimere Behandlung dafür zu finden. Es führt uns in die
Tiefen von Goethes Weltanschauung. Goethe hat selbst
davon zu *Riemer* gesagt, daß es damit sei wie mit der
Offenbarung Sankt Johannis, daß wenige das Richtige darin
finden werden. Goethe hat sein Tiefstes, was er über das
Menschenschicksal wußte, hineingelegt. Er ist immer sehr
zurückhaltend darüber gewesen: er hat gesagt, wenn hundert
Menschen sich fänden, die es richtig verstehen, würde er eine
Erklärung darüber geben. Es fanden sich bis zu seinem Tode
nicht hundert, die eine Auflösung gaben, und die Erklärung
wurde nicht mitgeteilt. Nach Goethes Tod sind eine große
Anzahl von Erklärungsversuchen gemacht worden, die von
Meyer-von Waldeck gesammelt wurden. Sie sind zum Teil
als Bausteine wertvoll, vermögen aber nicht den tiefen Sinn
zu ergründen.

Die Frage könnte auftauchen: Warum hat denn Goethe
sein eigentliches Lebensgeheimnis in ein solches Märchen
gelegt? – Er hat selbst gesagt, daß er sich über eine solche
Frage nur im Bilde äußern könne. Er hat damit dasselbe
getan, wie alle großen Lehrer der Menschheit, die nicht in
abstrakten Worten lehren wollten, die die höchsten Fragen
in Bildern, in symbolischer Weise behandelten.

Selbst bis zur Begründung der Theosophischen Gesellschaft war es nicht möglich, anders als in bildlicher Form
diese höchsten Wahrheiten zu geben. Dadurch kommt das
zustande, was *Schopenhauer* so schön den «Chor der Gei-

ster» genannt hat, wenn so, wie durch Hieroglyphen hindurch, in denen, die sie verstehen, der Funke entzündet wird. Wo die Weltanschauung für Goethe eine ganz persönliche, ganz intime geworden ist, kann er sich nur in dieser Form äußern. Zweimal finden sich in Goethes «Gesprächen mit Eckermann» wichtige Anhaltspunkte hierüber.

Später hat Goethe sich noch in zwei anderen Märchen intimer ausgesprochen, in der «Neuen Melusine» (1807) und dann in dem «Neuen Paris» (1810). Diese drei Märchendichtungen sind der tiefste Ausdruck von Goethes Weltanschauung. Im «Neuen Paris» sagt er zum Schluß: «Ob ich euch erzählen kann, was weiter begegnet, oder ob es mir ausdrücklich verboten wird, weiß ich nicht zu sagen.» Das soll ein Hinweis sein darauf, aus welchen Quellen dies Märchen stammt.

Diese Märchen sind Offenbarungen von Goethes intimster Lebens- und Weltanschauung. Das Knabenmärchen, der «Neue Paris», zeigt deutlich hin auf die Quellen, aus denen es stammt. Es beginnt: Alle Kleider fallen dem Knaben vom Leibe, alles was sich der Mensch angeeignet hat innerhalb der Kultur, in der er lebt, fällt von ihm ab. Ein Mann, jung und schön, tritt zu dem Knaben. Dieser bewillkommt ihn freudig. Der Mann fragt: Kennt ihr mich denn? – Und der Knabe antwortet: Ihr seid Merkur. – Das bin ich und von den Göttern mit einem wichtigen Auftrag an dich gesandt!

So laßt uns diese drei Märchen als tiefste Offenbarungen Goethes betrachten. Zunächst das Märchen von der «Grünen Schlange und der schönen Lilie». Das Märchen beginnt gleich in geheimnisvoller Weise. Drei Gebiete werden uns vorgeführt, ein Diesseitiges, ein Jenseitiges und dazwischen ist der Fluß. Die Welt von Leib, Seele und Geist, und den Weg des Menschen in die übersinnliche Welt stellt es uns dar. Das diesseitige Ufer ist die physische, das jenseitige, das

Land der schönen Lilie, ist die Welt des Geistes; dazwischen ist der Strom, die astrale Welt, die Welt des Verlangens.

Die Theosophie spricht vom Leben der Seele in der physischen Welt, dem Diesseits, dann vom Devachan, in dem die Seele sich erlebt nach dem Tode, aber auch, wenn sie sich durch eine okkulte Entwickelung schon hier in der physischen Welt frei gemacht hat von allem Persönlichen. Dann kann sie aufsteigen in das Jenseits, in das Reich der schönen Lilie; sie findet dann den Weg zum jenseitigen Ufer, dahin, wohin der Mensch immerfort strebt, den Weg zur Heimat seiner Seele und seines Geistes. Der Strom dazwischen, die Astralwelt, der Strom der Begierden und Leidenschaften, die den Menschen trennen von der geistigen Welt, muß überwunden werden.

Eine Brücke wird nun über den Fluß gebaut und der Mensch gelangt in das Reich der schönen Lilie. Das ist das Ziel, wohin der Mensch strebt. Was die Lilie in der mittelalterlichen Mystik bedeutete, war Goethe genau bekannt. Er hatte sich praktisch einweihen lassen in die Geheimnisse mystischer Weltanschauung und war bekannt mit den alchimistischen Bestrebungen des Mittelalters. Nachdem er auf der einen Seite die Tiefe der Mystik erkannt hatte, begegnete er auch dem trivialen Abglanz davon in den Zerrbildern der Literatur.

Im ersten Teil des «Faust» zeigt er uns noch in humoristischer Weise, daß das Problem des Zusammenhanges des Menschen mit der schönen Lilie ihm vor Augen stand. Da heißt es im Osterspaziergang – ehe er die Bekanntschaft mit Mephistopheles macht – von den Bestrebungen des Menschen in einer verzerrten Alchimie:

> Mein Vater war ein dunkler Ehrenmann,
> der über die Natur und ihre heil'gen Kreise,

in Redlichkeit, jedoch auf seine Weise,
mit grillenhafter Mühe sann;
... da ward ein roter Leu, ein kühner Freier,
im lauen Bad der Lilie vermählt.

Es ist dies ein technischer Ausdruck der Alchimie: Lilie
bedeutet Merkur. Im Sinne der theosophischen Weltanschauung ist Merkur das Sinnbild der Weisheit, welcher der
Mensch zustrebt, und Lilie jener Bewußtseinszustand, in
dem der Mensch sich befindet, wenn er das Höchste
erreicht, sich selbst gefunden hat. Die Vermählung des
Männlichen mit dem Weiblichen in der menschlichen Seele
ist hier dargestellt. «Im lauen Bad» heißt im Sinne der Alchimie «freigeworden vom Feuer der Begierden». Wir sprechen
in der Theosophie von Ahamkara, dem menschlichen Ich-
Streben, was das Höchste umfassen will. Dieses zunächst in
Selbstheit strebende menschliche Prinzip wird in der Alchimie
als Leu dargestellt, der frei geworden von der Selbstheit,
von Begierden und Leidenschaften, sich mit der Lilie vereinen darf. Wenn man auch nicht mehr viel wußte im Mittelalter von der wahren Alchimie, so hatte man doch die Bezeich-
nungen konserviert. Alle höheren Wahrheiten stehen im
Ätherglanz vor uns, wenn wir, freigeworden von stürmischen
Begierden, von dem Leu der Begierden, die abgekühlt
sind im lauen Bad, uns ihnen nahen. Dann kann der Menschengeist die Lilie finden, das Ewig-Weibliche, das uns hinan-
zieht; er kann die Vereinigung haben mit diesen Wahrheiten
der geistigen Welten. Das ist ein Weg, den die Seelen immer
gegangen sind, in vollster Klarheit. Mystiker ist derjenige,
der Klarheit, Höhe, Reine der Anschauungen anstrebt.

Nicht Sympathie und Antipathie darf es für die Weisheit
geben, sondern allein ein selbstloses Aufgehen in ihr. Weil
bei den Wahrheiten der Mathematik keine Leidenschaft

mehr empfunden wird, ist kein Streit darüber möglich; kämen menschliche Empfindungen dabei in Betracht, würde auch darüber gestritten werden, ob zwei mal zwei gleich vier ist. Im selben Ätherglanze stehen alle höheren Wahrheiten vor uns, wenn wir diese Gesinnung zum Ausdruck bringen. Und diese Abgeklärtheit in allem war es, was *Pythagoras* die Katharsis, die Reinigung nannte. Diesen ganzen Weg mit seinen intimen Geheimnissen hat Goethe in seinem Märchen geschildert, weil unsere Umgangssprache wirklich nicht befähigt ist, diese Dinge darzustellen. Erst wenn es uns gelingt, in farbigen Bildern dasjenige zu schildern, was in der Seele des Mystikers lebt, finden wir auch sprachlich den Weg zur höchsten Form des menschlichen Bewußtseins, zur Lilie.

Man gefällt sich darin, die Mystik als etwas Unklares hinzustellen. Aber unklar ist nur der, der nicht den Weg zu den Höhen findet. Frei von brutaler unmittelbarer Wirklichkeit, in reiner Ätherhöhe wird die kostbarste Klarheit der Begriffe vom Mystiker angestrebt. Wir haben es nötig, uns erst die Begriffe anzueignen, die uns in dieses Land der Klarheit führen. Goethe hat nach diesem Lande der Klarheit gesucht, mathematische Erkenntnis hat er angestrebt. In Goethes Nachlaß fand ich vor fünfzehn Jahren ein Heft, das bestätigte, daß sich Goethe noch in späteren Jahren mit mathematischen Studien befaßte, sogar bis zu höchsten Problemen. Im Sinne eines echten Gnostikers hat er auch seine Studien über die Natur und über die menschliche Seele angestellt. Aus seinem intuitiven Geist heraus kam ihm zum Beispiel auch das Schauen der Urpflanze.

Aber wie er schwer verstanden werden konnte in bezug auf Urpflanze und Urtier, so noch weniger in bezug auf das Seelenleben. Ich erinnere hier an das Gespräch mit Schiller in Jena 1794. Goethe sprach sich zu Schiller so aus, daß er sagte, es könnte sich wohl eine Betrachtungsweise der Welt und ihres Inhaltes finden, die nicht, wie die Wissenschaft es tut, die Dinge zerpflückt, sondern die das einheitliche Band aufweist, das allem zugrunde liegt, die hinweist auf ein Höheres, ein Einheitliches hinter allem Sinnlichen. Und Goethe zeichnete seine Urpflanze, ein Gebilde, das zwar einer Pflanze ähnlich sah, aber nicht einer lebenden, die man mit äußeren Sinnen wahrnehmen kann, und er sagte zu Schiller: das sei die Pflanzenheit, die Urpflanze, das sei das Verbindende der Pflanzen; aber diese Urpflanze lebe in keiner einzelnen Pflanze, sondern in allen Pflanzenwesen. Das sei das Objektive aller Pflanzen. – Auf den Einwand Schillers, das, was er als Urpflanze bezeichne, sei eine Idee, erwiderte er: «Wenn das eine Idee ist, sehe ich meine Ideen mit Augen.» Damals hat Goethe gezeigt, wie er zum Geiste steht, eine intuitiv erschaute Pflanze gibt es für ihn, die in jedem Pflanzenwesen lebt. Nur ein intuitives Schauen kann das Objektive hinter allen sinnlichen Dingen wahrnehmen, nur ein sinnlichkeitsfreies Denken kann dazu gelangen. Wie das Denken sich zu einer Objektivität entwickeln kann, zeigen uns die Irrlichter im Märchen. Wer sich nicht aufschwingen kann zu der Anschauung Goethes, versteht nicht, was er meint; selbst Schiller verstand damals nicht recht, was Goethe meinte, aber er hat sich alle Mühe gegeben, einzudringen in Goethes Weltanschauung. Dann kam der Brief vom 23. August 1794. Das war das Brechen des Eises zwischen beiden Geistern.

Von dem höheren geistigen Anschauen, das in Goethe lebte, hat er vieles in dies Märchen hineingeheimnißt. Versuchen wir nun in das Märchen einzudringen.

Es heißt: Mitten in der Nacht wecken zwei Irrlichter den alten Fährmann, der am jenseitigen Ufer – also in der geistigen Welt – schläft, und wollen übergesetzt werden. Er setzt sie herüber vom Reich der Lilie über den vom Sturm gepeitschten Strom. Sie benehmen sich unmanierlich, tanzen in dem Kahn so, daß ihnen der Fährmann sagen muß, der Kahn fällt um. Endlich, nachdem sie mit Mühe das andere Ufer erreicht hatten, wollen sie ihn bezahlen mit vielen Goldstücken, die sie von sich schütteln. Der Fährmann weist sie zurück und sagt mißmutig: Gut, daß ihr es nicht in den Strom geworfen habt, der kann kein Gold vertragen und wäre wild aufgeschäumt und hätte euch verschlungen. Ich muß das Gold nun vergraben. Ich selbst aber kann nur mit Früchten der Erde bezahlt werden. – Und er läßt sie nicht eher los, als bis sie ihm drei Kohlhäupter, drei Artischocken und drei Zwiebeln versprechen. Der Fährmann verbirgt dann das Gold in den Klüften der Erde, wo die grüne Schlange wohnt. Diese verzehrt das Gold und wird dadurch leuchtend von innen heraus. Sie kann nun im eigenen Lichte wandeln und sieht, wie alles um sie herum von diesem Lichte verklärt wird. Die Irrlichter treffen mit ihr zusammen und sagen ihr: Ihr seid unsere Muhme von der horizontalen Linie. – Die Irrlichter sind ihre Vettern, die von der vertikalen Linie stammen. Das sind uralte Ausdrücke, vertikal und horizontal, die immer in der Mystik für gewisse Seelenzustände gebraucht wurden.

Wie kommen wir zur schönen Lilie? – fragen nun die Irrlichter. Oh, die wohnt auf dem anderen Ufer, versetzt die Schlange. – O weh, da haben wir uns schön gebettet, von dort kommen wir ja! – Die Schlange gibt ihnen Auskunft darüber, daß der Fährmann wohl jeden herüber, niemanden aber hinüber bringen dürfe. – Gibt es nicht andere Wege? – Ja, zur Mittagszeit bilde ich selbst eine Brücke –, sagt die grüne Schlange. Aber den Irrlichtern ist diese Zeit nicht genehm, und die Schlange weist sie daher an den Schatten des Riesen, der selber machtlos, mit seinem Schatten aber alles vermag. Bei Sonnenauf- und -untergang lege sich der Schatten als eine Brücke über den Fluß.

Die Schlange sucht, nachdem sich die Irrlichter entfernt hatten, eine Neugierde zu befriedigen, die sie lange gequält hatte. Sie hatte auf ihren Wanderungen durch die Felsen, durch ihr Gefühl glatte Wände und menschenähnliche Figuren entdeckt, die sie nun durch ihr neues Licht zu erkennen hofft.

Sie schleicht durch den Felsen und findet ein Gemach, in dem die Bildnisse von vier Königen aufgestellt sind. Der erste der Könige ist aus Gold, er ist mit einem Eichenkranz geschmückt. Er fragt die Schlange, woher sie komme: Aus den Klüften, in denen das Gold wohnt! – Was ist herrlicher als Gold? –, fragt der König: Das Licht –, antwortet die Schlange. – Was ist erquicklicher als das Licht? – Das Gespräch –, versetzt die Schlange. Dann betrachtet sie die übrigen Könige, von denen der zweite aus Silber ist, mit einer Krone geschmückt, der dritte aus Erz, mit einem Lorbeerkranz geziert, während der vierte von unförmlicher Gestalt, aus all diesen Metallen zusammengesetzt ist.

Nun verbreitet sich ein helles Licht; ein alter Mann mit einer Lampe erscheint in dem Gewölbe.

Warum kommst du, da wir Licht haben? – fragt der goldene König. – Ihr wißt, daß ich das Dunkle nicht erleuchten darf. – Endigt sich mein Reich? – fragt der silberne König. – Spät oder nie –, versetzt der Alte. Der eherne König fängt an: Wann werde ich aufstehen? – Bald –, antwortet der Alte. – Mit wem soll ich mich verbinden? – fragt der silberne König. – Mit deinen älteren Brüdern –, sagt der Alte. Was wird mit dem Jüngsten werden? – Er wird sich setzen.

Während dieser Reden sah sich die Schlange im Tempel um.

338

Indessen sagt der goldene König zu dem Alten: Wieviel Geheimnisse weißt du? – Drei –, versetzt der Alte. – Welches ist das Wichtigste? – fragt der silberne König. – Das offenbare –, antwortet der Alte. Willst du es auch uns eröffnen? – fragt der eherne König. Sobald ich das vierte weiß –, sagt der Alte. Was kümmert's mich –, murmelt der zusammengesetzte König vor sich hin. Ich weiß das vierte –, sagt die Schlange, nähert sich dem Alten und zischt ihm etwas ins Ohr. Es ist an der Zeit! – ruft der Alte mit gewaltiger Stimme. Der Tempel schallt wider, die metallenen Bildsäulen klingen, und in dem Augenblick versinkt der Alte nach Westen und die Schlange nach Osten, und jedes durchstreicht mit großer Schnelle die Klüfte der Felsen.

Soweit zunächst der Inhalt des Märchens. «Das Publikum wird noch manches erfahren, die Auflösung steht in dem Märchen selbst», schreibt Schiller an Cotta. Wir sind an einem Punkte, wo wir mit der Auflösung beginnen wollen. Wir müssen uns, um nicht zu weit auszuholen, zunächst einige uralte Ausdrücke der Geheimlehre klarmachen, um die Bilder zu verstehen: Flammen bedeuten für den Mystiker etwas ganz Bestimmtes. Was hatte nun Goethe in den Flammen, den Irrlichtern dargestellt? Die Flammen, die Irrlichter sind, sinnbildlich genommen, das Feuer der Leidenschaften, der sinnlichen Begierden, der Triebe und der Instinkte. Das ist das Feuer, das nur in warmblütigen Tieren und im Menschen lebt. Es gab einst eine Zeit, in welcher der Mensch noch nicht die Gestalt hatte wie heute. Dieses Feuer war vor der lemurischen Rasse nicht da; ehe es in den Menschenkörper inkarniert war, gab es in dieser Art keine Begierden und Triebe. Ein begehrendes, wünschendes Wesen, das ist der Mensch geworden durch die Durchdringung mit der Warmblütigkeit, Kamamanas. Die Fische und Reptilien gehören zu den wechselwarmen Tieren. Die

Mystik unterscheidet deshalb auch weit mehr als die Naturwissenschaft zwischen fischblütigen und warmblütigen Wesen.

Damals, in der Mitte der lemurischen Zeit, tritt ein Augenblick ein, in dem der Mensch sich von Niederem zu Höherem entwickelt. Dieser Augenblick wird in den Mythen, in der Prometheussage, als das Herabholen des Feuers bezeichnet. Von Prometheus wird erzählt, er habe es vom Himmel geholt, und er wurde an den Felsen – den physischen, mineralischen Menschenleib – geschmiedet.

Die Summe der Triebe, Gefühle, Instinkte und Leidenschaften, das ist das Feuer, welches die Menschen zu neuen Taten drängt. Diese Flamme wird in der Theosophie genannt das Hervorquellen des menschlichen Selbstbewußtseins, der Fähigkeit «Ich» zu sich zu sagen. Wäre der Mensch nicht dazu gekommen, zur Flamme zu werden, so hätte er nicht das Selbstbewußtsein entwickeln können und damit nicht aufsteigen können zur Erkenntnis des Göttlichen. Es gibt ein niederes Ich-Bewußtsein, das Selbstbewußtsein, und ein höheres. Die niedere Natur der Triebe und die höhere des Bewußtseins sind im Menschen verbunden. Der physische Mensch ist geworden durch die Durchdringung seines Selbst mit dem Blute, mit der Flamme. Die Flammenbildungen der Irrlichter zeigen das Hervorquellen des Selbstbewußtseins innerhalb der Triebe, Begierden und Leidenschaften. Das ist Kamamanas, wie wir in der Theosophie sagen. Damit lebt der Mensch zunächst in der physischen Welt, diesseits des Stromes.

Aber die Heimat des Menschen, in der er weilt, ehe er geboren wird, ist jenseits des Stromes, in der geistigen Welt. Der Fährmann führt den Menschen aus dieser geistigen Welt über den Strom der astralischen Welt hinein in das körperliche, diesseitige Dasein. Die suchende Seele strebt aber unablässig wieder zurück in das Land jenseits des Stromes; aber dahin kann der Fährmann – die Natur – sie nicht bringen. Es heißt: Wenn sie ihn auch selbst an dem diesseitigen Ufer anträfe, so würde er sie nicht aufnehmen, denn er darf jedermann herüber-, niemand hinüberbringen. So sagt die Schlange zu den Irrlichtern. Naturkräfte haben den Menschen hineingebracht durch die Geburt in die physische Welt. Will der Mensch während des Lebens zurück in die höheren Welten, so muß er das selber tun. Es gibt einen Weg zurück. Das Ich vermag Erkenntnisse zu sammeln. Erkenntnis hat immer als Sinnbild im Okkultismus das Gold. Gold und Weisheit – Erkenntnis – entsprechen sich. Das Gold der Erkenntnis, das was durch die Irrlichter repräsentiert wird, hat auch die niedere Menschlichkeit, die ein Irrlicht wird, wenn sie nicht den rechten Weg findet. Es gibt eine niedere Weisheit, die der Mensch sich erwirbt innerhalb der Sinneswelt, indem er die Dinge und die Wesenheiten dieser Sinneswelt beobachtet, sich Vorstellungen davon macht und sie durch sein Denken kombiniert. Das ist aber eine bloße Verstandesweisheit. Die Irrlichter wollen den Fährmann bezahlen mit diesem Gold, das sie leicht aufnehmen und leicht wieder von sich schleudern. Aber der Fährmann weist es zurück. Verstandesweisheit befriedigt nicht die Natur, nur diejenige Gabe kann in der Natur wirken, die verbunden ist mit den lebendigen Kräften der Natur. Unreif empfangene Weisheit läßt den Fluß des Astralen aufschäumen, er nimmt sie nicht an, er weist sie zurück. Der Fährmann verlangt Früchte der Erde als Lohn. Die haben die Irrlichter noch nie genossen; die haben sie nicht. Sie haben nie danach gestrebt, in die Tiefen der Natur einzudringen, aber sie müssen dennoch der Natur ihren Tribut abzahlen. Sie müssen versprechen, die Forderung des Fährmanns demnächst zu befriedigen. Diese Forderung besteht in Früchten der

Erde: drei Kohlhäupter, drei Artischocken und drei große Zwiebeln. Was sind diese Erdenfrüchte? Goethe nimmt diese Früchte, welche Schalen haben, die die menschlichen Hüllen vorstellen.

Der Mensch hat seine drei Hüllen, seine drei Körper: den physischen Körper, den ätherischen Körper und den astralischen Körper. Innerhalb dieser Hüllen lebt der Wesenskern des Menschen, sein Selbst. In diesen Körpern, die es wie Schalen umgeben, hat das Selbst zu sammeln die Früchte einer Inkarnation nach der anderen. Erdenfrüchte sind es, die es sammeln muß. Nicht bestehen diese Früchte aus Verstandeswissen. Der Fährmann verlangt diese drei schalenförmigen Körper als Abgabe an die Natur. Goethe hat diese Lehre in feiner Weise in sein Märchen hineingeheimnißt.

Das Gold kommt zur Schlange. Das ist das Gold wirklicher Weisheit. Die Schlange ist immer das Symbol gewesen für das Selbst, das nicht in sich bleibt, sondern in Selbstlosigkeit das Göttliche in sich aufnehmen kann, sich hinopfern kann; das demütig, selbstlos Erdenweisheit sammelt, indem es in den «Klüften der Erde» umherkriecht, das hinaufsteigt zum Göttlichen, indem es nicht den Egoismus und die Eitelkeit entfaltet, sondern indem es sich selbst dem Göttlichen ähnlich zu machen sucht. Die Schlange in ihrem selbstlosen Streben nimmt das Gold der Weisheit auf, sie durchdringt sich ganz mit dem Gold und dadurch wird sie leuchtend von innen heraus. Sie wird leuchtend, wie das Selbst es wird, wenn es zu der Stufe der Inspiration sich emporgearbeitet hat, wo der Mensch innerlich leuchtend, lichtvoll geworden ist und Licht dem Licht entgegenströmt. Die Schlange bemerkt, daß sie durchsichtig und leuchtend geworden war. Lange schon hatte man ihr versichert, daß diese Erscheinung möglich sei. War sie vorher grün, so ist sie jetzt leuchtend. Die Schlange ist grün, weil sie in Sympathie ist mit den Wesen ringsumher, mit der ganzen Natur. Wo diese Sympathie lebt, da erscheint die Aura in hellgrüner Farbenschattierung. Grün ist die Farbe, in der die Aura des Menschen erscheint, wenn vorwiegend selbstloses, hingebungsvolles Streben in der Seele lebt. Jetzt, wo sie selbst von innen heraus leuchtend geworden ist, sieht die Schlange, vorher tastete sie nur in ihrem strebenden Bemühen. Alle Blätter scheinen von Smaragd, alle Blumen auf das herrlichste verklärt. Sie sieht alle Dinge in neuem, verklärtem Licht. So leuchtend smaragdfarbig erscheinen uns die Dinge, wenn uns der Geist aus ihnen entgegenströmt, wenn Licht dem Licht entgegenströmt.

Jetzt, wo sie leuchtend geworden ist, wo sie die höhere göttliche Natur in sich aufgenommen hat, findet sie auch den Weg zu dem unterirdischen Tempel.

Tief verborgen waren die Stätten, in denen in vergangenen Zeiten die Wahrheiten vorgetragen wurden, tief verborgen in den Höhlen und Klüften der Erde standen die Mysterientempel. Dort tritt Licht dem Licht entgegen.

Die Schlange war zwar bisher ohne Licht genötigt gewesen, durch diese Abgründe zu kriechen; aber sie konnte durch das Gefühl die Gegenstände wohl unterscheiden. Sie hatte durch das Gefühl Gegenstände wahrgenommen, welche die bildende Hand des Menschen verrieten, vor allem menschliche Figuren. Jetzt ist sie im Besitz von Licht, und Licht kommt ihr entgegen. Sie findet den Tempel und in ihm die vier Könige, und entgegen kommt ihr der Alte mit der Lampe. Der Mann mit der Lampe bedeutet die uralte Weisheit, die uralte Weisheit der Menschheit, die nur Licht ist und keinen Schatten wirft, die etwas enthält, was die moderne Naturwissenschaft nicht begreifen kann. Tiefsinnig sagt Goethe, daß die Lampe der Menschenseele nur leuchtet, wenn ihr ein anderes Licht, das die Seele in sich erzeugen muß, entgegengebracht wird. Es ist dieselbe Anschauung, die er in dem Spruch ausdrückt, den er seiner Farbenlehre vorangestellt hat und von dem er sagt, daß es die Worte eines alten Mystikers seien:

> Wär' nicht das Auge sonnenhaft,
> Wie könnten wir das Licht erblicken?
> Lebt' nicht in uns des Gottes eigne Kraft,
> Wie könnt' uns Göttliches entzücken?

Da, als das Schlangenauge sonnenhaft geworden ist, als das Licht des Göttlichen in der Schlange entzündet ist, leuchtet ihr das Licht der uralten Weisheit der Welt entgegen.

Das Feuer der Leidenschaft hat sich gewandelt zum Licht. Feuer, das draußen im Erdenreich sich gewandelt hat zum Weisheitslicht, kann entgegenleuchten dem Bringer der Weisheit, dem «Alten mit der Lampe».

Im weiteren Verlauf des Märchens werden uns die vier Könige vorgeführt.

Die vier Könige erschaut die Schlange mit Erstaunen und Ehrfurcht. Staunen und Ehrfurcht sind immer die Seelenkräfte, die den Menschen voran- und aufwärtsbringen. Sie schaut zuerst den goldenen König, und er beginnt zu reden: Wo kommst du her? – Aus den Klüften – antwortet die Schlange –, wo das Gold wohnt. – Was ist herrlicher als Gold? – fragt der König. Das Licht –, antwortet die Schlange. Was ist erquicklicher als Licht? – fragt jener. Das Gespräch –, antwortet die Schlange. Im Gespräch tritt die Weisheit in intimer Weise für den Menschen hervor, das ist erquicklicher als die große Offenbarung. – Denkt man nicht an die platonischen Gespräche, bei diesem Gespräch des Königs mit der Schlange! Da werden auch in wenigen Worten, wenigen Sätzen Weltengeheimnisse ausgesprochen.

Goethe will darstellen: In dem, was sich im Tempel befindet und was sich da abspielt, handelt es sich um die höchsten Geheimnisse der Menschheitsentwickelung.

Welche Alchimie ist es, durch die die Dinge so verwandelt werden? Es ist die Initiation. Selbst die moderne Evolutionslehre geht von der fortwährenden Verwandlung der Dinge aus. Der Tempel muß zunächst unterirdisch, das heißt, verschlossen sein den meisten Menschen; aber nun naht der Moment, wo er sich allen Menschen öffnen wird. Licht gewordenes Weisheitsgold will er von Mensch zu Mensch senden.

Wer ist der goldene König, und wer sind die anderen drei Könige, der silberne, der eherne und der gemischte König? – Der goldene König ist Manas, die Weisheit selber, die sich bisher nur im Mysterientempel höher entwickeln konnte. Das ist diejenige Seelenkraft, die der Mensch sich erringen kann durch gereinigtes, sinnlichkeitsfreies Denken. Der silberne König deutet auf ein noch höheres Element als die Weisheit: er ist die Liebe, das schöpferische Wort der Welten-Buddhi, der in Liebe erstrahlende Gott. Sein Reich wird das Reich des Scheins genannt; es ist damit gemeint, was das Christentum als Glorie bezeichnet (Gloria in excelsis). Es ist auf einen Zeitpunkt hingedeutet, der erst später erreichbar wird; dann wird Buddhi die Menschheit beherrschen. Der eherne König, den die Schlange zunächst noch nicht erschaut, der scheinbar wenig wertvoll ist, ist von gewaltiger Gestalt, mächtig anzuschauen. Er sieht eher einem Felsen gleich als einer Menschenform. Das ist der König, der die willensartige Seelenkraft, die im Menschen verborgen ruht, zum Ausdruck bringt. Er stellt dar Atma, das womit der strebende Mensch zuletzt begabt wird, was er zuletzt findet.

So hat Goethe in einem schönen Bilde die Begabung des

Menschen mit den drei höchsten Tugenden dargestellt, die ihm dereinst verliehen werden. Ohne diese Reife erlangt zu haben, wurde in früheren Zeiten niemand zur Initiation zugelassen.

Dann ist noch ein vierter König da, schwerfällig von Gestalt; er besteht aus einem Gemisch von Gold, Silber und Erz, aber die Metalle schienen beim Guß nicht recht zusammengeschmolzen zu sein, es stimmt nichts überein mit dem anderen bei ihm. Das ist die Seele des unentwickelten Menschen, der noch kein Höherstreben entwickelt, in dem Denken, Fühlen und Wollen chaotisch durcheinanderwogen und dem «Bilde ein unangenehmes Ansehen geben». Die Denkkraft, die noch von den Sinneseindrücken getrübt ist, das Feuer der Seele, die nicht Liebe entfaltet, sondern in Begierden und Trieben lebt, der ungeordnete Wille des Menschen, das stellt dieser vierte König dar.

Erinnern wir uns des Gesprächs der Könige mit dem Mann mit der Lampe. Der goldene König fragt den Alten: Wieviel Geheimnisse weißt du? – Drei –, versetzte der Alte. – Welches ist das wichtigste? – fragte der silberne König. Das offenbare –, versetzte der Alte. Willst du es auch uns eröffnen? – fragte der eherne. – Sobald ich das vierte weiß –, sagte der Alte. Ich weiß das vierte –, sagte die Schlange, näherte sich dem Alten und zischte ihm etwas ins Ohr. – Es ist an der Zeit! – rief der Alte mit gewaltiger Stimme.

Drei Geheimnisse gibt es – das wichtigste ist das offenbare. Wenn das eröffnet wird, kann das vierte gewußt werden! Dies ist das wichtigste Wort des ganzen Märchens und zugleich der Schlüssel zu ihm – wie Goethe in einem Gespräch mit Schiller diesem sagte. Der Alte kennt drei Geheimnisse, das sind die Geheimnisse der drei Reiche der Natur. Die Naturreiche sind stationär geworden in ihrer Entwickelung. Der Mensch aber entwickelt sich fortwährend weiter. Er kann das, da der Geist, das Selbst in ihm lebt. Die drei Geheimnisse, die der Alte kennt, erklären die Gesetze des Mineralreiches, des Pflanzenreiches und des Tierreiches. Das Gesetz, das in der Menschenseele leben muß, wenn sie die Reife zur Initiation erreichen will, muß die Seele selbst, aus eigenen Kräften, finden. – Die Schlange hat es gefunden. Sie zischt es dem Alten ins Ohr. Was hat die Schlange dem Alten ins Ohr gesagt? Daß sie den Willen habe, sich aufzuopfern! – Das Opfer ist das Gesetz für die geistige Welt! – Den Weg zu den höheren Erkenntnissen kann nur der gehen, dem diese Erkenntnisse nicht Selbstzweck sind, der sie sucht im Dienst der Menschheit. Alle wahren Mystiker kennen diesen Seelenweg, sie alle haben durchgemacht dies Erlebnis des Hinopferns der Schlange. Sobald dies Wort: Ich will mich opfern! – im Tempel ertönt, sagt der Alte: Nun ist es an der Zeit!

Auf die ferne Zukunft, wenn für die gesamte Menschheit die Reife erreicht sein wird, deuten die Worte des Alten: Es ist an der Zeit! – Dann ist es an der Zeit, daß der Tempel sich über den Fluß erhebt, daß die ganze Menschheit teilhaftig wird der Weisheit, teilnimmt an der Initiation, die sonst nur in den Tempeln, in den Klüften, wenigen zuteil wurde.

Für denjenigen, der gleich mir sich seit zwanzig Jahren mit diesem Märchen befaßte, zeigen sich in ihm immer tiefere Weisheiten, immer wieder weisen die Linien auf einen noch tieferen Urgrund. Noch sind hier reiche Schätze zu heben; heben aber müssen wir sie. Wir müssen uns nur hüten, Goethe gegenüber uns etwas zu gestatten, was Goethe selbst im «Faust» durch Mephisto so charakterisieren läßt:

Wer will was Lebendigs erkennen und beschreiben,
Sucht erst den Geist herauszutreiben,

> Dann hat er die Teile in seiner Hand,
> Fehlt, leider! nur das geistige Band!

Dieses geistige Band lassen Sie uns in Goethes Schöpfungen suchen!

GOETHES GEHEIME OFFENBARUNG
DAS MÄRCHEN VON DER GRÜNEN SCHLANGE
UND DER SCHÖNEN LILIE

II

Berlin, 23. Februar 1905

Schon vor acht Tagen habe ich darauf hingewiesen, daß in Goethes Märchendichtung von der grünen Schlange und der schönen Lilie die Grundfrage zur Lösung kommen soll, wie der Mensch sich von seinem niederen Ich zum höheren Ich entwickelt, und daß dem Märchen zugrunde liegt ein großer Ausblick in die Zukunft.

Wie kann der Mensch zum Tore kommen, das in das geistige Land führt? Das war ein Grundproblem für Goethe. In eindringlicher Weise faßt er dieses Problem und versucht in der verschiedensten Weise darzustellen, welches der Weg der Entwickelung der menschlichen Seelenkräfte ist.

Von diesem großen Gesichtspunkte ausgehend, versucht er in allen Einzelheiten als Wissender und Kennender zu zeigen, welche inneren Wege der Mensch zu absolvieren hat.

Wir sind stehengeblieben im Augenblicke, wo der Alte mit der Lampe und die Schlange vor den Bildern der Könige, den Repräsentanten der höchsten Geisteskräfte, sich begegnen. Wir haben in dem Tempel ein Sinnbild zu erkennen für die großen Geheimschulen, die es immer gegeben hat und auch heute noch gibt. In diesen Tempel hinein werden die Menschen geführt und durch die Lehren und Anweisungen, die sie dort erhalten, werden sie, wenn sie dieselben wirklich auf sich anwenden, nach und nach so weit kommen, daß ihnen endlich die Initiation erteilt werden kann.

Wir haben gesehen, daß vor den Königen die Schlange dem Alten ein Wort ins Ohr zischt. Wir wissen, daß dies die Lösung des Rätsels, das wichtigste Wort ist, von dem *Goethe* und *Schiller* sagten: «Die Lösung steht in dem Märchen selbst.»

Daß in diesem Wort die Lösung liegt, läßt uns das Verhalten des Alten erkennen. Denn sogleich als die Schlange das Wort gesprochen, erwidert der Alte das bedeutungsvolle Wort: «Es ist an der Zeit!»

Die Schlange weiß das vierte Geheimnis; darum sagt der Alte: «Es ist an der Zeit!» Und als später diese Worte der schönen Lilie hinterbracht werden, betrachtet sie sie als einen Lichtblick, als einen Hinweis auf ihre Erlösung.

Der Alte kehrt nach Hause zurück; er trifft dort seine Frau bestürzt an. Sie erzählt ihm, daß zwei Irrlichter dagewesen, die sich in nicht angemessener Weise aufgeführt, das Gold von den Wänden abgeleckt, dann es von sich gestreut hätten. Der Mops habe vom Golde gefressen und sei daran gestorben. Dann habe die Alte noch versprechen müssen, die Schuld der Irrlichter an den Fluß abzutragen. Der Alte billigt dies, da sich die Irrlichter gelegentlich dankbar erweisen würden. Zunächst hat er die Aufgabe, im Hause wieder Ordnung zu schaffen; er tut dies, indem er seine Lampe leuchten läßt und so die Wände neu mit Gold bekleidet.

Es scheint hier ein Widerspruch vorzuliegen. Erst heißt es in dem Gespräch des Alten mit dem goldenen König: Warum kommst du, da wir Licht haben? – Der Alte antwortet: Ihr wißt, daß ich das Dunkle nicht erleuchten darf. – Der Mensch muß sich erst selbst ein inneres Licht erwerben, das er der uralten Weisheit entgegenbringt; dann erst kann sie ihm leuchten. – Dann aber, als der Alte nach Westen versunken ist und durch die Gänge der Erde mit seiner Lampe dahinwandelt, heißt es: Alle Gänge füllten sich hinter ihm sogleich mit Gold; denn seine Lampe hatte die wunderbare Eigenschaft, alle Steine in Gold, alles Holz in Silber, tote Tiere in Edelsteine zu verwandeln und alle Metalle zu zernichten. Diese Wirkung zu äußern, mußte sie aber ganz allein leuchten. Wenn ein ander Licht neben ihr war, wirkte sie nur einen schönen, hellen Schein, und alles Lebendige ward immer durch sie erquickt. – So kann man diesen Widerspruch verstehen, daß sie erst nur leuchtet, wenn ihr Licht entgegengebracht wird; dann aber, wenn kein anderes Licht da ist, leuchtet sie besonders und verwandelt alles, was um sie herum ist: die Steine werden zu Gold, der tote Mops wird zu einem Onyx. So ergibt sich eine sinngemäße Deutung.

Nun sagt der Alte zu seiner Frau: Geh zum Fährmann, bringe ihm die drei Früchte, und den toten Mops trage zu der schönen Lilie; wie sie Lebendes tötet, so wird sie durch ihre Berührung das Tote lebendig machen. – Die Frau macht sich auf den Weg. Der Korb mit dem toten Mops ist ganz leicht; er wird schwer, als sie die Früchte hinzufügt. Es ist dies ein bedeutsamer Zug.

Der Riese kommt ihr in den Weg; sein Schatten raubt je eine der Früchte und er verzehrt sie. Der Fährmann kann mit den übrigen Früchten nicht zufrieden sein; binnen vierundzwanzig Stunden muß er dem Fluß den Tribut abliefern. Die Alte verpflichtet sich dem Flusse und streckt die Hand hinein. Ihre Hand wird nun immer kleiner und schwarz und schließlich wird sie unsichtbar, während sie dem Gefühl nach da ist; wenn die Frau den Tribut bringt, wird sie die Hand wieder bekommen.

Gerade als die Alte ankam, setzte der Fährmann einen Jüngling über, der wie gelähmt ist. Sie kommen endlich beide über die Brücke, die von der Schlange am Mittag gebildet wird, in das Reich der Lilie. Sie finden sie, umgeben von drei Dienerinnen, die Harfe spielend. Sie ist von wunderbarer Schönheit, aber traurig, denn der Vogel, an dessen Gesang sie sich erfreute, hat sich vor einem Habicht zu ihr geflüchtet und ist durch ihre Berührung getötet worden. Sie ist betrübt über diesen neuen Schrecken. Auch die Alte klagt ihr Leid, verkündet ihr aber zugleich die Botschaft ihres Mannes, es sei an der Zeit.

Unterdessen waren auch die Schlange und die Irrlichter angekommen. Die Schlange tröstet die schöne Lilie. Die Alte bittet um die fehlenden Früchte; doch in dem Reiche der Lilie wächst nichts, was Blüten und Früchte trägt, daher kann sie sie nicht bekommen.

Der Zeitpunkt zu etwas Wichtigem scheint nahegerückt; da sucht der Jüngling die Lilie zu umarmen und sinkt tot nieder. Die Schlange zieht einen magischen Kreis um den Körper, um ihn vor der Fäulnis zu schützen, die ihn sonst bei Untergang der Sonne treffen muß. Endlich, als die Sonne untergeht, kommt, von dem Habicht herbeigeführt, der Mann mit der Lampe sowie die Irrlichter, die die Alte herangerufen hat.

Jeder bereitet sich vor, das seinige zu tun, um die harmonische Lösung eintreten zu lassen. Die Irrlichter sollen den Tempel öffnen, können aber nicht selbst den Weg zum Tempel finden. Der tote Jüngling und der Körper des Vogels werden davongetragen, die Schlange breitet sich über den Fluß; als sie alle hinüber sind, erklärt sie sich bereit, sich zu opfern.

Durch das Opfer der Schlange werden alle Ereignisse verändert. Früher wirkte die uralte Weisheit in allen Religionen, die der Menschheit durch Initiierte gegeben wurden. Erquickung brachten die Religionen den Seelen, die sich lebendig ihnen anschlossen. Der Alte versinkt nach Westen; er geht in das Reich der Menschen. Die Schlange, der Intellekt, der nach Erleuchtung trachtet, versinkt nach Osten, denn aus dem Osten erstrahlt immer das geistige Licht der Sonne, das der Menschenseele Erkenntnis bringt.

Der Tempel schallte wider, die metallenen Bildsäulen klangen –, das ist ein Bild für den Zustand der Seele, die durch das Opfer die Gesetzmäßigkeit der geistigen Welt auf sich nimmt. Im Devachan tönt alles, spricht im Tönen sein Wesen aus. Goethe spricht im «Faust» im Prolog im Himmel – das ist das Devachan – von einer tönenden Sonne. «Die Sonne tönt nach alter Weise in Brudersphären Wettgesang.» Da meint Goethe die geistige Sonne, denn die physische Sonne tönt nicht.

Solange der Intellekt nur nach Erleuchtung trachtet, solange er sich durch sein Streben mehr und mehr inneres Licht erwirbt – das kann man auch durch den immer lichter werdenden Verstand –, so lange muß der Alte mit seiner Lampe, wenn sie der Seele leuchten soll, ein Seelenlicht haben, in das er sein Licht hineinsenden kann. Durch das Sich-Opfern-Wollen der Seele tritt für sie die Erleuchtung ein und alles verwandelt sich nun. Alles wird nun in seinem geistigen Zustand geschaut, nicht mehr in seinem physischen. Hier werden Zustände beschrieben, die die Menschenseele in der Initiation durchmacht.

Der Jüngling wird durch das Opfer der Schlange belebt, doch fehlt ihm noch das Bewußtsein. Der Körper der Schlange zerfällt in schöne Edelsteine, die der Alte in den Fluß wirft. Aus ihnen entsteht eine schöne ständige Brücke zu dem anderen Ufer. So ist jetzt ein freier Übergang aus dem Reiche des Sinnlichen zu dem des Geistigen geschaffen.

Doch wir müssen erst hören, was geschieht innerhalb des Tempels. Das Tor wird geöffnet, wieder sagt der Alte: Es ist an der Zeit! – Der Tempel hebt sich über den Fluß, die Hütte des Fährmanns bildet einen schönen kleinen Tempel innerhalb des anderen, eine Art von Altar. Der Alte wird wieder zum Jüngling, auch der Fährmann und die Frau des Alten sind verjüngt. Die letztere schließt sich den drei Gefährtinnen der schönen Lilie an und bildet so die fünfte im Bunde. An dem Jüngling vollzieht sich im weiteren Verlauf des Märchens die Einweihung, die Initiation. Die drei Könige geben ihm, was sie zu geben haben. Der eherne König verleiht ihm das Schwert mit den Worten: Das Schwert zur Linken, die Rechte frei! – Der silberne König überreicht ihm das Szepter, indem er spricht: Weide die Schafe! – während der goldene König ihm den Eichenkranz auf das Haupt drückt und ihn mahnt: Erkenne das Höchste! – Mit Stärke, Schönheit und Erkenntnis wird er begabt.

Jetzt ist der Jüngling nicht nur lebendig, sondern auch geistbegabt. Vorher folgte er dem Alten mit der Lampe gleichsam mechanisch aus der Welt bis hinein in den Tempel, der noch unterirdisch ist. Dann steigt der Tempel aufwärts. Der Mann mit der Lampe leuchtet dem Jüngling; er bleibt immer an seiner Seite und führt ihn endlich vor die drei Könige, die ihm ihre Gaben reichen. Es heißt dann: «Sein Auge glänzte von unaussprechlichem Geist» –, da ist die Initiation vollzogen! Und jetzt darf sich der Jüngling mit der schönen Lilie vereinigen; er darf die Lilie in Liebe umfassen, ihre Ehe vollzieht sich.

Der vierte König stürzt in sich selbst zusammen, nachdem die Irrlichter alles Gold aus ihm herausgeleckt haben. Der Riese kommt herzu; anfangs ist der Jüngling bestürzt, doch der Schatten richtet keinen Schaden mehr an. Der Riese wird zu einer Art von Obelisk; er dient als Sonnenuhr, bei der künstliche menschliche Figuren statt der Zahlen die Zeit angeben.

Prächtig stehen Brücke und Tempel erbaut, das Volk strömt herzu, die Brücke wimmelt von Wanderern, und der Tempel ist der besuchteste auf Erden.

Das ist der Schluß des Märchens.

Dieser Zeitpunkt ist kein Zeitpunkt der Gegenwart, auch nicht der Vergangenheit, er ist der einer fernen Zukunft der Menschheitsentwickelung, wo das Bewußtsein der jetzigen Menschheit, das ganz einseitig auf die Sinneswelt gerichtet ist, den Seelenweg durchgemacht haben wird, der im Märchen beschrieben ist; wo der Mensch die Weisheit, die Initiation erlangt hat, die die Dinge nicht nur erfaßt, sondern auch beherrscht; der Zeitpunkt, wo die ganze Menschheit die Initiation wird erhalten können.

Was hat dies alles nun zu bedeuten? Der Alte mit der Lampe ist, wie schon ausgeführt, die uralte Weisheit, jene Weisheit, die durch Intuition wirkt, die die Macht hat, Gottes-, nicht Menschenkraft zu entwickeln, die Dinge zu beherrschen, alle Dinge zu verwandeln. Sie legt in die Naturkräfte das Gepräge des Geistigen hinein. Sie versteht, die Steine in Gold zu verwandeln, die Metalle zu vernichten. Das sind alles Eigenschaften, die zugeschrieben werden dem Lebenselixier des wahren Alchimisten. Ein tiefes Wissen ist damit angedeutet. Goethe faßt im ganzen Fortschreiten der Ereignisse, die im Märchen dargestellt werden, einen zukünftigen Zustand der Menschheit ins Auge und zeigt den Weg zu der Erlangung dieses Zustandes auf. Wenn wir betrachten – so will Goethe sagen –, was um uns herum geschieht, so sehen wir die Menschheitsentwickelung in einer fortwährenden Verwandlung begriffen; auch die Natur verwandelt sich fortwährend. Es ist Aufgabe des Menschen, die ganze physische Natur mit seinen Gedanken zu durchdringen.

Der Mensch ist durch seinen Fortschritt in der Technik imstande, das Rohprodukt der Natur zu verwandeln in etwas, das der Kultur dient. In seiner Kunst haucht er dem unlebendigen Marmor seinen Geist ein. Der Mensch wandelt die Natur um in ein Kunstprodukt; er verwandelt alles, was die Natur ihm darbietet, in etwas, das sein Gepräge trägt. So wird heute die Natur von den Menschen verstandesgemäß vergeistigt. Der Mensch wird der Schöpfer einer höheren Natur.

Dies ist der Werdegang der Menschheit, diese Alchimie: nach und nach wird allem Unlebendigen der Menschengeist eingeprägt. Goethe sieht in großer Perspektive in eine Welt, wo alles in der Natur vom menschlichen Geist so durchsetzt, so umgewandelt sein wird, daß nichts vom Reiche der Natur vorhanden ist, sondern alles vom Menschengeist so umgewandelt sein wird, daß alles Unlebendige mit ihm durchsetzt ist.

Diese äußere Umwandlung des Unlebendigen wird im Märchen dargestellt durch das Licht, das von der Lampe des Alten ausströmt und die Steine, die Metalle verwandelt. Wenn dieses Licht sich aber einsenkt in die menschliche Seele, so hat es noch eine ganz andere Gewalt erlangt; nicht mehr über Totes, sondern auch über Lebendes wird es sein Reich ausdehnen. Der Mensch wird fähig werden, indem er die uralten Weisheiten in sich aufnimmt und sich innere Erkenntnisse verschafft, dann noch ganz andere Kräfte zu erreichen. Er wird in Zukunftszeiten nicht nur herrschen über Totes; er wird auch die Herrschaft erlangen über Lebendiges. Er wird auch das Lebendige durch seine geistige Alchimie verändern. Dieselbe Weisheit, die einst die Welt geschaffen, die uralte Weisheit der Welt wird er in sich aufnehmen und wird dadurch imstande sein, das was tot ist, in Lebendiges zu verwandeln.

So wird das Pflanzliche, was verholzt und verdorrt ist, von der Weisheit auch verwandelt. Die absterbende Pflanzenwelt wird Silber, zur glanzvollen Erscheinung. Das Lebende, Empfindende, Tierische aber geht einen anderen Weg; seine niedere Natur wird geopfert, muß absterben, um zur Höhe aufzusteigen. Es vollzieht sich das, was wir bei *Jakob Böhme*, der diese Geheimnisse der Alchimisten wohl kannte, geschildert finden, wenn er sagt: «Der Tod ist die Wurzel alles Lebens» und:

> Wer nicht stirbt, eh' er stirbt,
> Der verdirbt, wenn er stirbt.

Und was Goethe selbst in die Worte faßt:

> Und so lang du das nicht hast
> Dieses: Stirb und Werde!
> Bist du nur ein trüber Gast
> Auf der dunklen Erde.

Gerade dadurch vermag der Mensch die Fähigkeit zu erlangen, sein höheres Selbst in sich auszubilden, wenn er das Niedere in sich ertötet. Der Mensch ist nur fähig, der Gottheit sich zu nähern, wenn er seine niedere Natur überwunden hat.

Nur der vorbereitete Mensch, der durch harte Prüfungen die innere Läuterung, die Katharsis durchgemacht hat, kann das Göttliche erfassen. Daher wird der Jüngling, der sich der Lilie nähert, ehe er vorbereitet und geläutert ist, getötet.

Wer den Schleier der Isis lüftet, wer zu dem Götterbilde durch Schuld schreitet, muß daran zugrunde gehen. Erst nachdem er langsam sich vorbereitet, erst nachdem er sich bekanntgemacht mit allen Prüfungen, ist er imstande, die Weihe, die Initiation zu empfangen. Der Jüngling, wie er uns im Märchen zuerst entgegentritt, hat sein Inneres noch nicht gereinigt. Er wird, als er vordringen will mit einer solchen Seelenverfassung zum Reiche des Geistes, gelähmt, und später, als er mit Gewalt sich den Eintritt verschaffen will, getötet durch die Lilie. Im «Faust» finden wir, wie Faust wohl durch Magie vordringen kann in das geistige Reich, wo diejenigen sind, die nicht mehr im physischen Erdensein sind: Paris und Helena. Aber er wird durch Mephistopheles hingeführt, nicht durch eigene innere Seelenarbeit, und er wird daher paralysiert, gelähmt. Nur der Mensch, der geläutert durch Leid und Schmerz, getragen durch ernstes Wollen und Streben vordringt, kann Eintritt finden, nachdem er wohl vorbereitet ist durch die «Lampe». Erst dann kann er hoffen, zur Initiation zu kommen.

Der Alte mit der Lampe kommt zurück zur Hütte. Die Irrlichter sind inzwischen dagewesen. Er findet sein Weib in großer Betrübnis, denn die Irrlichter haben sich gegen sie unziemlich benommen und haben dann alles Gold, das die Wände seit uralten Zeiten bedeckte, heruntergeleckt. Sie haben sie im Mutwillen ihre Königin genannt, haben dann das von den Wänden geleckte Gold wieder abgeschüttelt. Der Mops hat davon gefressen, und nun liegt er tot da. Die Irrlichter sind die Repräsentanten der niederen, begierdevollen Persönlichkeit; sie nehmen alles Gold der Erkenntnis auf, wo immer sie es finden, aber in eitler, selbstgefälliger, eigennütziger Seelenhaltung. Sie können dadurch den tiefen Wert des Goldes auch nicht erkennen; sie achten es nicht und werfen es wieder von sich. Dem Fährmann streuen sie ihr abgeschütteltes Gold hin. Der Fährmann erschrickt vor diesem Gold, an dem die begierdevolle Persönlichkeit beteiligt ist. Er sagt: der Strom – die reine kosmische Astralität – kann das nicht brauchen; er schäumt wild auf davon. Die Schlange aber verwandelt das Gold; es dient ihr zu ihrem suchenden Streben. Sie fühlt, daß sie ihr Haupt zur Erde biegen muß, um von der Stelle zu kommen. Die Irrlichter haben durch das Gold wohl Ideen und Begriffe, aber diese sind Abstraktionen, sind starr; die Irrlichter selber sind unproduktiv. Die Schlange macht das Gold wertvoll; sie wird davon von innen heraus leuchtend. Sie macht das Gold fruchtbar; durch das Gold wird ihr Denken ein solches, durch das sie in das Wesen der Dinge eindringen kann. Bei den Irrlichtern führt es bloß zur Vertikallinie, zu der Seelenverfassung, die flackerhaft, ohne inneres Leben die Verwandtschaft mit dem, was unten ist, verliert.

Das Tier, der Mops, kann keine Weisheit aufnehmen; er wird davon getötet. An ihm erprobt sich jetzt die Wirkung der Lampe. Solange er lebte, hatte die Lampe nicht die Fähigkeit, ihn hinaufzuführen zu Gott; nur durch das Abtöten der niederen Eigenschaften ist das möglich. Der Alte mit der Lampe kann das Unlebendige, den Mops, wohl verwandeln in einen schönen Onyx. Die Abwechslung der braunen und schwarzen Farbe des kostbaren Gesteins macht ihn zum seltenen Kunstwerk – aber beleben kann er ihn nicht. Die Weisheit allein kann nicht selbst Leben geben; dazu müssen noch andere Kräfte kommen. Der Mops kann nur Leben bekommen, wenn er durch den Tod hindurchgegangen ist. Tod bedeutet Abtötung alles dessen, was ungöttlicher Natur ist, aller niederen Begierden. So weist Goethe darauf hin, daß auch das Tier in einer Hinaufentwickelung begriffen ist, wenn auch nicht das einzelne Tier; die Tiergattung ist zur Vervollkommnung bestimmt.

Er war Theosoph; so kennt er diese uralte Weisheit von dem Aufsteigen, von der Läuterung aller Wesen, die alle Religionen im Kerne enthalten. In allen Religionssystemen schimmert die uralte Weisheit der Welt durch; ihre Wahrheit leuchtet auf in allen Bekenntnissen der verschiedenen Völker der Erde. In dem Alten stellt Goethe diese Weisheit dar. Aber nicht das allein genügt, was nur die niederen Begierden und Leidenschaften niederhält. Eine noch höhere Weisheit muß kommen; die uralte Weisheit wird abgelöst werden von einer noch höheren Weisheit. Hingedeutet darauf wird in dem, was sich in der Behausung des Alten abspielt: «Das Feuer im Kamin war niedergebrannt, der Alte überzog die Kohlen mit viel Asche, schaffte die leuchtenden Goldstücke beiseite und nun leuchtete sein Lämpchen wieder allein in dem schönsten Glanze.»

Die Geheimlehre, in der die uralte Weisheit verborgen ist, ist Gut der Menschheit seit vielen tausend Jahren. Strengste Geheimhaltung waltete darüber; nur dem, der vorbereitet war, durfte das Licht der Weisheit leuchten. Die Schlange, die sich opfert, stellt uns das höhere Selbst des Menschen dar, das zur Erkenntnis kommt. Die Lampe darf das Dunkle nicht beleuchten; die Weisheit des Lehrers darf nicht an den herandringen, der sie nur entgegennehmen will, sondern an den, der ihr inneres Leben entgegenbringt. Aber dies bezieht sich nur auf die höchste Erleuchtung. Die großen Lehrer der Menschheit, die großen Initiierten sind immer tätig. Das Wirken der uralten Weisheit findet immer statt, findet auch statt, wenn kein anderes Licht leuchtet, wenn es nicht gestört wird. So finden wir in diesem scheinbaren Widerspruch tiefe Bedeutung. Alles was geschehen ist im Ablauf der Menschheitsentwickelung, ist geschehen durch das Walten der uralten Weisheit. Hinter allem, was von Kultur zu Kultur durch Menschen geschehen ist, stehen die Verwalter dieser uralten Weisheit, die Initiierten; sie lenken die Geschicke und Geschehnisse, die sich abspielen auf dem äußeren Plan der Weltgeschichte.

Wir betrachten nun die Frau des Alten; da tritt uns eine weibliche Figur entgegen. Die verschiedenen Seelenzustände des Menschen werden in der Mystik durch verschiedene weibliche Gestalten dargestellt. Die Alte ist der Seelenzustand der gegenwärtigen, im sinnlichen Leben verharrenden

Menschheit. Es ist damit nicht etwas niedriges bezeichnet; es ist der allgemeine Zustand der Menschen. Sie ist vermählt mit dem Alten mit der Lampe. Die Menschheit ist vermählt mit der uralten Weisheit. Die uralte Weisheit wirkt auch in der heutigen Menschheit; ohne sie könnte die Menschheit nicht fortbestehen. Diese uralte Weisheit hat sich von jeher verbunden mit der sinnlichkeitsbegabten Menschheit.

Die Frau geht zum Fährmann, der die Naturkräfte repräsentiert. Sie muß die Schuld der Irrlichter abtragen. Die gegenwärtige Menschheit hat eine Schuld der Natur gegenüber. Das niedere Selbst, der Mensch, der sich nur mit dem Körper begabt empfindet, muß seinen Tribut an die übrige Natur, die auch zu ihm gehört, wenn er sie auch nicht als zu ihm gehörig empfindet, abgeben. Das flackerhafte Seelenleben der Irrlichter erkennt das nicht an; sie können nicht zu solchen Begriffen vordringen. Aber trotzdem wirkt das Gesetz; «sie fühlen sich auf unbegreifliche Weise an den Boden gefesselt, es war die unangenehmste Empfindung, die sie jemals gehabt hatten». Die Irrlichter stellen, wie schon erwähnt, die niedere Erkenntnis dar. Der Mensch, der mit Sinnlichkeit begabt ist, ist dies nur dadurch geworden, daß er durch die ganze Natur hindurchgegangen ist. Das wird im Bilde des Flusses dargestellt.

Der Fluß, der dahinfließende Strom der Leidenschaften, muß die Abzahlung erhalten durch «Erdenfrüchte». Die drei schalenförmigen Früchte sind die einzelnen Hüllen, die den wahren Menschen, das eigentliche Selbst, umschließen. Das Selbst entstammt dem Reiche, das jenseits des Flusses liegt. Um im Reiche des Astralen zu landen, muß der Fluß überschritten werden; ihm sind die schaligen Früchte zu entrichten. Die Alte – die gesunde, verständige menschliche Seelenkraft – kann wohl dem Vertreter der unbewußt im Menschen wirkenden Seelenkräfte, dem Fährmann, den schuldig gebliebenen Sold bringen, aber nicht den ganzen; dazu reicht das heutige allgemeine Bewußtsein nicht aus. Darum, wie die Alte den Sold schuldig bleibt, verschwindet das sinnlich Erschaubare. Es kann erst durch Eindringen in das Geistige wieder zu neuem Leben erscheinen.

Der Riese hat es der Alten unmöglich gemacht, die Schuld an den Fährmann abzutragen; er hat einen Teil ihrer Früchte, die sie an den Fluß tragen wollte, geraubt und verzehrt. Vorher hat die Schlange zu den Irrlichtern gesagt, als sie zu wissen verlangten, wie sie in das Reich der schönen Lilie gelangen können: «Der Riese vermag mit seinem Körper nichts; seine Hände heben keinen Strohhalm, seine Schultern würden kein Reisbündel tragen; aber sein Schatten vermag viel, ja alles. Deswegen ist er beim Aufgang und Untergang der Sonne am mächtigsten, und so darf man sich abends nur auf den Nacken seines Schattens setzen; der Riese geht alsdann sachte gegen das Ufer zu und der Schatten bringt den Wanderer über das Wasser hinüber.»

Den Weg über die Schlange, die sich bei hellem Mittag als Brücke über den Fluß legen will, lehnen die Irrlichter ab. – Der Riese, was ist er? Über die Schlange gelangt *die* Seele hinein in die geistige Welt, die hingebungsvoll durch Entwickelung der eigenen Seelenkräfte, bei hellem, lichtem Tagesbewußtsein über die Schwelle zu treten vermag. Es gibt aber noch einen anderen Weg, da wo dies helle, lichte Tagesbewußtsein herabgedämmert ist, in somnambulen Zuständen. Da ist der Mensch kraftlos, ohne eigenes Bewußtsein. Da wirken niedere Kräfte im Menschen; die Seele selbst ist ohne eigene Kräfte, ist ohnmächtig. Aber trotzdem kann der Mensch auch so einiges aus der geistigen Welt erleben, wenn es auch irrtumsvoll ist.

Im Reich der schönen Lilie herrscht Trauer. Die Lilie ist tief unglücklich; zu ihren Füßen liegt ihre letzte Freude, der

Kanarienvogel, tot, der sonst die Lieder der Lilie begleitete. Die Lilie trauert; denn das, was ihr der Vogel war, die Erinnerung an das Sinnliche, ist tot. Geistiges und sinnliches Reich gehören aber zusammen; Harmonie ist nur da, wo beide sich durchdringen. Eine neue Harmonisierung zwischen den beiden Reichen soll aber eintreten; darum muß das, was die Erinnerung an das Sinnliche ist, den Durchgang durch den Tod durchmachen, um dann neu zu «werden».

In den Begleiterinnen der Lilie treten uns wieder drei Wesen entgegen. Wir werden nächstes Mal mehr darüber hören. Sie ergänzen sich mit der Lilie. Die Alte repräsentiert den gegenwärtigen Bewußtseinszustand, die Verstandesseele des Menschen, die Lilie das höhere Bewußtsein, das der Mensch erreicht, wenn er sich wie die Schlange aufopfert. Die Alte ist das helle Tagesbewußtsein, die Lilie das hellseherische Bewußtsein, das dem Menschen werden soll. Bevor die Menschheit das gegenwärtige Bewußtsein erreichte, gingen drei frühere Bewußtseinszustände voran, die in den drei Begleiterinnen dargestellt sind. Es sind Zustände, wie sie heute in Trance, in gewissen Atavismen manchmal noch auftreten, traumhafte, dumpfe, aber weitumfassende Bewußtseinszustände. Der Mensch hat, ehe er sein heutiges waches Tagesbewußtsein bekam, andere seelische Bewußtseinsstufen durchgemacht, in denen ihm durch Natursein der Einklang zwischen Sinnessein und Geistessein geschenkt war. – Die drei Begleiterinnen schlafen, während die Umwandlung vor sich geht; sie leben hinüber in den neuen Zustand, ohne die Umwandlung zu merken. Ihnen ist das schon durch Natur geschenkt, was die anderen Seelenkräfte sich erst erwerben müssen.

Beim Aufsteigen des Tempels wird die Lilie auch die Alte mit sich bringen. Alle fünf Bewußtseinszustände, die vorhergegangenen und den noch zu erreichenden, wird dann der Mensch in sich vereinigen. Das höchste Bewußtsein, das dem Menschen zunächst zuteil werden kann, erlangt der Jüngling in der letzten Szene.

Der Habicht hat den Kanarienvogel getötet. Nicht mehr im Rückschauen, in der Erinnerung an alte Menschheitsgüter soll die Harmonisierung zwischen Sinnlichem und Geistigem gesucht werden, sondern im Hinschauen auf das Zukünftige. Der Habicht ist der Verkünder der Zukunft, das Prophetische. Er fängt die letzten Strahlen der untergehenden Sonne mit der purpurroten Brust auf. Das Zeichen führt den Alten mit der Lampe her, der die Verwandlung bewirkt und durch den alle zum Tempel der Initiation geführt werden. Der Habicht schwebt über diesem Tempel und wirft das Licht der neu aufgehenden Sonne hinein in den Tempel, so daß er von einem himmlischen Glanz erleuchtet ist. So verbindet der Habicht einen untergehenden Weltentag mit einem neu aufgehenden Weltentag. Der Habicht ist dasjenige in der menschlichen Seele, das ahnend vorausspürt, was in der Zukunft Wirklichkeit werden soll.

In dem Tempel vollzieht sich die Initiation. Da wird dargestellt, wie der Jüngling mit den drei Kräften: Manas, Buddhi und Atma begabt wird. Warum Goethe diese drei Kräfte gerade durch die drei Könige darstellt, werden wir das nächste Mal sehen.

In den Klüften der Erde war früher der Tempel. Man mußte sich früher einer Geheimschule, die tief verborgen vor der äußeren Welt ihre Wirksamkeit entfaltete, anschließen, um zu den höheren Geheimnissen zu kommen. Doch kommt die Zeit, wo der Tempel der Geheimschulung nicht mehr in verborgenen Tiefen ruht, sondern emporsteigen wird, offen und frei vor aller Welt daliegt, allen Menschen zugänglich. Wann wird diese Zeit eintreten?

Denken wir an das Rätselwort, das die Schlange dem

Alten im unterirdischen Tempel ins Ohr raunt; die Lösung dieses Rätselwortes ist unserer Zeit vorbehalten. Was hat sie ihm gesagt auf die Frage, was sie beschlossen habe? Ich will mich aufopfern, ehe ich aufgeopfert werde.

Es kommt die Zeit für die Menschheit, wo der Mensch wirklich bereit sein wird, sich zu opfern, einzugehen in die ganze Natur, sich in den Elementen der ganzen Natur wirksam zu fühlen, nicht in seinem engen Eigensein; wo er bereit sein wird, sein Selbst als egoistisches Einzelselbst aufzugeben und einzugehen in das Allselbst, sich als Teil des Allselbst zu wissen. – Dann ist das Ziel des Menschen erreicht, die Pforte höherer Erkenntnis schließt sich ihm auf, so wie er alles dahingibt, was ihn abschließt von der übrigen Welt. Dann kann die wahre Initiation für die Menschheit stattfinden.

Diese Zeit ist diejenige, in der «Drei sind, die da herrschen auf Erden: die Weisheit, der Schein und die Gewalt». – So sagt der Alte mit der Lampe, der diesen Zustand herbeiführt. Nun wird die Initiation geschildert: «Bei dem ersten Worte stand der goldne König auf, bei dem zweiten der silberne, und bei dem dritten hatte sich der eherne langsam emporgehoben, als der zusammengesetzte König sich plötzlich ungeschickt niedersetzte.» Die drei ersten Könige, der goldene, der silberne unf der eherne sind die drei höchsten Kräfte des Menschen in ihrer Reinheit. – In diesen drei Formen erlebt der Mensch das Göttliche in sich selbst. Erst dann, wenn der Mensch in voller Reinheit und Lauterkeit die Kräfte in sich und in ihren Ursprungswelten überschauen kann, ist er reif zur Initiation. Das sind die reinen, göttlichen Kräfte, die sich im Menschen als menschliches Denken, menschliches Fühlen und menschliches Wollen erleben. Die Reinigung dieser Kräfte vom Persönlichen, Niederen stellt der Verlauf des Märchens dar.

Heute lebt das alles noch chaotisch im Menschen. Solange der Mensch noch unentwickelt ist, herrscht ein Chaos im Zusammenwirken dieser Kräfte. Der vierte König ist also ein Repräsentant der jetzigen Menschheit; aber er sinkt in sich selbst zusammen, das heißt, dieser Zustand der Menschheit wird abgelöst werden von dem neuen Zustand, den die Initiation des Jünglings darstellt. Es wird alles verwandelt werden. Dann wird das geschehen, was der Habicht prophetisch vorherverkündet, indem er die Strahlen der Sonne, die dem neuen Weltentag scheinen wird, auffängt: «Der König, die Königin und ihre Begleiter erschienen in dem dämmernden Gewölbe des Tempels von einem himmlischen Glanze erleuchtet»; es wird herrschen der Friede, die Harmonie, die das Ruhen im Allbewußtsein der Menschheit bringen wird.

Der Repräsentant der Menschheit, der Jüngling, wird im Tempel begabt mit diesem neuen Bewußtsein der Menschheit. Er wird mit einem neuen Leben begabt; vorher war er wie mechanisch gelenkt von anderen Kräften, nicht von seinen eigenen. Nun er diese neuen Kräfte errungen hat, kann er sich mit der schönen Lilie, dem hellsichtigen Bewußtsein, vermählen und es kann das Diesseits und Jenseits verbunden werden durch die sich aufopfernde Schlange, die das Fundament bildet für die Brücke, auf der alle Menschen hin und her wandern können.

Der Jüngling empfängt die Kraft dazu von den drei Königen. Er wird von dem Alten zuerst zu dem dritten, dem ehernen König geführt. Er erhält von ihm das Schwert in eherner Scheide, das ist das Symbolum für die höchste Kraft des Menschen: Atma. «Das Schwert an der Linken, die Rechte frei!» ruft der König. In der Linken soll das, was des Menschen Stärke ausmacht, sein, da wo es nicht dient zum Streiten, sondern nur zur Abwehr. Die Rechte soll frei sein zur Arbeit, zu allem Dienst an der Menschheit. – Vom silbernen König wird der Jüngling begabt mit dem, was die Buddhi dem Menschen geben kann: Weisheit im Zusammenklang mit der Empfindung ist die wahre Menschenliebe. Mit dieser Liebe soll der Jüngling unter den Menschen leben und die Schafe weiden. – Der goldene König drückt dem Jüngling den Eichenkranz aufs Haupt und spricht: «Erkenne das Höchste!» Die Erkenntnis in ihrer vollkommensten Art, Manas, empfängt der Jüngling durch den goldenen König. Nun kann die Ehe mit der schönen Lilie geschlossen werden, und der Bund steht unter dem Zeichen der Liebe: «Die Liebe herrscht nicht, aber sie bildet, und das ist mehr.»

Die unterbewußt wirkenden Seelenkräfte – der Riese – haben ihre zerstörende Kraft verloren; der Riese schadet zum letztenmal, als er über die Brücke zum Tempel taumelt. Er wird festgehalten am Boden und ist nur noch ein Zeiger für einen abgelaufenen Menschheitszyklus, eine kolossale Bildsäule, die wie eine Sonnenuhr den Lauf der Stunden und Tage und Menschheitszyklen anzeigt.

Wenn wir zusammenfassen wollen, was Goethe mit dem Märchen aussprechen wollte, so können wir sagen: Goethe wollte in reichen dichterischen Bildern zeigen die Entwickelung und endliche Erlösung des einzelnen Menschen und des ganzen Menschengeschlechtes. Das Märchen enthält das Geheimnis vom Vergehen des niederen und vom Werden des höheren Menschen und von dem Zustand der endlichen Vereinigung mit dem Göttlichen, der als Seligkeit, als Ruhen in der Seligkeit, als Vereinigung mit Gott in aller Mystik als höchstes Ziel angestrebt wird. Wenn dieser Moment der Hinopferung gekommen, wenn das «Stirb und Werde» zur Tatsache geworden ist, dann wird nicht nur das Geistige zum Sinnlichen, sondern auch das Sinnliche zum Geistigen kommen können. Wenn diese Zeit gekommen ist, wird es nicht nur einzelnen Geheimschülern, einzelnen erleuchteten Mystikern möglich sein, den Tempel zu erreichen, sondern alles Volk wird zu ihm wandeln, hinüber und herüber, in das Reich des Geistes.

Auf diesen großen Moment in der Entwickelung der Menschheit hat Goethe in seinem Märchen hingedeutet. Es wäre noch vieles zu sagen, was in diesem Märchen enthalten ist. Aber man kann vieles nur andeuten. Und wenn man vom Dichter sonst wohl sagen kann:

> Wer den Dichter will verstehn
> Muß in Dichters Lande gehn

so müssen wir uns, wenn wir von Goethe sprechen, bewußt werden, daß wir den Spruch auf Goethe anwenden in der Weise, daß für Goethe seine Lande die Lande der geistigen Wirklichkeit sind. Nur wer die Mysterien und das Mysterienwissen kennt, kann ganz eindringen in den reichen Inhalt dieses Märchens. Was hier nur andeutend angeführt worden ist, kann aber dienen als Wegweiser zu einem immer intimeren Verständnis des Inhaltes dieses Märchens.

GOETHES GEHEIME OFFENBARUNG
«DIE NEUE MELUSINE» UND «DER NEUE PARIS»

III

Berlin, 2. März 1905

In den beiden vorhergehenden Vorträgen versuchte ich, die Grundsinnbilder in Goethes tiefsinnigem Märchen auseinanderzusetzen. Wir haben gesehen, wie Goethe, wie die Mystiker aller Zeiten, die Wahrheiten, die sie zu den tiefsten rechneten, in bezeichnenden farbigen Sinnbildern gegeben hat.

Heute gestatten Sie mir, noch zwei andere Märchen hinzuzufügen: «Die neue Melusine» und das sogenannte Knabenmärchen «Der neue Paris». Es könnte vielleicht scheinen, daß etwas Gekünsteltes, Ausgetüfteltes in diesen Märchen läge, aber Sie werden sehen, wenn Sie sich in diese Bilder hineinvertiefen, daß auch hier nur eine esoterische, mystische Interpretation es ermöglicht, eine Erklärung herbeizuführen.

Goethe hat das Märchen von der «Neuen Melusine» an einer bezeichnenden Stelle seinen «Wanderjahren» eingefügt (1807). Wer eindringt in Goethes Geist, wird sich niemals der oberflächlichen Anschauung hingeben, daß es sich für ihn hier nur um ein Nebeneinanderstellen von Bildern wie im Kaleidoskop, um ein bloßes Spiel mit Bildern handeln könne. Sondern er wird einsehen, daß Goethe hier sein tiefstes Inneres zum Ausdruck brachte.

Ein Mann erzählt es, der, um seine Seele zu höheren Fähigkeiten hinaufzuentwickeln, «auf die Sprache Verzicht getan hat, insofern etwas Gewöhnliches oder Zufälliges durch sie ausgedrückt wird; daraus aber hat sich ihm ein anderes Redetalent entwickelt, welches absichtlich klug und erfreulich wirkt». – Wie dieser Mann, hat auch Wilhelm Meister selbst mit Geheimbünden zu tun, wird gelenkt von geheimnisvollen Führern.

Der Mann wiederholt und ordnet die reichen Erfahrungen seines Lebens im stillen Sinn. Hiermit verbindet sich Einbildungskraft und verleiht dem Geschehenen Leben und Bewegung. Es ist also ein Philosoph, der in diesem Märchen zu uns spricht, und in dem Augenblick, als er zum Schluß der Erzählung die Sehnsucht bekommt, seine Seele zu höherem Zustand zu entwickeln, versteht er auch die Ideale der Philosophen.

Lassen wir nun das Märchen von der «Neuen Melusine» in seinen Hauptzügen an der Seele vorüberziehen, die tief hineinführen in Goethes Wesen.

Ein junger Mann lernt in einem Gasthofe eine merkwürdige Frau kennen, die großen Eindruck auf ihn macht. Er sieht, wie sie ein Kästchen mit sich führt und sorgfältig verwahrt. Er fragt, ob er nicht etwas für sie tun könne, ihr einen Gefallen erweisen. Sie bittet ihn, da sie sich einige Tage hier aufhalten müsse, statt ihrer die Reise mit dem Kästchen fortzusetzen. Er solle aber stets ein besonderes Zimmer für das Kästchen nehmen und es mit besonderem Schlüssel abschließen, damit die Türe für keinen anderen Schlüssel aufschließbar sei. Er reist ab. Unterwegs geht ihm das Geld aus; die Dame erscheint und hilft ihm weiter. Wieder verausgabt er das Geld; er glaubt, daß in dem Kästchen etwas sein könne, was sich zu Geld machen ließe. Er entdeckt eine Ritze in dem Kästchen, blickt hinein, etwas Helles schimmert darin. Er sieht ein Wohngemach mit einem ganzen Zwergenvolk, darunter das Mädchen. Es ist also in zweifacher Gestalt vorhanden, außen in einer großen, drinnen in einer kleinen Ausgabe. Er erschrickt heftig; die Dame erscheint ihm wieder, und er erhält Aufschluß, wie es sich mit dem Kästchen verhält. Die Dame sagt ihm, daß ihre wahre Gestalt die der Zwergin sei.

Dies Geschlecht der Zwerge sei lange vor den Menschen dagewesen, als sich die Erde noch im feurigen Zustande befunden. Es hatte sich nicht erhalten können, weil ein Geschlecht von Drachen es bekriegte. Um die Zwerge zu retten, wird ein Geschlecht der Riesen geschaffen, doch diese stellen sich bald auf die Seite der Drachen, so daß zum Schutze der Zwerge, die sich in die Berge zurückzogen, noch ein neues Geschlecht der Ritter, oder wie es in der ursprünglichen Fassung hieß, der Helden entstehen mußte. Damit stehen nun einerseits Drachen und Riesen, andererseits Zwerge und Helden sich gegenüber. Die Zwerge aber werden immer kleiner, so daß die Notwendigkeit entsteht, daß von Zeit zu Zeit jemand aus ihrem Geschlecht an die Oberwelt kommt, um aus dem Reich der Menschen neue Kraft zu holen.

Der Jüngling will sich mit der Dame verbinden, und nach einigen anderen Abenteuern sagt sie ihm, daß er dazu selbst Zwerg werden müsse. Sie streift ihm einen Ring auf den Finger, der Jüngling wird klein wie ein Zwerg und geht nun selbst ein in die Welt, die er in dem Kästchen gesehen hat. Er ist nun mit der Dame vereint. Aber bald erwacht Sehnsucht nach dem Lande der Menschen in ihm, er verschafft sich eine Feile, sägt den Ring durch, schießt plötzlich empor und ist wieder Mensch.

Goethe macht am Ende des Märchens, als im Jüngling die Sehnsucht erwacht, wieder Mensch zu sein, eine interessante Bemerkung, die wichtig ist, um das Märchen zu verstehen. Er läßt den Jüngling sagen: «Nun begriff ich zum ersten

Mal, was die Philosophen unter ihren Idealen verstehen möchten, wodurch die Menschen so gequält sein sollen. Ich hatte ein Ideal von mir selbst, und erschien mir manchmal im Traum wie ein Riese!»

Wir wollen nun sehen, was Goethe mit diesem Märchen hat sagen wollen. Das Zwergengeschlecht, geschaffen vor Drachen, Riesen und Menschen, führt uns auf die Fährte. Das Volk der Zwerge «ist noch immer wie vor alters tätig und geschäftig. Sonst, in alten Zeiten, waren Schwerter, die den Feind verfolgten, wenn man sie ihm nachwarf, unsichtbar und geheimnisvoll bindende Ketten, undurchdringliche Schilder ihre berühmtesten Arbeiten. Jetzt aber beschäftigen sie sich hauptsächlich mit Sachen der Bequemlichkeit und des Putzes.» Da wird hingewiesen auf das, was die Mystiker nennen das «Fünkchen» in der Menschenseele, das Ich des Menschen, das die Gottheit in den Menschenleib hineinsenkte. Dieses Ich des Menschen hatte einstmals Zauberkräfte, geheime magische Kräfte; jetzt dient es dazu, dem Menschen die Erde in allen Werken der Kultur dienstbar zu machen; in alledem wirkt der Menschengeist, das Ich.

Was ist das Kästchen? Eine Welt, eine kleine Welt zwar, aber eine vollständige Welt. Der Mensch ist ein Mikrokosmos, eine kleine Welt in einer großen. Das Kästchen ist nichts als ein Bild der menschlichen Seele selbst. Der menschliche Verstand, das Gegenwartsbewußtsein, wie wir es im Märchen von der grünen Schlange in der Frau des Alten kennengelernt haben, ist das, was Bilder der ganzen großen Welt entwirft, Bilder im kleinen. Was ist es, das in der Menschenseele als die Summe der Gedanken zusammengefaßt ist? Der geistige Funke ist es. Könnten wir hineinsehen in die menschliche Seele, so würden wir den geistigen Funken, der in ferner Vergangenheit in dem nur mit dumpfem Traumbewußtsein begabten Menschen entzündet wurde, entdecken mit dem Keim der zukünftigen Stufen. Vorausgegangen allen physischen Zuständen ist dieser geistige Funke, der in der menschlichen Seele glimmt. Gegenüber der künftigen Größe, der Vollendung des Menschen ist das, was heute in ihm lebt, nur Same, nur Zwerghaftes.

Früher gab es andere Menschenrassen; vor der unseren lebten die Atlantier, vorher die Lemurier und so weiter. In der Mitte dieser dritten, der lemurischen Rasse geschah die Begabung mit dem geistigen Funken, mit dem Bewußtsein. Das Ich ist im Menschen der Keim des Ewigen, der sich durch Entwickelung des Menschen zu selbstbewußtem Leben emporringen kann.

Dieses Bewußtsein kam von einer anderen Welt, war also dem Ursprung des Menschen vorangegangen und früher da als die anderen Bestandteile des Menschen (Kamamanas). Es ist dieses Ich-Bewußtsein heute noch mit der Leidenschaft gepaart. Der wahre Philosoph strebt danach, das Göttliche im Menschen vom Sinnlichen zu befreien, damit es sich seines göttlichen Ursprungs bewußt wird; Manas wird befreit von Kama. Dies befreite Manas wird dann aus sich heraus entwickeln die Buddhi, das Bewußtsein des Seins in der göttlichen Welt, um dann zu Atma zu streben.

Wir wissen, daß diese geistige Wesenheit des Menschen durch die verschiedensten Gestalten hindurchgegangen ist. Einer dieser Zustände wird als der der Drachen bezeichnet. Auch in der «Geheimlehre» von *H. P. Blavatsky* hören wir von feurigen Drachen als Sinnbildern der Zeit, in der der Mensch aus seiner höheren Geistigkeit herabgestiegen ist.

Der Durchgang durch die rohe physische Gestalt wird durch die Riesen dargestellt. Der Mensch muß veredelt werden, er steigt hinauf zu immer feineren Gestalten, er wird zum Helden, zum Ritter. Diese Geistesritter haben immer gesucht, das Bündnis zu schließen mit dem Ideal wahrer Menschlichkeit; sie sollen mit den Zwergen in guter Eintracht leben. «Und es findet sich, daß nachher Riesen und Drachen, sowie die Ritter und Zwerge immer zusammengehalten haben.»

Nun wird von der Frau erzählt, «daß alles, was einmal groß gewesen ist, klein werden und abnehmen muß; so sind auch wir in dem Falle, daß wir seit der Erschaffung der Welt immer abnehmen und kleiner werden, vor allen andern aber die königliche Familie.» Daher muß «von Zeit zu Zeit eine Prinzessin aus dem königlichen Hause heraus in das Land gesendet werden, um sich mit einem ehrsamen Ritter zu vermählen, damit das Zwergengeschlecht wieder angefrischt und vom gänzlichen Verfall gerettet sei». Denn der nachgeborene Bruder ist so klein ausgefallen, «daß ihn die Wärterinnen sogar aus den Windeln verloren haben und man nicht weiß, wo er hingekommen ist.»

Ein Ring wird nun geholt – der Ring ist immer ein Symbolum für die Persönlichkeit – und durch diesen Ring wird der Zwerg Mensch und verbindet sich mit dem Geistesritter.

Wodurch kommt das Geschlecht der Zwerge zur Entwickelung? Dadurch, daß es durchgeht durch die physische Menschlichkeit, durch die verschiedenen Bewußtseinszustände. Wodurch entwickelt sich das gegenwärtige Bewußtsein weiter? Durch das Gesetz der karmischen Menschenentwickelung. Betrachten wir es zunächst an einem Beispiel. Das Kind lernt lesen und schreiben; die Anstrengungen, die Übungen, die es dabei macht, dies alles geht vorüber; geblieben ist die Fähigkeit, zu lesen und zu schreiben. Die Frucht seiner Mühen hat der Mensch in sich aufgenommen. Was zunächst außen war, in der physischen Natur verbreitet, ist ein Teil seiner selbst geworden. «Was du heute denkst und tust, bist du morgen», oder wie es die Bibel ausdrückt: «Was ihr sät, werdet ihr ernten.»

Wir sind die Produkte vergangener Zeiten. Leer würde unsere Seele sein, wenn sie nicht aus der äußeren Welt Erfahrung sammelte. Wie würde die Seele dahinschwinden, wenn sie nicht aus der Außenwelt die Lektionen aufnehmen würde.

Wenn wir die Dinge, die wir erfahren, wirklich in unserem Selbst machen wollen, müssen wir sie verarbeiten. Das ist das Gesetz der Evolution und Involution, durch das wir unsere Wesenheit steigern. Wir müssen aus der Umgebung Kraft sammeln. Wir sammeln Erfahrungen in der Außenwelt, um sie uns zum geistigen Eigentum zu machen. Der Geist verarbeitet dann in den Feierstunden die Erfahrung, die er eingesammelt hat, um immer wieder zurückzukehren in die Außenwelt. Unsere Begriffe würden verkümmern, wenn wir uns zurückziehen würden von der Außenwelt. Es ist ein geistiger Atmungsprozeß, ein «Geben und Nehmen». Unsere Innenwelt entwickeln wir nach außen, die Außenwelt saugen wir ein. Diesen Evolutions- und Involutionsprozeß hat Goethe in diesem Märchen in bedeutungsvoller Weise dargestellt. Darauf deuten die Worte des Jünglings über das, was man Ideale nennt. Ideale sind, was jetzt noch nicht ist, was in der Zukunft verwirklicht werden soll. Das, was den Menschen heraushebt über alles andere, ist die Möglichkeit, daß er sich Ideale aufstellt, ist die Möglichkeit, einer höheren Zukunft entgegenzugehen. Dadurch, daß der Mensch der Wirklichkeit die Möglichkeit gibt, in eine höhere Zukunft hineinzuwachsen, pflegt er den Idealismus.

Schön hat Goethe diese Wahrheit auch zum Ausdruck gebracht in dem Märchen vom «Neuen Paris». In diesem Märchen spricht Goethe von sich selbst. Es steht am Anfang von «Dichtung und Wahrheit». Kurz vorher, in «Dichtung und Wahrheit», sucht das junge Kind Goethe, «sich dem großen Gotte der Natur, dem Schöpfer und Erhalter Himmels und der Erden» auf eine Weise zu nähern, indem er ihm einen Altar errichtet. «Naturprodukte sollten die Welt im Gleichnis vorstellen, über diesen sollte eine Flamme brennen und das zu seinem Schöpfer sich aufsehnende Gemüt des Menschen bedeuten.» Der Knabe entzündet die Flamme der Räucherkerzchen an dem Licht der aufgehenden Sonne. Aber er beschädigt dabei allerlei und kommt zum Schluß, «wie gefährlich es überhaupt sei, sich Gott auf dergleichen Wegen nähern zu wollen». Daß es für Goethe feststand, daß der Weg, sich der Gottheit zu nähern, nur darin bestehen könne, daß der Mensch die in ihm schlummernden Fähigkeiten auferwecke, haben wir im Märchen von der grünen Schlange und der schönen Lilie zeigen können. Auch in dem «Knabenmärchen» weist er hin auf diesen Weg.

Dies Märchen beginnt damit, daß Goethe schildert, wie ihm als Knaben am Pfingstsonntage im Traum der Gott Merkur erscheint und ihm drei schöne Äpfel schenkt, einen roten, gelben und grünen. Sie verwandeln sich in seiner Hand in Edelsteine und er erblickt darin drei weibliche Gestalten, für die er auf Geheiß Merkurs drei würdige Jünglinge auswählen soll.

Während er sie anstaunt, entschwinden sie ihm; ein viertes weibliches Wesen erscheint, tanzt auf seiner Hand und versetzt ihm, da er es erhaschen will, einen Schlag auf die Stirn, so daß er die Besinnung verliert.

Als er erwacht, kleidet er sich festlich an, um Besuche zu machen und kommt vor das Tor, wo er in der Mauer eine seltsame Pforte findet. Sie hat keinen Schlüssel.

Ein Mann mit langem Bart öffnet von innen; er gleicht einem Orientalen, schlägt aber ein Kreuz und zeigt so, daß er ein Christ sei. Er zeigt dem Knaben den Garten, der wunderbar schön ist. Aus den Büschen rufen die Vögel ganz deutlich: «Paris», «Paris», dann wieder «Narziß», «Narziß».

Dann erblickt der neue Paris einen noch herrlicheren Garten hinter einer Art von lebendiger Mauer. Er fragt, ob er eintreten dürfe. Der Alte erlaubt es, nachdem er Hut und Degen abgelegt hat. Von der Hand des Alten geführt, sieht er noch Wundervolleres. Er erblickt hinter einem Gitter von Schwertern und Partisanen einen noch schöneren Garten, von einem Kanal umgeben. Jetzt muß er erst ein anderes Gewand anlegen; er erhält eine Art orientalischen Kostüms. Warnend werden ihm drei merkwürdige Stricke gezeigt. Jetzt legen die Schwerter und Partisanen sich über das Wasser und bilden eine goldene Brücke, und er tritt herein. Drüben kommt ihm das Mädchen entgegen, das er tanzend auf seiner Hand gehabt hat und das ihm entschlüpft ist. Es führt ihn zu den drei Damen aus den Äpfeln, die hier in die entsprechenden Gewänder gekleidet sind und gewisse Instrumente spielen.

Die Frauengestalt, die er als zu sich gehörig erkannt hat, erquickt ihn mit Früchten. Er entzückt sich an herrlicher Musik. Dann beginnen er und das Mädchen ein Spiel mit kleinem Kriegsvolk. Der Warnung entgegen gerät er und das Mädchen in Eifer; er vernichtet ihre Kämpfer; sie stürzen sich ins Wasser, dieses schäumt auf, die Brücke, auf der das Spiel vor sich ging, schlägt auseinander, und der Knabe befindet sich durchnäßt und herausgeworfen auf der anderen Seite.

Der Alte kommt, droht mit den drei Stricken, die den bestrafen sollen, der das Vertrauen mißbraucht. Der Knabe rettet sich, indem er sagt, daß er ausersehen sei, den drei Jungfrauen drei würdige Jünglinge zuzuführen. Er wird nun höflich zur Tür hinausgeführt. Der Alte weist ihn auf verschiedene Merkzeichen, um die Pforte wiederzufinden. Die Wichtigkeit ihrer Stellung zueinander deutet auf die mittelalterliche Sternenkunde.

Als der Knabe wiederkommt, ist die Pforte nicht mehr da, die drei Gegenstände, Tafel, Brunnen und Bäume stehen anders zueinander. Doch glaubt er zu bemerken, daß nach einiger Zeit sie etwas ihre Stellung zueinander geändert haben, und hofft so, daß einmal alle Zeichen zusammentreffen werden. Er schließt bezeichnend: «Ob ich euch erzählen kann, was weiter begegnet, oder ob es mir ausdrücklich verboten wird, weiß ich nicht zu sagen.»

Das Märchen, welches 1811 geschrieben ist, zeigt in jedem Strich an, daß wir in ihm etwas Tieferes zu suchen haben. Nicht umsonst hat Goethe es an die Sage von Paris angeknüpft, nicht umsonst sie so verändert. Die Sage von «Paris und Helena», dem trojanischen Krieg, ist bekannt. Paris soll der schönsten der drei Göttinnen den Apfel reichen; dafür gewinnt er Helena. Goethe kehrt die Sache um, drei Frauen, später vier, sind da, für welche der neue Paris die Jünglinge wählen soll. In eine Art von Mysterium wird der Knabe geführt, dreifach ist es umfriedet, immer neue Bedingungen muß er erfüllen. Es entwickelt sich eine Art Kriegsspiel, ein Abbild, nicht ein wirklicher Krieg. Verfolgen wir nun Zug um Zug das Märchen.

Indem Goethe den Inhalt des Märchens als vom Gotte Merkur herrührend bezeichnet, weist er darauf hin, daß er das, was er in diesem Märchen erlebt, als eine Botschaft der Gottheit empfindet. Merkur sagt dem Knaben, er sei von den Göttern mit einem wichtigen Auftrag an ihn gesendet.

Goethe will immer festhalten daran, daß die Bewußtseinszustände des Menschen durch Frauen dargestellt werden. In diesem Märchen sind ebenfalls vier Frauen, die dem Knaben gleich anfangs, wie von der Gottheit Merkur gesendet, entgegentreten. Bezeichnenderweise sind es zuerst Äpfel, die ihm Merkur in die Hand gibt. Die Äpfel verwandeln sich in wunderschöne Edelsteine, und zwar der eine von roter, der andere von gelber, der dritte von grüner Farbe. Die drei Edelsteine werden dann zu drei schönen Frauengestalten, deren Kleider die Farbe der Edelsteine haben. Sie entschweben aber dem Knaben, als er sie festhalten will. Aber statt ihrer erscheint dem Knaben eine vierte Frauengestalt, die dann seine Führerin wird.

Auch in dem Märchen von der grünen Schlange und der schönen Lilie weist Goethe durch vier Frauengestalten hin auf vier Bewußtseinszustände der menschlichen Seele. Im Knabenmärchen werden diese vier Frauen noch intimer gekennzeichnet durch die mystischen Farben, die sie tragen. Wenn wir das Wesen dieser Frauen näher verstehen wollen sowie die Farben, die sie tragen, müssen wir hinschauen auf Bewußtseinszustände, die der Mensch gegenwärtig hat, und solche, die er sich durch Entwickelung seiner Seelenkräfte erwerben kann.

Die Menschheit lebt heute auf der Erde im mineralischen Zyklus; durch seinen physischen Leib ist der Mensch mit dem Mineral verwandt. Alle Stoffe, die sich im physischen Menschenleib finden in chemischen Verbindungen – seien es Salze, Kalkarten, Metalle und so weiter –, finden sich draußen in der Natur auch. Innerhalb dieses physischen Menschenleibes lebt des Menschen Seele. Von Inkarnation zu Inkarnation gehend, lebt die Menschenseele immer wieder ein Leben zwischen Geburt und Tod in einem Leibe, den sie bei der Geburt oder schon bei der Empfängnis erhält. Die Menschenseele hat in jeder Inkarnation eine Fülle von Erlebnissen und Erfahrungen durchzumachen. Sie wird dadurch immer reicher und reicher. Man kann auch sagen, sie wird dadurch immer reiner und reiner, denn die ursprünglich in rohen Trieben und Begierden lebende Seele, die dann innerhalb einer Kulturwelt in einem neuen Körper wieder erscheint, lebt anders in dieser Kulturwelt, als zum Beispiel innerhalb eines Körpers, der einer wilden Völkerschaft angehört. Jetzt lebt die Menschenseele im Kamamanas, das heißt in einer Geistigkeit, die zwar noch verwendet wird, um die Triebe und Leidenschaften des Menschen zu befriedigen. Aber immer mehr ersteht auch in der Seele des Menschen die Sehnsucht, zu einer höheren Geistigkeit aufzusteigen. Dieser Seelenzustand wird im Okkultismus bezeichnet durch die Farbe Rot, die von innen durchlichtet ist – also kein stumpfes Rot –, ein lichtes, von innen durchstrahltes Rot; Rot bedeutet in der Initiationserkenntnis das Bewußtsein für die astrale Welt. Wenn der Mensch dann immer mehr seinen Seeleninhalt, das innere Leben seiner Seele, nicht aus dem nimmt, was ihm die physische Umwelt gibt, wenn er immer mehr ein inneres, spirituelles Leben in seiner Seele entfacht, so wird dies Leben der Menschenseele durch die Farbe Gelb gekennzeichnet, wiederum ein lichtes, strahlendes Gelb.

Wenn der Mensch dann dazu gelangt ist, nicht mehr in seinem engen Eigensinn nur zu leben, wenn er sich in Sympathie mit der ganzen Welt verbunden fühlt, wenn er sich fühlt wie aufgehend im All, so wird dieser Zustand der Menschenseele im Okkultismus durch eine Nuance von Grün, mit einem lichten Grün bezeichnet. Das ist die Farbe, die die Menschenseele in der Aura zeigt, wenn das einzelne Bewußtsein sich in die ganze Welt ausgießt.

So sind diese Frauen, die auch Edelsteine sind, Kennzeichen für das, was der Knabe aus seiner Seele machen soll. Die Verbindung zu diesen Seelengestaltungen stellt das gegenwärtige Bewußtsein her, das uns führt und leitet zu aller Erkenntnis. Es wird durch die vierte Gestalt symbolisiert, durch die kleine Figur, die «tanzend hin und her trat» auf den Fingerspitzen des Knaben. Das ist der gewöhnliche Verstand. Durch sein Gegenwartsbewußtsein dringt der Mensch zu Höherem empor, es bildet den Führer in das

Heiligtum. Nur der vierte Bewußtseinszustand, der durch das Mädchen repräsentiert wird, ist schon vorhanden; die anderen drei sind erst in der Anlage vorhanden, sollen erst entwickelt werden. Es gibt etwas, was wie ein Erinnern in der Seele auftaucht; es lebt in der Seele etwas, was auf frühere Zustände zurückweist. In besonders feierlichen Momenten dringt der Mensch in diese früheren Zustände der Seele. Dem Jüngling ist ein besonderer Auftrag durch Merkur geworden. Goethe weist hier auf seine Mission hin. Er erinnert sich früherer Initiationen.

Im Märchen wird nun erzählt, wie der Knabe auf wunderbare Weise hingeführt wird an einen Ort, den er bisher nicht betreten hat – ja, den er in der ihm sonst wohlbekannten Umgebung nie geschaut hat. Ein alter Mann tritt ihm entgegen, führt ihn in das Innere eines schönen Gartens; zunächst führt er ihn innerhalb des Gartens in die Runde eines äußeren Kreises. Vögel rufen dem Knaben zu, besonders die geschwätzigen Stare; «Paris! Paris!» rufen die einen – und «Narziß! Narziß!» die anderen. Der Knabe möchte auch in das Innere des Gebietes vordringen, er bittet den Alten darum; dieser gewährt ihm seine Bitte nur unter der Bedingung, daß er Hut und Degen abnehme und zurücklasse.

Darauf führt ihn der Alte an der Hand näher an den Mittelpunkt des Gartens heran. Da findet er ein goldenes Gitter. Dahinter sieht der Knabe ein sanft fließendes Wasser, das in seinen klaren Tiefen eine große Anzahl von Gold- und Silberfischen sehen läßt. Er möchte weiter, um zu erfahren, wie es in dem Herzen des Gartens beschaffen sei. Der Alte bewilligt es, aber nur zu neuen Bedingungen: der Knabe muß sich umkleiden. Er erhält ein orientalisches Gewand, das ihm gut gefällt. Dabei bemerkt er drei grüne Strickchen, jedes in einer besonderen Weise verschlungen, so daß es ein Werkzeug scheint zu eben nicht sehr erwünschtem

Gebrauch. Auf seine Frage nach der Bedeutung der Stricke sagt der Alte, es sei dies für die, welche das Vertrauen mißbrauchen, das man ihnen hier zu schenken bereit sei. Nun führt ihn der Alte an das goldene Gitter; es sind zwei Reihen von goldenen Spießen, eine äußere und eine innere; beide senken sich gegeneinander, so daß eine Brücke entsteht, auf der der Knabe nun in das Innerste hineinkommt. Musik tönt aus einem Tempel, und als er in diesen eintritt, sieht er die drei Frauengestalten im Dreieck sitzen; die wunderbare Musik ertönt von ihren Instrumenten. Auch die kleine Führerin ist wieder da und nimmt sich des Knaben an.

Es sind die drei Gebiete des Daseins, in die der Knabe nach und nach durch den Alten hineingeführt wird. Er kommt aus der Welt des Alltags hinein in das erste Gebiet, die Astralwelt; da findet er die Tiere, die ihm zurufen. Aber er will immer weiter hinein in das Zentrum des Daseins. Etwas in seiner Seele drängt ihn, er solle sich entwickeln – immer höher aufsteigen. Die Anlage zu diesem Aufstieg bringt er sich mit seit seiner Geburt; da ist er aus einer Welt, in der er ein geistig-seelisches Wesen war, hineingekommen in die Verdunkelung dieses geistig-seelischen Wesens durch die physische Welt. Aber der Drang nach dem Geiste ist in seiner Seele wach geblieben – der weist die Seele darauf hin, daß es etwas gibt, woran sie sich in feierlichen Sonnenaugenblicken des Lebens erinnert. Da taucht auch auf die Erinnerung an frühere Daseinsstufen und daß aus diesen sich eine Mission für die jetzige Daseinsstufe ergibt. Der Knabe fühlt, daß diese Mission auf Erlebnissen seiner früheren Inkarnationen beruht. «Ich habe einstmals die Weihe erhalten» – er hat diese Weihe mitgebracht aus früheren Daseinsstufen. Die Erinnerung taucht in ihm auf an eine ehemalige Einweihung, die er erhalten hat in einem früheren Leben. Da hat ihn auch der Meister bei der Hand genommen, da hat ihn der Meister geführt von Stufe zu Stufe. Da hat er auch die symbolische Handlung vollführen müssen: Hut und Degen abzulegen. Er hat ablegen müssen alles, was ihn verbindet mit der Alltäglichkeit des Lebens in der physischen Welt. Das muß derjenige, der zum Chela, zum Geistesschüler aufsteigt, immer tun; in seinem Inneren muß er es tun. Darum wird ein solcher ein «heimatloser Mensch» genannt; er hat abgelegt dasjenige, was der gewöhnliche Mensch seine Heimat nennt. Es bedeutet dies nicht ein Herausreißen aus dem Leben; er steht fest auf seinem Posten, aber sein eigenes Leben ist herausgenommen aus der Welt, die ihn umgibt.

Dann, wenn er von dem Meister weiter geführt werden will, gelangt er zur zweiten Stufe; er muß sich ganz und gar umziehen – alle Kleider seines jetzigen Daseins ablegen. Er wird in eine orientalische Kleidung eingekleidet. Das ist ein Hinweis darauf, daß vom Orient alle Impulse ausgegangen sind für die Menschheit, um immer neue Weisheit zu erlangen. (Ex oriente lux.)

Nun wird der Knabe in seiner orientalischen Kleidung begabt mit dem, was im «Märchen von der grünen Schlange und der schönen Lilie» der Alte mit der Lampe als uralte Weisheit des Menschengeschlechts ist, begabt mit einem erinnernden Seelenvermögen an uralte Einweihungszustände – er wird hingeführt zu dem Strom, der die Seelengebiete trennt von dem eigentlichen Geistgebiet. Der Strom der Leidenschaften, die Astralwelt, ist nicht tobend und brausend, er ist «ein sanft fließendes Wasser, das in seinen klaren Tiefen eine große Anzahl von Gold- und Silberfischen sehen ließ, die sich bald sachte, bald geschwind, bald einzeln, bald zugweise hin und her bewegten». Das ist ein Bild davon, wie der Mensch, wenn er die Welt des Astralen in sich zur Ruhe gebracht hat, in dieser Welt statt tobender Leidenschaften Erkenntniswerte finden kann.

Schwerter legen sich über den Strom, der die Astralwelt trennt von dem inneren, dem geistigen Gebiet. Der Mensch muß hinopfern dasjenige, was er sonst zu seinem Schutze hat. Dasjenige, wodurch er in seiner Sonderheit verharrt, sein persönliches Ich, das muß er hinopfern, es muß zur Brücke werden, um herüber zu gelangen in das geistige Gebiet. Der Mensch muß das «Stirb und Werde» erleben. Zwei Reihen von Schwertern neigen sich gegeneinander und bilden die Brücke, auf der der Knabe hinüber gelangt, eine innere und eine äußere Reihe. Das ist ein Bild dafür, daß sich ein niederes und ein höheres Ich-Bewußtsein vereinen müssen miteinander, um dem Menschen den Übergang in die Geistwelt möglich zu machen.

Jetzt können wir auch ersehen, warum dies Knabenmärchen den Namen trägt: «Der neue Paris.» Paris ist es, von dem die griechische Mythologie erzählt, daß vor seiner Geburt die Eltern erschreckt wurden durch die Prophezeiung, der Knabe, der geboren werde, werde alles mit seinem Feuer verzehren. Er wird daher nach seiner Geburt ausgesetzt; eine Bärin säugt ihn fünf Tage lang. Er wächst heran und nach mancherlei Abenteuern wird er belohnt, er wird vermählt mit Helena. Helena aber ist gleichbedeutend mit Selene – der Tochter des Lichtes der Weisheit. Selene ist das Symbol des Mondes. So wird in der griechischen Mythologie in der Vermählung des Paris mit Helena dargestellt die Vereinigung des Menschen mit dem Bewußtsein, das ihn hinaufführen soll zu immer höheren Stufen.

Narziß ist das andere Wort, das die geschwätzigen Stare dem Knaben zugerufen haben. Von Narziß wird erzählt, daß er der Sohn sei des Flußgottes Kephissos und in der Vereinigung mit einer Nymphe erzeugt sei. Narziß ist also auch nicht irdischer, sondern überirdischer Herkunft. Es wird ferner erzählt, daß er einst sein Ebenbild erblickt habe im Spiegel einer Quelle. Das habe ihn so entzückt, daß er nur immer sich selbst angestarrt habe. Alle Verlockungen einer Nymphe, die sich ihm genaht, habe er abgewiesen, ganz und gar sei er versunken gewesen in sein eigenes Bild.

Narziß ist ein Symbol für das Ich des Menschen, das in der Sonderheit, in seinem eigenen Selbst verharren will. Wenn der Mensch in seinem Ich beschlossen bleibt, sich verhärtet in sein Ahamkara, wenn er nicht hinaus kann aus seinem eigenen kleinen Menschenwesen, wenn er immer nur in sich schaut, verliebt ist in sein eigenes Ich, dann kommt er nicht hinaus über sich, dann verliert er das Bewußtsein, daß sein Ich seine eigentliche Heimat in einer geistigen Welt hat, dann kann er nicht hinauf mit seinem Ich in diese seine geistige Heimat, er bleibt «ein trüber Gast auf der dunklen Erde». Er kann dann nicht das höhere Bewußtsein in sich entwickeln, das ihn hinaufführt, er muß dahinwelken. Nur der, der sich vereinigen kann mit dem höheren Weiblichen in seiner Seele, wird dadurch hinaufsteigen. Paris vermählt sich mit der Tochter des Lichtes, mit Selene-Helena. Narziß aber ist verliebt in die eigene Natur und weist von sich die Vereinigung mit dem geistigen Wesen, das als Nymphe sich ihm naht.

Indem dem Knaben zugerufen wird: «Paris – Narziß», wird er vor die Wahl gestellt: Was willst du in dir tragen, die Paris-Natur oder die Narziß-Natur? – Jeder, der ein Chela, ein Geistesschüler werden will, wird vor diese Frage gestellt. Jeder muß selbst den Weg wählen, den er seine Seele gehen lassen will.

Der Knabe wählt, gemäß dem Drang, der aus einer früheren Inkarnation in seiner Seele wirkt, den Weg des Paris; er will «der neue Paris» werden. Er muß daher auch kennenlernen, wenn er den Weg zur Initiation wählt, die sogenannten Gefahren der Initiation. Die werden symbolisch dargestellt durch die drei Stricke. In den Einweihungsschulen stellen die Stricke, die sich um den Hals des Schülers legen, verschiedene Symbole dar. Sie stellen unter anderem dar die dreifache Natur des Menschen in der Welt. Das was aus dieser dreifachen Natur des Menschen herrührt, schnürt sich um seinen Hals, wenn er das Vertrauen bricht, das bei der Initiation in ihn gesetzt wird.

Da der Knabe «der neue Paris» werden will, darf er von dem Alten, der ihn führt, über die Brücke geführt werden. Er kommt hinein in den zweiten Kreis, der von dem Strom, dem Wasser der astralen Welt, umflossen ist ringsum. Da findet er einen wunderbaren Garten, der ihm scheinen will wie ein Abbild des Himmels auf der Erde. Und inmitten dieses herrlichen Gartens sieht er nunmehr das innerste Zentrum, einen von Säulenhallen umgebenen Tempel, aus dem eine himmlische Musik hervordringt. Er ist angelangt in dem Gebiet der geistigen Welt, das sich offenbart durch das Tönen: in dem Gebiet des schaffenden Weltenwortes, das die Welt durchtönt in der Sphärenharmonie. Hier findet er wiederum die drei Frauengestalten, die ihm zuerst vom Gotte Merkur gesandt waren.

In dem Bilde, das der Knabe nun erlebt, ist ausgedrückt dasjenige, was der Mensch erleben kann, wenn er angelangt ist auf der Stufe der Initiation. Da ist der Mensch imstande, aus höheren Welten Nachrichten zu empfangen.

Die Frau im roten Gewande wendet sich zuerst zum Knaben; der rote Stein, wenn er dem Menschen zuteil wird, gibt ihm die Kraft, daß er Einblick haben kann in die geistige Welt. Das ist die erste Stufe der Initiation. Die zweite Stufe ist nicht bloß Imagination, sondern Leben in der spirituellen Welt. Da fühlt sich der Mensch zwar noch als ein Sonderwesen, er fühlt sich als Geist unter Geistern, aber noch abgesondert für sich. Er fühlt sich sozusagen wie ein

Ton, der noch nicht eingegangen ist in die Symphonie. Diese Stufe wird durch die Frau im gelben Gewande dargestellt.

Dann lernt der Menschengeist sich einzufügen in die Sphärenharmonie, er lernt sich empfinden wie ein Glied der Geisteswelt, wie ein Ton, der mitschwingt in der Weltensymphonie. Dann erringt sich der Mensch den grünen Stein; das stellt im Bilde dar die Frau im grünen Gewande. Es heißt im Märchen von dieser Frau im grünen Gewande: «Sie war diejenige, die am meisten auf mich achtzugeben und ihr Spiel an mich zu richten schien; nur konnte ich aus ihr nicht klug werden . . ., doch mochte sie sich stellen wie sie wollte, so gewann sie mir wenig ab, denn meine kleine Nachbarin . . . hatte mich ganz für sich eingenommen . . . und wenn ich in jenen drei Damen ganz deutlich die Sylphiden meines Traumes und die Farben der Äpfel erblickte, so begriff ich wohl, daß ich keine Ursache hätte, sie festzuhalten.»

Der Knabe fühlt, daß er, wenn er auch durch seine Initiation einen Einblick erhält in jene hohen, schöpferischen Reiche der Welt, er doch noch sich das Leben in ihnen wird erarbeiten müssen. Zunächst muß er mit seiner kleinen Führerin, der vierten Frau, dem menschlichen Verstande, sich noch auseinandersetzen.

Das geschieht durch ein Kriegsspiel. Es heißt im Märchen: Die Kleine führte den Knaben auf die goldene Brücke, dort soll das Kriegsspiel vor sich gehen. Sie stellen ihre Heere auf. Der Warnung entgegen geraten er und das Mädchen in Eifer, der Knabe überwindet die Heerscharen der Kleinen, die «hin und wider rennend, sich endlich gegen die Mauer, ich weiß nicht wie, verloren.»

Der Paris der griechischen Mythologie ist die Ursache, daß der trojanische Krieg entfesselt wird, in dem symbolisch der Untergang der einen Rasse des Menschengeschlechts und der Aufgang der neuen Rasse, in der das Ich im einzelnen Menschen seine Wirksamkeit entfalten soll, dargestellt wird. Der «neue Paris» bleibt Sieger in einem Kampf, der eigentlich ein Spiel ist, der nur das Bild ist eines Kampfes, der nichts ist, was äußere Wirklichkeit hat. Dies Kriegsspiel zwischen dem menschlichen Verstand und demjenigen im Menschen, das in sich das Bewußtsein trägt, daß es vom Göttlichen abstamme, ist nicht etwas, was äußere Wirklichkeit hat; es ist etwas, was nur im Geiste lebt, was so ist, daß es sich abspielt wie im Spiegelbild eines geistigen Geschehens in der Menschenseele. Nicht im Leben, in der Kunst sollte Goethe das Höhere verkündigen, was er erschaut. In Vorstellungen, in Bildern sollte er sprechen.

Nach beendetem Kampf trifft der Knabe wieder mit dem alten Mann, seinem ersten Führer, zusammen und jetzt ist in ihm das Bewußtsein seines eigenen, tiefsten Wesens so sicher entfacht, daß er dem Alten zurufen kann das Wort, das fortan in seinem Inneren leben soll. «Ich bin ein Liebling der Götter!» ruft er dem Alten zu. Aber noch will er leben mit dem, was er sich vom Alten als Lohn erbittet: er will seine Führerin, das kleine Geschöpf! Er will als Erkenntnisstrebender sein Leben so führen, daß ihm zunächst der gute menschliche Verstand sein Führer wird.

Dann ist er draußen. Der Alte «deutete mir auf einige Gegenstände an der Mauer, drüben über den Weg, indem er zugleich rückwärts auf das Pförtchen zeigte. Ich verstand ihn wohl; er wollte nämlich, daß ich mir die Gegenstände einprägen möchte, um das Pförtchen desto gewisser wiederzufinden, welches sich unversehens hinter mir zuschloß. Ich merkte mir nun wohl, was mir gegenüberstand. Über eine hohe Mauer ragten die Äste uralter Nußbäume herüber . . . die Zweige reichten bis an eine steinerne Tafel . . ., deren Inschrift ich aber nicht lesen konnte. Sie ruhte auf einem

Kragstein, einer Nische, in welcher ein künstlich gearbeiteter Brunnen von Schale zu Schale Wasser in ein großes Becken goß, das ... sich in die Erde verlor. Brunnen, Inschrift, Nußbäume, alles stand senkrecht übereinander».

Der Knabe steht draußen; rückblickend erinnert er sich der Erlebnisse seiner früheren Inkarnation, und zugleich blickt er hin auf einen Augenblick der Zukunft. Auf diese Einweihung, an die er sich erinnert, folgt nach Zeiten eine zweite; auf die Weisheitsinitiation folgte einst die spirituelle Initiation.

In dem Bilde des Baumes, der Tafel mit der Inschrift, dem Brunnen, aus dem das Wasser fließt, ist eingekleidet ein Symbolum für ein Wissen, das im Mittelalter in alter Sternenmystik seinen Ausdruck fand. Es gibt dem Knaben den Blick in die Zukunft: wenn wiederum dieselbe Konstellation der Gestirne eintritt, die dieselbe ist, unter welcher du jetzt den Eintritt gefunden hast zu dem Ort, wo der Mensch eingeweiht wird, wenn die Konstellation der Gestirne in der Zukunft sich für dich wiederholt, dann wird dir die Pforte von neuem geöffnet werden –, dann wird die Initiation auf höherer Stufe für dich wiederholt werden!

Er blickt hin auf einen Augenblick der Wirklichkeit, wo er durchleben wird, was er als Vorspiel bei der Initiation erlebt hat. Er sieht auf eine ferne Zukunft, in der er hintreten wird in die Welt und darstellen, was er in früheren Inkarnationen erlebt hat.

Es ist eine gewisse Sternenkonstellation vorhanden gewesen in dem Augenblicke, als er eingeweiht wurde. Diese Zeichen müssen sich wiederholen, wenn auf einer höheren Stufe die Einweihung möglich sein wird. Dann wird die Pforte wieder sichtbar sein, und es wird von der Erlaubnis abhängen, ob mehr über das, was weiter geschieht, gesagt werden kann.

Diese feine Stimmung, die intimen Kräfte, die da hineinspielen, all das muß man berücksichtigen, wenn man über dieses Märchen spricht.

Wie wir sehen, stellt Goethe auch in diesen beiden Märchen die Evolution der Menschenseele dar. Hat er in seinem «Märchen von der grünen Schlange und der schönen Lilie» ausgedrückt in bunten, reichen, farbigen Bildern seine Überzeugung von einer Seelenentwickelung, die für alle Menschen gültig ist, so stellt er in diesen beiden Märchen, «Die neue Melusine» und «Der neue Paris», die Einweihung in die höheren Geheimnisse so vor unsere Seele, wie sie seinem eigenen Wesen angemessen war. Ein individueller Weg der Seelenentwickelung der eigenen Seele Goethes stellt sich dar in diesen zwei Märchen. Sein ganzes späteres Seelenstreben – in der Goethes Seele angemessenen Geistesart – ist in dem «Knabenmärchen» ganz besonders enthalten.

In einem Fragment: «Die Reise der Söhne Megaprazons» – das 1792 begonnen, aber nicht weitergeführt wurde –, wollte Goethe ebenfalls einen Entwickelungsweg der Menschenseele darstellen. Auch dieses Fragment deutet auf die Größe dessen, was er zu sagen hatte, auch hier weist er hin auf eine Sternenkonstellation. «Venus» und «Mars» sind die letzten Worte, die uns davon aufbewahrt sind.

Ein Vater sendet seine sieben Söhne auf eine weite Reise in merkwürdige Länder, welche von anderen nicht entdeckt sind. Das sind die sieben Grundteile des Menschen, auf die Theosophie hinweist. – Der Vater gibt diesen sieben Söhnen den Wunsch mit: «Glück und Wohlfahrt, guten Mut und frohen Gebrauch der Kräfte.» Ein jeder der sieben Söhne hat eigene Gaben von der Natur erhalten; die soll er jetzt anwenden und sein Glück und seine Vervollkommnung durch sie suchen, ein jeder der Brüder in seiner Art. In diesem Fragment: «Die Reise der Söhne des Megaprazon» sollte ebenfalls dargestellt werden die Reise nach dem geistigen Lande der uralten Weisheit, das der Mensch erreichen kann, wenn er aus den Grundteilen seines Wesens heraus dasjenige entwickelt, was keimhaft in ihnen veranlagt ist; wenn er durch diese Entwickelung höhere Bewußtseinszustände erlangt. Ein vorgefundenes Stück des Planes für die Geistesreise in das Geistesreich zeigt, wie Goethe diese Reise darstellen wollte.

So haben wir nur einige geringe Blicke in das intimste Innere Goethes getan und immer mehr Weisheiten, Wahrheiten entdeckt, die hindurchglänzen durch seine wunderbaren Dichtungen.

So ist es begreiflich, wenn seine Zeitgenossen zu ihm aufschauten wie zu einem Wegweiser zu unbekannten Welten. *Schiller* und einige andere, sie haben erkannt, oder doch geahnt, was in ihm lebte. Viele aber sind verständnislos an ihm vorübergegangen. Der Deutsche hat noch viel zu tun, um auszuschöpfen, was in seinen großen Geistern offenbart ist. Sonst kann das Wort, das *Lessing* über *Klopstock* aussprach, auch für sie nur zu sehr Geltung haben:

> Wer wird nicht einen Klopstock loben?
> Doch wird ihn jeder lesen? – Nein.
> Wir wollen weniger erhoben
> Und fleißiger gelesen sein.

Erkannt wollen unsere großen Geister sein, dann führen sie zu ganz ungeheuer geistiger Vertiefung.

Sie führen auch zu der Weltanschauung, die von der Theosophie vertreten wird. *Wilhelm von Humboldt,* einer von denen, die ahnten, was in Goethes Seele lebte, er begrüßte im Jahre 1823 die erste Übersetzung der «Bhagavad Gita» mit tiefstem Verständnis. «Es lohnt sich», so sagt er, «so lange gelebt zu haben, um diese Schätze in sich aufzunehmen.»

So waren diejenigen vorbereitet für die theosophische Weltanschauung, die von Goethe gelernt haben.

Oh, es läßt sich noch viel von Goethe lernen!

SCHILLER UND DIE GEGENWART

Berlin, 4. Mai 1905

Oft schon habe ich es hier betont, daß die theosophische Bewegung uns nicht abbringen kann von der unmittelbaren Wirklichkeit, von den Pflichten und Aufgaben, die uns der Tag in unserer heutigen Zeit auferlegt. Es muß sich nun zeigen, ob diese theosophische Bewegung auch dann die richtigen Worte findet, wenn es sich darum handelt, uns die großen Geisteshelden, die doch schließlich die Schöpfer unserer Kultur und Bildung sind, näherzubringen. In diesen Tagen wird alles dasjenige, was zur deutschen Bildung sich rechnet, die Gedanken richten auf einen unserer größten Geisteshelden, auf unseren *Friedrich Schiller*.

Hundert Jahre sind es, die uns trennen von seinem irdischen Hingang. Das letzte große Schiller-Fest, welches nicht nur innerhalb Deutschlands, sondern auch überall dort, wo man teilnimmt an der Bildung, in England, in Amerika, in Österreich, in Rußland begangen wurde, war im Jahre 1859, das hundertste Geburtstagsfest. Es war mit rauschenden Festlichkeiten verbunden, mit hingebungsvollen Worten auf den höchsten Idealismus Schillers. Es waren Worte, die über ganze Gebiete der Erde hin gesprochen wurden. Wieder werden es rauschende Festlichkeiten sein, welche in diesen Tagen begangen werden zu Ehren unseres großen Geisteshelden. Aber so intim und aufrichtig und ehrlich, wie die Töne waren, welche dazumal im Jahre 1859 gesprochen worden sind, so intim und hingebungsvoll, so ganz aus der Seele heraus gesprochen werden die Worte nicht sein, die heute über Schiller gesprochen werden. Die Bildung und die nationale Anschauung über Schiller hat sich in den letzten fünfzig Jahren wesentlich geändert. In der ersten Hälfte des 19. Jahrhunderts lebten sich Schillers große Ideale, die großen Schilderungen seiner Dramen, langsam und allmählich ein, und es war ein Widerhall aus dem, was Schiller selbst gepflanzt hat, ein Widerhall von dem, was er hineinversenkt hat in die Herzen und Seelen, was dazumal in begeisternden Worten von den Lippen der Besten des deutschen Volkes floß. Die Hervorragendsten der damaligen Zeit haben ihr Bestes aufgeboten, um das zu sagen, was sie zu sagen hatten. Es vereinigten sich darin die Brüder *Ernst* und *Georg Curtius*, der Ästhetiker *Vischer*, der Sprachforscher *Jakob Grimm, Karl Gutzkow* und viele andere. Sie haben dazumal eingestimmt in den großen Chor der Schiller-Feiern, und überall klang es so, wie wenn man etwas von Schiller selbst hörte, etwas von dem, was Schiller selbst gepflanzt hatte.

Es ist, das müssen wir uns gestehen, in den letzten Jahrzehnten anders geworden. Der unmittelbare Anteil an Schiller hat deshalb abgenommen, weil nicht mehr so innig, nicht mehr so vertraut Schillers große Ideale zu unseren Zeitgenossen sprechen, und deshalb mag es ein Ersatz sein, ein Schiller-Fest damit zu beginnen, daß wir uns klar und anschaulich vor die Seele führen, was Schiller der Gegenwart noch sein kann, was Schiller für unsere Zukunft noch werden kann. Für den Theosophen geziemt es sich vor allen Dingen, an die großen theosophischen Grundfragen anzuknüpfen und sich zu fragen, ob Schiller etwas zu tun hat mit diesen theosophischen Grundfragen. Ich hoffe, daß der Verlauf des heutigen Abends zeigen wird, daß es nicht künstlich herbeigeholt ist, wenn wir Schiller und die theosophische Bewegung zusammenbringen, wenn wir Theosophen selbst in gewisser Weise uns berufen fühlen, das Andenken Schillers zu pflegen.

Was ist im Grunde genommen unsere Grundfrage dabei, das woran unsere Sehnsucht hängt, was wir erforschen und ergründen wollen? Es ist die große Frage, zu demjenigen, was uns als Gegenstand unserer Sinne, als Welt unserer Sinne umgibt, und demjenigen, was über dem Sinnlichen erhaben ist, als das Geistige, das Übersinnliche, das in uns und über uns wohnt, den Weg zu finden. Früh schon war dies auch die Frage, die unseren Schiller bewegte. Nicht in Einzelheiten kann ich mich heute einlassen. Aber eines möchte ich doch zeigen, daß durch Schillers Leben und Wirken diese Grundfrage: Wie hängt das Physische mit dem Seelisch-Geistigen, dem Übersinnlichen zusammen? – sich durchzieht als die eigentliche Aufgabe, die Schiller lösen wollte vom Beginne seines Lebens bis zu den Höhen seines Schaffens, ja, durch sein ganzes Schaffen hindurch, das künstlerisch und philosophisch ein Ausdruck ist für diese Frage. Eine Abhandlung hat er damals geschrieben, als er sein Medizinstudium hinter sich hatte. Diese Abhandlung, eine Art Dissertation, die er beim Abgang von der Karls-schule geschrieben hat, behandelt die Frage: Welches ist der Zusammenhang zwischen der sinnlichen Natur des Men-schen und seiner geistigen Natur? – In eindringlicher und schöner Weise behandelt Schiller in diesem Werk, wie das Schöne, das Geistige mit der physischen Natur des Men-schen zusammenhängt. Es hat die Entwickelung unserer Zeit das, was Schiller auf diese Frage antwortet, längst überholt; aber darauf kommt es bei einem so großen Genius, wie Schiller es ist, gar nicht an. Es kommt darauf an, wie *er* sich hineinvertieft hat und wie *er* sich mit solchen Dingen abge-funden hat. Schiller faßte das so auf, daß kein Zwiespalt sein dürfte zwischen dem Sinnlichen und dem Geistigen. So suchte er in feinsinniger Weise zu zeigen, wie der Geist, wie das Seelische des Menschen herunterwirkt in das Körperliche, wie das Körperliche nur ein Ausdrucksmittel ist des im Menschen wohnenden Geistes. Jede Geste, jede Form und jede sprachliche Gestaltung ist Ausdruck dafür. Er untersucht zunächst, wie die Seele sich auslebt im Körper; dann untersucht er, wie der physische Zustand hinaufwirkt in das Geistige. Kurz, die Harmonie zwischen Körper und Seele ist der Sinn dieser Abhandlung. Der Schluß der Abhandlung ist grandios. Da spricht Schiller von dem Tode so, als ob dieser kein Abschluß im Leben sei, sondern nur ein Ereignis wie andere Ereignisse im Leben. Der Tod ist kein Abschluß. Schön sagt er da: Das Leben führt den Tod einmal herbei; aber damit ist das Leben nicht abgeschlossen; die Seele geht, nachdem sie das Ereignis des Todes erlebt hat, in andere Sphären über, um dort das Leben von der anderen Seite aus zu betrachten. Aber hat der Mensch in diesem Augenblick wirklich alle Erfahrung aus dem Leben schon herausgesogen? Schiller meint, es könne ja wohl sein, daß sich das Leben der Seele innerhalb des Körpers ausnimmt, wie wenn wir in einem Buche lesen, das wir durchlesen, beiseitelegen und nach einiger Zeit wieder vornehmen, um es besser zu verstehen; das wir dann wieder weglegen, nach einiger Zeit wieder vornehmen und so weiter, um es besser und immer besser zu verstehen. Er sagt uns damit: Die Seele lebt nicht nur einmal im Körper, sondern wie der Mensch ein Buch immer und immer wieder zur Hand nimmt, so kehrt die Seele immer wieder zurück in einen Körper, um in dieser Welt neue Erfahrungen zu machen. Es ist der große Gedanke der Wiederverkörperung, der Reinkarnation, den *Lessing* kurz vorher in der «Erziehung des Menschengeschlechts» wie in seinem literarischen Testament angeschlagen hatte, und den jetzt auch Schiller äußert, da wo er über den Zusammenhang der sinnlichen Natur mit der geistigen Natur des Menschen schreibt.

Gleich im Anfang beginnt Schiller das Leben vom höchsten Gesichtspunkte aus zu betrachten.

Schillers Jugenddramen wirken groß und gewaltig auf denjenigen, der ein empfindendes Herz hat für das, was in ihnen groß ist. Wenn wir uns fragen, warum strömen uns Schillers große Gedanken so in das Herz hinein, dann bekommen wir zur Antwort, daß Schiller in seinen Dramen Dinge berührt, die zu den höchsten Angelegenheiten der Menschheit gehören. Der Mensch braucht gar nicht immer zu begreifen und abstrakt sich klarzumachen, was in des Dichters Seele vorgeht, wenn dieser einsam die Gestalten der Imagination formt. Aber was da lebt in der Brust des Dichters, wenn er seine Gestalten formt, die da über die Bühne hinziehen, das sehen wir schon als junge Leute im Theater, oder wenn wir die Dramen lesen. Da strömt das in uns ein, was in des Dichters Seele lebt. Und was lebte alles damals in Schillers Seele, als er seine Jugendseele ausgoß in seine «Räuber», in «Fiesco», in «Kabale und Liebe»! Herausnehmen müssen wir ihn aus den geistigen Strömungen des 18. Jahrhunderts, wenn wir ihn begreifen, wenn wir ihn ganz verstehen wollen.

Zwei geistige Strömungen waren es, die damals über den geistigen Horizont Europas hingingen. Die eine Strömung bezeichnet ein Wort des französischen Materialismus. Wenn wir es verstehen wollen, so müssen wir tiefer hineinschauen in den Entwickelungsprozeß der Völker. Was in Schillers Seele gärte, hat seinen Ursprung genommen in dem Streben und Sinnen der Jahrhunderte. Ungefähr um die Wende des 15. zum 16. Jahrhundert beginnt die Zeit, da die Menschen in einer neuen Weise zu den Sternen aufschauten. *Kopernikus, Kepler, Galilei,* sie sind es, die ein neues Zeitalter heraufbringen, ein Zeitalter, in dem man die Welt anders anschaut als vorher. Etwas Neues schlich sich in die Seelen der Menschen ein, indem man sich verließ auf die äußeren Sinne. Wer den Unterschied der alten Weltanschauung vom 12., 13. Jahrhundert vergleichen will mit dem, was um die Wende des 16. Jahrhunderts mit Kopernikus und später mit Kepler aufkam, der muß das, was in *Dantes* «Göttlicher Komödie» spielt, mit dem vergleichen, was das 17., 18. Jahrhundert als Weltanschauung hat. Man mag gegen die mittelalterliche Weltanschauung einwenden, was man will. Heute kann sie ja nicht mehr die unsrige sein. Aber eines hatte sie doch, was das 18. Jahrhundert nicht mehr hatte: Sie stellte die Welt als eine große Harmonie hin, und der Mensch war hineingestellt in diese göttliche Weltordnung als ihr Mittelpunkt, er war selbst dazugehörig zu dieser großen Harmonie. Da waren alle Dinge der Ausfluß des Göttlichen, der Schöpferkraft, die verehrt wurde im Glauben, namentlich des Christentums. Das Obere war Gegenstand des Glaubens. Es mußte halten und tragen. Und herunter wirkte das bis zu den Pflanzen und Mineralien. Die ganze Welt war eingefaßt in eine große Harmonie, und der Mensch fühlte sich darinstehend in dieser Harmonie. Er fühlte, daß er erlöst werden kann von dem, wovon er sich sehnte erlöst zu sein, durch das Verwachsen- und Verwobensein mit dieser göttlichen Harmonie. Er ruhte in dem, als was er sich in der von Gott durchdrungenen Welt empfand, und fühlte sich zufrieden. Das wurde anders und mußte anders werden in der Zeit, als die neue Weltanschauung sich in die Geister Eingang verschaffte, als die Welt durchdrungen wurde von dem modernen Forschergeist. Da hatte man einen Überblick gewonnen über das Stoffliche. Durch philosophische und physiologische Forschung hatte man einen Einblick in die Sinnenwelt bekommen. Mit dem Glauben konnte man nicht in Einklang bringen das, was man so über die sinnliche Welt dachte. Andere Begriffe und andere Anschauungen griffen

Platz. Die Menschen konnten aber ihre neuen Eroberungen nicht in Einklang bringen mit dem, was man über den Geist dachte, fühlte und empfand. Man konnte es nicht in Einklang bringen mit dem, was man über die Quellen des Lebens nach den uralten Traditionen glauben mußte. So kam etwas in der Französischen Revolution herauf, was man ausdrücken kann mit dem Satze: «Der Mensch ist eine Maschine.» Die Stoffe hatte man begriffen, aber den Zusammenhang mit dem Geist hatte man verloren. Man fühlte das Geistige in sich selbst. Nicht aber fühlte man, wie die Welt damit zusammenhängt; das hatte man nicht mehr. Die Materialisten schufen ein neues Weltbild, in dem es eigentlich nur Stoffe gab. Goethe fühlte sich von einem solchen, wie in *Holbachs* «Système de la nature» abgestoßen, er fand es leer und öde. Aber dieses Weltbild von Holbach war herausgeholt aus der naturwissenschaftlichen Anschauung. Die äußere Wahrheit gab es wieder. Wie soll sich nun der Mensch dazu stellen, der den Geist verloren hat? Er hat den Zusammenhang verloren, er hat die Harmonie verloren, die der mittelalterliche Mensch fühlte, die Harmonie zwischen der Seele und dem Stofflichen. So konnte es nicht anders sein, als daß die besten Geister jener Zeit dahin strebten, den Zusammenhang wieder zu finden, oder daß sie genötigt waren, zwischen dem Geistigen und dem Sinnlichen zu wählen.

Das war, wie wir gesehen haben, die Grundfrage, die Jugendfrage Schillers, diesen Zusammenhang zwischen Ideal und Wirklichkeit, Natur und Geist zu finden. Aber die Zeitströmung hatte eine tiefe Kluft aufgerissen zwischen dem Geistigen und dem Sinnlichen, sie lastete wie ein Alp auf seiner Seele. Wie kann man Ideal und Wirklichkeit, Natur und Geist wieder versöhnen? – das war die Frage.

Noch von einer anderen Geistesströmung war diese Kluft aufgerissen worden, es war die, welche an *Jean-Jacques Rousseau* anknüpfte. Rousseau hatte die damals moderne Kultur bis zu einem gewissen Grade verworfen. Er hatte gefunden, daß durch diese Kultur der Mensch sich entfremdet, sich herausgerissen hat aus der Natur. Er hatte sich der Natur ja nicht nur durch die Weltanschauung entfremdet; er konnte nicht mehr den Zusammenhang mit dem Quell des Lebens finden. Zurücksehnen mußte er sich deshalb nach der Natur, und so stellt Rousseau den Grundsatz auf, daß im Grunde genommen die Kultur den Menschen hinweggeführt hat von den wahren Harmonien des Lebens, daß sie ein Niedergangsprodukt sei.

Damals war in neuer Gestalt die Frage nach dem Geistigen, nach dem Spirituellen, nach dem Idealen an die Größten der Zeitgenossen herangetreten: Und wie sollte sie nicht da sein, wenn sie das Leben selbst betrachteten! In der Zeit, in der man so sehr fühlte das Ideal des Lebens, da mußte man den Zwiespalt doppelt empfinden, wenn man hinsah in das wirkliche Leben, wie es sich entwickelt hatte, und dann wieder in das, was es in der menschlichen Gesellschaft gab. In diese Zeit fielen Schillers Jugendjahre. Das türmte sich alles auf; und das war es, was Schiller als Disharmonie empfinden mußte. Aus dieser Stimmung heraus entstanden seine Jugenddramen. Zurück zum Idealen! Welches ist das rechte menschliche Zusammenleben, welches uns vorgeschrieben ist in einer göttlichen Weltordnung? Das sind die Gefühle, die da lebten in Schillers Jugend, die er dann ausdrückte in seinen Jugenddramen, in den «Räubern», namentlich aber auch in den Hofdramen; wir empfinden sie, wenn wir das große Drama «Don Carlos» auf uns wirken lassen. Wir haben gesehen, wie der junge Arzt Schiller die Grundfrage nach dem Zusammenhang zwischen dem Sinnlichen und dem Geiste aufgeworfen hat, und daß er sie als Dichter vor seine Zeitgenossen hingestellt hat.

Nach den harten Prüfungen, die durch seine Jugenddramen heraufgezogen sind, wurde er eingeladen zu dem Vater des Freiheitsdichters *Körner,* der alles tat, was man zur Förderung des Geisteslebens bedurfte. Die feine philosophische Bildung Körners brachte auch Schiller zur Philosophie, und nun entstand philosophisch vor Schillers Geist die Frage aufs neue: Wie kann der Zusammenhang des Sinnlichen mit dem Geiste wieder gefunden werden? – Einen Niederschlag dessen, was dazumal in Dresden zwischen Schiller und Körner gesprochen und an großen Gedanken ausgetauscht wurde, haben wir in Schillers philosophischen Briefen. Diese sind zwar gegenüber den späteren Arbeiten Schillers vielleicht etwas unreif. Was aber für Schiller unreif ist, ist für viele andere Menschen noch sehr reif und für uns wichtig, weil es uns zeigen kann, wie Schiller sich hinaufgerungen hat zu den höchsten Höhen des Gedankens und der Phantasie.

Diese philosophischen Briefe, «Theosophie des Julius», stellen den Briefwechsel dar zwischen Julius und Raphael; Schiller als Julius, Körner als Raphael. Die Welt des 18. Jahrhunderts tritt uns da entgegen. Schöne Sätze sind in dieser Philosophie, Sätze ähnlich denen, welche *Paracelsus* als seine Weltanschauung ausgesprochen hat. Im Sinne des Paracelsus ist uns in der ganzen Außenwelt dasjenige vor Augen geführt, was die göttliche Schöpferkraft in den verschiedensten Naturreichen geschaffen hat: Mineralien, Pflanzen, Tiere mit Eigenschaften der mannigfaltigsten Art sind ausgebreitet über die Natur; und der Mensch ist wie eine große Zusammenfassung, wie eine Welt, die noch einmal wie eine Enzyklopädie alles, was sonst zerstreut ist, in sich wiederholt. Ein Mikrokosmos, eine kleine Welt in einem Makrokosmos, einer großen Welt! Wie Hieroglyphen, sagt Schiller, ist dasjenige, was in den verschiedenen Naturreichen enthalten ist. Als der Gipfel der ganzen Natur steht der Mensch da, so daß er in sich vereinigt und auf einer höheren Stufe zum Ausdruck bringt, was in der ganzen Natur ausgegossen ist. Paracelsus hat denselben Gedanken groß und schön zum Ausdruck gebracht: Alle Wesenheiten der Natur sind wie die Buchstaben, aus denen sich ein Wort zusammensetzt, und wenn wir die Natur zusammenbuchstabieren, so stellt sich die Natur dar in ihrer Wesenheit, so gibt es ein Wort, das sich im Menschen darstellt. Das bringt Schiller in lebendiger, gefühlsmäßiger Weise in seinen philosophischen Briefen zum Ausdruck. So lebensvoll ist das für ihn, daß die Hieroglyphen in der Natur eine anschauliche Sprache führen. Ich sehe, sagt Schiller, in der Natur draußen die Puppen, die sich zum Schmetterling verwandeln. Die Puppe geht nicht unter, sie zeigt mir eine Verwandlung, und das ist mir die Gewähr dafür, daß sich auch die Seele des Menschen in ähnlicher Weise verwandelt. So ist mir der Schmetterling eine Gewähr für die menschliche Unsterblichkeit.

In der herrlichsten Weise verknüpfen sich so die Gedanken des Geistes in der Natur mit dem Gedanken, den Schiller sich ausbildet als denjenigen, der in der menschlichen Seele lebt. Dann ringt er sich hinauf bis zu der Anschauung, daß die Kraft der Liebe nicht nur in dem Menschen lebt, sondern in gewissen Stufen in der ganzen Welt zum Ausdruck kommt, im Mineral, in der Pflanze, im Tier, im Menschen. Sie bringt sich zum Ausdruck in den Kräften der Natur und am reinsten im Menschen. Schiller drückt das in einer Weise aus, die an die großen Mystiker des Mittelalters erinnert. Was er so ausgesprochen hat, das nennt er die «Theosophie des Julius». Daran hat er sich heraufentwickelt zu seinen späteren Lebensanschauungen. Seine ganze Lebensführung, sein ganzes Streben ist nichts anderes als eine große Selbsterziehung, und in diesem Sinne ist Schiller ein praktischer Theosoph. Im Grunde genommen ist die Theosophie nichts anderes als Selbsterziehung der Seele, ein fortwährendes Arbeiten an der Seele und deren weiterer Entwickelung zu den höheren Stufen des Daseins. Überzeugt ist der Theosoph, daß je höher er sich selbst entwikkelt, desto höhere Dinge er dann schauen kann. Wer sich nur an die Sinnlichkeit gewöhnt hat, kann auch nur Sinnliches schauen; wer für Seelisches und Geistiges geschult ist, sieht um sich Seele und Geist. Wir müssen selbst erst Geist und göttlich werden, dann können wir ein Göttliches erkennen. So sagten schon die Pythagoreer in ihren Geheimschulen, und so sagte es auch Goethe im Einklange mit einem alten Mystiker:

Wär' nicht das Auge sonnenhaft,
Die Sonne könnt' es nie erblicken,
Läg' nicht in uns des Gottes eigne Kraft,
Wie könnt' uns Göttliches entzücken?

Aber die Kräfte und Fähigkeiten, die in uns liegen, müssen wir erst in uns entwickeln, wir müssen die Fähigkeit dazu erst in uns heranerziehen. So sucht Schiller sein ganzes Leben hindurch sich selbst zu erziehen.

Eine neue Stufe in seiner Selbstentwickelung sind seine ästhetischen Briefe, die «Briefe über die ästhetische Erziehung des Menschen». Sie sind ein Juwel in unserem deutschen Geistesleben. Nur der kann fühlen und empfinden, was geheimnisvoll zwischen und aus den Worten – auch den späteren Dramen Schillers – herausströmt, der diese seine ästhetischen Briefe kennt; sie sind wie Lebensbalsam. Wer sich ein wenig befaßt hat mit dem hohen geistigen, pädagogischen Ideale, das in seinen ästhetischen Briefen lebt, wird sagen müssen: Ein Volksbuch müssen wir diese ästhetischen Briefe nennen. Erst dann, wenn in unseren Schulen nicht nur Plato, nicht nur Cicero, sondern mit gleicher Geltung die ästhetischen Briefe Schillers für die Jugend durchgenommen werden, wird man erkennen, wie ein Eigenes, ein Geniales darin lebt. Was in den ästhetischen Briefen lebt, wird erst fruchtbar werden, wenn die Lehrer unserer höheren Schulen durchdrungen sein werden von diesem geistigen Lebensblut, wenn sie in ihre Zöglinge etwas hineinströmen lassen werden von dem, was Schiller hat heranerziehen wollen dadurch, daß er dieses herrliche Werk uns geschenkt hat. In den heutigen philosophischen Werken finden Sie keinen Hinweis auf diese ästhetischen Briefe. Sie sind aber bedeutender als vieles, was von Fachphilosophen geleistet worden ist, denn sie appellieren an das Innerste des Menschen und wollen dieses Innerste eine Stufe höher hinaufheben.

Wieder ist es die große Frage, die an Schiller im Beginne der neunziger Jahre des 18. Jahrhunderts herantritt. Er stellt die Frage jetzt so: Der Mensch unterliegt auf der einen Seite den sinnlichen Nöten, den sinnlichen Begierden und Leidenschaften. Er ist ihren Notwendigkeiten unterworfen, er folgt ihnen, er ist ein Sklave der Triebe, Begierden und Leidenschaften. Auf der anderen Seite steht die logische Notwendigkeit: Du mußt in einer gewissen Weise denken. – Auf der anderen Seite steht ebenso die moralische Notwendigkeit: Du mußt dich gewissen Pflichten unterwerfen. – Logisch notwendig ist die intellektuelle Bildung. Die moralische Notwendigkeit fordert etwas anderes, fordert etwas, was über die moderne Anschauung hinausgeht. Die Logik gibt uns keine Freiheit, wir müssen uns ihr unterwerfen; auch die Pflicht gibt uns keine Freiheit, wir müssen uns ihr unterwerfen. Dazwischen hineingestellt ist der Mensch; hineingestellt zwischen logischer Notwendigkeit und Naturnotdurft.

Folgt er der einen oder der anderen, so ist er unfrei, ein Sklave. Aber frei soll er werden.

Die Frage der Freiheit tritt vor Schillers Seele, so tief wie sie vielleicht im ganzen deutschen Geistesleben niemals gestellt und bearbeitet worden ist. *Kant* hatte diese Frage kurz vorher auch aufgeworfen. Schiller ist niemals ein Kantianer gewesen, wenigstens hat er sich bald über den Kantianismus hinausgearbeitet. Während der Abfassung dieser Briefe war er nicht mehr auf dem Standpunkte Kants. Kant spricht von der Pflicht so, daß die Pflicht kategorischer Imperativ wird. «Pflicht! du erhabener, großer Name, der du nichts Beliebtes, was Einschmeichelung bei sich führt, in dir fassest, sondern Unterwerfung verlangst», der du «ein Gesetz aufstellst . . . vor dem alle Neigungen verstummen, wenn sie gleich im Geheimen ihm entgegenwirken . . .» Unterwerfung unter den kategorischen Imperativ fordert Kant. Schiller aber hat sich losgesagt von dieser Kantischen Pflichtauffassung. Er sagt: «Gerne dien' ich den Freunden, doch tu' ich es leider mit Neigung» – und nicht mit dem, was abtötet die Neigung, was abtötet selbst die Liebe. Kant fordert, daß wir aus der Pflicht heraus, aus dem kategorischen Imperativ tun, was wir sollen. Schiller will eine Harmonie zwischen diesen beiden, eine Harmonie zwischen Neigung und Leidenschaft einerseits und Pflicht und Logik auf der anderen Seite. Er findet sie zunächst in der Anschauung des Schönen. Da wird für Schiller das Wirken im Schönen zu einer großen Weltenmusik, hat er doch ausgesprochen: «Nur durch das Morgentor des Schönen drangst du in der Erkenntnis Land.» Wenn wir ein Kunstwerk haben, so leuchtet durch dasselbe das Geistige hindurch. So erscheint uns das Kunstwerk nicht wie eine eherne Notwendigkeit, sondern wie ein Schein, der uns das Ideale, das Geistige, das Spirituelle zum Ausdruck bringt. Ausgeglichen sind Geist und Sinnlichkeit in dem Schönen. Ausgeglichen müssen Geist und Sinnlichkeit auch im Menschen sein für Schiller. Da wo der Mensch zwischen diesen zwei Zuständen ist, wo er weder abhängt von der Naturnotwendigkeit noch von der logischen, sondern wo er in dem Zustande lebt, welchen Schiller den ästhetischen nennt, da ist die Leidenschaft überwunden. Den Geist hat er heruntergeholt bis zu sich, die Sinnlichkeit hat er durch das Schöne geläutert, und so hat der Mensch den Trieb und die Begierde, freiwillig das zu tun, was der kategorische Imperativ verlangt. Dann ist die Moralität im Menschen etwas, was in ihm zu Fleisch und Blut geworden ist, so daß die Triebe und Begierden selbst das Geistige darleben. Geist und Sinnlichkeit haben so den ästhetischen Menschen durchdrungen, Geist und Sinnlichkeit haben sich im Menschen durchdrungen, weil er liebt, was er soll. Was im Menschen schlummert, soll herausgeweckt werden. Das ist Schillers Ideal. Auch in Hinsicht der Gesellschaft, der Gesetze werden die Menschen von seiten der Notdurft oder von dem Vernunftstaat gezwungen, gesetzmäßig zusammenzuleben. Dazwischen steht die ästhetische Gesellschaft, wo die Liebe vollbringt, was von Mensch zu Mensch ersehnt und von seiner innersten Neigung ihm auferlegt ist. In der ästhetischen Gesellschaft wirken die Menschen frei zusammen, da brauchen sie nicht die äußeren Gesetze. Sie sind selbst der Ausdruck der Gesetze, nach denen die Menschen zusammenleben müssen. Schön und erhaben schildert Schiller diese Gesellschaft, wo die Menschen in Liebe und in gegenseitiger Neigung zusammenleben und aus Freiheit dasjenige tun, was sie tun sollen und tun müssen.

Nur in einzelnen Strichen konnte ich die Gedanken von Schillers ästhetischen Briefen ausdrücken. Aber nur dann wirken sie, wenn sie nicht bloß gelesen und im Lesen studiert werden, sondern wenn sie wie ein Meditationsbuch den Menschen begleiten durchs ganze Leben, so daß er werden will, wie Schiller werden wollte. Damals war noch nicht die Zeit dazu gekommen. Sie ist erst heute da, wo man den großen Umfang einer Gesellschaft bemerken kann, die zu einem ersten Grundsatz einen Zusammenhang von Menschen auf Basis von Liebe macht. Damals suchte Schiller durch die Kunst, durch das «Morgentor des Schönen» einzudringen in ein solches Erkennen und in ein solches Zusammenleben der Menschen. So hat Schiller, weil dazumal seine Zeit nicht reif war, den freien Menschen in freier Gesellschaft zu schaffen, wenigstens in seiner Kunst die Menschen vorerziehen wollen, damit sie einmal dazu reif werden. Es ist traurig, wie wenig gerade diese intimsten Gedanken und Gefühle Schillers Eingang gefunden haben in das pädagogische Leben, das ganz von ihnen durchdrungen sein müßte, das ein Abriß davon sein müßte.

Wie wir Schiller in bezug auf die Gegenwart aufzufassen haben, das habe ich in meinen Vorträgen über Schiller gegeben, die ich in der «Freien Hochschule» gehalten habe. Da versuchte ich, die Gedanken in zusammenhängender und umfassender Weise darzustellen. Manches was ich heute nur andeuten kann, können Sie da ausführlich nachlesen. In allen Schiller-Biographien können Sie im Grunde genommen nur wenig von diesen Schillerschen Intimitäten finden. Aber einmal hat sich ein Pädagoge, ein feinsinniger, lieber Pädagoge damit befaßt, den Gehalt von Schillers ästhetischen Briefen in schönen Briefen zu verarbeiten. *Deinhardt* hieß der Mann. Ich glaube nicht, daß Sie das Buch noch im Buchhandel kriegen können. Alle Lehrer, namentlich unserer höheren Schulen, hätten es sich kaufen müssen. Ich glaube aber, es ist eingestampft worden. Der es geschrieben hat, konnte es kaum zu einer dürftigen Privatlehrerstelle bringen. Er hat das Malheur gehabt, sich einen Beinbruch zuzuziehen; die zugezogenen Ärzte erklärten, der Beinbruch wäre schon zu heilen, jedoch der Mann sei zu schlecht ernährt. So ist er an den Folgen dieses Unfalls gestorben.

Nachdem Schiller auf diese Weise in seinem Leben heraufgelangt war, trat für ihn etwas sehr Wichtiges ein: eine Tatsache trat an Schiller heran, welche tief eingriff in sein Leben und auch tief eingriff in das Leben unserer ganzen Nation. Es ist ein Ereignis, das sehr bedeutungsvoll ist, bedeutungsvoll überhaupt für das ganze moderne Geistesleben. Das ist der Freundschaftsbund zwischen Schiller und Goethe. In eigentümlicher Weise wurde er begründet. Es war bei einer Versammlung der «Naturforschenden Gesellschaft» in Jena. Schiller und Goethe nahmen teil an dem Vortrag eines bedeutenden Naturforschers, *Batsch*. Es traf sich so, daß die beiden zusammen aus dem Saale gingen. Schiller sagte zu Goethe: Das ist so eine zerstückelte Art, die Naturwesen zu betrachten; da fehlt ja überall der Geist, der in der ganzen Natur lebt. – So stellte Schiller seine Grundfrage wieder vor Goethe hin. Goethe antwortete: Es könnte wohl noch eine andere Art, die Natur zu betrachten, geben. – Er hatte auch im «Faust» darauf hingedeutet, wo er sagt, daß wer so sucht, den Geist herauszutreiben, dann die Teile in der Hand hat, «fehlt leider nur das geistige Band». Goethe hat in allen Pflanzen etwas gesehen, was er die Urpflanze nennt, in den Tieren etwas gesehen, was er das Urtier nennt. Das was wir den Ätherkörper nennen, hat er gesehen, und diesen Ätherkörper hat Goethe dann mit ein paar charakteristischen Strichen vor Schiller hingezeichnet. Er war sich klar darüber, daß sich etwas wirklich Lebendiges in jeder Pflanze ausdrückt. Schiller wandte darauf ein: «Ja, das ist aber keine Erfahrung, das ist eine Idee!» Darauf sagte Goethe: «Das kann mir sehr lieb sein, daß ich Ideen habe, ohne es zu wissen, und sie sogar mit Augen sehe.» Goethe war sich klar, daß das nichts anderes war als das Wesen der Pflanze selbst.

Für Schiller lag nun die Aufgabe vor, sich hinaufzuranken zu der großen und umfassenden Auffassung Goethes. Schön ist der Brief, den ich schon einmal erwähnt habe; er enthält die tiefste Psychologie, die es überhaupt gibt, und mit der Schiller das Freundschaftsband mit Goethe festbindet. «Lange schon hab ich, obgleich aus ziemlicher Ferne, dem Gang Ihres Geistes zugesehen und den Weg, den Sie sich vorgezeichnet haben, mit immer erneuerter Bewunderung bemerkt. Sie suchen das Notwendige der Natur, aber Sie suchen es auf dem schwersten Wege, vor welchem jede schwächere Kraft sich wohl hüten wird. Sie nehmen die ganze Natur zusammen, um über das Einzelne Licht zu bekommen; in der Allheit ihrer Erscheinungsarten suchen Sie den Erklärungsgrund für das Individuum auf. Von der einfachen Organisation steigen Sie Schritt für Schritt zu der mehr verwickelten hinauf, um endlich die verwickeltste von allen, den Menschen, genetisch aus den Materialien des ganzen Naturgebäudes zu erbauen. Dadurch, daß Sie ihn in der Natur gleichsam nacherschaffen, suchen Sie in seine verborgene Technik einzudringen. Eine große und wahrhaft heldenmäßige Idee, die zur Genüge zeigt, wie sehr Ihr Geist das reiche Ganze seiner Vorstellungen in einer schönen Einheit zusammenhält. Sie können niemals gehofft haben, daß Ihr Leben zu einem solchen Ziele zureichen werde, aber einen solchen Weg auch nur einzuschlagen, ist mehr wert, als jeden anderen zu endigen – und Sie haben gewählt, wie Achill in der Ilias zwischen Phthia und der Unsterblichkeit. Wären Sie als ein Grieche, ja nur als ein Italiener geboren worden, und hätte schon von der Wiege an eine auserlesene Natur und eine idealisierende Kunst Sie umgeben, so wäre Ihr Weg unendlich verkürzt, vielleicht ganz überflüssig gemacht worden. Schon in die erste Anschauung der Dinge hätten Sie dann die Form des Notwendigen aufgenommen, und mit Ihren ersten Erfahrungen hätte sich der große Stil in Ihnen entwickelt. Nun, da Sie ein Deutscher geboren sind, da Ihr griechischer Geist in diese nordische Schöpfung geworfen wurde, so blieb Ihnen keine andere Wahl, als entweder selbst zum nordischen Künstler zu werden, oder Ihrer Imagination das, was ihr die Wirklichkeit vorenthielt, durch Nachhilfe der Denkkraft zu ersetzen und so gleichsam von innen heraus und auf einem rationalen Wege ein Griechenland zu gebären.» Das ist etwas, was nachgewirkt hat in Schiller, wie wir gleich sehen werden.

Schiller kehrt jetzt wieder zur Dichtung zurück. Das was nachgewirkt hat, tritt uns in seinen Dramen entgegen. Groß und umfassend tritt uns das Leben entgegen gleich in «Wallenstein». Sie brauchen nicht zu glauben, daß Sie die Gedanken, die ich jetzt entwickele, so finden werden, wenn Sie Schillers Dramen lesen. Aber tief drinnen liegen sie in seinen Dramen, wie auch das Blut in unseren Adern pulsiert, ohne daß wir dieses Blut in den Adern sehen. Als Lebensblut pulsieren sie in Schillers Dramen. Herein spielt in das Persönliche ein Unpersönliches. Schiller sagte sich: Etwas Umfassenderes muß es geben, das über Geburt und Tod hinausgeht. Er suchte sich klar zu werden, wie in das Persönliche das große überpersönliche Schicksal hineinspielt. Wir haben oftmals schon dieses Gesetz als das Karmagesetz erwähnt. In «Wallenstein» schildert er das große Schicksal, das den Menschen zermalmt oder erhebt. Droben in den Sternen sucht Wallenstein es zu ergründen. Dann aber ist er sich wieder klar, daß er gezogen wird von den Fäden des Schicksals, daß wieder in der eigenen Brust unsere Schicksalssterne erglänzen. Das Persönliche, die sinnliche Natur im Zusammenhang mit dem Göttlichen sucht Schiller im «Wallenstein» dichterisch zu bewältigen. Es wäre unkünstlerisch, wenn wir mit diesen Gedanken das Drama genießen wollten. Aber unbewußt fließt der große Impuls, der ausgeht von diesem Zusammenhang, in uns hinein. Wir werden gehoben und hingetragen zu dem, was dieses Drama durchpulst. In jedem der nächsten Dramen sucht Schiller eine höhere Stufe zu erklimmen, sich selbst zu erziehen und die anderen mit heraufzuziehen. – In der «Jungfrau von Orleans» spielen Kräfte, die überpersönlich sind und in das Persönliche hineinspielen. In der «Braut von Messina» sucht er etwas Ähnliches zu verkörpern; da sucht er an das alte griechische Drama anzuknüpfen. Einen Chor und ein Lyrisches sucht er da hineinzubringen. Nicht in der gewöhnlichen Umgangssprache, sondern in gehobener Sprache wollte er Schicksale darstellen, die sich über das bloß Persönliche hinausheben.

Warum knüpfte da Schiller an das griechische Drama an? Wir müssen uns vergegenwärtigen, wovon das griechische Drama selbst ausgegangen ist. Blicken wir zurück in der griechischen Dramatik hinter Sophokles und Äschylos, dann kommen wir zu dem griechischen Mysteriendrama, zu dem Urdrama, von dem Äschylos, Sophokles und Euripides erst spätere Entwickelungsstufen sind. In seinem Buch «Die Geburt der Tragödie aus dem Geiste der Musik» hat *Nietzsche* die Entstehung des Dramas zu erkunden versucht. In großen dramatischen Gemälden wurde alljährlich den Griechen etwas vorgeführt, was für die Griechen in der alten homerischen Zeit zugleich Religion, Kunst und Wissenschaft war – Wahrheit, Frömmigkeit und Schönheit. Was wurde dadurch dieses Urdrama? Dieses Urdrama war kein Drama, das menschliche Schicksale darstellt. Es sollte darstellen den Gott selbst als den Repräsentanten der Menschheit – Dionysos. Der Gott, der herabgestiegen ist von höhe-

411

ren Sphären, in den materiellen Stoffen sich verkörpert, der durch das Mineral-, Pflanzen- und Tierreich bis zum Menschen hinaufsteigt, um im Menschen seine Erlösung und seine Auferstehung zu feiern. Seine schönste Gestaltung erlangt dieser Gang des Göttlichen in der Welt in dem, was man nannte den Herabstieg des Gottes und die Auferstehung und die Himmelfahrt des Göttlichen.

Dieses Urdrama spielte sich in mannigfaltigen Gestalten ab vor den Augen der griechischen Zuschauer. Da sah der Grieche, was er wissen wollte von der Welt, was er als Wahrheit über die Welt wissen sollte, die Überwindung des Natürlichen durch das Geistige. Wissenschaft war für ihn das, was in diesen Dramen vorgeführt wurde, und es wurde ihm so vorgeführt, daß diese Vorführung mit Frömmigkeit verknüpft war und ein Vorbild sein konnte von dem, was der Mensch darlebte. Kunst, Religion und Weisheit war das, was sich abspielte vor den Zuschauern. Nicht in der gewöhnlichen Sprache, sondern in gehobener Sprache sprachen die einzelnen Darsteller von dem Herabstieg, dem Leiden und der Überwindung, von des Geistigen Auferstehung und Himmelfahrt. Und dasjenige, was sich da abspielte, das spiegelte wider der Chor, der in der einfachen Musik der damaligen Zeit wiedergab dasjenige, was sich mitten darin als göttliches Drama abspielte. Von dieser einheitlichen Quelle strömt aus dasjenige, was wir als Kunst kennen, als die Wissenschaft, die physisch wurde, und als die Religion, die herauskam aus diesen Mysterien. So blicken wir zurück auf etwas, was die Kunst zusammenkettet mit Wahrheit und religiöser Frömmigkeit.

Der große Nach-Denker des griechischen Urdramas, der französische Schriftsteller *Edouard Schuré*, hat in der Neuzeit versucht, dieses Drama nachzukonstruieren. Sie können diese wahrhaft geniale Nachkonstruktion im «Heiligen

Drama von Eleusis» nachlesen. Durch die Vertiefung in dieses Drama ist er zu der Idee gekommen, daß es eine Aufgabe unserer Zeit sei, das Theater der Seele und des Selbstes wieder zu erneuern. In seinen «Kindern des Lucifer» versucht er, ein modernes Werk zu schaffen, das wiederum Selbstanschauung und Schönheit, dramatische Kraft und Wahrheitsgehalt miteinander verbindet. Wenn jemand etwas von dem wissen möchte, was das Drama in der Zukunft werden soll und werden will, so kann er sich ein Bild davon machen an diesen Schuréschen Bildern der «Kinder des Lucifer». Der ganze Wagner-Kreis, was strebt er denn an, als wieder etwas Überpersönliches in den Dramen darzustellen? In den Dramen *Richard Wagners* haben wir das Schreiten von dem Persönlichen zu dem Überpersönlichen, zu dem Mythischen. Deshalb fand auch Nietzsche, als er im Urdrama die Geburt der Tragödie suchte, den Weg zu Wagner. Was in dieser Weise das 19. Jahrhundert angestrebt hat, das hat Schiller schon versucht in seiner «Braut von Messina», wo das Geistige hingestellt wird in gehobener Sprache, wo in dem Chor der Widerhall der göttlichen Handlungen vor uns hingestellt wird. Aus welchen Tiefen heraus er dazumal ein Griechenland hat gebären wollen, das sagt er in seiner außerordentlich geistvollen Vorrede zu der Schrift «Über den Gebrauch des Chores in der Tragödie», das wieder eine Perle deutschen Schrifttums und deutscher Ästhetik ist.

Und dasselbe, was das 19. Jahrhundert wollte, hat Schiller versucht – durch das Morgentor des Schönen in der Erkenntnis Land zu treten und ein Missionar des Wahren zu sein. Bei dem Drama «Demetrius», das er nicht mehr abschließen konnte, weil der Tod ihn davon wegriß, bei diesem Drama suchte er die Probleme des menschlichen Selbst zu begreifen, mit einer Klarheit und so groß und gewaltig, daß keiner von denen, die es versucht haben, den «Demetrius» beenden konnte, weil die große Ideentracht Schillers bei ihnen nicht zu finden ist. Wie tief faßt er doch das menschliche Selbst, das in dem Menschen lebt! Demetrius findet in sich aus gewissen Anzeichen, daß er der echte russische Thronfolger sei. Er tut alles, um das, was ihm gebührt, zu erlangen. In dem Augenblicke, wo er nahe daran ist, das Ziel zu erreichen, fällt alles zusammen, was sein Selbst angefüllt hat. Er muß jetzt dasjenige sein, was er lediglich durch die Kraft seines Inneren aus sich gemacht hat. Das Selbst, das ihm zuteil geworden ist, ist nicht mehr da; ein Selbst, das seine eigene Tat sein soll, soll erstehen. Aus dem heraus soll Demetrius handeln. Es ist das Problem der menschlichen Persönlichkeit mit einer Grandiosität erfaßt wie von keinem zweiten Dramatiker der Welt. So Großes hat Schiller im Sinne gehabt, als ihn der Tod hinwegriß. In diesem Drama liegt etwas, was für diejenigen, die es nicht in klare Worte fassen konnten, jetzt mehr Widerhall finden wird. Und dasjenige, was hineingebaut war in die Herzen und Tiefen der Seele der Menschen, das strömte wieder hervor im Jahre 1859.

Das Jahr 1859 hat einen Umschwung in der ganzen modernen Bildung hervorgerufen. Vier Werke sind es, die zufällig um diese Zeit herum erschienen sind. Sie haben einen Grundton für unsere Bildung abgegeben. Das eine ist *Darwins* «Entstehung der Arten durch natürliche Zuchtwahl», das eine materialistische Bewegung mit sich brachte. Das zweite Werk war ebenso charakteristisch, namentlich in bezug auf Schiller, wenn wir uns an das Schillerwort erinnern, das er den Astronomen zugerufen hat: «Schwatzet mir nicht so viel von Nebelflecken und Sonnen! Ist die Natur nur groß, weil sie zu zählen euch gibt? Euer Gegenstand ist der erhabenste freilich im Raume; aber, Freunde, im Raum wohnt das Erhabene nicht.» Aber gerade dieses Erhabene im Raume zu begreifen, das wurde möglich durch ein Werk, das damals erschienen ist von *Kirchhoff* und *Bunsen* über die Spektralanalyse. Und das dritte Werk war wieder in einem gewissen Gegensatz zu Schiller. In idealistischem Geiste hat *Gustav Theodor Fechner* geschrieben: «Die Vorschule der Ästhetik.» Eine Ästhetik «von unten» sollte geschaffen werden. Von oben hat sie Schiller in einer gewaltigen Weise angefangen. Von der einfachen Sinnesempfindung ging Fechner aus. Das vierte Werk trug den Materialismus hinein in das gesellschaftliche Zusammenleben. Was Schiller als Gesellschaft begründen wollte, das wurde unter den Gesichtspunkt des krassesten Materialismus gerückt in dem Werke von *Karl Marx* «Zur Kritik der politischen Ökonomie». Das hat sich alles da hineingeschlichen. Es sind Dinge, die fernliegen müssen dem Unmittelbar-Intimen, das Schiller in die Herzen hineingegossen hat, ehrlich und aufrichtig. Und nun werden diejenigen, denen das zuströmt aus der modernen Literatur, nicht mehr in so idealer Weise zu Schiller hinsehen können. Vor kurzem, im letzten Jahrzehnt des 19. Jahrhunderts, schrieb ein Mann, der gründlich verwachsen war mit der ästhetischen Kultur, eine Schiller-Biographie. Das erste Wort darin war: «Ich war in meiner Jugend ein Schiller-Hasser!» Und erst durch die gelehrtenhafte Beschäftigung mit ihm konnte er sich zu einer Würdigung der Größe Schillers hinaufarbeiten.

Wer nur ein wenig hinhören kann auf das, was in unserer Zeit flutet, der wird sehen, daß da ein gewisser innerer Zwang waltet. Die Zeit ist anders geworden. Deshalb wird doch auch vielleicht noch manches große, begeisterte Wort und manche schöne Festlichkeit sich an Schiller knüpfen. Aber derjenige, der feiner hinzuhorchen vermag, wird doch etwas nicht hören können, was vor einem halben Jahrhundert noch durch die Geister und Gemüter zog, als wir Schiller verehrten. Wir müssen es begreifen; nicht der geringste Tadel ist damit ausgesprochen über diejenigen, welche heute Schiller etwas fernstehen. Aber bei der gewaltigen Größe dessen, was Schiller geschaffen hat, werden wir uns zugestehen müssen: Er muß wieder Bestandteil unserer Geistesbildung werden. Die unmittelbare Gegenwart wird wieder an Schiller sich anlehnen müssen. Und wie sollte nicht eine Gesellschaft, die so nach geistiger Vertiefung hinstrebt, wie die Theosophische Gesellschaft, wie sollte sie nicht an Schiller anknüpfen? Ist er doch die erste Vorschule zur Selbsterziehung, wenn wir die Höhen des Geistes erreichen wollen. Wir werden anders zur Erkenntnis kommen, wenn wir durch ihn hindurchgehen. Wir werden zum Spirituellen kommen, wenn wir durch seine «Ästhetischen Briefe» hindurchgehen. Wir werden die Theosophische Gesellschaft als eine Vereinigung der Menschen fassen, ohne Rücksicht auf Nation, Geschlecht, Stamm und so weiter, als eine Vereinigung lediglich auf der Grundlage der reinen Menschenliebe. Schiller hat Zeit seines Lebens hinaufgestrebt zu den Höhen des spirituellen Seins, und seine Dramen sind im Grunde genommen nichts anderes als dasjenige, was künstlerisch eindringen will in die höchsten Gebiete dieses spirituellen Seins. Was er erstrebt für die menschliche Seele, das war nichts anderes, als in dieser Menschenseele etwas heranzuziehen, was ewig und unvergänglich ist. Wenn wir uns nochmals ganz kurz an Goethe erinnern: er hat mit dem Worte «Entelechie» dasjenige bezeichnet, was in der Seele als das Unvergängliche lebt, was der Mensch in sich heranbildet, selbst sich erarbeitet durch die Erfahrung im Wirklichen, und was er hinaufsendet als sein Ewiges. Schiller nennt das die Gestalt, die formt. Das ist für Schiller das Ewige, was in der Seele lebt, was die Seele immerfort in sich ausbildet, in sich vergrößert und hinüberführt in die Gefilde, die unvergänglich sind. Ein Sieg ist es, den die Gestalt über die Körperlichkeit erringt, die vergänglich ist, und in der die Gestalt sich nur auslebt. Schiller nennt es das Ewige im Leben der Seele, und wir dürfen, wie Goethe, nachdem Schiller dahingegangen war, die Worte prägte «Er war unser», wir dürfen, wenn wir Schiller wieder im lebendigen Geist erfassen, uns wieder durchdringen mit dem, was in ihm lebte und womit er in der anderen Welt lebt, die freundlich und liebevoll sein Bestes aufnahm; wir dürfen auch als Theosophen jene geheimnisvolle Verbindung mit ihm feiern, die wir als Schiller-Fest feiern können. Wie sich der Mystiker vereinigt mit dem Geistigen der Welt, so vereinigt sich der Mensch mit den großen Geisteshelden der Menschheit. Ein solches Fest, eine «unio mystica», müßte jeder, der zu einer geistigen Weltanschauung hinstrebt, noch neben den großen und rauschenden Schiller-Festen für sich feiern. Nichts soll eingewendet werden gegen diese großen Feste. Schillers Wirken findet aber nur derjenige, der dieses intime Fest in seinem Herzen feiert, das ihn intim mit unserem Schiller verbindet. Zum Geiste hinstrebend werden wir den Weg am besten finden, wenn wir es machen wie Schiller, der zeitlebens sich selbst erzogen hat. Er hat es ausgesprochen, und wie ein Motto der theosophischen Weltanschauung klingt es:

> Nur der Körper eignet jenen Mächten,
> Die das dunkle Schicksal flechten;
> Aber frei von jeder Zeitgewalt,
> Die Gespielin seliger Naturen,
> Wandelt oben in des Lichtes Fluren,
> Göttlich unter Göttern – die Gestalt.

III

DIE THEOLOGISCHE FAKULTÄT
UND DIE THEOSOPHIE

Berlin, 11. Mai 1905

Wenn die theosophische Bewegung wirklich eingreifen soll in die ganze moderne Kultur, dann kann sie sich nicht einseitig darauf beschränken, irgendwelche Lehren zu verbreiten, irgendwelche auf dieses oder jenes bezügliche Erkenntnisse vorzutragen, sondern sie muß sich auseinandersetzen mit den verschiedensten Kulturfaktoren und Kulturelementen in der Gegenwart. Die Theosophie soll ja nicht eine bloße Lehre sein, sie soll Leben sein. Einfließen soll sie in all unser Handeln, in unser Fühlen und in unser Denken. Nun liegt es in der Natur der Sache, daß eine solche, das Herz der modernen Kultur unmittelbar ansprechende Bewegung, wenn sie lebensfähig sein soll, vor allen Dingen eingreift da, wo wir es mit der Führerschaft im Geistesleben zu tun haben. Und wo anders sollten wir heute die Führerschaft des geistigen Lebens suchen als in unseren Hochschulen, wo tatsächlich alle diejenigen – wenigstens wenn Sie die Sache idealistisch betrachten – zusammenwirken sollen als Träger unserer Kultur, unseres ganzen Geisteslebens, welche im Dienste der Wahrheit, des Fortschritts und im Dienste der geistigen Bewegung überhaupt wirken. Zusammenwirken sollen sie mit einer Jugend, die sich vorbereitet für die höchsten Aufgaben des Lebens. Das wäre der große und bedeutende Einfluß, den die Hochschulen auf das ganze Kulturleben naturgemäß haben müssen, der bedeutende Einfluß, der als ein Autoritatives ausgeht von ihnen, denn man kann es doch nicht in Abrede stellen, wie man sich auch gegen alles, was Autorität heißt, sträuben mag in unserer Zeit: von unseren Hochschulen aus wird autoritativ gewirkt. Und es ist in gewisser Beziehung recht so, denn diejenigen, welche über die höchsten Kulturangelegenheiten unsere Jugend zu unterrichten haben, müssen maßgebend sein in bezug auf alle Fragen des menschlichen Daseins. So ist es wirklich sinngemäß, wenn die ganze Nation hinsieht auf dasjenige, was die Mitglieder der Fakultäten in irgendeiner Frage sagen. So ist es. In allen unseren Fakultäten sieht man doch dasjenige, was der Universitätsdozent über eine Sache sagt, als das Maßgebende an.

So scheint es mir natürlich, daß wir als Theosophen uns einmal fragen: Wie müssen wir uns stellen zu den verschiedenen Zweigen unseres Universitätslebens? Nicht eine Kritik soll geübt werden an unseren Universitätseinrichtungen; das soll nicht Gegenstand des heutigen Vortrages sein. Dasjenige, was in diesen und folgenden Vorträgen auseinandergesetzt werden wird, soll einfach eine Perspektive geben, wie die theosophische Bewegung, wenn sie wirklich lebensfähig ist, wenn sie wirklich eingreifen kann in die Impulse der geistigen Bewegung, möglicherweise befruchtend einwirken kann auf unser Universitätsleben.

Die Fakultäten teilt man ein in die theologische, die juristische, die medizinische und die philosophische. Allerdings, so wie das hohe Unterrichtswesen heute ist, müssen wir ganz im Sinne unserer gegenwärtigen Denkweise und Lebensanschauung auch noch andere Hochschulen hinzurechnen, gleichsam als eine Fortsetzung der Universität, nämlich die Hochschulen der technischen Wissenschaften, der Künste und so weiter. Darüber wird die Rede sein bei der Besprechung der Philosophie. Heute haben wir es zu tun mit der Fakultät, welche in den ersten Zeiten, als es Universitäten gab – Universitäten entstanden in der Mitte des

Mittelalters –, zuerst eine führende Stelle in der modernen Bildung sich aneignete. In dieser Zeit war die Theologie an den Universitäten die Königin der Wissenschaften. Alles, was sonst getrieben wurde, gruppierte sich um die theologische Gelehrsamkeit herum.

Hervorgegangen war die Universität aus dem, was die Kirche im Mittelalter ausgebildet hat: aus den Klosterschulen. Die alten Schulen hatten eine Art von Anhang für dasjenige, was man als weltliches Wissen benötigte; die Hauptsache aber war die Theologie. In der ersten Zeit des Universitätslebens waren es die durch die Kirchenbildung hindurchgegangenen Lehrer, Geistliche und Mönche, die bis zum Ausgange des Mittelalters tätig waren. Die «Königin der Wissenschaften» nannte man die Theologie. Ist es nun nicht, wenn man die Sache abstrakt, ideell betrachtet, ganz natürlich, die Theologie die Königin der Wissenschaften zu nennen, und müßte sie nicht, wenn sie ihre Aufgabe im weitesten Sinne erfüllte, diese Königin sein? Im Mittelpunkte der Welt steht zweifellos dasjenige, was wir den Urgrund der Welt nennen, das Göttliche, insofern es der Mensch erfassen kann. Die Theologie ist nichts anderes als die Lehre von diesem Göttlichen. Alles andere muß zurückgehen auf göttliche Urkräfte des Daseins. Will die Theologie wirklich die Lehre von dem Göttlichen sein, dann ist es nicht anders zu denken, als daß sie eine Zentralsonne aller Weisheit und alles Wissens ist, und daß von ihr ausstrahlt die Kraft und die Energie für alle übrigen Wissenschaften. Im Mittelalter war es noch so. Im Grunde genommen bekam dasjenige, was die großen mittelalterlichen Theologen über die Welt zu sagen hatten, sein Licht, die wichtigste Kraft von der sogenannten heiligen Wissenschaft, der Theologie.

Wenn wir uns ein Bild machen wollen von diesem Denken und von dieser Lebensauffassung im Mittelalter, so können wir das mit ein paar Worten tun. Jeder mittelalterliche Theologe betrachtete die Welt als eine große Einheit. Oben am Gipfel war die göttliche Schöpferkraft. Unten, in der Mannigfaltigkeit der Welt zerstreut, waren die einzelnen Naturkräfte und Naturreiche. Das, was man über die Naturkräfte und -reiche wußte, war der Gegenstand der einzelnen Wissenschaften. Was den Menschengeist hinführte zur Aufklärung über die höchsten Fragen, was Licht bringen sollte über das, was die einzelnen Wissenschaften nicht auszumachen vermögen, das kam von der Theologie. Daher studierte man zuerst Philosophie. Unter dieser verstand man den Umkreis aller weltlichen Wissenschaften. Dann erhob man sich zur Wissenschaft der Theologie. Etwas anders standen im Universitätsleben die medizinische und die juristische Fakultät. Wir können uns leicht eine Vorstellung davon machen, wie diese Fakultäten zueinander stehen, wenn wir die Sache so betrachten: Philosophie war der Umkreis aller Wissenschaften, und die theologische Fakultät betrachtete und befaßte sich mit der großen Frage: Was ist der Urgrund, und was sind die einzelnen Erscheinungen des Daseins?

Nun ist dieses Dasein so, daß es in der Zeit verläuft. Wir haben eine Entwickelung im Dasein zur Vollkommenheit, und als Menschen sind wir nicht nur hineingestellt in die Weltenordnung, sondern wir arbeiten selbst mit an der Weltenordnung. Wenn die philosophische und die theologische Fakultät dasjenige betrachten, was ist, was war und was sein wird, so betrachten die juristische und die medizinische Fakultät die Welt in ihrem Werden, die Welt, wie sie aus dem Unvollkommenen in das Vollkommene hineingeleitet werden soll. Die medizinische Fakultät wendet sich mehr dem natürlichen Leben in seiner Unvollkommenheit zu und fragt, wie es besser gemacht werden soll. Die juristische Fakultät wendet sich der moralischen Welt zu und fragt, wie sie besser gemacht werden muß. Das ganze Leben des Mittelalters war ein einziger Körper, und etwas Ähnliches muß zweifellos wiederkommen. Wieder muß die ganze Unität, die Universitas ein lebendiger Körper werden, welcher in den einzelnen Fakultäten nur die Glieder des gemeinsamen Lebens hat. Heute ist die Universität mehr ein Aggregat, und die einzelnen Fakultäten haben nicht viel miteinander zu tun. Im Mittelalter mußte jeder, der auf der Universität studierte, sich eine philosophische Grundbildung erwerben, dasjenige, was man heute eine allgemeine Bildung nennt, obgleich man zugeben muß, daß gerade diejenigen, die heute von der Universität abgehen, sich oft durch das Fehlen der allgemeinen Bildung auszeichnen.

Dieses war die Grundlage vor allem. Auch in Goethes «Faust» findet man gesagt: Erst das collegium logicum, dann Metaphysik. Und richtig ist es doch auch, daß der, der überhaupt hineingeführt werden will in die Geheimnisse des Weltendaseins, in die großen Fragen der Kultur, zunächst eine gründliche Durchbildung in den verschiedenen Wissenszweigen haben muß. Es ist kein Fortschritt, daß dieses allgemeine Physikum aus unserer Universitätsbildung vollständig gewichen ist. Zum großen Teil ist das, was man wissen kann, unlebendig, unlebendige Natur: Physik, Chemie, Botanik, Zoologie, Mathematik und so weiter. Erst wenn der Student eingeführt worden war in die Lehren vom Denken, in die Gesetze der Logik, in die Grundprinzipien der Welt oder der Metaphysik, dann konnte er zu den anderen, höheren Fakultäten aufsteigen. Denn mit einem gewissen Recht wurden die anderen Fakultäten die höheren genannt. Er konnte dann aufsteigen zur Theologie.

Derjenige, welcher über die tiefsten Fragen des Daseins unterrichtet werden sollte, mußte über die einfachen Fragen des Daseins etwas gelernt haben. Aber auch die anderen

Fakultäten setzen eine solche Vorbildung voraus. Es stünde viel besser um die Jurisprudenz und um die Medizin, wenn eine solche allgemeine Vorbildung in gründlicher Weise gepflegt würde, denn derjenige, der eingreifen will in das Rechtsleben, muß wissen, welches die Gesetze des menschlichen Lebens überhaupt sind. Es muß in lebendiger Weise begriffen werden, was einen Menschen zum Guten oder zum Bösen führen kann. Man muß nicht nur ergriffen werden so, wie man vom toten Buchstaben des Gesetzes ergriffen wird, sondern man muß ergriffen werden wie vom Leben, wie von etwas, mit dem man in intimer Beziehung steht. Und diese Menschen müssen den Umkreis erst haben, weil der Mensch wirklich ein Mikrokosmos ist, in dem alle Gesetze leben. Man muß daher vor allen Dingen die Naturgesetze kennen. So würde, richtig gedacht, die Universität ein Organismus des gesamten menschlichen Wissens sein müssen. Die theologische Fakultät aber müßte anregend wirken auf alles übrige Wissen. Die Theologie, die Lehre von der göttlichen Weltordnung, sie kann ja gar nicht anders bestehen, als daß man sie einfügt dem Kleinsten und Größten unseres Daseins, als daß man alles in die göttliche Weltordnung hinein vertieft.

Aber, wie sollte der über die göttliche Weltordnung etwas zu sagen vermögen, welcher nichts weiß über die Mineralien, nichts über die Pflanzen, Tiere und Menschen, der nichts weiß über die Entstehung der Erde, nichts weiß über die Natur unseres planetarischen Systems? Die Offenbarung Gottes ist überall, und nichts ist, wodurch sich nicht die Stimme der Gottheit ausspricht. Alles, was der Mensch hat und ist und tut, muß er anknüpfen können an diese höchsten Fragen, welche die theologische Wissenschaft behandeln soll. Nun müssen wir uns fragen: Stellt sich heute die theologische Fakultät in dieser Weise ins Leben? Wirkt sie so, daß aus ihr strömen kann Kraft und Energie für alles übrige Leben? Nicht eine Kritik, sondern womöglich eine objektive Schilderung der Verhältnisse möchte ich geben. Es ist sogar in der letzten Zeit die Theologie etwas in Mißkredit, selbst innerhalb der Religionsbewegung, gekommen. Sie werden vielleicht etwas gehört haben von dem Namen *Kalthoff*, der Zarathustra-Predigten geschrieben hat. Er sagt, die Religion dürfte nicht leiden unter dem Buchstaben der Theologie; wir wollen nicht Theologie, sondern Religion. Das sind Leute, die aus ihrer unmittelbaren Überzeugung heraus die Welt der religiösen Weltanschauung zu finden vermögen.

Nun fragen wir uns, ob diese Anschauung bestehen kann, ob es wahr sein könne, daß Religion ohne Theologie, Predigt ohne Religionswissenschaft möglich sei. In den ersten Zeiten des Christentums und auch im Mittelalter war das nicht der Fall. Auch in den ersten Jahrhunderten der neuen Zeit war es nicht so. Erst heute ist eine Art von Zwiespalt eingetreten zwischen der unmittelbaren religiösen Wirksamkeit und der Theologie, die scheinbar etwas vom Leben abgewendet ist. In den ersten Zeiten des Christentums war Theologe im wesentlichen derjenige, welcher durch seine Weisheit und seine Wissenschaft hinaufsah in die höchsten Höhen des Daseins. Theologie war etwas Lebendiges, war etwas, was in den ersten Kirchenvätern lebte, was solche Geister wie *Clemens von Alexandrien*, wie *Origenes*, wie *Scotus Erigena* und den heiligen *Augustinus* belebte; Theologie war es, was sie belebte. Es war dasjenige, was wie ein Lebenssaft in ihnen lebte. Und wenn das Wort auf ihre Lippen kam, brauchten sie keine Dogmen mitzuteilen, dann wußten sie in intensiver Weise zum Herzen zu sprechen. Sie fanden die Worte, die herausgeholt waren aus jeglichem Herzen. Die Predigt war durchdrungen von Seele und von religiösen Strömen. Aber sie wäre nicht so gewesen, wenn nicht im Inneren dieser Persönlichkeiten gelebt hätte die Aufschau zu den höchsten Wesenheiten in der höchsten Form, in der der Mensch das erreichen kann.

Unmöglich ist eine Dogmatik, welche bei jedem Wort, das im Alltag gesprochen wird, eine abstrakte Auseinandersetzung über die Dogmen macht. Aber derjenige, welcher Lehrer sein will des Volkes, der muß in sich selbst weisheitsvoll erlebt haben die höchste Form der Erkenntnis. Er muß die Resignation haben, die Verzichtleistung auf dasjenige, was unmittelbar für ihn ist; er muß streben und erleben, was ihn einführt in die höchste Form der Erkenntnis in einsamer Weise, in der Zelle, fern von dem Getriebe der Welt, wo er mit seinem Gott, mit seinem Denken und seinem Herzen allein sein kann. Er muß die Möglichkeit haben, hinaufzublicken zu den geistigen Höhen des Daseins. Mit keinem Fanatismus, mit keiner Begierde, auch nicht einmal mit religiöser Begierde, sondern in rein geistiger Hingabe, die frei ist von allem, was sich auch sonst in der Sehnsucht der Religionen zeigt. Das Gespräch mit Gott und der göttlichen Weltordnung verläuft in dieser einsamen Höhe, auf dem Gipfel des menschlichen Denkens.

Man muß sich erst hinaufüben, man muß die Resignation, den Verzicht erlangt haben, um dieses hohe Selbstgespräch zu führen und das in sich leben zu haben und es als Lebenssaft wirken zu lassen in den Worten, die der Inhalt der populären Lehren sind. Dann haben wir das richtige Stadium von Theologie und Predigt, von Wissenschaft und Leben gefunden. Der, welcher unten sitzt, fühlt dann, daß dies aus Tiefen strömt, daß es heruntergeholt ist aus hohen wissenschaftlichen Weisheitshöhen. Dann bedarf es keiner äußeren Autorität, dann ist das Wort selbst Autorität durch die Kraft, die in der Seele des Lehrenden lebt, weil es durch diese Kraft sich hineinlebt in das Herz, um durch das Echo des Herzens zu wirken. So brachte man den Einklang zwischen Religion und Theologie zustande und zu gleicher Zeit ein taktvolles Auseinanderhalten von Theologie und religiöser Unterweisung. Aber derjenige, welcher nicht hinaufgestiegen ist bis zu den theologischen Höhen, der nicht Bescheid weiß in den tiefsten Fragen des geistigen Daseins, der wird nicht in seine Worte einfließen lassen können dasjenige, was in den Worten des Predigers leben soll als Resultat des Zwiegespräches mit der göttlichen Weltordnung selbst.

Das war tatsächlich die Auffassung, die man Jahrhunderte hindurch in der christlichen Weltanschauung hatte über das Verhältnis zwischen Theologie und Predigt. Eine gute Predigt wäre die, wenn ein Prediger erst vor das Volk hintritt, nachdem er durchgemacht hat die hohen Lehren von der Dreiheit des Gottes, von der Göttlichkeit und von der Verkündigung des Logos in der Welt, von der hohen metaphysischen Bedeutung der Christus-Persönlichkeit. Alle diese Lehren, die nur für denjenigen verständlich sind, der sich viele, viele Jahre damit befaßt hat, alle diese Lehren, die zunächst Inhalt der Philosophie und anderer Wissenschaften bilden können, muß man aufgenommen haben; man muß sein Denken reif gemacht haben für diese Wahrheiten. Nur dann kann man eindringen in diese Höhen der Wahrheiten. Und derjenige, der das geleistet hat, der etwas weiß von den hohen Ideen der Trinität, des Logos, bei dem wird das Bibelwort in seinem Munde etwas, was eine ganz andere Lebendigkeit gewinnt, als es zunächst hat ohne diese vorhergehende theologische Schulung. Dann gebraucht er frei das Bibelwort, dann schafft er innerhalb des Bibelwortes selbst jene Strömung von sich zu der Gemeinde, welche einen Einfluß der göttlichen Schöpferkraft in die Herzen der

Menge bewirkt. Dann wird die Bibel nicht bloß von ihm ausgelegt, sondern gehandhabt. Dann spricht er so, wie wenn er selbst mit Anteil genommen hätte an dem Abfassen der großen Wahrheiten, die in diesem Religions-Urbuche stehen. Er hat hineingesehen in die Grundlagen, aus denen herausgeflossen sind die großen Wahrheiten der Bibel. Er weiß, was diejenigen empfunden haben, die einstmals unter einem noch größeren Einfluß der geistigen Welt standen als er, und was in den Bibelworten zum Ausdruck gebracht ist als die göttliche Weltregierung und menschliche Heilsordnung. Er hat nicht nur das Wort, das er zu kommentieren und auszulegen hat, sondern hinter ihm stehen die großen gewaltigen Schreiber, deren Schüler, Jünger und Nachfolger er ist. Er spricht aus ihrem Geist heraus und legt ihren Geist, den sie hineingelegt haben, jetzt selbst in die Schrift hinein.

Das ist in dieser oder jener Epoche die Grundlage der Autoritätsbildung gewesen. Als Ideal hat es den Menschen vorgeschwebt, durchgeführt ist es oftmals worden. Die heutige Zeit aber hat auch hier einen großen Umschwung hervorgebracht. Betrachten wir noch einmal den großen Umschwung, der sich vom Mittelalter zur neueren Zeit vollzogen hat. Was geschah damals? Was machte es möglich, daß *Kopernikus, Galilei, Giordano Bruno* eine neue Weltanschauung verkündigen konnten? Diese neue Bewegung wurde möglich dadurch, daß der Mensch unmittelbar an die Natur heranging, daß er selbst sehen wollte, daß er nicht wie im Mittelalter auf alte Dokumente sich stützte, sondern auf das natürliche Dasein losging. Anders war es in der mittelalterlichen Wissenschaft. Da leiteten sich die grundlegenden Wissenschaften nicht ab von einer unbefangenen Betrachtung der Natur, sondern von dem, was der griechische Philosoph *Aristoteles* in ein System gebracht hat. Aristoteles war das ganze Mittelalter hindurch Autorität. Mit Anlehnung an ihn lehrte man. Seine Bücher hatte der, welcher Metaphysik oder auch Logik vortrug. Er legte sie aus. Aristoteles war eine Autorität.

Das wurde anders beim Umschwung vom Mittelalter zur Neuzeit. Kopernikus wollte selbst das in ein System bringen, was durch die unmittelbare Anschauung gegeben ist. Galilei leuchtete hinein in die Welt des unmittelbaren Daseins. Kepler fand das große Weltgesetz, nach dem die Planeten um die Sonne herumgehen.

So kam es durch die ganzen vergangenen Jahrhunderte herauf. Selbst wollte man sehen. Auch in Anekdoten hat man es schon erzählt, wie es Galilei ergangen ist: Es war ein Gelehrter, der wußte, was im Aristoteles stand. Man sagte ihm etwas, was Galilei gesagt hat. Er antwortete, das muß sich anders verhalten; ich muß erst im Aristoteles nachsehen, denn der hat es anders gesagt, und Aristoteles hat doch recht. – Die Autorität war ihm wichtiger als die unmittelbare Anschauung. Aber die Zeit war reif, man wollte jetzt wieder selbst etwas wissen. Das setzt nicht voraus, daß jeder einzelne gleich in der Lage ist, diese Anschauung sich recht schnell zu erwerben, sondern es setzt nur voraus, daß Leute da sind, welche imstande sind, selbst wieder heranzutreten an die Natur, daß sie ausgerüstet sind mit den Instrumenten und Werkzeugen und bekannt sind mit den Methoden, die notwendig sind, um die Natur zu beobachten. Dadurch ist der Fortschritt möglich geworden. Was Aristoteles geschrieben hat, das kann man auslegen; aber dadurch kann man nicht fortschreiten. Fortschreiten kann man nur, wenn man selbst fortschreitet, wenn man selbst die Sachen einsieht.

Die verflossenen vier Jahrhunderte haben dieses Prinzip der Selbsterkenntnis durchgeführt für alles äußere Wissen, für alles, was sich vor unseren Sinnen ausbreitet. Zuerst in der Physik, dann in der Chemie, dann in der Wissenschaft über das Leben, dann in den historischen Wissenschaften. Alle sind einbezogen worden in diese Selbstbeobachtung, in das äußerliche Schauen der Sinnenwelt. Sie sind dadurch entzogen worden dem Autoritätsprinzip. Was nicht einbezogen worden ist in dieses Prinzip eigener Erkenntnis, das ist die Anschauung des geistig Wirksamen in der Welt, die unmittelbare Erkenntnis dessen, was nicht für die Sinne, sondern nur für den Geist da ist. Daher tritt jetzt, in den letzten Jahrhunderten, in bezug auf diese Wissenschaft und Weisheit des Geistes etwas auf, wovon man früher nicht hat sprechen können. Nun könnten wir bis in die ältesten Zeiten zurückgehen. Wir wollen es aber nur tun bis in die ersten Zeiten des Christentums. Da haben wir eine Wissenschaft von dem Göttlichen, dann eine große Weltentstehungslehre, die herunterreicht bis in unsere unmittelbare sinnliche Umgebung. Sie können, wenn Sie Umschau halten bei den großen Weisen der früheren Jahrhunderte, überall sehen, wie dieser Weg genommen wird von der höchsten Spitze bis herunter zum niedersten Dasein, so daß keine Lücke ist zwischen dem, was von der göttlichen Weltordnung gesagt wird in der Theologie und dem, was wir über die Sinneswelt sagen. Man hatte eine umfassende Anschauung über die Entstehung der Planeten und unserer Erde. Das braucht man jedoch heute nicht mehr mitzuteilen. Aber derjenige, der das Werden über den Lauf der Zeit stellt, wird einsehen können, daß man auch über unsere Weisheit hinausschreiten wird. Die Zeit wird über die Form unserer Wissenschaft auch hinwegschreiten, wie wir über die früheren Formen hinweggeschritten sind.

Was damals vorhanden war, war ein einheitliches Weltgebäude, das vor der Seele stand, und die Grundlage der Seele war der Geist. Im Geiste sah man den Urgrund des Daseins. Von dem Geiste stammt ab das, was nicht Geist ist. Die Welt ist der Abglanz des unendlichen Gottesgeistes. Und dann stammt vom Gottesgeiste ab, was wir als höhere geistige Wesenheiten in den verschiedenen Religionssystemen dargestellt finden und weiter dasjenige, was das Gewaltigste auf diesem Erdenrund ist: der Mensch, dann die Tiere, die Pflanzen und die Mineralien. Von der Entstehung eines Sonnensystems bis zur Bildung des Minerals hatte man eine einheitliche Weltanschauung. Das Atom war zusammengekettet mit Gott selbst, wenn man sich auch nie vermaß, Gott selbst zu erkennen. Das Göttliche suchte man in der Welt. Das Geistige war der Ausdruck desselben. Das Streben derjenigen, die etwas wissen wollten von den höchsten Höhen des Daseins, ging dahin, sich so zu erziehen, daß sie in der Lage waren, die Sinneswelt zu erkennen und sich über sie Vorstellungen zu machen, sich auch Vorstellungen zu machen von dem, was über der Sinneswelt liegt, also von der geistigen Weltordnung. So war es, daß sie aufstiegen von der einfachen Sinneserkenntnis zur umfassenden Erkenntnis des Geistigen. Wenn wir die Kosmologien im alten Sinne anschauen, dann finden wir keine Unterbrechung zwischen dem, was die Theologie lehrt, und dem, was die einzelnen weltlichen Wissenschaften über die Dinge unseres Daseins sagen. Ununterbrochen fügt sich Glied an Glied. Man war von dem Innersten des Geistes ausgegangen bis zum Umkreis unseres irdischen Daseins.

Nun schlug man in der neueren Zeit einen anderen Weg ein. Man richtete einfach die Sinne und das, was als Waffe der Sinne, als Verstärkungsinstrumente für die Wahrnehmung der Sinne gelten kann, auf die Welt hin. Und in großartiger, gewaltiger Weise wurde die Weltanschauung ausgebildet, welche uns etwas lehrt über die äußere Sinneswelt. Es ist noch nicht alles erklärt, aber man kann sich schon heute eine Vorstellung machen, wie diese Wissenschaft von den sinnlichen Dingen vorwärtsschreitet. Etwas wurde aber dadurch unterbrochen, nämlich der unmittelbare Zusammenhang zwischen der Weltwissenschaft und der göttlichen Wissenschaft.

Derjenige Ausdruck, der heute noch immer der gangbarste ist, wenn auch angefochten, der Ausdruck, den wir heute haben für die Weltentstehung, für die Kosmologie, findet sich in der sogenannten Kant-Laplaceschen Weltanschauung. Um uns zu orientieren, wollen wir ein paar Worte darüber sagen, um dann zu sehen, was uns eine solche Kant-Laplacesche Weltanschauung bedeutet. Sie sagt: Einst war ein großer Weltnebel, recht dünn. Und vielleicht, wenn wir im Weltraum auf Stühlen sitzen und zuschauen könnten, und wenn für feinere Augen etwas sichtbar wäre, dann gliederte sich dieser Weltnebel vielleicht dadurch, daß er abkühlte. Er bildet in sich einen Mittelpunkt, rotiert, stößt Ringe ab, die sich zu Planeten formen, und auf diese Weise – Sie kennen ja diese Hypothese – bildet sich solch ein Sonnensystem, das in der Sonne selbst einen Quell von Leben und Wärme hat. Das ist das, was so herausgebildet wird, das aber so, wie es sich entwickelt, ein Ende finden muß. Das gibt Kant, und das geben auch andere zu, daß sich wieder neue Welten bilden und so weiter.

Was ist nun ein solches Weltbild, das der moderne Forscher zusammenzusetzen sucht aus den wissenschaftlichen Erfahrungen der Physik, Chemie und so weiter? Das ist etwas, was für die Sinne da sein müßte, in allen Stadien. Nun versuchen Sie einmal, sich dieses Weltbild so recht vorzustellen. Was fehlt darin? Der Geist fehlt. Es ist ein materieller Vorgang, ein Vorgang, der sich im kleinen abspielen kann mit einem Öltropfen im Wasser, den Sie sinnlich anschauen können. Sinnlich anschaulich ist der Weltentstehungsprozeß gemacht. Der Geist ist ursprünglich nicht mitgedacht mit dem Urgrunde eines solchen Sonnensystems. So ist es nicht verwunderlich, daß die Frage aufgeworfen wird: Wie entsteht das Leben, und wie entsteht der Geist? – da man sich ursprünglich nur die leblose Materie gedacht hat, die sich nach ihren eigenen Gesetzen bewegt.

Was man nicht erfahren hat, kann man unmöglich aus den Begriffen herausholen. Man kann nur herausholen, was hineingelegt worden ist. Wenn man sich ein Weltsystem denkt, das leer ist, das bar des Geistes ist, dann muß es unbegreiflich bleiben, wie der Geist und das Leben auf dieser Welt vorhanden sein kann. Niemals kann die Frage aus dem Kant-Laplaceschen System heraus beantwortet werden, wie das Leben und wie der Geist entstehen kann. Die Wissenschaft der modernen Zeit ist eben eine sinnliche Wissenschaft. Sie hat daher nur den Teil der Welt in ihre Weltentstehungslehre aufgenommen, der ein Ausschnitt aus der ganzen Welt ist. So wenig Ihr Körper Sie in Ihrer Ganzheit darstellt, sowenig ist die Materie die ganze Welt. So wahr in Ihrem Körper Leben, Gefühle, Gedanken, Triebe sind, die man nicht sehen kann, wenn man mit sinnlichen Augen Ihren Körper ansieht, so wahr das in Ihnen ist, so wahr ist der Geist auch in der Welt. So wahr ist aber auch, daß das, was die Kant-Laplacesche Theorie hinstellt, nur der Körper, der Leib ist. So wenig der Anatom, der den menschlichen Bau des Körpers darstellt, zu sagen vermag, wie aus dem Blute und den Nerven ein Gedanke hervorgehen kann, wenn er nur materiell denkt, ebensowenig kann der, welcher das Weltsystem nach Kant-Laplace denkt, jemals zu dem Geiste kommen. So wenig der, welcher blind ist und kein Licht sehen kann, etwas über unsere Sinnenwelt zu sagen vermag, so wenig kann auch derjenige, der nicht die unmittelbare Anschauung vom Geiste hat, erklären, daß außer dem physischen Körper etwas Geistiges ist. Der modernen Wissenschaft fehlt die

Anschauung des Geistigen. Darin beruht der Fortschritt, daß sie einseitig geworden ist, gerade dadurch kann der Mensch die einseitig höchste Höhe erreichen. Dadurch, daß die Wissenschaft sich beschränkt auf das Sinnliche, erreicht sie ihre hohe Entwickelung. Sie wird aber zu einer drückenden Autorität deshalb, weil diese Wissenschaft Denkgewohnheiten begründet hat. Diese sind stärker als alle Theorien, stärker als selbst alle Dogmen.

Man gewöhnt sich, die Wissenschaft im Sinnlichen zu suchen, und dadurch schleicht sich in die Denkgewohnheiten des modernen Menschen seit vier Jahrhunderten die Tatsache ein, daß ihm das Sinnliche das einzig Reale wurde, so daß man überhaupt nur glaubt, daß die Sinneswelt die einzig wirkliche sei. Etwas, was als Theorie berechtigt ist, wurde Denkgewohnheit, und der, welcher tiefer hineinsieht in dieses Denken, weiß, welche unendlich suggestive Kraft eine solche tätige Denkgewohnheit von Jahrhunderten auf die Menschen hat. Heruntergewirkt hat sie in alle Kreise hinein. Wie ein Mensch, der unter Suggestion steht, so steht die ganze moderne gebildete Menschheit unter der Suggestion, daß nur das, was man mit den Sinnen schauen, mit den Händen greifen kann, das einzig Reale sei. Die Menschheit hat sich abgewöhnt, den Geist als etwas Reales zu nehmen. Aber das hat nichts zu tun mit einer Theorie, sondern lediglich mit den angewöhnten Denkformen. Diese sitzen viel, viel tiefer als jegliches Begreifen. Das kann man durch Erkenntnistheorie und Philosophie, die leider nicht in genügender Weise in uns ausgebildet sind, beweisen. Die ganze moderne Wissenschaft steht unter diesen modernen Denkgewohnheiten. Bei demjenigen, der heute über die Entstehung der Tiere und über die Entstehung der Welt spricht, sitzt im Hintergrunde diese Denkgewohnheit, und er kann nicht anders, als seinen Worten und Begriffen eine solche

Färbung zu geben, daß sie saft- und inhaltsvoll von selbst den Eindruck machen, daß es wirklich ist.

Anders ist es mit dem, was man bloß denkt. Man muß heute dazu kommen, in dem, was man bloß denkt, die tiefere Wirklichkeit zu erkennen. Man muß selbst das Schauen des Geistes erlangen. Das ist nicht zu erlangen durch Bücher und Vorträge, nicht durch Theorien und neue Dogmen, sondern durch intime Selbstschulung, welche hineingreift in die Gewohnheiten der Seele des heutigen Menschen. Der Mensch muß zuerst erkennen, daß es nicht absolut notwendig ist, das Sinnlich-Wirkliche als einzig Reales anzuschauen, sondern er muß sich klarmachen, daß er hier nur etwas übt, was durch Jahrhunderte angeregt worden ist. In dieser Art und Weise liegt diese Denkgewohnheit. Sie fließt hinein in das ursprüngliche Empfinden der Menschen, und diese sind sich nicht bewußt, daß sie sich dadurch Illusionen machen, weil ihnen dieselben eingeimpft werden von Anfang an. Dieser Eindruck wirkt zu stark, selbst auf einen Idealisten, so daß es gar nicht anders sein kann, als daß auch er die Sachen so betont und einfließen läßt in die Seele seiner Mitmenschen, daß nur das Sinnlich-Wirkliche das Reale ist.

Unter dieser Umgestaltung der Denkgewohnheiten hat sich die Entwickelung der Theologie vollzogen. Was ist Theologie? Es ist die Wissenschaft vom Göttlichen, wie sie seit Jahrtausenden hergebracht ist. Sie schöpft aus der Bibel, wie die Wissenschaft des Mittelalters aus Aristoteles schöpfte. Aber es ist gerade die Lehre der Theologie, daß keine Offenbarung ewig fortdauert, sondern daß die Welt und die Worte der alten Offenbarungen sich ändern. In der Lehre der katholischen Kirche fließt nicht mehr das unmittelbare geistige Leben; es kommt da darauf an, ob es Persönlichkeiten gibt, von welchen das geistige Leben noch fließen kann. Wenn wir das in dieser Weise fassen, so müssen wir sagen, daß auch die Theologie unter den Denkgewohnheiten des Materialismus steht.

Man hat früher das Sechstage-Werk nicht so aufgefaßt, als ob es sich rein materiell in sechs Tagen abgespielt hätte. Man hat nicht die sonderbare Idee gehabt, daß man den Christus nicht zu studieren habe, um ihn zu verstehen, sondern man hat nur hingedeutet darauf, daß der Logos selbst einmal in dem Menschen Jesus verkörpert war. Wenn man sich dazu nicht hinaufgerungen hat, hat man sich nicht ein Urteil angemaßt, zu erkennen, was da gelebt hat vom Jahre 1 bis 33. Heute sieht man in Jesus – der auch genannt wird der «schlichte Mann aus Nazareth» – nur einen Mann wie jeden anderen, nur edler und idealisiert. Vermaterialisiert ist auch die Theologie. Das ist das Wesentliche, daß die theologische Weltanschauung nicht mehr hinaufsieht in die Höhen des Geistes, sondern rein vernünftig, materialistisch verstehen will, was sich geschichtlich abgespielt hat. Niemand kann das Lebenswerk Christi verstehen, der es bloß als Geschichte betrachtet, der bloß wissen will, wie derjenige ausgeschaut und gesprochen hat, der vom Jahre 1 bis zum Jahre 33 in Palästina gewandert ist. Und niemand kann Anspruch darauf machen zu sagen, daß in ihm nicht etwas anderes lebte als in anderen Menschen. Oder kann jemand wegdiskutieren, wenn er sagt: Mir ist alle Gewalt gegeben im Himmel und auf Erden? – Aber man will die Dinge heute historisch verstehen.

Sehr bezeichnend ist es, was in einer Rede gesprochen worden ist am 31. Mai 1904 bei einer Pastoralkonferenz in Elsaß-Lothringen. Da hat ein Professor *Lobstein* aus Straßburg einen Vortrag gehalten über «Wahrheit und Dichtung in unserer Religion»; eine Rede, die tief sympathisch ist und zeigt, wie sich der materialistische Theologe zurechtfinden will mit der äußeren Forschung. Wer mit materialistischen

Denkgewohnheiten an die Evangelien herantritt, wird zunächst versuchen zu begreifen, wann sie geschrieben worden sind. Da wird er sich nur auf die äußerlichen Dokumente verlassen können, auf das, was die äußere Geschichte als das Materielle überliefert. Das Überlieferte aber stammt im Grunde genommen aus einer viel späteren Zeit, als es gewöhnlich angenommen wird. Wenn man das äußere Wort nimmt, so kommt man dazu, zu sagen: die Evangelien widersprechen sich. Die drei Synoptiker, die sich unter einen Hut bringen lassen, hat man zusammengestellt; das Johannes-Evangelium muß man für sich hinstellen. Es ist daher für viele zu einer Art Dichtung geworden. Man hat auch die Paulus-Briefe untersucht und gefunden, daß nur diese oder jene Stelle echt ist. Das sind die Tatsachen, die zur Grundlage der religiösen Forschung gemacht worden sind.

Die wichtigste Wissenschaft ist daher die Religions- oder Dogmengeschichte geworden. Nicht das Sich-Einleben in die dogmatischen Wahrheiten ist das Wichtige heute, sondern die Religionsgeschichte, das äußerliche Darstellen, wie das alles abgelaufen ist in der damaligen Zeit. Das ist es, was man erforschen will. Das ist es aber, worauf es gar nicht ankommen soll. Für eine materialistische Historie kann das wichtig sein. Das ist aber keine Theologie. Die Theologie hat nicht zu erforschen, wann das Dogma von der Dreifaltigkeit entstanden ist, wann es zuerst ausgesprochen oder niedergeschrieben wurde, sondern was es bedeutet, was es ist, was es uns verkündigt, was es an Lebendigem, Fruchtbarem dem Innenleben bieten kann.

So ist es gekommen, daß man heute als Professor der Theologie redet von Wahrheit und Dichtung in unserer Religion. Man hat gefunden, daß Widersprüche da sind in den Schriften. Man hat gezeigt, daß manche Dinge nicht übereinstimmen mit der Naturwissenschaft; das sind Dinge, die man Wunder nennt. Man sucht nicht zu begreifen, was damit zu verstehen ist, sondern man sagt einfach, daß es nicht möglich ist. So kam man dazu, den Begriff der Dichtung in die Heilige Schrift einzuführen. Man sagt, daß sie dadurch nicht an Wert verliere, sondern daß die Erzählung eine Art Mythe oder Dichtung sei. Man dürfe sich nicht der Illusion hingeben, daß alles Tatsachen sind, sondern man muß dazu kommen, zu erkennen, daß unsere Heiligen Schriften aus Dichtung und Wahrheiten zusammengesetzt sind.

Das beruht auf einem Mangel an Kenntnis über das Wesen der Dichtung. Dichtung ist etwas ganz anderes, als was die Menschen heute sich unter Dichtung vorstellen. Die Dichtung ist aus dem Geiste hervorgegangen. Die Dichtung hat selbst einen religiösen Ursprung. Bevor es eine Dichtung gab, gab es schon Vorgänge, wie die griechischen Dramen, zu denen die Griechen pilgerten wie zu den eleusinischen Mysterien. Das ist das Urdrama. Wenn es eingeschult wurde, war das für die Griechen zugleich Wissenschaft, aber auch geistige Wirklichkeit. Es war Schönheit und Kunst, zu gleicher Zeit aber auch religiöse Erbauung. So war Dichtung nichts anderes als die äußere Form, die die Wahrheit zum Ausdruck bringen sollte, nicht bloß symbolisch, sondern wirklich zum Ausdruck bringen sollte die Wahrheit auf dem höheren Plan. Dies liegt jeder wahren Dichtung zugrunde. Deshalb sagt *Goethe*: Nicht «Kunst» ist die Dichtung, sondern eine Auslegung geheimer Naturgesetze, die ohne sie niemals offenbar geworden wären. Deshalb nennt Goethe nur denjenigen «Dichter», der bestrebt ist, die Wahrheit zu erkennen und dies im Schönen zum Ausdruck zu bringen. Wahrheit, Schönheit und Güte sind die Formen, das Göttliche zum Ausdruck zu bringen.

So können wir nicht über Dichtung und Wahrheit in der Religion sprechen. Die heutige Zeit hat keine richtigen

Begriffe mehr von der Dichtung. Sie weiß nicht, wie die Dichtung aus dem Wahrheitsquell selbst hervorsprudelt. Daher gewinnt in ihr jedes Wort etwas durch sie. Wir müssen wieder zum richtigen Begriff der Dichtung kommen. Wir müssen begreifen, was ursprünglich Dichtung war und es anwenden auf das, was die Theologie zu erforschen hat. Wir sagen wohl: An den Früchten sollt ihr sie erkennen. Nun, wohin hat es die Theologie gebracht? In einem Buche, das in der letzten Zeit viel Aufsehen gemacht hat, und das die Leute hingenommen haben, weil es ein moderner Theologe geschrieben hat – ich meine «Das Wesen des Christentums» von *Harnack* –, befindet sich eine Stelle, und diese Stelle heißt: «Die Osterbotschaft berichtet von dem wunderbaren Ereignis im Garten des Joseph von Arimathia, das doch kein Auge gesehen hat, von dem leeren Grabe, in das einige Frauen und Jünger hineingeblickt, von den Erscheinungen des Herrn in verklärter Gestalt – so verherrlicht, daß die Seinen ihn nicht sofort erkennen konnten –, bald auch von Reden und Taten des Auferstandenen; immer vollständiger und zuversichtlicher wurden die Berichte. Der Osterglaube aber ist die Überzeugung von dem Siege des Gekreuzigten über den Tod, von der Kraft und der Gerechtigkeit Gottes und von dem Leben dessen, der der Erstgeborene ist unter vielen Brüdern. Für Paulus war die Grundlage seines Osterglaubens die Gewißheit, daß ‹der zweite Adam› vom Himmel ist, und die Erfahrung, daß Gott ihm seinen Sohn als lebendigen offenbart habe auf dem Wege nach Damaskus.»

Die theosophische Weltanschauung sucht die Menschen hinaufzuführen zum Erfassen dieses großen Mysteriums. Der Theologe sagt: Wir wissen heute nicht mehr, was eigentlich im Garten von Gethsemane geschehen ist. Wir wissen auch nicht, wie es sich mit den Nachrichten verhält, die uns die Jünger überliefern von den Geschehnissen. Wir wissen auch nicht den Wert einzuschätzen der Worte über den auferstandenen Christus im Paulus. Wir kommen damit nicht zu Rande. Aber eines ist sicher: Der Glaube an den auferstandenen Heiland ist ausgegangen von diesem Geschehen, und an dem Glauben wollen wir uns halten und uns nicht kümmern um das, was diesem zugrunde liegt. – So finden Sie in der modernen Dogmatik einen Begriff angeführt, der merkwürdig ist für den, der nach Gründen der Wahrheit sucht. Man sagt: Metaphysisch kann man es nicht erklären. Es ist keine Widerrede möglich, aber auch keine Erklärung. Es bleibt nur das Dritte, die religiöse Glaubenswahrheit.

In Trier haben sie einmal den Rock Christi aufgehangen in dem Glauben, daß der Rock Wunder wirken kann. Dieser Glaube ist verschwunden, denn jeder Glaube ist nur dadurch zu halten, daß er durch Erfahrung bestätigt wird. Es bleibt aber die Tatsache, daß einige das erlebt haben; es bleibt das subjektive religiöse Erlebnis.

Die, welche dies sagen, sind angeblich keine Materialisten. In ihrer Theorie sind sie es nicht, aber in ihren Denkgewohnheiten, in der Art und Weise, wie sie das Geistige erforschen wollen. Das ist die Grundlage des geistigen Lebens unserer heutigen Idealisten und Spiritualisten. Alle haben sie die materialistischen Denkgewohnheiten angenommen. Auch diejenigen, welche sich zusammensetzen wollen, im Sitzungszimmer zusammensitzen und materialisierte Geister sehen wollen, sind materialistisch. Der Spiritismus ist durch unsere materialistischen Denkgewohnheiten möglich geworden. Man sucht heute den Geist materialistisch auf. Alle idealistischen Theorien können nichts fruchten, solange die Erkenntnis des Geistes bloße Theorie bleibt, solange sie nicht Leben wird.

Das ist das, was eine Erneuerung, eine Renaissance der Theologie erfordert. Es ist nötig, daß nicht nur Glaube vorhanden ist, sondern daß die unmittelbare Schau einfließt bei denen, die das Wort der göttlichen Weltordnung zu verkündigen haben. Die theosophische Weltanschauung will auch im geistigen Gebiete von dem Glauben an die Dokumente, an Bücher und Geschichten hinleiten zu einer Beobachtung des Geistes durch Selbsterziehung. Derselbe Weg, den unsere Wissenschaft genommen hat, soll im geistigen Leben, in der geistigen Weisheit genommen werden. Zur Erfahrung des Geistigen müssen wir wieder kommen. Die Wissenschaft, selbst die Weisheit, entscheiden hier nichts. Nicht durch die Logik, nicht durch das Nachdenken können Sie etwas erforschen. Ihre Logik spinnt ein sinnliches Weltsystem aus der Seele heraus. Geistige Erfahrung ist es aber, welche unser Begreifen anfüllt mit wirklichem Inhalt. Höhere geistige Erfahrung ist es, welche unsere Begriffe anfüllen muß mit geistigem Inhalt. Deshalb wird eine Renaissance der Theologie erst dann eintreten, wenn man verstehen wird das Wort des Apostels Paulus: Alle Weisheit der Menschen ist nicht imstande, die Weisheit, die göttlich ist, zu begreifen. – Die Wissenschaft als solche kann es nicht. Ebensowenig kann das äußere Leben diese geistige Welt erfassen. Alles Nachdenken kann nicht zum Geiste führen; geradesowenig wie der, welcher sich auf eine ferne Insel setzt, jemals große physikalische Wahrheiten ohne Instrumente und ohne wissenschaftliche Methoden finden wird.

Für die Menschen muß etwas eintreten, was über die Weisheit hinausgeht, was zum unmittelbaren Leben führt. So wie unsere Augen und Ohren uns über die sinnliche Wirklichkeit berichten, so müssen wir unmittelbar erleben das Geistig-Wirkliche. Dann kann unsere Weisheit es erreichen. Paulus hat nie gesagt: Die Weisheit ist die Vorbedingung zur Erreichung des Göttlichen. Erst wenn wir die ganze Weltweisheit zusammengefunden haben, werden wir wieder imstande sein, das Ganze zusammenzubringen. Erst wenn wir wieder ein geistiges Weltentstehungsgebäude haben, wie wir ein materialistisches haben – auf der anderen Seite müssen wir nicht den alten Glauben haben, sondern anschauen, hier und dort –, dann wird sich Sinnliches und Geistiges in einer Kette zusammenschließen, und man wird wieder vom Geiste herabsteigen können bis zu dem, was die sinnliche Wissenschaft lehrt.

Das ist es, was die theosophische Weltanschauung bringen will. Sie will nicht Theologie sein, nicht Lehre von einem Buche und auch nicht die Interpretation eines Buches, sondern sie will Erfahrung von dem geistigen Leben, sie will Mitteilungen von den Erfahrungen dieses geistigen Lebens geben. Auch heute spricht dieselbe geistige Kraft zu uns, die einstmals bei der Verkündigung der Religionssysteme gesprochen hat. Und es muß die Aufgabe dessen sein, der etwas von der göttlichen Weltordnung lehren will, daß er den Aufstieg sucht, wo er wieder einsam im Herzen sprechen kann mit dem Geistherzen der Welt. Der Umschwung wird sich dann vollziehen in unserer Fakultät, der sich vollzogen hat vom Mittelalter zur Neuzeit auf dem Gebiete der äußeren Naturwissenschaft. Dann wird es kommen, daß, wenn einer etwas verkündigt vom Geist, und ihm einer entgegentritt mit den Worten: Es steht aber anders in den Schriften –, er ihn vielleicht überzeugen wird oder auch nicht. Vielleicht sagt der ihm auch: Ich glaube aber mehr den Schriften als dem, was mancher aus der unmittelbaren Erfahrung sagen kann. – Der Gang des Geisteslebens ist aber nicht aufzuhalten. Mag es viele Hemmungen geben, mögen die, welche heute im Sinne des erwähnten mittelalterlichen Aristoteles-Anhängers für die Theologie wirken, sich noch so sträuben, der Umschwung, der sich hier vollziehen muß, läßt sich nicht aufhalten. Wie das Wissen vom Glauben zum Schauen aufgestiegen ist, so werden wir auch aufsteigen vom Glauben zum Schauen auf dem geistigen Gebiet, und schauen in der Theosophie. Dann wird es keinen Buchstabenglauben, keine Theologie mehr geben, dann wird es lebendiges Leben geben. Der Geist des Lebens wird sich mitteilen denen, die ihn hören können. Das Wort wird sich auf die Lippen drängen und in populärer Weise den Ausdruck finden. Der Geist wird vom Geiste sprechen. Leben wird da sein, und die Theologie wird die Seele dieses religiösen Lebens sein.

Diesen Beruf hat die Theosophie in bezug auf die theologische Fakultät. Wenn die Theosophie eine Bewegung darstellt, die lebensfähig sein will, die Leben und Lebenssaft hineinzuströmen vermag in den Buchstaben der Gelehrsamkeit, dann haben wir eine gewisse Mission. Wer die Sache so faßt, wird uns nicht als Feind auffassen gegenüber denjenigen, welche das Wort zu verkündigen haben. Würden diejenigen, welche Theologen sind, sich ernsthaft mit dem, was die theosophische Bewegung will, befassen, würden Theologen sich einlassen auf das, was wir wollen, sie würden in der Theosophie etwas sehen, was sie selbst beflügeln und beleben könnte. Sie würden darin etwas sehen, was sie beleben müßte. Nicht Zersplitterung, sondern der tiefste Friede könnte sein zwischen ehrlich theologisch und theosophisch Strebenden. Man wird das im Laufe der Zeit erkennen. Man wird über die Vorurteile gegenüber der theosophischen Bewegung hinauskommen und dann sehen, wie wahr es ist, was Goethe gesagt hat:

Wer Wissenschaft und Kunst besitzt,
Hat auch Religion;

Wer jene beiden nicht besitzt,
Der habe Religion.

Die Theosophie wird keine Religion in keiner Form
bekämpfen. Der ist ein rechter Theosoph, der wünscht, daß
einströmen kann die Weisheit in diejenigen, die berufen
sind, zu der Menschheit zu sprechen, so daß nicht notwendig sein sollte, daß es Theosophen gibt, die etwas sagen über
die unmittelbare religiöse Schau. Den Tag kann die Theosophie mit Freuden begrüßen, wo von den Stätten, von denen
Religion verkündigt werden soll, die Weisheit gesprochen
wird. Wenn so die Theologen die rechte Religion verkündigen, dann wird man keine Theosophie mehr brauchen.

DIE JURISTISCHE FAKULTÄT
UND DIE THEOSOPHIE

Berlin, 18. Mai 1905

Wenn es entlegen scheinen könnte, über irgendein Thema im Zusammenhang mit der Theosophie zu sprechen, so könnte das gewiß mit Bezug auf das heutige gelten, wo wir den Versuch machen wollen, unser juristisches Studium und unser juristisches Leben im Zusammenhang zu betrachten mit dem, was wir die theosophische Bewegung nennen. Das kann nur derjenige zunächst als berechtigt anerkennen, welcher sich klar darüber ist, wie tief die theosophische Bewegung von denjenigen, die in ihr stehen, die ihre ganze Bedeutung kennen, als eine praktische Bewegung aufgefaßt wird. Am wenigsten hält der wirkliche Theosoph von den Theorien und den Dogmen. Das Wesentliche der theosophischen Bewegung ist aber, daß sie eingreift in das unmittelbare Leben. Und wenn etwa von der theosophischen Bewegung als einer solchen gesprochen wird, welche der Praxis des Lebens fernstehen soll, so kann das nur auf einem völligen Verkennen oder einem Mißverständnisse gegenüber dieser Bewegung herrühren.

Gegenüber der theosophischen Bewegung nehmen sich eine große Anzahl der übrigen Bewegungen als eminent unpraktisch aus, weil sie Teilbewegungen sind, ohne Kenntnis des großen Zusammenhangs und ohne Kenntnis der großen Prinzipien des Lebens. Gerade in dieser Beziehung wird uns heute manche Frage des Lebens beschäftigen müssen. Was könnte in unserem Leben noch tiefer eingreifen als das, was von der Jurisprudenz herrührt? Im Sinne der theosophischen Weltanschauung haben wir es naturgemäß weniger zu tun mit dem, was man das Recht oder die Gesetze nennt. Vielmehr haben wir es zu tun mit den wirklichen Verhältnissen, wie sie uns entgegentreten, und zwar mit denjenigen, die uns in der Gestalt der Menschen selbst entgegentreten, wirklich in unserer Jurisprudenz in der Gestalt unserer praktischen Juristen selbst. Daher hat das Thema nicht umsonst den Namen «Die juristische Fakultät und die Theosophie».

Vor allem handelt es sich darum: Wie bildet man die Menschen aus, welche berufen sind, einzugreifen in das verletzte Recht und einen Ausgleich zu schaffen dem verletzten Recht? Wie bildet die Hochschule die nötigen Elemente heran, wie bildet sie die Juristen aus? Im letzten Vortrag über die theologische Fakultät und die Theosophie, der viel intimer das Verhältnis der Theosophie zu unserer Hochschule darlegen konnte, habe ich darauf aufmerksam machen müssen, wie die Sachen in dieser Beziehung liegen. Nicht so sehr die materialistische Denkart als vielmehr die tiefen, in die Gemüter und Seelen der Menschen eingewurzelten Denkgewohnheiten unserer Zeit sind es, welche in unser Leben einen gewissen Grundzug hineinlegen. Das wird uns heute noch viel mehr zu beschäftigen haben.

Sehen Sie, mit einer einzigen Tatsache könnte ich Ihnen die Lage bezeichnen, in der wir sind, wenn wir diese heutige Frage: die juristische Fakultät und die theosophische Bewegung, streifen. Wer sich nur einigermaßen mit der juristischen Fakultät befaßt hat, kennt den Namen *Rudolf von Jhering* nicht nur durch seine Schrift: «Der Kampf ums Recht». Jeder weiß auch, welche Bedeutung sein großes Werk: «Der Zweck im Recht» hat. In diesem Werke ist etwas geschaffen, was grundlegend für eine ganze Summe prinzipieller Anschauungen in unserer Rechtsauffassung und in unserer Rechtswissenschaft ist. Jhering war zweifellos einer unserer bedeutendsten Rechtsgelehrten. Wer selbst das Glück gehabt hat, einem Vortrage Jherings einmal beizuwohnen, der weiß, welche eindringliche Sprache dieser Rechtslehrer gesprochen hat. Es war etwas Aufrichtiges in der Natur Rudolf von Jherings. Ich weiß mich noch zu erinnern, wie es vorkam, daß Jhering in einer Stunde sagte: Ich habe das letzte Mal über diese oder jene Frage gesprochen; ich habe mir die Sache noch einmal überlegt und muß noch wesentliche Veränderungen mitteilen. – Von denjenigen, die auf anderen Gebieten Ähnliches gemacht haben, wäre vielleicht noch der Physiker *Helmholtz* zu erwähnen, der durch seine bedeutenden Arbeiten so große Erfolge hatte, trotz der bescheidenen Art, in der er wirkte. Ich führe Jhering an, weil er originell und tief gewirkt hat. Er war ein ausgezeichneter Jurist, der tief eingegriffen hat in die Rechtswissenschaft unserer Tage. In seinem Werke «Der Zweck im Recht» finden Sie einen bedeutungsvollen Satz. Ich möchte die Stelle wörtlich vorlesen: «Wenn ich es je bedauert habe, daß meine Entwickelung in eine Periode gefallen ist, wo die Philosophie in Mißkredit gekommen war, so ist es mit dem gegenwärtigen Werke. Was damals unter der Ungunst der herrschenden Stimmung von dem jungen Mann versäumt worden ist, das hat von dem gereiften Manne nicht nachgeholt werden können.» Auf einen tiefen Mangel in bezug auf die Ausbildung der Juristen deutet ein solcher Ausspruch. Was hier gemangelt hat, das finden Sie nicht nur als Niederschlag im ganzen öffentlichen Leben, soweit es von juristischen Verhältnissen abhängig ist, sondern auch in der Literatur, nicht nur der juristischen, sondern der gesamten Literatur, soweit diese beeinflußt ist von juristischem Denken. Sie finden es weiter in aller Reformliteratur. Überall finden Sie es, auch im praktischen

Leben, weil das Wichtigste fehlt, nämlich eine wirkliche Kenntnis des Lebens und der menschlichen Seele.

Warum fehlt sie? Weil unsere unpraktischen Praktiker keine Ahnung haben, wie das Leben des Alltags zusammenhängt mit den tiefen Prinzipien der einzelnen Menschenseele. Halten Sie Umschau bei unseren Nationalökonomen, halten Sie Umschau bei denen, die im Dienste einer Reformbewegung schreiben oder sprechen. Wer ein mathematisch geschultes Denken hat, wer imstande ist, streng logisch seine Gedankenfolge aufzubauen, wird sehen, daß sie überall fehlt, und er wird sich erinnern an eine bedeutsame Rede, welche *John Stuart Mill* gehalten hat, worin er sagt, daß es vor allen Dingen not tue, daß in unsere öffentlichen Verhältnisse eindringe eine wirkliche Schulung des Denkens, eine Schulung in den elementarsten Prinzipien des Seelenlebens.

Es gehört wahrhaftig wenig dazu, seine Gedanken in dieser Weise zu schulen, wie es nötig wäre, um wirklich Reformer zu werden. Drei Wochen würden genügen, wenn man sich einlassen würde auf eine wirkliche Prinzipienlehre des Denkens. Allerdings hat man dann nur die Möglichkeit, richtig und geschult zu denken, aber wer richtig und geschult denkt, der legt ohnedies vieles von dem beiseite, was heute geschrieben wird, weil er es nicht ertragen kann, was darin für ein Wust von unmöglichem Denken liegt. Machen Sie sich nur einmal klar, daß dies im eminentesten Sinne eine handgreiflich praktische Frage ist. Wenn einer einen Tunnel bauen wollte und mit der Kenntnis des gewöhnlichen Maurers auf der einen Seite des Berges anfinge zu klopfen und zu graben, und glaubte, er würde ganz sicher auf der anderen Seite herauskommen und dann einen großen Tunnel gebaut haben, den würden Sie vermutlich für einen Toren halten. Aber auf allen Gebieten des Lebens tut man heute fast genau dasselbe. Was gehört dazu, einen Tunnel, eine Eisenbahn, eine Brücke zu bauen? Die Kenntnis der ersten Prinzipien der Mathematik und der Mechanik und alles dessen, was uns in die Möglichkeit versetzt, von vornherein etwas vorauszusehen von den Schichten und Formationen des Berges, in den man hineinarbeiten will. Nur ein geschulter Techniker ist imstande, eine solche Arbeit wirklich einzuleiten, und der ist erst der wirkliche Praktiker, der auf der Grundlage der gesamten Theorie an die Praxis herangeht. Das ist dasjenige, was die Welt in bezug auf die wichtigsten Lebensfragen vollständig übersieht, ja, man nennt gerade diejenigen unpraktisch, welche glauben, daß ein Besitz von Kenntnissen nötig ist, um die großen Fragen des Lebens zu lösen. So sehen wir heute die Tunnelgräber auf allen Gebieten des menschlichen Lebens ohne genügende grundlegende Erkenntnisse, ohne daß sie sich klar darüber werden, daß es notwendig ist, ehe man an eine praktische Reformbewegung herangeht, sich die ganzen grundlegenden Kenntnisse und Erkenntnisse der menschlichen Seele anzueignen und sich Klarheit zu verschaffen über die Möglichkeiten und Unmöglichkeiten auf diesem und jenem Gebiete.

Das ist es, was mehr oder weniger zum Vorschein kommt durch das, was dieser große Jurist in bezug auf die grundlegende Bildung sagt. Denn eine solche grundlegende philosophische Bildung hat er in bezug auf seine Wissenschaft vermißt und es ehrlich eingestanden. Daher werden Sie sehen, wie sehr ich entfernt bin davon, eine einzelne Person oder eine Institution zu kritisieren. Nur eine Charakteristik wollte ich geben von den Verhältnissen, wie sie im Leben uns entgegentreten. Dann wird sich uns die Frage am leichtesten beantworten, was die theosophische Bewegung für eine praktische Bedeutung für die Jurisprudenz hat.

Die Jurisprudenz hat sich am denkbar ungünstigsten entwickelt im Laufe der geschichtlichen Verhältnisse, weil so,

wie sie sich heute ausdrückt in den verschiedensten Rechts-
systemen und Rechtsschulen, sie sich erst ausgebildet hat in
einer Zeit, in welcher das materialistische Denken schon alle
Kreise ergriffen hatte. Die anderen Wissenschaften gehen auf
die älteren Zeiten zurück, und diejenigen, welche sich auf die
Naturkunde stützen, haben in ihren festen Tatsachen eine
Stütze, die sie nicht so leicht dazu kommen läßt, abzuirren
nach allen Seiten.

Derjenige, der eine Brücke falsch baut, wird selbstverständlich sehr bald die Folgen seines dilettantischen Vorge-
hens einsehen. So leicht ist es aber nicht mit den Tatsachen,
welche auf dem geistigen Gebiete uns entgegentreten. Da
kann gepfuscht werden, und es kann disputiert werden
darüber, ob eine Sache gut oder schlecht ist. Da gibt es
scheinbar kein objektives Kriterium. Nach und nach wird es
aber auch in dieser Beziehung objektive Kriterien geben. Ich
sagte, daß Jhering bei sich vermißt eine philosophische
Grundlegung. Und ich sage, daß man dies überall vermissen
kann, wo man in unser Leben eingreift.

Nun werden Sie sagen, Philosophie ist aber nicht Theosophie. Daran liegt es aber gerade. Die Philosophie war nämlich eine Zeitlang – nehmen Sie das 16., 17. Jahrhundert,
noch das 18. Jahrhundert bis hinein in unser 19. Jahrhundert –,
sie war in gewisser Beziehung die grundlegende Disziplin
für alles übrige Studium. Welchen Nachteil es für die Theologie gebracht hat, daß die Philosophie nicht mehr dieses
Grundlegende der Studien ist, haben wir das letzte Mal
gesehen. Aber in der Theologie gibt es Ersatz für das mangelnde philosophische Studium. Keinen Ersatz gibt es aber
auf dem juristischen Felde. Als die alten Gymnasien sich aus
den alten Schulen herausgebildet hatten, ist die Philosophie
etwas geworden, was gleichsam zwischen zwei Stühlen sitzt.
Es gab früher Vorschulen auf allen Universitäten, wo den

Leuten in mannigfaltigen Disziplinen eine Übersicht geboten wurde, durch die sie sich auch eine Übersicht über die Gesetze des Lebens verschaffen konnten. Niemand rückte auf zu den höheren Fakultäten, ohne daß er sich eine wirkliche Kenntnis der Gesetze des Lebens angeeignet hatte. Nun hält man das Philosophieren für überflüssig, weil man glaubt, daß das Gymnasium die allgemeine Bildung geben würde. Aber auch das ist heute in den Gymnasien verschwunden. Nur wenige altertümliche Leute vertreten heute noch den Standpunkt, daß man auch im Gymnasium ein bißchen Logik und Psychologie treiben sollte.

So ist es gekommen, daß die Justiz ein einseitiges Fachstudium trieb. Die anderen Fakultäten haben im Grunde genommen auch keine eigene Vorschule, welche eine allgemeine, wirkliche Lebenskenntnis und ein tiefes Hineinschauen in die Rätsel und in die Fragen des Lebens vermittelt. So treten denn die Studenten frühzeitig heran an die speziellen Fragen und müssen sich in notwendiger Weise in diese Spezialfragen mehr und mehr verbohren. So kommt es, daß der Jurist schon in der Ausbildung in eine ganz bestimmte Richtung hineingebracht wird. Das bezieht sich nicht auf Einzelheiten; aber der, welcher Jahre hindurch mit bestimmten Formen von Begriffen angefüllt worden ist, kann nicht mehr von diesen Begriffen loskommen. Die Voraussetzungen sind solche, daß er jeden für einen Dummkopf ansehen muß, der sich eine gewisse Freiheit des Denkens erhalten hat bezüglich solcher Begriffe, die für ihn ganz fest geworden sind innerhalb seiner Studienjahre.

Nun ist die Philosophie gerade in der Zeit, in der sich unser neuzeitliches Denken ausgebildet hat, etwas geworden, was dem Leben in einer gewissen Beziehung fernsteht. Im Mittelalter gab es keine Philosophie, die abgesondert war, ich meine, die praktisch abgesondert war von der

Theologie. Alles, was die Philosophie behandelte, knüpfte an an die großen und umfassenden Fragen des Daseins. Das ist anders geworden in der neueren Zeit. Die Philosophie hat sich emanzipiert; sie ist zu einer Wissenschaft geworden, weil sie keinen Zusammenhang in direkter Weise mehr hat – und das werde ich in dem Vortrage über die philosophische Fakultät noch näher ausführen – mit den Zentralfragen des Lebens. Deshalb ist es gekommen, daß man durch Jahrhunderte hindurch Philosophie studieren konnte, ohne mit der Terminologie noch ein wirklich Lebendiges zu verbinden. Es war im 18. Jahrhundert schon noch etwas da, das die Philosophie zur Weltweisheit machte. Als *Schelling, Hegel* und *Fichte* kamen, da wurde das unmittelbare Leben ergriffen. Diese Geister wurden aber nicht verstanden. Eine kurze Blütezeit ist dagewesen in der ersten Zeit des 19. Jahrhunderts. Dann aber folgte ein allgemeines Mißverständnis in bezug darauf, die Philosophie in einem wirklichen Zusammenhang mit dem Leben zu betrachten, und zwischen dem Leben und den höchsten Prinzipien des Denkens auf allen Gebieten einen solchen Zusammenhang zu begründen, wie er besteht zwischen der Mathematik, der Differentialrechnung und dem Brückenbau.

Das wollen wir, daß diejenigen, welche arbeiten an dem Leben, einsehen, daß es notwendig ist, bestimmte Voraussetzungen zu haben, wie man Mathematik studiert haben muß bei dem Brückenbau. Nicht Dogmen will die Theosophie lehren, sondern eine Denkweise und eine Lebensanschauung; die Lebensanschauung, die das Gegenteil sein soll von allem Herumpfuschen, die begründen soll eine auf ernste Prinzipien begründete Auffassung des Lebens. Man braucht nichts von den Prinzipien zu wissen und kann doch ein guter Theosoph sein, wenn man einfach auf den Ursprung der Dinge gehen will. Die Philosophie ist selbst schuld, wenn sie in Mißkredit gekommen ist bei denen, die sich vorbereiten auf die großen Fragen des Lebens, denn sie sollte eben eine Art von Weltweisheit sein. Diejenigen, welche unsere Rechtsweisheit zum System ausgebildet haben, konnten nicht an die philosophische Gesinnung anknüpfen. Die Naturwissenschaft knüpft selbstverständlich noch an die Mathematik an, knüpft an an das Rationale, an die Mechanik und so weiter, und es kann einer nicht Naturforscher sein, der nicht diese ersten Prinzipien wirklich kennt.

Nun hängt es zusammen mit der Entwickelung des Rechtes, ein Bewußtsein davon zu erwerben, daß auch das Recht hervorgehen muß aus einer grundlegenden Bildung, die ebenso sicher und gewiß ist wie die mathematische. Es ist interessant, daß dasjenige Volk, welches im eminentesten Sinne das Recht ausgebildet hat, gerade groß geworden ist in der Entwickelungsgeschichte der Menschheit durch die Ausbildung des Rechtes, daß das römische Volk, grandios gerade auf diesem Gebiete, klein war in bezug auf diejenige Denkweise, die man aber auch für dieses Gebiet fordern muß: Nicht einen einzigen mathematischen Lehrsatz haben die Römer zustande gebracht! Eine ganz unmathematische und unexakte Denkweise lag dem römischen Denken zugrunde. Daher hat sich durch die Jahrhunderte herauf das Vorurteil eingeschlichen, daß es nicht möglich wäre, für das Gebiet der Jurisprudenz und der Sozialwissenschaft eine solche Grundlage zu haben, wie man sie für die übrigen, die technischen Gebiete, hat.

Ich möchte ein charakteristisches Symptom für diese Tatsache anführen. Es ist fünfzehn Jahre her, da trat ein bedeutender Jurist das Rektorat der Universität Wien an, *Adolf Exner.* Er war ein bedeutender Lehrer des römischen Rechtes. Er sprach beim Antritt seines Rektorats über die politische Bildung. Der ganze Sinn seines Vortrages war der, daß es ein Fehler wäre, auf die Naturwissenschaft einen so großen Wert zu legen, denn das naturwissenschaftliche Denken sei nicht geeignet, in den sozialen und ethischen Fragen des Daseins irgendwie praktisch einzugreifen. Dagegen hob er die Notwendigkeit hervor, welche auf die Auffassung der rechtlichen Verhältnisse begründet sei. Und dann setzte er auseinander, wie die rechtlichen Verhältnisse unmöglich beeinflußt werden können von dem naturwissenschaftlichen Denken. Er sagt: In der Naturwissenschaft sehen wir bis in die ersten Prinzipien hinein. Wir sehen, wie sich in einfachen Fällen die Dinge ausnehmen, aber in den komplizierten Fällen des Lebens kann niemand die Dinge auf so einfache Verhältnisse zurückführen. – Es ist charakteristisch, daß ein großer Mann unserer Zeit nicht einmal einsieht, daß es unsere Aufgabe wäre, ein ebenso klares und durchsichtiges Denken auf dem Gebiete des Lebens zu schaffen, wie wir es zu schaffen imstande waren auf dem Gebiete der äußeren sinnlichen Naturerscheinungen. Das muß gerade unsere Aufgabe sein, uns klar zu werden, daß wir nur dann praktisch wirksam sein können auf dem äußeren Gebiete des großen Tunnelbaues, wenn wir imstande sind, alle Dinge des Lebens ebenso auf scharfe Begriffe zurückzuführen, wie wir imstande sind, die groben Dinge auf mathematische Begriffe zurückzuführen. Jhering sagt in seinem «Zweck im Recht», es sei ein großer Mangel in unserer Rechtsschulung wie auch in unserem praktischen Rechtsleben, daß die Menschen, die in das Recht in irgendeiner Weise einzuführen haben, nicht dahin geschult werden, unmittelbar erzieherisch, unmittelbar technisch lernend, lehrend und wirkend im Leben zu arbeiten. Nun sagt er, man kann Jurist sein, so wie man ein Mathematiker ist, der seine Aufgabe gelöst hat, wenn er seine Rechnung ausgeführt hat. Wiederum sieht Jhering nicht ein, daß ja die Mathematik erst wirkliche Bedeutung hat, seitdem das Denken der Naturwissenschaft Bedeutung gewonnen hat. Man hat den Weg gefunden vom Kopf in die Hand, wenn etwas zur praktischen Betätigung wird. Dann wird alles, was mit der Jurisprudenz und der Sozialethik zusammenhängt, auch von praktischer Bedeutung sein, wenn sie ebenso klar ist wie bei der Mathematik, die nötig ist, wenn man einen Tunnel baut. Dann wird man es auch einsehen, daß alle Teilbestrebung sich so ausnimmt, wie wenn jemand Steine behauen würde, sie aufeinander würfe und dann glauben könnte, es entstehe ein Haus daraus. Nicht wird etwas erobert oder erbaut auf dem Gebiete der Frauenbewegung oder irgendeiner anderen sozialen Bewegung, wenn nicht dem Ganzen ein Plan zugrunde liegt. Sonst ist das Behauen der Steine eine eminent unpraktische Arbeit.

Nicht kommt es darauf an, daß wir uns mit Theorien vollpfropfen und glauben, wenn wir das System innehaben, wir dann alle Einzelheiten ableiten können von den großen Prinzipien. Wir müssen dilettantismusfrei wirken und die großen Prinzipien einführen in das Leben, in das unmittelbare Leben. Wir müssen so wirken wie der Ingenieur wirkt mit dem, was er gelernt hat, wenn er auch eine viel geringere Aufgabe hat, nämlich einzugreifen in das leblose Dasein. Wir müssen so wirken, wie der wirkt, nachdem er die ganzen Prinzipien erforscht und richtig erkannt hat. Darum handelt es sich, zu erkennen und im Zusammenhang zu stehen mit den wirklichen Prinzipien des Daseins. Andernfalls kann insbesondere auf dem juristischen Gebiete nichts geleistet werden. Es ist ganz unmöglich, daß etwas anderes als der von einem Begriffssystem voreingenommene Jurist aus unseren Anstalten hervorgeht, wenn er nicht vorher die Wissenschaft des Lebens im denkbar größten Umfange kennengelernt hat. Es ist ja schwer, gerade über diese Frage heute populär zu sprechen. Eingehen auf besondere Beispiele des Rechtslebens kann man schon gar nicht, denn es ist leider heute eine Tatsache, daß die Rechtswissenschaft die unpopulärste Wissenschaft ist, nicht nur deswegen, weil sie am wenigsten geliebt wird, sondern auch deswegen, weil sie am wenigsten wirkt.

Das juristische Denken ist ein solches, das sich mit gesundem Denken kaum in ein Verhältnis bringen läßt und noch viel weniger in eine Zusammenstimmung mit dem Leben. Es wird auch viele unter Ihnen geben, die bezweifeln, daß man in der Jurisprudenz und im sozialen Leben feste Prinzipien gewinnen kann, wie man sie gewinnen kann für die auf das Sinnliche gerichtete Naturwissenschaft. Das eine Erfordernis wäre nun, daß sich unsere Zeit wieder darauf einlassen würde, da zu suchen, wo die Menschen noch auf einem höheren exakten Denken gestanden haben und wo man einmal versucht hat, einige Begriffe auf eine klare, der Mathematik ähnliche Form zu bringen. Für jeden gibt es die Möglichkeit, auf eine billige Weise sich da hineinzufinden. Nehmen Sie ein kleines Reclam-Büchelchen zur Hand: «Der geschlossene Handelsstaat» von Johann Gottlieb Fichte. Ich bin weit entfernt, dieses Büchelchen dem Inhalte nach zu verteidigen oder ihm eine Bedeutung für unser heutiges Leben zuzuschreiben. Nur zeigen wollte ich, wie man auch auf diesem Gebiete ebenso praktisch verfahren kann, wie die Mathematik verfährt beim Brückenbau. Aber das Leben wird doch im Einzelfall etwas Besonderes. Derjenige, der allgemeine Prinzipien aufstellt, wird sie nicht anwenden können im Leben. Genauso ist es in der Naturwissenschaft. Nirgendwo gibt es wirkliche Ellipsen, nirgendwo gibt es wirkliche Kreise. Sie wissen, daß das eine Keplersche Gesetz das ist, daß die Planeten sich um die Sonne bewegen.

Glauben Sie, daß dies in dieser Einfachheit anwendbar ist? Machen Sie sich einmal klar, ob die Erde wirklich das beschreibt, was wir als eine Ellipse bezeichnen und auf die Tafel schreiben. Dennoch ist es im eminentesten Sinne notwendig, daß wir mit solchen Dingen an die Wirklichkeit herantreten, obgleich sie nicht tatsächlich vorhanden sind.

Die Mathematik ist auch im unmittelbaren Leben nicht vorhanden, und dennoch verwenden wir sie im unmittelbaren Leben. Erst wenn man einsehen wird, daß es etwas gibt, auch in Beziehung auf das Rechtsleben, das so zu diesem Leben steht wie die Mathematik zur Natur, dann wird man auch wieder eine gesunde Anschauung über dieses Rechtsleben haben können. Nun aber besteht die Erkenntnis, daß es eine Mathematik, eine der Mathematik ähnliche Denkweise für das ganze Leben gibt; diese Erkenntnis und nichts anderes ist die Theosophie!

Die Mathematik ist nichts anderes als eine innere Erfahrung. Nirgends können Sie äußerlich lernen, was Mathematik ist. Es gibt keinen mathematischen Lehrsatz, der nicht der Selbsterkenntnis entsprungen wäre, der Selbsterkenntnis des Geistes auf dem zeitlichen und räumlichen Gebiete. Eine solche Selbsterkenntnis ist uns notwendig. Es gibt eine solche Selbsterkenntnis auch für die höheren Gebiete des Daseins. Es gibt eine Mathesis, wie die Gnostiker sagen. Nicht Mathematik ist es, was wir auf das Leben anwenden, sondern etwas Ähnliches. So etwas gibt es auch in bezug auf die Jurisprudenz und in bezug auf die Medizin, auch in bezug auf alle Gebiete des Lebens und, vor allen Dingen, auch in bezug auf das soziale Zusammenwirken der Menschen. Alles Reden von der Mystik als von etwas Unklarem beruht darauf, daß man nicht weiß, was Mystik ist. Deshalb haben die Gnostiker, die großen Mystiker der ersten christlichen Jahrhunderte, ihre Lehren eine Mathesis genannt, weil sie eine Selbsterkenntnis daraus bildeten. Wenn man das erkannt hat, dann wird man auch wissen, was die Theosophie will, und wie man ohne theosophische Gesinnung sich scheuen sollte, auch nur eine Hand zu rühren in bezug auf die praktischen Fragen des Lebens, wie man sich auch scheuen muß, in den Simplon hineinzugraben ohne Kenntnis von Geologie und Mathematik.

Das ist der große Ernst, der der theosophischen Weltanschauung zugrunde liegt, und was uns dann auch klar vor die Augen treten muß, wenn wir über solche Fragen reden wie über die Jurisprudenz. Erst dann werden wir wieder eine gesunde juristische Ausbildung haben, wenn unsere größten Juristen nicht mehr zu klagen haben über eine mangelnde Grundlegung unseres Wissens, wenn man wieder ein Bewußtsein entwickelt haben wird, wie das wäre, das ich angedeutet habe. Das ist das Mißgeschick der Jurisprudenz, wie sie sich entwickelt hat in den letzten Jahrhunderten, wo man nicht mehr wußte, daß es so etwas gibt wie eine Mathesis. Der große Philosoph *Leibniz* war ein großer Jurist, ein großer Praktiker und ein großer Mathematiker; wer die Philosophie kennt, kennt ihn zur Genüge. Das mag Ihnen eine Gewähr dafür sein, daß Leibniz eine richtige Anschauung über diese Dinge hatte. Was sagt er nun dazu, wie eine juristische Ausbildung ohne den Grund einer praktischen Schulung sei? Er sagt: Ihr werdet im Rechtsleben nicht anders sein als wie in einem Labyrinth, aus dem Ihr keinen Ausgang findet. – So sehen wir heute gerade in bezug auf das Rechtsleben einzelne Reformen angestrebt. Es gibt einen Rechtsbund; er steht unter der Führung eines ehemaligen Theologen. Der versucht in gewisser Weise, etwas Gesunderes an die Stelle unserer juristischen Begriffe zu setzen. Aber auch hier sieht man, wie aus den Wissenschaften heraus, welche weniger an ein exaktes Denken gewöhnt sind wie die Mathematiker und die Naturwissenschafter, auch nichts Ersprießliches kommt. Sie werden überall finden, daß die eigentliche Einsicht in die Schuldfrage fehlt. Erst wenn man erkennen wird, um was es sich da handelt, wird man sich klar sein, wie man das Leben zu kennen hat, bevor man die Normen des Lebens hat. Erst dann werden wir ein gesundes Studium haben.

Das erste, was der Jurist studieren sollte, wäre Lebenskenntnis. Wie steht heute unser Jurist den Fragen des Seelenlebens gegenüber, und wie müßte er denselben gegenüberstehen? Nicht nur so, daß er angewiesen ist auf die Sachverständigen. Er steht ja ganz dilettantisch vor den Dingen. Der tiefe Blick in das Seelenleben ist allein imstande, zur Ausarbeitung eines Gesetzes zu befähigen. Aber auch nur er ist imstande, denjenigen zu beurteilen, der vom Gesetze abgewichen ist. Nur dann können Sie sich in das Gesetz des menschlichen Lebens hineinversetzen, wenn Sie Seelenkunde getrieben haben. Ich will nicht sprechen von der theosophischen Anschauung über die Entwickelung der menschlichen Seele. Die Welt ist noch zu weit zurück, um ein tieferes Verständnis zu haben für die intimeren Probleme des Lebens. Dasjenige aber müßte eigentlich jeder einsehen, was gesagt ist mit den Worten: wahres Studium der Seele und des sozialen Lebens.

Das müßte die Grundlage sein, die erste Anleitung, die der Jurist auf der Hochschule erhält: Menschenstudium im ausgedehntesten Maße. Dann erst, wenn er den Menschen als solchen, auch als Seele, studiert hat, und zwar in solch ätherreiner Sphäre, wie der Naturwissenschafter versucht, die naturwissenschaftlichen Probleme zu studieren, dann erst, wenn er im mystischen Sinne sich hineinvertiefen kann in das Seelenleben, dann erst ist er reif dazu, wirkliche

Seelenfragen zu behandeln, die eine Wirkung haben, die nach einem Plane geordnet sind im öffentlichen Leben.

Ist es nicht zu beklagen, wenn heute in der Nationalökonomie das Unglaublichste, auch bei sogenannten Fachmännern, herumschwirrt. Denken Sie sich, daß einfache Begriffe, die sich der Nationalökonom klarmachen könnte, noch nicht entscheidend gefaßt sind. Nehmen Sie den Unterschied zwischen produktiver und unproduktiver Arbeit. Sie können sich da nicht entscheiden, wenn Sie sich nicht klarmachen, wie produktive und unproduktive Arbeit im öffentlichen Leben wirken. Jede solche Arbeit ist ohne diese Klarheit vollständig unbrauchbar. Dennoch kann es geschehen, daß zwei bedeutende Nationalökonomen sich streiten, ob ein Zweig des öffentlichen Lebens wie die kaufmännische Tätigkeit eine produktive oder unproduktive Tätigkeit ist.

Es ist in gewisser Beziehung eine Verleumdung der Theosophie, wenn man ihr irgendwelche nebulosen Unklarheiten zuschreibt. Die, welche hineinsehen in das, was die Theosophie will, werden immer wieder betonen, daß es die äußerste Klarheit, die absolut abgeklärte Denkweise auf allen Gebieten des Lebens nach dem Muster der Mathematik ist, was sie anstrebt. Wenn das der Fall ist, dann muß von einer Befruchtung unseres Rechtslebens durch unsere Bewegung das Günstigste vorausgesagt werden. Dann wird es die Folge einer solchen Befruchtung sein, daß der Mensch hingeführt wird als angehender Jurist vor die Art und Weise, wie im menschlichen Leben geistige Tatsachen wirken. Er wird sehen, daß ganze Gebiete unproduktiv bleiben, weil er sich nicht einlassen kann auf das Begreifen der Suggestion oder auf die Dinge, welche von der Einwirkung der Außenwelt auf den Menschen und von dem herrühren, was der Mensch in seinem Inneren sich zuzuschreiben hat in bezug auf seine Handlungen.

Die Suggestionen wirken in unserem öffentlichen Leben so ungeheuer, daß man einfach sehen kann, wie in großen Versammlungen, die mit Tausenden von Menschen stattfinden, auf die Zuhörer nicht das wirkt, was man freie Überzeugung nennt, sondern einfach das, was der Redner durch Suggestion an sie heranbringt. Und die, welche zugehört haben, tragen die Suggestion weiter, so daß vieles, was heute getan wird, unter der Macht einer Suggestion zustande gekommen ist. Solche Imponderabilien muß aber derjenige, der in das praktische Leben eingreift, kennen und beobachten. Wenn man diesen Weg fein zu beobachten versteht, kommt man auch dazu, einzusehen, wie solche Suggestionen wirken.

Nun haben Sie schon ein solches Gewebe, das sich ausdehnt über unser Leben. Da erzählt uns einer, was geschehen soll auf diesem oder jenem Gebiete des Lebens. Kennen wir das Leben, so wissen wir, daß es uns zunächst nichts gibt als eine Summe von Suggestionen. Der eine gibt sie uns über die soziale Frage, der andere über die nationale Frage, der dritte über eine dritte Frage. Wenn die Theosophie Gemeingut der Menschheit geworden ist, dann wird es niemals möglich sein, daß der, welcher sich zu befassen hat mit dem öffentlichen Leben, eine solche Sache nicht durchschaut. Und wenn Sie sich klarmachen, wie die Suggestionen hinunterwirken und unsere Rechtszustände bestimmen, dann werden Sie sich klar sein, daß nur durch die theosophische Denkweise eine Heilung in diese Verhältnisse hineinkommen kann. Dann wird es auch klar werden, daß ein wesentlicher Teil dessen, was in unserer juristischen Fakultät getrieben wird, ein großer Teil des rein Kenntnismäßigen in Wegfall kommen könnte, da der Jurist sich das auch in der Praxis erarbeiten kann. Jeder weiß, was praktische Arbeit ist. Das Praktische kann man in viel kürzerer Zeit bezwingen, wenn man sich eingelebt hat in die großen Fragen des Daseins, in die sich die großen Fragen des Lebens von selbst eingliedern, die Fragen, welche der Jurist nicht berühren kann, wie die Frage der Verantwortlichkeit. Wie wird darüber herumdebattiert, wie zum Beispiel in Italien von *Lombroso*. – Für denjenigen, der sie durchschaut, ist es unmöglich, solche Pro- und Kontra-Argumente aufzustellen, wie das gewöhnlich geschieht. Es ist das nur möglich, weil da Leute mitreden, die nicht praktisch geschult sind.

Welches Recht haben wir zu strafen? Das ist auch eine Frage, auf die es Antworten gibt von der verschiedensten Art. Alle diese Dinge sind nicht zu lösen mit den Mitteln unserer heutigen praktischen Jurisprudenz. Wenn sich aber der Jurist nicht tiefer darauf einlassen kann, so handelt er, ohne die letzten Prinzipien zu verstehen. Er muß dann unfrei handeln. Wie sollte der Jurist aber nicht ein wirklich freier Mann sein müssen? Von niemand mehr als von den Juristen sollten wir dies verlangen können. *Savigny*, der bedeutende Rechtslehrer, hat einmal gesagt: das Recht ist nichts für sich, sondern es ist ein Ausdruck des Lebens; daher mußte es auch aus dem Leben heraus geschaffen werden.

Nehmen Sie einmal die verschiedensten Anschauungen, welche man über das Recht hatte im Laufe des 19. Jahrhunderts, und Sie werden sehen, wie wenig diese Anschauungen aus der wirklichen Praxis herausgeboren worden sind. Da gibt es Naturrechtsschulen, welche glauben, aus der menschlichen Natur das Recht ableiten zu können. Später sagte man: Der eine denkt sich das Recht so, ein anderer so, das eine Volk so, das andere so. – Dann kam das historische Recht. In letzter Zeit wurde auch ein interessanter Versuch gemacht mit dem positivistischen Recht. Da sind verschiedene Versuche gemacht worden, die nicht von der angedeuteten Gesinnung ausgehen. Eine historische Ansicht von dem Recht zu haben, ist ebenso unmöglich wie eine historische Ansicht von der Mathematik. Es ist also unmöglich, das Recht historisch zu begründen. – Es ist nicht möglich, diesen wichtigen Satz jetzt zu beweisen. – Etwas «positivistisch» untersuchen, würde heißen, daß man mit Mathematik nicht rein geistige Gewebe konstruiert, sondern drei Stäbe zusammenbringt, die Winkel abmißt und darauf dann das mathematische Gesetz von der Winkelsumme im Dreieck formt. Das würde eine «positivistische» Begründung sein.

Nur über die Grundlage der Gesinnung wollte ich sprechen und über die Beziehung zu dem, was die Theosophie in der Praxis des Lebens sein kann. Ich wollte zeigen, wie auf allen Gebieten und namentlich auch auf diesem Gebiete die theosophische Denkweise und theosophische Gesinnung fruchtbringend und nützlich sein müssen. Es ist ja das Vorurteil verbreitet, daß die Theosophie irgend etwas sei, was sich der Mensch ausdenkt, um eine persönliche Befriedigung zu haben. Aber der ist ein schlechter Theosoph, der diese Anschauung hat. Derjenige ist der wahre Theosoph, der sich klar darüber wird, daß die Theosophie Leben ist, während im sogenannten praktischen Leben so viele Bestrebungen eminent unpraktisch sind. Es ist schmerzlich, daß wir überall Samenkörner sehen in den einzelnen Bestrebungen, wo jeder im öffentlichen Leben herumpfuschen will; wenn sich alle unpraktischen Bewegungen zusammenfänden in dem großen Kreis, der nicht fremd dem Leben gegenüberstehen, sondern das Leben umfassen will, dann könnte sich wohl eine Verbesserung ergeben. Die Theosophie kann die Frage nicht selbst lösen. Aber von dem, was sie gibt, strömt das Leben aus. Das nächste Mal werden wir sehen, wie durch die Mediziner, wenn sie praktische Theosophen werden, ein ganz anderer Zug in unser Leben hineinkommen wird. Um diesen Zug handelt es sich, um diesen Grundton eines erneuerten Lebens. Wenn wir das verstehen, so wird ein Hauch theosophischer Gesinnung sich über alle Zweige der praktischen Lebensreform ausgießen müssen. Dann wird man die theosophische Bewegung und auch alles übrige Leben verstehen.

Dies ist immer und immer wieder aus dem Grunde betont worden, weil gewisse Probleme nicht gebessert werden können, solange man sich mit den Dingen nicht wirklich befassen will, weil die Menschen urteilen, lange bevor sie die allergenauesten Kenntnisse der Dinge sich erworben haben. Diejenigen, welche mit der theosophischen Bewegung selber praktisch eingreifen wollen, würden es leicht haben, auch in anderen Bestrebungen herumzupfuschen. Es wäre leicht, in bestimmten Gebieten Hand anzulegen, wenn wir uns nur im geringsten etwas davon versprechen könnten, solange wir nicht den praktischen Sinn ausbilden, der von vielen für so unpraktisch gehalten wird. Es wäre leicht, wenn wir nicht wüßten, daß, bevor man an die Peripherie geht, das Zentrum beherrscht werden muß. Es wäre leicht, wenn wir nicht wüßten, daß dies wahr ist: Wollt Ihr bessere Verhältnisse in der Welt schaffen, so müßt Ihr den Menschen die Möglichkeit geben, selbst besser zu werden. Auf keinem Gebiete ist dieser Ausspruch so berechtigt wie auf dem Gebiete der Jurisprudenz. Wenn von der theosophischen Bewegung auch auf diesem Gebiete praktisch, belebend zu wirken versucht wird, dann werden wir sehen, wie alle die Streitigkeiten zwischen Romanisten und Germanisten, zwischen Historikern und Naturrechtlern und so weiter verschwinden. Wenn wir zu dem kommen, was wirkliche Bewegung und Leben ist, wenn wir die Gesinnung erlangen, die sich bewährt auch gegenüber der äußeren sinnlichen Arbeit, weil uns da das Leben zurechtweisen würde, wenn wir nicht in sachgemäßer Weise an sie herantreten könnten, dann sind wir Theosophen und wirkliche Praktiker geworden.

DIE MEDIZINISCHE FAKULTÄT
UND DIE THEOSOPHIE

Berlin, 25. Mai 1905

Es ist eine Vorarbeit der Theosophie, in umfassender Weise in alle Gebiete des Geisteslebens unserer Gegenwart hineinzuleuchten und hinzuweisen darauf, wie theosophische Gedanken und Vorstellungen in jedem Gebiete dieses modernen Geisteslebens, wenn sie aufgenommen werden, vorarbeitend wirken können, so daß in zukünftigen Tagen immer mehr ein volles Verständnis da sein kann für das, was Theosophie auf jedem Gebiete unseres Geisteslebens zu sagen hat. Die Menschen leben ja heute in Vorstellungen und Suggestionen des öffentlichen Lebens, die selbstverständlich die Menschen stark beeinflussen, Vorstellungen, die schnurstracks entgegenarbeiten unseren Anschauungen und sie allmählich unterminieren würden, wenn nicht die Ideen der Theosophie in diese Anschauungen einfließen würden. *Fichte* sagt, Ideale lassen sich nicht unmittelbar im Leben anwenden, aber Ideale sollen die treibenden Kräfte des Lebens sein. Das bezweckt die Theosophie.

Der Arzt, der sich die Aufgabe gesetzt hat zu heilen, ist freier als der Jurist. Er ist nicht so eingeengt von Vorurteilen und Autoritäten und daher mag es wohl kommen, daß sich einzelne unter den Ärzten finden, die mit uns gemeinsam arbeiten. Wir wollen uns aber nicht in den Streit der Parteien mischen, das wäre ein subjektives Verhalten; wir wollen ganz objektiv nur das ausführen, was Theosophie in bezug auf die medizinische Wissenschaft zu sagen hat. Und wir wollen eingedenk bleiben dessen, daß Theosophie schwer,

468

sehr schwer verstanden werden kann von denjenigen, die im Studienzwang gelebt haben. Nur wer frei dasteht, wird keinen Zwiespalt finden zwischen wahrer Wissenschaft und dem, was Theosophie will. Theosophie anerkennt vollkommen die gewaltigen Fortschritte, die die Naturwissenschaft gemacht hat in den letzten Jahrhunderten und besonders in den letzten Jahrzehnten.

Nun gibt es auf allen Gebieten der Kultur große zyklische Gesetze, die sich ebenso beziehen auf die Schatten- wie auf die Lichtseiten der Kultur. Wenn heute auch in der medizinischen Wissenschaft so vieles unsicher ist, müssen wir uns klar sein darüber, daß die Grundursache dieser Unsicherheit tief, tief wurzelt in unseren Denkgewohnheiten. Diese Denkgewohnheiten wurzeln ja tiefer als alle Theorien, die man sich innerhalb einer Wissenschaft aneignet. Und sie lassen sich nicht einfach umändern, sondern nur allmählich durch andere ersetzen. Das materialistische, mechanistische Denken unserer Zeit beeinflußt ja all diese Denkgewohnheiten der Menschen heute. Welche Verachtung hat der heutige Arzt für die medizinische Wissenschaft des Mittelalters und des Altertums; und doch könnte der angehende Mediziner viel lernen aus der Geschichte der Medizin jener alten Zeiten. Er könnte lernen manch andere Anschauungen, als sie in der gegenwärtigen Medizin herrschen. Die Theorien des *Galen*, zwei bis drei Jahrhunderte nach Christus zum Beispiel und die medizinische Scholastik des Mittelalters kennen die wenigsten Ärzte heute. Mit Unrecht schaut man heute herab auf diese alte ärztliche Wissenschaft. Wenn die heutigen Ärzte sie kennenlernen wollten, so würden sie manches Wertvolle kennenlernen können. Die hippokratische Lehre, die die Zusammensetzung des Menschen aus den vier Elementen Erde, Wasser, Luft und Feuer aufzeigt, erregt heute Hohnlächeln. Wenn da gesprochen wird von

469

schwarzer und weißer Galle, Schleim, Blut und ihren Beziehungen zu den Planeten unseres Sonnensystems, so sind das keine solchen Theorien, wie man heute Theorien aufstellt, sondern diese Theorien haben fruchtbar gemacht die medizinische Intuition, die den alten Ärzten die Möglichkeit gab, in ganz anderer Art und Weise den ärztlichen Beruf auszuüben, als es der heutige Arzt kann.

Die Medizinmänner wilder Völkerschaften haben ein Prinzip, das nur von wenigen einsichtsvollen Menschen anerkannt wird. Es ist dasselbe Prinzip, das auch im Morgenlande der ärztlichen Heilkunst zugrunde liegt, nämlich, daß der Arzt, der heilen will, Eigenschaften in sich aufgenommen haben muß, die ihn instand setzen, das Leben von einer ganz anderen Seite aufzufassen.

Ein Beispiel für dasjenige, was ich meine, mag es sein, wenn wir hinschauen zu einem Volke, das nicht zu den gegenwärtigen Kulturvölkern gehört, zu den Hindus. Die Ärzte der Hindus wenden ein Prinzip an, das der Immunisierung zugrunde liegt, der Impfung, wie wir sie kennen, mit einem Heilserum. Es ist das das Bekämpfen einer gewissen Krankheitsform, indem der Krankheitserreger selbst als Heilmittel angewendet wird. Die Hindu-Ärzte heilen Schlangenbisse, indem sie die Wunde mit ihrem Speichel bearbeiten. Durch Trainierung ist der Speichel vorbereitet, die Ärzte haben sich selber immun gemacht gegen Schlangenbisse, gegen Schlangengift, durch Schlangenbisse am eigenen Körper. Es ist ihre Auffassung, daß der Arzt auch leiblich etwas bewirken kann durch etwas, was er in sich selber entwickelt. Alle Heileinwirkungen von Mensch zu Mensch beruhen auf diesem Prinzip. Bei den Hindus liegt diesem Prinzip eine gewisse Einweihung zugrunde. Sie wissen, daß der Mensch ein anderer wird durch eine bestimmte Trainierung. Kräfte, die ein anderer Mensch nicht hat, werden bei ihnen entwickelt ganz ebenso wie ein Eisen durch Bestreichen mit einem Magnet seine Kraft entwickelt.

Ganz andere Gefühle gegenüber dem Heilen würde der junge Arzt erhalten, wenn er sich in die wirkliche Geschichte der Medizin vertiefte. Worte, aus denen er heutzutage keinen Sinn herausfinden kann, enthalten doch einen tiefen Sinn, selbst wenn er ihn hohnlächelnd leugnet.

Es ist das Beklagenswerte, daß unsere ganze Wissenschaft durchsetzt ist von materialistischen Imponderabilien; so ist es kaum denkbar, daß sich jemand von ihnen frei macht und selbständig denken lernt. Unser ganzer moderner wissenschaftlicher Unterbau für die Anatomie, Physiologie, ist von dieser materialistischen Denkweise aufgebaut. Im 16. Jahrhundert wurde von *Vesalius* die erste Anatomielehre, von *Harvey* die Lehre vom Blutkreislauf im materialistischen Sinne gegeben; nach diesem System wurde das ganze 17., 18. Jahrhundert hindurch gelehrt. Die Menschen mußten einige Jahrhunderte hindurch materialistisch denken, um alle großen Entdeckungen und Erfindungen zu machen, die wir diesen Zeiten verdanken. Diese Denkweise hat uns gelehrt, gewisse Stoffe im Laboratorium herzustellen – die epochemachenden Entdeckungen von *Liebig* verdanken wir ihr –, aber sie führte auch dazu, die menschliche Hülle als das einzige anzusehen. Leben, was wir Leben nennen, ist schwer zu vereinbaren mit dem Begriff, den der materialistische Arzt davon hat. Erst derjenige, der weiß durch Intuition, was Leben ist, kann wirklich zum Begreifen des Lebens vordringen. Und ein solcher weiß auch, daß die Wirksamkeit chemischer und physikalischer Gesetze im Menschenkörper unter der Herrschaft von etwas steht, für das uns selbst das Wort fehlt, das nur durch die Intuition zu erkennen ist. Erst wenn der Arzt selbst ein anderer Mensch geworden ist, kann er das einsehen. Er muß sich durch eine gewisse Schulung erst die Begriffe und dann die Einsicht in die Wirkungsweise von dem aneignen, was wir unseren Ätherkörper nennen. Der gewöhnliche Verstand, der gewöhnliche menschliche Intellekt, ist unfähig, das Spirituelle zu begreifen; sobald er in höhere Gebiete aufrücken soll, versagt er. Darum ist auf ärztlichem Gebiete ohne Intuition alles nur ein Hinundherreden; man rührt nicht an die Wirklichkeit. Höhere, feinere Kräfte sind nötig, die entwickelt werden müssen vom Arzt, dann erst ist eine gründliche Heilung gewisser Schäden möglich.

Wir Theosophen wissen zum Beispiel aus okkulten Forschungen heraus, daß dasjenige, was man Vivisektion nennt, in gewisser Beziehung tief schädigend wirkt. Tief schädigend ist es, was auf diesem Gebiete geschieht. Wir Theosophen können kein Organ haben für die Anerkennung der scheinbaren Verdienste derer, die diese Vivisektion betreiben. Wir würden zwar nicht verstanden werden, wenn wir die Gründe für die Ablehnung der Vivisektion darlegten; man würde, ohne daß man sich auf theosophische Begriffe einließe, eben diese Gründe nicht verstehen. Die Vivisektion ist hervorgewachsen aus der materialistischen Denkweise, die jeder Intuition bar ist, die nicht hinschauen kann in das Getriebe des Lebens. Diese Denkweise muß den Körper ansehen als ein mechanisches Zusammenspiel der einzelnen Teile desselben. Da ist es natürlich, daß man zum Tierexperiment greift, wo man glaubt, daß dasselbe Zusammenspielen stattfindet wie beim Menschen, um gewisse krankhafte Prozesse zu erkennen und zu bekämpfen. Nur wer nichts weiß vom wirklichen Leben, kann Vivisektion betreiben.

Es wird ein Zeitpunkt kommen, wo die Menschen das einzelne Leben eines Geschöpfes im Zusammenhang mit dem Leben des ganzen Universums durchschauen werden. Und dann werden die Menschen Ehrfurcht bekommen vor dem Leben. Dann werden sie einsehen lernen: Jedes genommene Leben, jedes Leid, das einem lebendigen Wesen zugefügt wird, wirkt durch einen Zusammenhang, der zwischen Leben und Leben besteht, zur Herabstimmung der edelsten Kräfte unserer eigenen Menschennatur. Genau ebenso wie sich eine Summe mechanischer Arbeit in Wärme verwandeln läßt, so verwandelt sich durch die Tötung eines Lebewesens etwas im Menschen, was es ihm unmöglich macht, heilend und wohltuend auf seine Mitmenschen einzuwirken. Dies ist ein unbrechbares Gesetz. Hier ist alles Nebulose, alles Unklare streng ausgeschlossen. Hier herrscht mathematische Klarheit.

Würden die Menschen sich einlassen auf das, was hier zugrunde liegt, dann würden sie auch die Einflüsse sehen, die ausgeübt werden müssen, um heilen zu können, um Heiler zu sein als Arzt. Da muß der Mensch, wenn er Arzt, wenn er Heiler sein will, allerdings zunächst seine Menschheit veredeln und läutern. Er muß sie hinaufentwickeln auf die Stufe, wo uns erst gewisse Empfindungen und Gefühle aufgehen können. Hier kommt es an auf das Probieren! Und da muß man zuerst einsehen lernen, daß der gewöhnliche Verstand erweitert, spiritualisiert werden kann. Es ist eine Trivialität, wenn es heißt: da und dort sind die Grenzen unserer Erkenntnismethoden. Es gibt eben noch andere Erkenntnismethoden, als diejenigen sind, die der Verstand gebraucht. Aber das sehen leider wenige Menschen ein. Und hier kommt es darauf an, eingehen zu wollen auf die theosophische Gesinnung. Erst dann, wenn nicht nur die sinnenfälligen Tatsachen der Anatomie und Physiologie gelehrt werden, erst wenn man mit «Augen des Geistes», wie Goethe sagt, an diese herantritt, erst dann wird ein anderes Studium des Menschenkörpers eintreten. Und erst dann werden alle Entdeckungen der letzten Jahrzehnte in bezug auf die medizinische Wissenschaft ein richtiges Licht empfangen, um zum Beispiel gewisse Zusammenhänge der Schilddrüse mit anderen Funktionen zu erkennen.

Erst wenn man mit theosophischen Erkenntnissen herantritt, wird man ein jedes Ding in seinem richtigen Farbton sehen und wird ganz andere Werte empfangen. Noch fehlt in dem Erkenntnisstreben auf diesem Gebiete die Erkenntnis des Geistigen, in das die Tatsachen eingesponnen werden. Gewisse Begriffe, die man gewonnen hat, können durchaus richtig sein, aber die Methoden der Anwendung können falsch sein. Oftmals sagen zwei der größten Autoritäten auf einem Gebiete über ein und dasselbe Thema, ein und dasselbe Faktum, genau das Entgegengesetzte aus. Woher rühren solche Dinge? Daher, daß das Denken sich in eine gewisse einseitige Richtung hineingedrängt hat bei jeder dieser Autoritäten.

Nun könnte man fragen: Wäre es denn nicht möglich, daß der Mensch, wenn er immer in der richtigen Weise gesund lebt, in sich selbst die Dinge entwickelt, die ihn gegen Krankheiten immun machen, und könnte er nicht seinen Organismus dazu erziehen, Krankheiten ertragen zu können? Man muß das Denken in eine andere Richtung bringen, dann ergeben sich Wahrheiten auf diesem Gebiete und man schafft sich eine andere Richtung des Forschens. Das heutige Denken hat etwas Absolutes, Abschließendes und es ist durchsetzt von dem Glauben an seine Unfehlbarkeit; es liegt die Hinneigung zu etwas Päpstlichem in solchen Begriffen, wie mancher sie sich aneignet. Die Forschung ist bestimmt durch die Art, wie man an die Natur die Fragen stellt. Fragt man sie verkehrt, so gibt sie auch verkehrte Antworten. Die Experimente, die Fragestellungen an die Natur, tragen im 19., 20. Jahrhundert ein eigentümliches Gepräge: dasjenige des Zufalls. Da herrscht auf diesem Gebiete ein oftmals geradezu groteskes Nebeneinanderstellen von allem möglichen Probieren. Das rührt her von dem Mangel an Intuition. Besonders in der medizinischen Wissenschaft steckt manches, was von diesem Mangel herrührt. Es ist aber tatsächlich auch möglich, innerhalb der medizinischen Wissenschaft zu einem freien, schönen Denken zu kommen.

Der heutige Arzt, der von der Universität entlassen und losgelassen ist auf die leidende Menschheit, ist oft in einem wenig beneidenswerten Zustand. Das medizinische Studium hat ihn hineingeworfen in einen Wirrwarr von Begriffen, wo er sich selbst kein Urteil bilden kann. Dann findet er bei seinem Publikum eine Denkart, die sich nicht auf Gründlichkeit einlassen will, es hält für ein Evangelium dasjenige, was sich auf irgendeine Autorität beruft. Da leidet der Arzt oft schwer unter den Vorurteilen des Publikums. Der Arzt vermag nur dann etwas, wenn er die subtilen Prozesse, die sich abspielen in einem erkrankten Körper, studiert am Leitfaden des Lebens selbst; aber der Patient muß auch dabei helfend mitwirken.

Bestimmte Krankheiten stehen in Zusammenhang mit bestimmten zyklischen Entwickelungen und Bedingungen; bestimmte Krankheiten beruhen auf [Lücke im Stenogramm] und treten auf nach bestimmten Naturgesetzen. Das zeigt sich dem, der aus theosophischem Geiste nach gewissen Krankheitsformen forscht. Da werden große Linien in solchem Denken entwickelt, welches die Richtlinien des Lebens selber sind. Und sie geben jene Sicherheit, die verknüpft ist mit einem unermüdlichen Streben und die mit Vertrauen erfüllt. Es enthüllen sich dem so Denkenden gesetzmäßige Weltzusammenhänge, die zugleich die Seele mit tiefreligiösen Gefühlen erfüllen. Der Tübinger Arzt *Schlegel* ist typisch und symptomatisch für alle diejenigen, die einen Ausweg aus dem heutigen Labyrinth auf medizinischem Gebiet suchen. Dieser Arzt ist am Anfang einer großen Laufbahn; er hat Lichtblitze in der Richtung nach einer naturgemäßen Heilweise hin, und er wagt es, Religion und Heilkraft miteinander zu verbinden.

Ein Mensch, dessen Denken spiritualistisch ist, kann unmöglich jene für unsere Gegenwart symptomatischen Versuche auf medizinischem Gebiete mitmachen. Denn er weiß: alle einzelnen Bestrebungen sind nur wirklich wirksam, wenn man das Übel an der Wurzel faßt, den Grundkern der Sache umfaßt. Alle Polemik kann keine radikale Umkehr herbeiführen; nur ein ganz andersgeartetes Denken vermag dies.

Ein materialistisch Geschulter kann das nicht verstehen. Aber wir Menschen müssen uns nicht mißverstehen in dieser Welt. Der theosophisch Denkende versteht, daß der materialistisch Denkende ihn nicht versteht, weil er nicht fähig ist dazu. Goethe spricht aus, was hier gemeint ist, indem er sagt: «Eine falsche Lehre läßt sich nicht widerlegen, denn sie beruht auf der Überzeugung, daß das Falsche wahr sei.» Die Denkgewohnheiten unserer Zeit müssen eine radikale Umkehr erfahren; dann folgt ganz von selbst eine Veredelung der Gefühle und Empfindungen bis hinauf zur Intuition. Erst wenn sich die medizinische Wissenschaft das erringt, dann erst wird sie wieder etwas haben, was heilsam wirken wird, dann erst wird wieder ein religiöser Zug sie beseelen und dann erst wird der Arzt sein, was er sein soll: der edelste Menschenfreund, der sich verpflichtet fühlt, selbst so hoch zu stehen, daß er durch seine eigene Vollkommenheit seinen Beruf so hoch bringt, wie es nur möglich ist.

DIE PHILOSOPHISCHE FAKULTÄT
UND DIE THEOSOPHIE

Berlin, 8. Juni 1905

In der Reihenfolge der Vorträge über das Verhältnis der Hochschulen zur theosophischen Bewegung ist es heute der vierte über Theosophie und ihr Verhältnis zur philosophischen Fakultät. Wir müssen dabei bedenken, daß diese vielleicht von viel umfänglicherer Bedeutung für die Bildung und Zeitkultur ist als die drei anderen Fakultäten, denn die philosophische Fakultät umfaßt die Disziplin der Fachwissenschaften, die sich über das ganze Forschungsgebiet erstrecken, so daß derjenige, der ohne eine bestimmte Tendenz einfach um des Wissens und der Bildung willen sich in Weisheit und Weltanschauung vertiefen will, seine Blicke auf diese hinwenden muß. Die philosophische Fakultät hat große Wandlungen durchgemacht; sie hat sich aber aus einer Bildungsanstalt herausgewachsen zu einer Verbildungsanstalt. Sie war früher eine sogenannte Artistenfakultät – ein sehr bezeichnender Name –, welche das Studium von Theologie, Philosophie, Medizin vorzubereiten hatte.

Sie wissen, daß das, was wir heute Universität nennen, entstanden ist im 12. und 13. Jahrhundert, und wir können noch bis zum 18. Jahrhundert beobachten, wie derjenige, welcher durch Studium aufsteigen wollte zu den Höhen, durchgehen mußte durch ein philosophisches Vorbereitungsstudium. Dieses war so angeordnet, daß man nicht eine bestimmte Fachbildung, sondern eine formale Bildung anstrebte, die des Menschen geistige Schulung in einer formalen Weise gestalten sollte. Gelehrt wurde unter anderem

Rhetorik, Dialektik, Astronomie und Musik. Diese letztere wurde als Verständnis aufgefaßt für Harmonien im Weltengebäude und in den kleineren Erscheinungen, die uns umgeben. Es wurde darauf Wert gelegt, erst den Geist reif zu machen. Der Zug unserer Zeit ist, auf die formale Erziehung nur ein sehr geringes Gewicht zu legen.

Ich muß dabei etwas berühren, was sich in unserer Zeit sehr ketzerisch ausnimmt. Es ist heute eine große Neigung vorhanden, alles Formale dem Materiellen gegenüber zu unterschätzen. Man legt einen großen Wert darauf, möglichst mit dem Verstande die Dinge zu umspannen, möglichst viel Wissen zusammenzuraffen. Wer die Dinge so ansieht, wie es heute üblich ist, wird mich nicht verstehen. Wer würde heute nicht sofort Partei ergreifen, wenn jemand folgendes sagte: Es gibt zweierlei Methoden, Sprachen zu lernen. Eine Methode, die heute als lächerlich gilt, ist die, durch welche der Mensch geplagt wird mit sinnlosen Übungssätzen, wie zum Beispiel: Mein Vater ist heute fünfzig Jahre alt geworden. – Meine Tante reist morgen nach Paris. – Man lächelt über solche Dinge – und dennoch ist es die Frage, ob man Ursache dazu hat. Man meint heute, man könnte doch besser Sätze aus irgendeinem großen Klassiker nehmen. So ist man heute dazu gekommen, solche banalen Sätze in der Schule zu vermeiden; man nimmt lieber Sätze aus den Klassikern, die dann zerfetzt und zergliedert und dadurch für den Menschen ungenießbar werden. Wir finden also auf der einen Seite das Sinnlose, auf der anderen das Zerpflücken. Es wird heute nicht leicht jemanden geben, der für das erstere Partei ergreift. Und dennoch ist es für den Psychologen keine Frage, daß der erste Weg der richtige ist. Es ist ihm klar, daß der Mensch möglichst lange beim Formalen bleiben muß, daß sein Verstand möglichst spät aufgerufen wird, und daß wir am besten lernen, wenn die

Dinge uns inhaltlich möglichst gleichgültig lassen. In den Jahren, in welchen der Geist am empfänglichsten ist, richte man diesen zunächst zurecht. Lernen wir erst ordentlich reden, ehe unsere Gedanken damit umgesetzt werden; erst lasse man den Verstand im Untergrund heranreifen, lasse ihn sich die Fähigkeit, Logik zu entwickeln, möglichst formal aneignen, dann reift langsam dies kostbare Gut der Menschheit heran. Es ist klar, daß man nicht ohne weiteres seinen Verstand auf ein Problem anwenden kann. Also zunächst formale Bildung, ehe das, was als reichste Frucht im Menschen zum Vorschein kommen kann, heranreift.

Artistenfakultät wurde die philosophische Fakultät im Mittelalter genannt. Sie war eine künstliche Bewältigung des Denkmaterials, und sie barg eine überwältigende Gedankenmasse. Später wurden die unteren Glieder der Artistenfakultät dem Gymnasium zugeschlagen. Die heutige philosophische Fakultät verdient ihren Namen nicht; sie ist ein Aggregat. Das war nicht immer so. Bei der Begründung der Berliner Universität stand an ihrer Spitze der Philosoph *Fichte*. Jede einzelne Fachwissenschaft war damals eingegliedert in einen großen Organismus. Fichte war durchdrungen von der Überzeugung, daß die Welt eine Einheit sei, und daß jedes Wissen Stückwerk ist, das nicht hiervon durchdrungen ist. Warum studiert man zum Beispiel Botanik, Mathematik, Geschichte? Wir studieren diese Wissenschaften, weil wir einen Einblick gewinnen wollen in das Ganze des Weltenbaues. In anderer Zeit wäre das Eindringen in die Fachwissenschaften auch nicht so verhängnisvoll gewesen. Aber das Bild der Einheit der Welt ist geschwunden. Die philosophische Fakultät soll die Wissenschaft um ihrer selbst willen betreiben. Das tat sie früher, aber dadurch ist sie mit dem Kulturleben in Kollision gekommen. Schon *Friedrich Schiller* sprach in einer Rede an der Universität Jena von dem

Unterschied zwischen dem philosophischen Kopf und dem Brotgelehrten. Und damals war es noch nicht so schlimm. Wer ein philosophischer Kopf ist, mag alles betreiben; es eröffnet sich ihm aus jeder Wissenschaft heraus die größten Gesichtspunkte. Er sieht in der Pflanze die größten Weltgeheimnisse, wie sie der Psychologe an der menschlichen Seele sieht. Spezialisierung mußte eintreten. Wir wissen heute zu viel, um alles zu bewältigen. Große Geister wie *Leibniz*, *Leonardo da Vinci* und andere konnten das Wissen ihrer Zeit beherrschen. Heute ist das nur selten. Wir können nur hoffen, daß in die Fachwissenschaften ein neues Leben kommt. Dem Brotgelehrten aber ist die Wissenschaft eine Kuh, die ihm Milch gibt, weiter nichts.

Nichts wäre einzuwenden, wenn für alles Fachschulen eingerichtet würden zum Brotstudium. Das aber hat keinen anderen Wert, als wenn man irgendein anderes Gewerbe erlernt. Vom Gesichtspunkte der Welterkenntnis ist es ganz gleichgültig, ob ich Schuhmacher werde oder Chemiker. Das Bewußtsein sollte allgemein werden, daß das Fachstudium um nichts wertvoller ist als ein anderes Studium im Leben. Der Chemiker, Botaniker und so weiter ist dem großen Philosophen gegenüber in derselben Lage wie der Gewerbetreibende. Wer aber sich klarmacht, was es heißt, sich philosophische Bildung anzueignen, weiß, daß es Stätten geben muß, wo man die Wissenschaft um ihrer selbst willen betreibt. In dieser Beziehung ist die Zersplitterung in Fachwissenschaften nicht gut, namentlich in einer Zeit, in welcher der Materialismus alles ergriffen hat. Heutzutage ist die philosophische Fakultät nichts weiter als eine Vorbereitungsstätte für den Gymnasiallehrer. An und für sich wäre dagegen gar nichts zu sagen: Es wäre das Allerbeste, wenn sich die Philosophie der Aufgabe widmete, gebildete Lehrer heranzuziehen. Die menschliche Seele heranzubilden, gehört zu den schönsten Aufgaben des Lebens. Nur derjenige wird sie aber lösen können, der auf dem Gebiet der Psychologie Künstler ist und sich die Aufgabe zumuten kann, die Seelen zu leiten. Der Mensch ist von den großen Geistern der Welt nicht umsonst ein Mikrokosmos genannt worden. Keinen Zweig der Erkenntnis gibt es, den man nicht verwerten könnte, um eine Menschenseele heranzubilden. Darum wird es den Pädagogen fernliegen, in den jungen Jahren in den Menschen nur Wissen hineinpfropfen zu wollen, und er wird auf ganz natürliche Weise auf das Formale kommen. Die Wissenschaft nimmt eine ganz besondere Stellung ein, wenn man sie als Pädagoge ansieht. Durch das, was ein Maler weiß, indem er Malerei studiert hat, ist er noch kein Maler. Durch das, was ein Musiker studiert hat, ist er noch kein Musiker. So ist es auch beim Pädagogen. Nichts ist beim Pädagogen alles Wissen, wenn es nicht wie beim Maler oder Musiker in Kunst übergegangen ist, so daß sein Geist, physischen Organen gleich, aufgenommen hat, was er weiß, so daß das Wissen gleichsam ganz verdaut ist. Die Seele des Menschen soll ein Organismus sein, indem die seelischen Speisen verwandelt, assimiliert werden. Erst dann ist der Mensch ein philosophischer Kopf. Es ist wohl recht, daß die Universitäten die Fachwissenschaften lehren. Aber hervorgehen sollte aus ihnen ein anderer Mensch, ein Mensch, der Künstler geworden ist.

Wenn man tatsächlich einmal theosophische Denkweise dort anwenden wird, wird es nicht auf wissenschaftliche Examina ankommen. So wie der nicht die Qualität des Künstlers besitzt, der nur Gelehrsamkeit hat, so wird auch der nie ein Künstler werden, der nur die nötigen Examina bestanden hat. Im Examenwesen muß man sich eine neue Auffassung aneignen. Nicht bloß das Wissen hat der Examinator zu prüfen, sondern was der Kandidat für ein Mensch ist, ob er die richtige Lebensauffassung hat, wieviel er zu seinem ureignen Anteil gemacht, inwieweit er ein neuer Mensch geworden ist. Dies ist in unserem materialistischen Zeitalter unberücksichtigt geblieben. Als der äußere Sinnenschein für das «Um und Auf» galt, ist die philosophische Fakultät von heute entstanden. Aus der Philosophie sind alle anderen Wissenschaften geboren. Früher hatte man das Bewußtsein gehabt von dem Zusammenhang alles Wissens; aber wenn man heute das Mittelalter nicht verketzert, ruft man Vorurteile wach. Jedoch dazumal fühlte man, worauf es für die Welt und für die Menschen ankam.

Im Jahre 1388 wurde ein Mensch auf die Universität nach Wien berufen als Professor sowohl für Theologie wie für Mathematik! Heute würde ein Professor darüber in Ohnmacht fallen. Wir wissen aber, welche großen Dienste mathematisches Denken leisten kann für dasjenige, wohin uns die Theologie führt. Wer in der Weise denken lernt, daß er sich etwas an der Mathematik heranschult, lernt ganz anders denken, kann auch Mystiker sein, ohne Schwärmer zu werden. Wer sich nicht umfassendes Wissen angeeignet hat, kann sich nur einer Suggestion hingeben. Mit dieser begibt er sich in ein Fachstudium hinein. Was kann er wissen, wenn er durch eine rein philosophische Gymnasialbildung durchgegangen ist, was kann er da wissen von Mathematik? Nur mathematische Begriffe, ohne eine Ahnung davon, daß die Mathematik einführt in die großen Gesetze des Weltenalls.

Es ist nicht so lange her, daß man das noch gewußt hat. Im Mittelalter war diese Auffassung nicht gefährlich, denn es ist nicht wahr, daß die eiserne Theologie des Mittelalters alles in Sklavenketten geschlagen hätte. Der beste Beweis ist der, daß an der Pariser Universität zum Beispiel über ein Thema disputiert wurde: «Die Reden der Theologie sind auf Fabeln gegründet.» «Die christliche Religion verhindert, etwas Oberflächliches zur Theologie hinzuzugeben.» Über diese Themata war es damals möglich zu disputieren. Heute disputiert man anders. Früher war das Disputieren fruchtbar, weil man sich formale Bildung angeeignet hatte. Heute kann man sehr leicht Denkfehler nachweisen. Aber alles Disputieren, das auf Denkfehlern beruht, ist unfruchtbar, weil man sich nicht klar darüber ist, daß der, der disputiert, erst die Technik des Disputierens verstehen muß. Im Mittelalter wurde Mathematik für die Grundlage alles Wissens gehalten, sogar für die Kunst. Da konnte es den großen Idealismus geben, der vorhanden sein kann, und von dem unsere Zeit keinen Begriff haben kann. Ein charakteristischer Ausspruch Leonardo da Vincis, dieses Vertreters des großen Idealismus, ist, daß die Mechanik das Paradies der mathematischen Wissenschaften sei. Er war zugleich Künstler und Mathematiker. Die physikalische Bildung seiner Zeit wohnte in seiner Seele. Ebenso spricht zu uns aus seinen malerischen Schöpfungen die Denkungsweise und das Wissen seiner Zeit. Die äußere Welt nannte er das Paradies der Mathematik! Wo er Brücken baute, strömten ihm Gedanken über den Geist der Menschheit zu ... [Lücke].

Im theosophischen Sinn bedeutet das «Opfer der Welt»: je weniger man für sich selbst tut, desto mehr vermag man von sich hineinzuverlegen in die Kultur seiner Zeit. Was wir von uns entwickeln, ist nicht so wichtig, als was wir in die Welt verpflanzen. Nicht was wir in uns vervollkommnen, sondern was wir der Welt geben, ist das Pfand und das Pfund, das unvergänglich ist. Leonardo da Vinci strömten aus dem Brückenbau Gedanken über den Geist der Menschheit als Gedanken der Mathematik zu. Freie Wesen wollten die Götter, nicht ein Ding in der Natur. Was der Mensch bewußt schafft im Weltlichen, ist eine Ausführung des göttlichen Weltenplanes. Das Alltäglichste kann ein Heiliges werden, wenn es für den Nutzen der Menschheit ist. Wenn wir diesen Standpunkt einnehmen, haben wir den großen Idealismus in uns aufgenommen, und dieser Idealismus müßte die ganze philosophische Fakultät durchströmen. In dem Rahmen unserer philosophischen Fakultät können wohl alle Fachwissenschaften untergebracht werden. Aber als eine Zentrale der Weltanschauung müßte sie als Kern im Mittelpunkt stehen und nicht vor den einzelnen Fachwissenschaften zurückstehen. Durch diese zentrale philosophische Wissenschaft kämen wir zu der artistischen Anschauung. Den Doktortitel dürfte nur erhalten, wer diese zentrale Gesinnung in sich aufgenommen hat, das Leben in sich zu haben. Das letzte Examen des Philosophen müßte eine Prüfung seiner Lebensformen sein; der einzige Ehrentitel des philosophischen Doktors müßte darauf gegründet sein, daß im Menschen der Lebensgehalt dieser Lebensform enthalten ist. Sonst ist der philosophische Doktor eine Arabeske, eine Prätention, eine gesellschaftliche Form. Nicht Wissen allein gehört zum philosophischen Doktor, sondern ein in Lebenskunst verwandeltes Wissen. Solches Bewußtsein hat man schon gehabt. So wird ein philosophischer Doktor nur die Reife haben, wie es dem philosophischen Kopf angemessen ist. Eine große Verbreitung theosophischer Weltanschauung würde von selbst dahin führen, denn die theosophische Weltanschauung will Kräfte, die im Menschen schlummern, entwickeln. Der Theosoph ist sich bewußt, daß der Mensch entwickelungsfähig ist, daß wie das Kind sich entwickeln muß, so auch der Geist und die Seele sich zu höherer Stufe hinaufentwickeln können. Der Mensch ist eben noch nicht abgeschlossen, wie er von dem Gymnasium und den Universitäten kommt. Daß der Mensch erst im Anfang seiner Entwickelung ist, das will die theosophische

Gesinnung immer mehr zur Geltung kommen lassen. Tonangebend sollte darin die philosophische Fakultät sein. Sie soll aus der mathematischen Gesinnung sich nach einer geistigen Richtung entwickeln; dieser Spitze sollte alles zulaufen. Theosophie ist nicht so schwer. Es würde sich ganz von selbst machen, daß, wenn es zum Beispiel eine theosophische Fakultät gäbe, schließlich alle Wissenschaften theosophisch würden.

Physiologie ist die Wissenschaft von den Erscheinungen an Pflanzen, Tieren und Menschen. Wenn nun in der Physiologie die Einrichtung des Auges und so weiter betrachtet wird, so sind es Bilder, um daraus die Erkenntnis zu schöpfen, daß der Mensch sieht. Nun lehrt die Physiologie uns heute, daß im Grunde alle unsere Sinnesempfindungen abhängen von unseren Sinnesorganen; das Subjektive lehrt sie. Und zuletzt sagt sie, daß wir von dem, was außerhalb unserer Sinnesempfindungen ist, gar nichts wissen. Wenn wir das bedenken, und von hier aus nicht gedankenlos bleiben, sondern geistig weiterforschen, so kommen wir genau zu derselben Lehre, die der Okkultismus uns gibt, daß alles Sinnliche Illusion ist und die Lehre von der Sinnesenergie, von theosophischem Standpunkte aus bearbeitet, in große Tiefen führt. Man braucht eine Physiologie; man muß sie studieren und sie dann krönen durch Philosophie. Man hat darin keine Wahl. Heute ist die Philosophie in der philosophischen Fakultät nur ein Stück. Sie hat keine Kraft mehr; ein Fach wie andere Fächer ist sie. Das dürfte nicht sein; sie müßte die Kraft geben für die anderen Fächer, statt dessen hat sie ihrerseits die Färbung erhalten von einzelnen Fachdisziplinen. Daß wesentlich materiell gedacht wird, kommt daher, daß nicht die Philosophie und die große Welterfassung das große Wort sprechen, sondern vielmehr die aus anderen Fächern herübergekommene Psychologie zu einer Experimentalwissenschaft geworden ist. Wenn man glaubt, daß die Psychologie erst dann exakt betrieben ist, wenn man an dem Menschen so herumexperimentiert wie an einem unlebendigen Kristall, so betrachtet man den Menschen als etwas Unlebendiges, Unseelisches. Nichts kann die Psychologie erkennen als den materiellen Ausdruck. Theosophie würde sich klarmachen, daß das Studium der Physiologie und das der Psychologie in gewisser Weise ein und dasselbe sind, und beide eingliedern in die große Organisation des Wissens. Weil sie dazu nicht imstande sind, können die heutigen Universitäten keine idealistische Weltanschauung in die Welt tragen. Selbst Fahnenträger zu sein einer philosophischen Gesinnung, dazu ist die philosophische Fakultät gar nicht imstande. Die Fakultät sollte nicht ein Aggregat der verschiedenen Fächer sein, sondern sie zu einer gemeinsamen Seele zusammenwachsen lassen. Dann wird, ohne daß wir die Theosophie selbst an die Universitäten verpflanzen wollen, theosophisch gelehrt werden. Sonst aber bleibt die philosophische Fakultät ein Aggregat ohne geistiges Band. Und es sollte das Wissen ein lebendiges Ganzes werden, aus dessen einzelnen Gliedern der Geist leuchtet. Als Theosophen wird es uns schon befriedigen, wenn nur diesem philosophischen Studium das Vorrecht gehört und wenn es sich auf dieser Grundlage weiterentwickelt. Dann ist es in der Theosophie gut geborgen. Nicht etwas anderes wollen wir, als was jeder für die einzelnen Wissenschaften zu ihrem Heil wollen muß. Soll Theosophie ihre Aufgabe erfüllen, so darf sie keine Doktrin sein, sondern muß Leben sein. Mit jedem Schritt müssen wir Theosophen sein, alles, was wir im Leben tun, müssen wir mit dieser lebendigen theosophischen Gesinnung durchtränken. Dann wird die theosophische Bewegung mehr sein; sie wird sein wie einer der mächtigsten Kulturfaktoren der Gegenwart. Sie muß aber

Einfluß gewinnen auf die, die da ausgewählt sind, unsere Kultur zu leiten. Wir müssen Theosophie bekennen und vertreten, wo auch wir im Leben wirken wollen. Das Weltgeschehen ist nicht ein Totes, sondern ein Lebendiges. Die Wesen, und nicht die Verhältnisse bewirken die Entwickelung des Menschengeistes. Ist Theosophie eine Welt des Geistes, so ist Theosophie einer der mächtigsten Kulturfaktoren der Gegenwart. Nicht auf das Lesen von theosophischen Schriften kommt es an, sondern auf die Gesinnung, darauf, daß der Mensch in der Alltäglichkeit davon ergriffen wird.

HINWEISE

Im Jahre 1903 begann Rudolf Steiner seine öffentliche Vortragstätigkeit in
Berlin im sogenannten Architektenhaus. Sie spielte sich im Rahmen der
damaligen Theosophischen Gesellschaft ab, nachdem er 1902 zum Generalsekretär der Deutschen Sektion dieser Gesellschaft gewählt worden war.
Rudolf Steiner war aber nie ein «Theosoph» im damaligen Sinne. Seine
Vorträge «Von Buddha zu Christus» im Kreise der «Kommenden» im Jahre
1901 hatten die Aufmerksamkeit von Theosophen auf ihn gelenkt, und er
wurde von Theosophen zu Vorträgen über die Mystik eingeladen, die in der
sogenannten Brockdorffschen Bibliothek vor theosophischen Zuhörern
stattfanden. Das Angebot, Generalsekretär der deutschen Sektion der
Theosophischen Gesellschaft zu werden, nahm er an, weil er in diesem
Zusammenhang Menschen fand, die geneigt waren, seine Mitteilungen über
die Geisteswelt in offener und verständnisvoller Weise aufzunehmen. «Ich
hätte nie in dem Stile, in dem diese Theosophen wirkten, selber wirken
können. Aber ich betrachtete, was unter ihnen lebte, als ein geistiges
Zentrum, an das man würdig anknüpfen durfte, wenn man die Verbreitung
der Geist-Erkenntnis im tiefsten Sinne ernst nahm», – schreibt Rudolf
Steiner in «Mein Lebensgang».

Bei den hier zur Wiedergabe gelangenden Vorträgen bedient sich Steiner
der theosophischen Ausdrücke, die damals durch die Werke von Blavatsky,
Besant und Sinnett eingeführt waren. Später hat er sie durch andere ersetzt,
die seiner ganz im mitteleuropäischen Geistesleben wurzelnden Geisteswissenschaft mehr entsprachen. Hier finden wir noch «Wurzelrasse» für die
großen Epochen der Erdentwicklung (atlantische, nachatlantische Epoche
usw.), «Chakram» für Lotusblume sowie auch die in der 1. Auflage der
«Theosophie» verwendeten Ausdrücke für die Wesensglieder des Menschen. Der Ausdruck «Theosophie» steht hier für das, was Steiner später
mit dem aus mitteleuropäischen Quellen stammenden Wort «Anthroposophie» bezeichnete. In der Sache hat Rudolf Steiner nie etwas anderes als die
Ergebnisse seiner eigenen Geistesforschung vertreten.

Die Vorträge waren zwar öffentlich. Man spürt ihnen jedoch an, daß sie
vor mehr oder weniger regelmäßig folgenden Teilnehmern gehalten wurden. Trotz dem einführenden Charakter wird bei den Zuhörern eine
Kenntnis des Vorangehenden vorausgesetzt, und die Erörterungen führen
in sehr hohe Gebiete der geistigen Welten und stellen starke Ansprüche an

das Vermögen, Schilderungen geistiger Tatsachen und Vorgänge in lebendiger Weise denkend mitzuerleben.

Rudolf Steiners Bestreben, auch die bedeutenden Gestalten des modernen Geisteslebens in seine Schilderungen der geistigen Welten unmittelbar einzufügen, zeigt sich in der ausführlichen Behandlung der großen Persönlichkeiten Darwin, Haeckel, Tolstoi, Ibsen u. a.

Textunterlagen: Die teils stenographischen, teils handschriftlichen Nachschriften und Notizen, die dem Text dieser Vorträge zugrunde liegen, sind von Rudolf Steiner nicht durchgesehen worden. Sie weisen zum Teil an vielen Stellen Lücken auf; auch ist mit Fehlern zu rechnen, die durch Aufnahme, Übertragung und Abschrift der Stenogramme entstanden sind.

Abweichungen des Textes gegenüber früheren Drucklegungen beruhen darauf, daß, wo immer möglich, die Nachschriften mit den Stenogrammen neu verglichen und ergänzt wurden. Dann wurden uns bisher unbekannte Nachschriften und Notizen zugänglich, die in die Textgestaltung einbezogen werden konnten.

Werke Rudolf Steiners, welche innerhalb der Gesamtausgabe (GA) erschienen sind, werden in den Hinweisen mit der Bibliographie-Nummer angegeben. Siehe auch die Übersicht am Schluß des Bandes.

Als *Einzelausgaben* sind erschienen:

Vortrag vom 16. März 1905 «Die großen Eingeweihten», Basel 1949;
Vortrag vom 4. Mai 1905 «Schiller und die Gegenwart», Dornach 1955.

Folgende Vorträge wurden in *Zeitschriften* veröffentlicht:

	in «Gegenwart»		im «Nachrichtenblatt: Was in der Anthroposophischen Gesellschaft vorgeht»
29. Sept. 1904	1955/56	17. Jg. Nr. 10	
13. Okt. 1904	1955/56	17. Jg. Nr. 11	
20. Okt. 1904	1955/56	17. Jg. Nr. 12	
27. Okt. 1904	1956/57	18. Jg. Nr. 1	1946 23. Jg. Nrn. 10–12
3. Nov. 1904	1956/57	18. Jg. Nr. 2	1946 23. Jg. Nrn. 20–22
10. Nov. 1904	1956/57	18. Jg. Nr. 3	
17. Nov. 1904	1956/57	18. Jg. Nr. 4/5	
1. Dez. 1904	1956/57	18. Jg. Nr. 6	1944 21. Jg. Nr. 41
15. Dez. 1904	1956/57	18. Jg. Nr. 7	

Zu Seite:

20 *David Friedrich Strauß,* 1808–1874. «Der alte und der neue Glaube», Leipzig 1872.

24 *Pierre Simon Marquis de Laplace,* 1749–1827, Astronom. Gespräch mit Napoleon.

26 *Ernst Haeckel,* 1834–1919, Zoologe und Popularphilosoph. «Die Lebenswunder», gemeinverständliche Studien über biologische Philosophie, Stuttgart 1904.

28 *Max Müller,* Oxford 1823–1900, Sanskrit- und Religionsforscher.

30 *Alfred Percy Sinnett,* (Lebensdaten nicht auffindbar). «Die Esoterische Lehre oder Geheimbuddhismus», Leipzig 1884.

Helena Petrowna Blavatsky, 1831–1891. «Entschleierte Isis» und «Die Geheimlehre», übersetzt von Dr. R. Froebe, Leipzig o. J.

32 *Rede von Du Bois-Reymond:* Emil Du Bois-Reymond, 1818–1896, Naturforscher. «Über die Grenzen des Naturerkennens», Leipzig 1872.

Wilhelm Ostwald, 1853–1932, Chemiker. «Naturforschung und Weltanschauung» in: «Die Überwindung des wissenschaftlichen Materialismus», Leipzig 1895.

35 *«Licht auf den Weg»* von Mabel Collins, 4. Aufl. Leipzig 1904.

37 *Lamarckismus:* J. B. Antoine de Lamarck, 1744–1829, Naturforscher. «Philosophie zoologique», Paris 1809.

38 *Thomas Robert Malthus,* 1766–1834. «Essay on the principles of population», London 1798, «Principles of political economy», London 1819–1820.

48 *Johann Gottlieb Fichte,* 1762–1814. Siehe: Einleitungsvorlesungen in die Wissenschaftslehre (1813) in «Fichtes nachgelassene Werke», Bonn 1834, Band I.

54 *Hans Driesch,* 1867–1941. Siehe «Die Lokalisation morphologischer Vorgänge, ein Beweis vitalistischen Geschehens» (1899) und «Der Vitalismus als Geschichte und Lehre» (Leipzig 1905, 2. Auflage 1922).

57 *Jean Paul* (Johann Paul Friedrich Richter), 1763–1825. «Aus Jean Pauls Leben.» Jean Pauls sämtliche Werke, Berlin 1862, Band 34.

63 *den Erdgeist die Worte sagen läßt:* «Faust» I, Nacht.

67 *Karl von Linné,* 1707–1778. «Systema naturae», 1735.

72 *wie Lamarck die Instinkte der Tiere zu erklären sucht:* Siehe Hinweis zu Seite 37.

78 *Paul Rée,* 1849–1901. «Die Entstehung des Gewissens», Berlin 1885.

86 *Graf Leo Nikolajewitsch Tolstoi,* 1828–1910.

88 *Ernst Haeckel,* 1834–1919. «Die Lebenswunder», Stuttgart 1904.

92 *Charles Darwin,* 1809–1882. Hauptwerke: «Die Entstehung der Arten», 1859. «Das Variieren der Tiere und Pflanzen im Zustande der Domestikation», 1868. «Die Abstammung des Menschen und die geschlechtliche Zuchtwahl», 1874.

100 *Giordano Bruno,* 1548–1600. «Von der Ursache, dem Princip und dem Einen», 1584, deutsch von Seliger bei Reclam.

101 *Paracelsus:* Theophrastus Paracelsus von Hohenheim, 1493–1541, Arzt und Naturforscher. Paracelsus' Gesammelte Werke, herausgegeben von K. Sudhoff (seit 1923).

102 *René Descartes,* 1596–1650.

103 *Lamarck:* Siehe Hinweis zu Seite 37.

105 *Malthus:* Siehe Hinweis zu Seite 38.

107 *«Ich halte dafür . . .»:* Charles Darwin in «Die Entstehung der Arten», 1859.

108 *Ernst Haeckel:* Siehe Hinweis zu Seite 88.

«Die Sprache ist jene wundervolle geistige Maschine . . .»: Charles Darwin in «Die Abstammung des Menschen».

108 *«Es ordnet ein allmächtiger und allwissender Schöpfer . . .»:* Charles Darwin in «Das Variieren der Tiere und Pflanzen».

110 In der Textgestaltung dieses Vortrages konnte eine neue Nachschrift berücksichtigt werden, die erst nach der ersten Drucklegung des Vortrages bekannt wurde.

112 *Emile Zola*, 1840–1902.

113 *Henrik Ibsen*, 1828–1906. «Wenn wir Toten erwachen», 1899, in «Sämtliche Werke».

117 *Die Worte «Ignoramus et ignorabimus»* – «Wir wissen es nicht und werden es nicht wissen» von Emil Du Bois-Reymond, in der Rede gehalten in der zweiten allgemeinen Sitzung der Versammlung deutscher Naturforscher und Ärzte, Leipzig, 14. August 1872, Berlin 1891 u. ö.

118 *Da hat Tolstoi das richtige Wort gefunden:*«Über das Leben», 1891 in russischer Sprache in Genf erschienen. Die Zitate sind einer deutschen Übersetzung entnommen, die von den Herausgebern nicht nachgeprüft werden konnten.

118/126/127 *«Manas», «Buddhi»:* Im Buche «Theosophie» von Rudolf Steiner mit «Geistselbst» und «Lebensgeist» bezeichnet.

132 *Hermann Lotze*, 1817–1881.

Robert Hamerling, 1830–1889.

Helen Keller, 1880–1968. «Die Geschichte meines Lebens», 1902, deutsch 1904.

142 *Baruch Spinoza*, 1632–1677. «Ethik» 5. Teil, Lehrsätze 34 ff.

146 *Upanishaden:* «Mundaka-Upanishad», 2, 1, 3. «Sechzig Upanishaden des Veda» übersetzt von Paul Deußen, 1897 u. ö.

155 *das interessante Buch:* «Die Geschichte meines Lebens» von Helen Keller, siehe Hinweis zu Seite 132.

165 *Angelus Silesius* (Johannes Scheffler), 1624–1677. «Cherubinischer Wandersmann».

166 Von diesem Vortrag gibt es zwei stenographische Nachschriften und sehr gute stenographische Notizen. Die Abweichungen im Text gegenüber der ersten Fassung in «Grundbegriffe der Theosophie» fußen auf einer Nachschrift und den Notizen, die bei der ersten Drucklegung noch nicht zur Verfügung standen.

Friedrich Nietzsche, 1844–1900.

167 *Arthur Schopenhauer,* 1788–1860.

Richard Wagner, 1813–1883.

169 *Georg Brandes* (Morris Cohen), 1842–1927, dänischer Literaturhistoriker. – Vorlesung über Nietzsche in Kopenhagen 1888 in: «Menschen und Werke». Essays», Frankfurt/Main 1894. Friedrich Nietzsche, eine Abhandlung über aristokratischen Radikalismus, S. 137–224.

ich selbst habe versucht, Nietzsche . . . objektiv darzustellen: 1895 veröffentlichte Rudolf Steiner sein Werk «Friedrich Nietzsche, ein Kämpfer gegen seine Zeit». Nach Nietzsches Tod schrieb er 1900 für die «Wiener Klinische Rundschau» zwei Aufsätze: «Die Philosophie Nietzsches als psychopathologisches Problem» und «Friedrich Nietzsches Persönlichkeit und die Psycho-Pathologie». In die Neuauflage Gesamtausgabe Dornach 1963 von «Friedrich Nietzsche, ein Kämpfer gegen seine Zeit» (GA Bibl.-Nr. 5) wurden diese beiden Aufsätze, eine 1900 gehaltene Gedächtnisrede im Kreise der «Kommenden» sowie die Ausführungen über Nietzsche in Steiners Autobiographie «Mein Lebensgang» aufgenommen. Der hier zum Abdruck kommende Vortrag aus dem Jahre 1904 nimmt auf die vorangegangenen Publikationen Bezug.

175 *Edouard Schuré,* 1841–1929. «Die Heiligtümer des Orients» 1898, übertragen von Marie von Sivers, Leipzig 1908.

176 *das Tolstoi-Problem:* Siehe den Vortrag vom 3. November 1904 dieses Bandes.

seine bedeutsame Schrift: «Vom Nutzen und Nachteil der Historie für das Leben», 1873/74.

182 *Meister Eckhart,* 1250–1327. «Gott ist gestorben, daß auch ich der Welt absterbe und Gott werde.» in Meister Eckhart, Schriften und Predigten, herausgegeben von H. Büttner, Jena 1923.

183 *«Ecce Homo»* in: Gedichte und Sprüche. Werke in drei Bänden, herausgegeben von Karl Schlechta, München 1955.

189 *«Zwar ist es leicht, doch ist das Leichte schwer»:* «Faust» II, 1. Akt, Thronsaal.

195 *«Licht auf den Weg»:* Von Mabel Collins. Die ersten vier Sätze lauten: «Bevor das Auge sehen kann, muß es der Tränen sich entwöhnen. Bevor das Ohr vermag zu hören, muß die Empfindlichkeit ihm schwinden. Eh' vor den Geistern kann die Stimme sprechen, muß das Verwunden sie verlernen. Und eh' vor ihnen stehen kann die Seele, muß ihres Herzens Blut die Füße netzen.»

494

199   *Chakras:* Rudolf Steiner verwendet in «Wie erlangt man Erkenntnisse der höheren Welten?» und anderen Schriften dafür den Ausdruck «Lotusblumen».

202/203   *gewisse Tugenden:* Die Nachschrift weist an dieser Stelle über die sechs Tugenden Lücken auf, die sinngemäß ergänzt wurden aus entsprechenden Darstellungen in anderen Vorträgen.

204   Der Vortrag ist aus einer neu zugänglich gewordenen zweiten Nachschrift sowie aus Notizen von zwei Zuhörerinnen *wesentlich* ergänzt.

    Vor Weihnachten habe ich hier . . .: Gemeint sind die vorangehenden Vorträge dieses Bandes.

    In den beiden letzten Vorträgen: Siehe den Vortrag vom 26. Januar 1905 in diesem Band und den entsprechenden Hinweis.

206   *Plato,* 427–347 v. Chr. Siehe «Timaios».

    Aristoteles, 384–322 v. Chr. Über die Schöpfungslehre siehe den Vortrag von Rudolf Steiner vom 15. Dezember 1923 in «Mysteriengestaltungen» (14 Vorträge Dornach 1923), GA Bibl.-Nr. 232.

207   *Augustinus,* 354–430, «De civitate Dei», 12. Buch.

208   *Scotus Erigena,* 810–877, «De divisione naturae».

    Thomas von Aquino, 1225–1274. «Summa contra gentiles» und «Summa theologica».

209   *Charles Darwin:* «Die Entstehung der Arten».

    Ernst Haeckel: «Natürliche Schöpfungsgeschichte», 1868.

·   *Johannes Reinke,* 1849–1931. Botaniker. Mitbegründer des «Neovitalismus». «Die Welt als Tat. Umriß einer Weltansicht auf naturwissenschaftlicher Grundlage», Berlin 1899.

211   *Goethe hat in seiner Morphologie:* «Versuch, die Metamorphose der Pflanze zu erklären» u. a. in «Goethes Naturwissenschaftliche Schriften», eingeleitet und kommentiert von Rudolf Steiner in «Kürschners Deutsche National-Litteratur» (1883/97), photomechanischer Nachdruck, GA Bibl.-Nr. 1a–e.

223   *Paracelsus hat das gewußt:* «Alle Kreaturen sind Buchstaben und Bücher, in denen gelesen werden mag, was der Mensch ist» in «Astronomia magna oder Philosophia saga der großen und kleinen Welt».

    Das Zitat von Reinke konnte nicht nachgeprüft werden.

233 *Eduard von Hartmann*, 1842–1906. «Philosophie des Unbewußten», 1869, 12. Auflage 1923. «Das Unbewußte vom Standpunkte der Physiologie und Deszendenztheorie», 1872.

235 Die Nachschriften haben statt «Zeitraum» das Wort «Rasse», welches von Rudolf Steiner in den frühen Jahren in Anlehnung an die theosophische Terminologie verwendet wurde.

240 *Das letzte Mal:* Bezieht sich auf den Vortrag vom 9. Februar 1905 dieses Bandes.

252 Im Abschnitt «Man nennt diese leuchtenden Menschenwesen . . .» sind einige Lücken im Stenogramm.

253 *Goethe sagt auch:* Siehe «Faust» I, Nacht. Faust zu Wagner.

253/254 *Ich habe Ihnen das dargestellt:* Siehe den Vortrag vom 16. Februar 1905 über Goethes «Märchen von der grünen Schlange und der schönen Lilie» im II. Teil, Seite 329 dieses Bandes.

262 *Thomas von Kempen,* eigentlich Th. Hamerken, 1380–1471. «Von der Nachfolge Christi», herausgegeben von Hirsche 1891 und Gesamtausgabe von Pohl 1902 ff., 7 Bände.

«Licht auf den Weg»: Siehe Hinweis zu Seite 195.

264 *der achtgliedrige Pfad* von Buddha, siehe Hermann Beckh: Buddhismus II. Teil. Die Lehre. Sammlung Göschen 1920. Jetzt: «Buddha und seine Lehre», Stuttgart 1958.

265 *In allen theosophischen Handbüchern:* Siehe Rudolf Steiner «Wie erlangt man Erkenntnisse der höheren Welten?» (1904/05), GA Bibl.-Nr. 10; «Theosophie. Einführung in übersinnliche Welterkenntnis und Menschenbestimmung» (1904), GA Bibl.-Nr. 9; «Die Geheimwissenschaft im Umriß» (1910), GA Bibl.-Nr. 13.

273 *Paracelsus:* Siehe Paracelsus' Gesammelte Werke, II. Band: «Die vierte Defension», Seite 145/146, München 1924.

276 *Das Epos ist in Bayern entstanden:* Siehe: «Lohengrin, der Ritter mit dem Schwan», ein mittelhochdeutsches Heldengedicht, erneut von H. A. Junghans, Reclam, Leipzig 1878. Bayrische Überarbeitung einer im 13. Jahrhundert in Thüringen entstandenen Dichtung eines unbekannten Sängers. Über die Lohengrinsage siehe den Vortrag von Rudolf Steiner vom 29. März 1906 im Band «Die Welträtsel und die Anthroposophie» (22 öffentliche Vorträge, Berlin 1905/06), GA Bibl.-Nr. 54.

277 *Novalis,* Friedrich von Hardenberg, 1772–1801. In den «Fragmenten» von Novalis lautet das Zitat wörtlich: «Die Menschheit ist der höhere Sinn unseres Planeten, der Nerv, der dieses Glied mit der obern Welt anknüpft, das Auge, das er gen Himmel hebt.»

280 Von diesem Vortrag liegen nur zwei kürzere Nachschriften vor. Der Text wird hier mit wenigen Ergänzungen aus einer zweiten Nachschrift in der Fassung wiedergegeben, die Marie Steiner für den Druck vorbereitet hatte.

Henrik Ibsen: «Wenn wir Toten erwachen», 1899.

282 *«Höchstes Glück der Erdenkinder . . .»:* J. W. Goethe in «West-östlicher Diwan», Suleika, 21.

283 *William Shakespeare,* 1564–1616.

284 *Immanuel Kant,* 1724–1804. Über den kategorischen Imperativ siehe «Kritik der reinen Vernunft», 1781/87: «Handle so, als ob die Maxime deiner Handlung durch deinen Willen zum allgemeinen Naturgesetz werden sollte.»

285 *Friedrich von Schiller,* 1759–1805. «Die Räuber», 1781. «Wie die Welt auch sein mag, ich stelle Menschen hinein, die diese Welt aus ihren Angeln heben können».

286 *«Ach, geblendet ist mein Auge vor dem Licht, dem es sich wendet»:* Das Zitat konnte nicht aufgefunden werden.

«Recht? Wo gilt es noch als Recht?»: Das Zitat konnte nicht aufgefunden werden.

286/287 *«Ach, wie haben doch diese alten Ideale . . .»:* Aus einem Brief an Georg Brandes vom 20. Dezember 1870: «Freiheit, Gleichheit und Brüderlichkeit sind nicht mehr dieselben Dinge, die sie in den Tagen der seligen Guillotine waren. Das ist es, was die Politiker nicht verstehen wollen und darum hasse ich sie. Die Menschen wollen nur Spezialrevolutionen, Revolutionen im Äußeren, im Politischen usw. Aber all dergleichen ist Lappalie. Worauf es ankommt, das ist die Revolutionierung des Menschengeistes . . .» Ibsens Werke, Briefe.

293 *«Und so lang du das nicht hast, Dieses Stirb und Werde . . .»:* Goethe in «Selige Sehnsucht». Lyrische Dichtungen. Reise an den Main, Rhein und Neckar 1814.

295 *auf Tolstoi, habe ich schon früher hingewiesen:* Siehe den Vortrag vom 3. November 1904 dieses Bandes.

John Worell Keely, (Lebensdaten nicht nachweisbar). Erfinder des Keely-Motors. Er versuchte, einen Motor zu konstruieren, der durch

497

Wellen in Bewegung versetzt wird, die der Mensch mit seiner seelischen Kraft erregen kann. Über ihn spricht Rudolf Steiner im 3. Vortrag des Bandes «Weltwesen und Ichheit» (7 Vorträge, Berlin 1916), Bibl.-Nr. 169, und in «Das Karma des Berufes» (10 Vorträge, Dornach 1916), 4. und 9. Vortrag, GA Bibl.-Nr. 172. Über den mechanischen Okkultismus siehe «Die soziale Grundforderung unserer Zeit. In geänderter Zeitlage» (12 Vorträge, Dornach und Bern 1918), GA Bibl.-Nr. 186, 3. Vortrag. Siehe auch H. P. Blavatsky «Die Geheimlehre» Band I, 3. Teil, Abtlg. IX: Die kommende Kraft.

Damit sind Fragen verbunden: Hier ist eine Lücke in der Textüberlieferung.

296 *Das alles haben wir den verflossenen Vorträgen entnommen:* Siehe die Vorträge vom 16. und 23. Februar 1905 in diesem Band. Ferner den Vortrag vom 14. März 1907: «Wer sind die Rosenkreuzer?» im Band «Die Erkenntnis des Übersinnlichen in unserer Zeit und deren Bedeutung für das heutige Leben» (13 öffentliche Vorträge, Berlin und Köln 1906/07), GA Bibl.-Nr. 55.

297 *Votum des bayrischen Ärztekollegiums:* Rudolf Steiner stützt sich hier auf R. Hagen «Die erste deutsche Eisenbahn», 1885, Seite 45.

298 *Philipp Reis,* 1834–1874, Physiker. Er erfand 1860 den ersten Fernsprecher.

Alexander Graham Bell, 1847–1922. Konstruierte 1876 das erste praktisch brauchbare Telefon.

Karl Friedrich Gauß, 1777–1855, erfand 1831 mit Wilhelm Weber den ersten wirklich benutzten Nadeltelegraphen.

Wilhelm Weber, 1804–1891, Physiker.

303 *jener tönenden Welt, von der Goethe spricht:* Siehe «Faust» I, Prolog im Himmel und «Faust» II, Arielszene.

309 *Das soziale Ideal kann nicht ausgedacht werden:* Über die soziale Frage siehe die Ausführungen Rudolf Steiners in «Geisteswissenschaft (Theosophie) und soziale Frage», Vortrag gehalten in Hamburg am 2. März 1908, abgedruckt in «Die Welträtsel und die Anthroposophie» (22 öffentliche Vorträge, Berlin 1905/06), GA Bibl.-Nr. 54, sowie die drei Aufsätze «Geisteswissenschaft und soziale Frage» 1905/06 in «Luzifer-Gnosis. Gesammelte Aufsätze 1903–1908», GA Bibl.-Nr. 34.

318 Der Textgestaltung dieses Vortrages liegen zwei unvollständige handschriftliche Nachschriften zugrunde. Der Text kann daher nicht als wörtlich so gesprochen genommen werden; es ist eine mehr oder weniger ausführliche bis stichwortartige Inhaltsangabe des Vortrages.

321 Laut Vortragsverzeichnis hielt Rudolf Steiner am 2. Februar 1905 eine Fortsetzung. Von der einen Nachschreiberin sind unter diesem Datum einige Notizen erhalten; sie sind aber so spärlich, daß sie, durch eine Leerzeile abgetrennt (S. 325), dem ersten Vortrag hinzugefügt wurden.

Zur Ergänzung dieses und der drei folgenden Vorträge siehe: Rudolf Steiner «Goethes geheime Offenbarung, exoterisch und esoterisch», 2 Vorträge Berlin 22. und 24. Oktober 1908 in «Wo und wie findet man den Geist?» (18 öffentliche Vorträge, Berlin 1908/09), GA Bibl.-Nr. 57, sowie den Aufsatz «Goethes Geistesart in ihrer Offenbarung durch seinen ‹Faust› und das Märchen ‹Von der Schlange und der Lilie›» (1918), GA Bibl.-Nr. 22.

Gotthold Ephraim Lessing, 1729–1781. «Die Erziehung des Menschengeschlechts», Schluß und *Anmerkung* zu einer Stelle in den philosophischen Gesprächen über die unmittelbare Bekanntmachung der Religion und über einige unzulängliche Beweisarten derselben, Berlin 1773, sowie auf der letzten Seite seines Bruchstückes aus dem Nachlaß: «daß mehr als fünf Sinne für den Menschen sein können». Alle abgedruckt in Paul Lorentz, «Lessings Philosophie», Leipzig 1909.

Johann Gottfried Herder, 1744–1803. «Palingenesis. Das Wiederkommen der Seelen.» «Erläuternde Belege der Denkart, die zum Glauben einer Metamorphose geneigt macht.» «Über die Seelenwanderung.» Aus den zerstreuten Blättern, I. 1791, 1797 (Alle in ablehnendem Sinn geschrieben.) Positiv äußerte sich Herder über die Wiederverkörperung in einem Brief an Moses Mendelssohn im Jahre 1769: «. . . Wenn meine gegenwärtigen Anlagen mir Data sein sollten, meine Zukunft zu erraten: so werde ich wieder so ein vermischtes Wesen als ich bin. Der Keim zur Pflanze trägt Pflanzen und nicht Tiere: alles bleibt in der Natur, was es ist: Meine menschliche Substanz wird wieder ein menschliches Phänomen, oder, wenn wir platonisch reden wollen, meine Seele bauet sich wieder einen Körper . . . ich werde, was ich bin . . .».

322 *In «Dichtung und Wahrheit» sagt er:* Die von Rudolf Steiner erwähnte Stelle konnte dort nicht aufgefunden werden.

323 *«Die Geisterwelt ist nicht verschlossen»:* «Faust» I, Nacht.

Jakob Böhme, 1575–1624.

Die Schilderung des Erdgeistes: «Faust» I, Nacht.

325 *«Die Geheimnisse»:* Ein Fragment. 1784–1786 in Epische Dichtungen.

325 *Gegen Ende des ersten Teiles steht Faust anders vor dem Erdgeist:* Siehe die Szene «Wald und Höhle»: «Erhabner Geist».

In den Gesprächen Eckermanns mit Goethe: Siehe J. P. Eckermann, «Gespräche mit Goethe in den letzten Lebensjahren», 25. Januar 1827: «Aber doch ist alles [im ‹Faust›] sinnlich und wird, auf dem Theater gedacht, jedem gut in die Augen fallen. Und mehr habe ich nicht gewollt. Wenn es nur so ist, daß die Menge der Zuschauer Freude an der Erscheinung hat; dem Eingeweihten wird zugleich der höhere Sinn nicht entgehen.»

326 *Der Gang zu den Müttern:* Siehe «Faust» II, 1. Akt. Kaiserliche Pfalz. Finstere Galerie.

Laboratorium: «Faust» II, 2. Akt. Laboratorium.

Klassische Walpurgisnacht: «Faust» II, 2. Akt.

327 *Fausts Erblindung:* «Faust» II, 5. Akt. Mitternacht.

«Und so lang du das nicht hast, Dieses Stirb und Werde»: Siehe Hinweis zu Seite 293.

«Wer nicht stirbt, bevor er stirbt»: Jakob Böhme in «Theosophia Revelata oder: Alle göttlichen Schriften». Neudruck in 11 Bänden, herausgegeben von A. Faust, 1942 ff.

Chorus mysticus: «Ereignis» von Goethe handschriftlich.

in den Gesprächen mit Eckermann: Diese Aussage ist dort nicht zu finden. Über das Bild des Montserrat sagt J. Schröer: (Faust II SCV): «Eine Schilderung des Montserrat erhielt er durch W. von Humboldt 1800. Das Bild schwebte ihm 1816 vor, als er den Aufsatz ‹Über das Fragment: Die Geheimnisse› schrieb. Daselbst erklärt er, ‹daß der Leser durch eine Art von ideellem Montserrat geführt werden sollte›.»

329 Dem Text dieses und der folgenden Vorträge liegen zwei unvollständige Nachschriften zugrunde, die ergänzt werden konnten aus handschriftlichen Notizen von zwei weiteren Zuhörern.

Friedrich von Schiller, 1759–1805. Über die Geschichte ihrer Freundschaft siehe den Aufsatz Goethes «Glückliches Ereignis» in «Goethes Naturwissenschaftliche Schriften» Band I und Goethes Werke Band 33 in «Kürschners Deutsche National-Litteratur» Berlin und Stuttgart 1884. Photomechanischer Nachdruck von «Goethes Naturwissenschaftliche Schriften» in fünf Bänden, mit Einleitungen und Kommentaren von Rudolf Steiner, GA Bibl.-Nr. 1a-e sowie den Briefwechsel Goethe/Schiller.

331 *Goethe hat selbst zu Riemer gesagt:* Das Zitat konnte nicht aufgefunden werden.

Erklärungsversuche des Märchens: Siehe Friedrich Meyer–von Waldeck «Goethes Märchendichtungen», Heidelberg 1879.

Begründung der Theosophischen Gesellschaft: 1875 durch H. P. Blavatsky und Colonel Olcott.

Arthur Schopenhauer, 1788–1860.

332 *Zweimal finden sich in Goethes «Gesprächen mit Eckermann» Anhaltspunkte:* Siehe die Gespräche vom 6. Dezember 1829 und 17. Februar 1831, aber auch vom 11. März 1828 und 13. Februar 1829.

«Die neue Melusine» in «Wilhelm Meisters Wanderjahre», 3. Buch, 6. Kapitel.

«Der neue Paris» in «Dichtung und Wahrheit», Erster Teil, 2. Buch. Siehe auch den Vortrag vom 2. März 1905 in diesem Band.

335 *Pythagoras,* 580–500 v. Chr., griechischer Philosoph und Mathematiker.

Ich erinnere an das Gespräch mit Schiller in Jena 1794: Siehe den Aufsatz Goethes «Glückliches Ereignis», Hinweis zu Seite 326.

339 *schreibt Schiller an Cotta:* Auf die Frage von Cotta am 23. Oktober 1794 «Auf die Erklärung von Goethes ‹Märchen› wäre ich sehr begierig» und vom 9. November 1794 «. . . gibt Goethe nicht den Schlüssel zu seinem ‹Märchen›?» antwortet Schiller am 16. November 1794 «Vom goethischen ‹Märchen› wird das Publikum noch mehr erfahren. Der Schlüssel liegt im ‹Märchen› selbst». Zitiert nach Theodor Friedrich: «Goethes Märchen mit einer Einführung und einer Stoffsammlung zur Geschichte und Nachgeschichte des ‹Märchens›», Philipp Reclam, Leipzig o. J.

346 *wie Goethe in einem Gespräch mit Schiller diesem sagte:* Das Gespräch konnte bis jetzt nicht nachgewiesen werden. Inhaltlich stimmt die Aussage überein mit dem Brief Schillers an Goethe vom 29. August 1795 nach Empfang des Märchens für die «Horen»: «. . . Man kann sich nicht enthalten, in allem eine Bedeutung zu suchen . . . Die ‹Idee›, der ‹Schlüssel› wird im Märchen offen dargelegt: ‹Ein einzelner›, sagt der Alte mit der Lampe, ‹hilft nicht, sondern wer sich mit vielen zur rechten Stunde vereinigt›, und bald darauf: ‹Wir sind zur glücklichen Stunde beisammen, jeder verrichte sein Amt, jeder tue seine Pflicht und ein allgemeines Glück wird die einzelnen Schmerzen in sich auflösen, wie ein allgemeines Unglück einzelne Freuden verzehrt.›»

347 *«Wer will was Lebendigs erkennen und beschreiben . . .»:* Mephisto zum Schüler in «Faust» I, Studierzimmer.

349 Zur Textgestaltung siehe den Hinweis zum Vortrag vom 16. Februar 1905, Seite 326.

350 *«Die Lösung steht in dem Märchen selbst»:* Siehe den Hinweis zu Seite 343.

357 *Jakob Böhme:* Siehe den Hinweis zu Seite 326.

«Und so lang du das nicht hast . . .»: Siehe den Hinweis zu Seite 293.

363 *Wir werden nächstes Mal mehr darüber hören:* Über die drei Begleiterinnen und die drei Könige machte Rudolf Steiner im nächsten Vortrag (2. März 1905) keine weiteren Ausführungen mehr. Siehe zur Ergänzung die zu Seite 318 aufgeführten Vorträge.

368 *«Wer den Dichter will verstehn . . .»:* Goethe in «Noten und Abhandlungen zu besserem Verständnis des West-östlichen Diwans» (1819).

369 Zur Textgestaltung siehe den Hinweis zum Vortrag vom 16. Februar 1905, Seite 329.

an einer bezeichnenden Stelle seinen «Wanderjahren» eingefügt: Siehe Goethe «Wilhelm Meisters Wanderjahre oder die Entsagenden» III. Buch, 6. Kap.

373 *vor der unseren (Rasse) lebten die Atlantier, vorher die Lemurier:* Siehe Rudolf Steiner «Die Geheimwissenschaft im Umriß», GA Bibl.-Nr. 13 und «Aus der Akasha-Chronik», GA Bibl.-Nr. 11.

auch in der «Geheimlehre» von H. P. Blavatsky: «Die Geheimlehre», 3 Bände 1897–1903.

374 *Was ihr sät, werdet ihr ernten:* Wörtlich: «Denn was der Mensch sät, das wird er ernten», Galater 6, 7.

375 *Es steht am Anfang von «Dichtung und Wahrheit»:* Siehe Erster Teil. Zweites Buch.

390 *In einem Fragment: «Die Reise der Söhne Megaprazons» (1792):* Siehe «Goethes sämtliche Werke», herausgegeben von Karl Goedecke, 15. Band, Cottasche Bibliothek der Weltliteratur, Stuttgart/ Berlin.

«Venus» und «Mars» sind die letzten Worte, die uns davon aufbewahrt sind: Siehe «Die Reise der Söhne Megaprazons. Ein vorgefundenes Stück des Planes», herausgegeben von Karl Goedecke, 15. Band.

391 *Gotthold Ephraim Lessing,* 1729–1781. Über Klopstock siehe «Sinn-
gedichte» 1.

Friedrich Gottlieb Klopstock, 1724–1803. «Messias» in Oden.

Wilhelm von Humboldt, 1769–1835. «Es lohnt sich, so lange gelebt zu haben, um diese Schätze in sich aufzunehmen.» Brief an A. W.
von Schlegel vom 21. Juni 1823 und Brief an Gentz vom 1. März
1828.

393 Der Text dieses Vortrages ist im Vergleich zur ersten Veröffentlichung (1955) in ungewöhnlichem Maße verändert. Seit der ersten
Auflage gelangte eine zweite Nachschrift in das Archiv der Rudolf
Steiner-Nachlaßverwaltung. Im Text dieses Bandes sind viele Wort-
laute dieser neugefundenen Nachschrift in die erste hineingearbeitet
worden, sofern sie Ergänzungen enthielten.

Friedrich von Schiller: Siehe den Hinweis zu Seite 285.

395 *Schillers Dissertation:* «Versuch über den Zusammenhang der tierischen Natur des Menschen mit seiner geistigen.» Sie erschien 1780 im
Druck.

396 *Gotthold Ephraim Lessing:* Siehe Hinweis zu Seite 321.

399 *Paul Heinrich Holbach,* 1723–1789.

400 *Jean-Jacques Rousseau,* 1712–1778.

401 *Christian Gottfried Körner,* 1756–1831. Von 1785–87 war Schiller in
Leipzig und Dresden sein Gast.

Schillers «Philosophische Briefe», 1786, in «Kleinere Schriften ver-
mischten Inhalts». Das Kapitel «Theosophie des Julius».

Paracelsus: Siehe Hinweis zu Seite 101.

405 *Immanuel Kant:* «Pflicht, du erhabener, großer Name», in «Kritik
der praktischen Vernunft», 1788, I. Teil, 3. Hauptstück.

Schiller sagt: «Gerne dien' ich den Freunden, doch tu' ich es leider mit
Neigung, / Und so wurmt es mir oft, daß ich nicht tugendhaft bin» in
«Elegien und Epigramme».

*«Nur durch das Morgentor des Schönen / Drangst du in der Erkennt-
nis Land»:* In «Die Künstler». – Rudolf Steiner machte zu dieser
Stelle einmal die Bemerkung, daß richtigerweise «Morgen*rot*» stehen
müßte und zitierte den Vers konsequent so.

407 *Sie ist erst heute da, wo man den großen Umfang einer Gesellschaft
bemerken kann, die zu einem ersten Grundsatz einen Zusammenhang
von Menschen auf Basis von Liebe macht:* Es handelt sich um die

Grundsätze der Theosophischen Gesellschaft, deren erster lautet: «Die Zwecke der Theosophischen Gesellschaft sind: Erstens: Den Kern einer allgemeinen Brüderschaft zu bilden, welcher sich die ganze Menschheit ohne Unterschied der Rasse, des Glaubensbekenntnisses, des Geschlechts, der Kaste oder der Farbe anschließen soll.» Die Nicht-Übereinstimmung zwischen den theoretischen Grundsätzen und deren praktischer Handhabung durch die Präsidentin, Annie Besant, in Adyar (Indien), führte 1913 zur Trennung der Deutschen Sektion unter Rudolf Steiner von der Theosophical Society und zur Begründung der Anthroposophischen Gesellschaft.

407 *Vorträge in der «Freien Hochschule» Berlin:* Siehe die Vorträge Rudolf Steiners «Schiller und unser Zeitalter» im Schiller-Jahr 1905. Philosophisch-Anthroposophischer Verlag, Dornach 1932.

Heinrich Deinhardt, 1805–1867, in «Beiträge zur Würdigung Schillers», 1866. Neuausgabe Stuttgart 1922.

408 *Johann Karl Batsch,* 1761–1802, Botaniker. Über das Gespräch berichtet Goethe ausführlich in «Glückliches Ereignis» 1817 in «Goethes Naturwissenschaftliche Schriften»; siehe Hinweis zu Seite 329.

409 *Schön ist der Brief:* Siehe den Brief Schillers an Goethe vom 23. August 1794 in «Briefwechsel zwischen Goethe und Schiller».

411 *Friedrich Wilhelm Nietzsche,* 1844–1900, «Die Geburt der Tragödie aus dem Geiste der Musik», Leipzig 1872.

412 *Edouard Schuré:* Siehe Hinweis zu Seite 175. «Das heilige Drama von Eleusis», rekonstruiert durch Edouard Schuré, in freie Rhythmen gebracht durch Rudolf Steiner, Dornach 1939.

413 *Edouard Schuré:* «Die Kinder des Luzifer», übersetzt von Marie von Sivers, Leipzig 1905. Neuauflage Dornach 1955.

414 *Charles Darwin,* 1809–1882. «Über die Entstehung der Arten durch natürliche Zuchtwahl oder die Erhaltung der begünstigten Rassen im Kampf ums Dasein», 1859.

415 *Robert Kirchhoff,* 1824–1887, Physiker.

Robert Wilhelm Bunsen, 1811–1899, Physiker und Chemiker. «Chemische Analyse durch Spektralbeobachtungen», Wien 1861.

Gustav Theodor Fechner, 1801–1887, Philosoph. «Vorschule der Ästhetik», Leipzig 1876; «Elemente der Psychophysik», 2 Bände, Leipzig 1860.

Karl Marx, 1818–1883. «Zur Kritik der politischen Ökonomie» 1859; «Das Kapital», I. Band 1867.

415 *eine Schiller-Biographie:* Siehe J. Minor «Schiller, sein Leben und seine Werke», 1890 ff., 4 Bände.

417 *Nur der Körper eignet jenen Mächten . . .:* Aus Schiller «Das Ideal und das Leben».

421 Dem Abdruck dieser vier Vorträge liegt eine mangelhafte Nachschrift zugrunde. Sie weist nicht nur deutlich spürbare Lücken auf; der Mitschreibende, mit der Thematik der Vorträge nicht vertraut, hat oft in der Eile Zusammenfassungen gemacht, so wie er den Vortragenden verstand. Dadurch haben sich Verschiebungen in den Bezügen eingeschlichen. Obwohl handschriftliche Notizen von anderen Zuhörern herbeigezogen werden konnten, ließen sich – einige grobe Mißverständnisse ausgenommen – die Mängel der Textwiedergabe nicht wesentlich beheben.

427 *Sie werden vielleicht etwas gehört haben von dem Namen Kalthoff:* Albert Kalthoff, 1850–1906, evangelischer Theologe. «Zarathustra-Predigten», 1904.

438 *Professor Lobstein aus Straßburg:* D. P. Lobstein «Wahrheit und Dichtung in unserer Religion», Tübingen 1905.

440 *Goethe:* Wörtlich: «Das Schöne ist eine Manifestation geheimer Naturgesetze, die uns ohne dessen Erscheinung ewig wären verborgen geblieben» in «Sprüche in Prosa», 11. Abteilung: Kunst, und ebenda «Wem die Natur ihr offenbares Geheimnis zu enthüllen anfängt, der empfindet eine unwiderstehliche Sehnsucht nach ihrer würdigsten Auslegerin, der Kunst».

441 *Adolf Harnack:* «Das Wesen des Christentums», Leipzig 1901. 4. Auflage, Seite 101.

445 *«Wer Wissenschaft und Kunst besitzt . . .»:* «Zahme Xenien».

447 Die Nachschrift dieses Vortrages wird gegen den Schluß sehr lückenhaft. An wesentlichen Stellen scheint der Gedankengang nicht voll erfaßt, sondern nur zusammenfassend wiedergegeben.

448 *Rudolf von Jhering,* 1818–1892. «Der Kampf um das Recht», 1872. «Der Zweck im Recht«, 2 Bände, Leipzig 1877–1883.

Hermann von Helmholtz, 1821–1894, Physiologe und Physiker.

449 *Ich möchte die Stelle wörtlich vorlesen:* Das Zitat findet sich in der Einleitung zu Band I, Seite VII des genannten Werkes.

450 *John Stuart Mill,* 1806–1873, englischer Philosoph und Volkswirtschafter.

455 *Adolf Exner,* 1841–1894. «Über politische Bildung», Inaugurationsrede als Rektor der Wiener Universität, 1891.

461 *Erst dann werden wir ein gesundes Studium haben:* Die Nachschrift hat in diesem und den folgenden Abschnitten empfindliche Lücken.

464 *Cesare Lombroso,* 1836–1909. Psychiater und Kriminalanthropologe. Verfasser der Schrift: «Genie und Irrsinn», 1864 deutsch in Reclams Universalbibliothek.

Friedrich Karl von Savigny, 1779–1861, Rechtsgelehrter.

466 *Dies ist immer und immer wieder . . . betont worden:* Auch in diesem Abschnitt sind Lücken in der Nachschrift zu bemerken.

468 *Fichte sagt:* Siehe die Vorrede zu «Die Bestimmung des Gelehrten».

469 *Galen,* um 131–201 n. Chr., Arzt in Rom.

471 *Andreas Vesalius,* 1514–1564, belgischer Anatom, Leibarzt Karls V. und Philipps II. Begründer der wissenschaftlichen Anatomie. Sein Werk wurde in zwei Bänden 1725 von Boerhaave und Albin herausgegeben. Leiden 1725.

William Harvey, 1578–1657, englischer Anatom. Entdecker des Kreislaufes des Blutes.

Justus von Liebig, 1803–1873, Begründer der organischen Chemie. «Organische Chemie in ihrer Anwendung auf Agrikultur und Physiologie», Braunschweig 1840. «Über das Studium der Naturwissenschaften». Eröffnungsrede zu seinen Vorlesungen. München 1852.

475 *Emil Schlegel,* 1852–1935, homöopathischer Arzt.

476 *Goethe spricht aus, was hier gemeint ist:* Das Zitat findet sich in «Sprüche in Prosa» 2. Abteilung: Die Wissenschaft im allgemeinen.

479 *Johann Gottlieb Fichte,* 1762–1814. Im Herbst 1810 hielt er seine Rektoratsrede «Über die einzig mögliche Abirrung der akademischen Freiheit».

Schon Friedrich Schiller sprach in einer Rede: 26. Mai 1789 an der Universität Jena: «Was heißt und zu welchem Ende studiert man Universalgeschichte?» Eine akademische Antrittsrede.

480 *Leonardo da Vinci,* 1452–1519. Siehe Marie Herzfeld: «Leonardo da Vinci, der Denker, Forscher und Poet», Diederichs, Jena 1926; «Traktat von der Malerei», Diederichs, Jena 1925.

RUDOLF STEINER GESAMTAUSGABE

Gliederung nach: Rudolf Steiner – Das literarische
und künstlerische Werk. Eine bibliographische Übersicht
(Bibliographie-Nrn. *kursiv* in Klammern)

A. SCHRIFTEN

I. Werke

Goethes Naturwissenschaftliche Schriften, eingeleitet und kommentiert von R. Steiner, 5 Bände, 1883/97, Neuausgabe 1975, *(1a-e)*; separate Ausgabe der Einleitungen, 1925 *(1)*

Grundlinien einer Erkenntnistheorie der Goetheschen Weltanschauung 1886 *(2)*

Wahrheit und Wissenschaft. Vorspiel einer «Philosophie der Freiheit», 1892 *(3)*

Die Philosophie der Freiheit. Grundzüge einer modernen Weltanschauung, 1894 *(4)*

Friedrich Nietzsche, ein Kämpfer gegen seine Zeit, 1895 *(5)*

Goethes Weltanschauung, 1897 *(6)*

Die Mystik im Aufgange des neuzeitlichen Geisteslebens und ihr Verhältnis zur modernen Weltanschauung, 1901 *(7)*

Das Christentum als mystische Tatsache und die Mysterien des Altertums, 1902 *(8)*

Theosophie. Einführung in übersinnliche Welterkenntnis und Menschenbestimmung, 1904 *(9)*

Wie erlangt man Erkenntnisse der höheren Welten? 1904/05 *(10)*

Aus der Akasha-Chronik, 1904/08 *(11)*

Die Stufen der höheren Erkenntnis, 1905/08 *(12)*

Die Geheimwissenschaft im Umriß, 1910 *(13)*

Vier Mysteriendramen, 1910/13 *(14)*

Die geistige Führung des Menschen und der Menschheit, 1911 *(15)*

Anthroposophischer Seelenkalender, 1912 *(in 40)*

Ein Weg zur Selbsterkenntnis des Menschen, 1912 *(16)*

Die Schwelle der geistigen Welt, 1913 *(17)*

Die Rätsel der Philosophie in ihrer Geschichte als Umriß dargestellt, 1914 *(18)*

Vom Menschenrätsel, 1916 *(20)*

Von Seelenrätseln, 1917 *(21)*

Goethes Geistesart in ihrer Offenbarung durch seinen Faust und durch das Märchen von der Schlange und der Lilie, 1918 *(22)*

Die Kernpunkte der sozialen Frage in den Lebensnotwendigkeiten der Gegenwart und Zukunft, 1919 *(23)*

Aufsätze über die Dreigliederung des sozialen Organismus und zur Zeitlage 1915–1921 *(24)*

Kosmologie, Religion und Philosophie, 1922 *(25)*

Anthroposophische Leitsätze, 1924/25 *(26)*

Grundlegendes für eine Erweiterung der Heilkunst nach geisteswissenschaftlichen Erkenntnissen, 1925. Von Dr. R. Steiner und Dr. I. Wegman *(27)*

Mein Lebensgang, 1923/25 *(28)*

II. Gesammelte Aufsätze
Aufsätze zur Dramaturgie 1889–1901 *(29)* – Methodische Grundlagen der Anthroposophie 1884–1901 *(30)* – Aufsätze zur Kultur- und Zeitgeschichte 1887–1901 *(31)* – Aufsätze zur Literatur 1886–1902 *(32)* – Biographien und biographische Skizzen 1894–1905 *(33)* – Aufsätze aus «Lucifer-Gnosis» 1903–1908 *(34)* – Philosophie und Anthroposophie 1904–1918 *(35)* – Aufsätze aus «Das Goetheanum» 1921–1925 *(36)*

III. Veröffentlichungen aus dem Nachlaß
Briefe – Wahrspruchsworte – Bühnenbearbeitungen – Entwürfe zu den Vier Mysteriendramen 1910–1913 – Anthroposophie. Ein Fragment – Gesammelte Skizzen und Fragmente – Aus Notizbüchern und -blättern – *(38–47)*

B. DAS VORTRAGSWERK

I. Öffentliche Vorträge
Die Berliner öffentlichen Vortragsreihen, 1903/04 bis 1917/18 *(51–67)* – Öffentliche Vorträge, Vortragsreihen und Hochschulkurse an anderen Orten Europas 1906–1924 *(68–84)*

II. Vorträge vor Mitgliedern der Anthroposophischen Gesellschaft
Vorträge und Vortragszyklen allgemein-anthroposophischen Inhalts – Christologie und Evangelien-Betrachtungen – Geisteswissenschaftliche Menschenkunde – Kosmische und menschliche Geschichte – Die geistigen Hintergründe der sozialen Frage – Der Mensch in seinem Zusammenhang mit dem Kosmos – Karma-Betrachtungen – *(91–244)*
Vorträge und Schriften zur Geschichte der anthroposophischen Bewegung und der Anthroposophischen Gesellschaft *(251–263)*

III. Vorträge und Kurse zu einzelnen Lebensgebieten
Vorträge über Kunst: Allgemein-Künstlerisches – Eurythmie – Sprachgestaltung und Dramatische Kunst – Musik – Bildende Künste – Kunstgeschichte – *(271–292)* – Vorträge über Erziehung *(293–311)* – Vorträge über Medizin *(312–319)* – Vorträge über Naturwissenschaft *(320–327)* – Vorträge über das soziale Leben und die Dreigliederung des sozialen Organismus *(328–341)* – Vorträge für die Arbeiter am Goetheanumbau *(347–354)*

C. DAS KÜNSTLERISCHE WERK

Originalgetreue Wiedergaben von malerischen und graphischen Entwürfen und Skizzen Rudolf Steiners in Kunstmappen oder als Einzelblätter: Entwürfe für die Malerei des Ersten Goetheanum – Schulungsskizzen für Maler – Programmbilder für Eurythmie-Aufführungen – Eurythmieformen – Skizzen zu den Eurythmiefiguren, u. a.

Die Bände der Rudolf Steiner Gesamtausgabe
sind innerhalb einzelner Gruppen einheitlich ausgestattet
Jeder Band ist einzeln erhältlich.